Hans Reuther · Ekhart Berckenhagen

Deutsche Architekturmodelle

Rekonstruktions-Modell des Ottheinrichsbaus im Heidelberger Schloß hier mit der einen Alternative der Dachlösung, und zwar inform der beiden Giebel mit dahinterliegenden Satteldächern, von Carl Schäfer um 1902 veranlaßt; in der Modellsammlung der Kunstbibliothek SMPK Berlin [185]

Hans Reuther
Ekhart Berckenhagen

Deutsche Architekturmodelle
Projekthilfe zwischen 1500 und 1900

JAHRESGABE 1994
DES DEUTSCHEN VEREINS FÜR KUNSTWISSENSCHAFT

Gedruckt mit Unterstützung der RB BAUVISION PROJEKTENTWICKLUNGSGESELLSCHAFT MBH, DRESDEN.

Die Deutsche Bibliothek – CIP-Einheitsaufnahme

Deutsche Architekturmodelle : Projekthilfe zwischen 1500 und
1900 / Hans Reuther ; Ekhart Berckenhagen. – Berlin : Dt.
Verl. für Kunstwiss., 1994
   ISBN 3-87157-166-0
NE: Reuther, Hans; Berckenhagen, Ekhart

Copyright © 1994 by Deutscher Verlag für Kunstwissenschaft, Berlin

Alle Rechte, insbesondere das Recht der Vervielfältigung und Verbreitung sowie der Übersetzung, vorbehalten. Kein Teil des Werkes darf in irgendeiner Form durch Fotokopie, Mikrofilm usw. ohne schriftliche Genehmigung des Verlages reproduziert oder unter Verwendung elektronischer Systeme verarbeitet, vervielfältigt oder verbreitet werden. Bezüglich Fotokopien verweisen wir nachdrücklich auf §§ 53, 54 UrhG.
Umschlagentwurf: Wieland Schütz
Herstellung: Rainer Höchst-Dießen
Repro: SW-Scan, München
Satz: Leingärtner, Nabburg
Druck und Binden: Jos. C. Huber, Dießen
Printed in Germany · ISBN 3-87157-166-0

Inhaltsverzeichnis

Das deutsche Architekturmodell (von Ekhart Berckenhagen 1992)	7
Wesen und Wandel des deutschen Architekturmodells (von Hans Reuther 1981)	11
Über Materialien und Arten (Fragmente aus dem Nachlaß von Hans Reuther, durch Ekhart Berckenhagen überarbeitet)	15
Anmerkungen	19
Katalog der deutschen Architekturmodelle (A-Z)	25

Das deutsche Architekturmodell

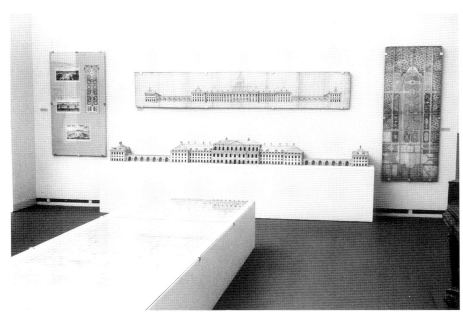

Modell(teil) des Neuen Schleißheimer Schlosses von Nikolaus Gottfried Stuber um: 1720/25; aus Schloß Schleißheim entliehen, in Ausstellung »Barock in Deutschland – Residenzen« 1966 in Berlin konfrontiert mit zugehörigen zeitgenössischen Entwurfszeichnungen und Aufnahmestichen (den betreffenden Katalog-Nrn. 338, 339, 340, 341, 342) [359]

Nichts von seiner Aktualität eingebüßt hat bis jetzt jener – in der seinerzeit vielbeachteten »Architectura Civilis« (1628, Vorrede, S. 9) niedergelegte – Anspruch an Architekten: fähig zu sein, nicht nur »Grundrisse, Durchschnitte und Auffzüge ... auffs Papir« zeichnen zu können, »sondern auch nach selbigen ein Modell von Holtz / nach den verjüngten Schuch gantz aygent- und artlich zu componirn und auffzurichten. Und dises alles auch zur satisfaction deß Bawherren ... / damit er das verkleinert opus recht vor Augen gestelt sehe / darüber discuriren / alles wol begreiffen / und was ihme nicht gefällig / an diesem klein fürgebildten wercklin (ist zu spat erst hernach am grossen / und Costen verzehrenden werck) außmustern / und verbessern möge: Und so lang damit continuiren / biß es für gerecht erkennet werde.« Mit Bedacht prägte solche kategorischen Sätze Joseph Furttenbach (1591-1667), ein deutschen Ingenieur-Architekt und Bautheoretiker, welcher, in Italien sich weiterbildend, daselbst auch Schiffskapitän gewesen war, und seit 1621 als praktizierender Festungs- und Stadtwerkmeister zu Ulm an der Donau wirkte.

Welch' gewichtige Bedeutung das dreidimensionale Modell zudem in der Architekturtheorie des Barocks einnahm, wird beispielhaft ebenso an Johann Friedrich Penthers »Ausführliche(r) Anleitung zur Bürgerlichen Bau-Kunst« (Teil II, Augsburg 1744) deutlich; denn dort erscheinen – im Titelkupfer[187] – inmitten durchfensterter Zimmerecke zwei geöffnete bzw. geschoßweise abhebbare Wohngebäudemodelle, während vorn links Putten von zugehöriger Grundrißzeichnung Maße mit Stechzirkeln abnehmen. Penther gibt übrigens im Teil IV seines genannten Werks, im Kapitel II »Von Grosser Herren Residenz-Schlössern« (§ 38, S. 11) weiterführende Hinweise auf Modelle und Modell-Sammlungen.

Während Jérôme Bonapartes Regentschaft 1807/13 in Kassel wurde dort der wohl überraschendste Bestand an Baumodellen des Barocks als Brennmaterial versteigert. Darunter befand sich jenes 222 Fuß (= rund 64,5 Meter) lange Modell der 1709 begonnenen Kaskaden am Karlsberg (Wilhelmshöhe). Untergebracht war das Wunderwerk ursprünglich im alten Modellhaus neben der Rennbahn in Kassel. Simon Louis du Ry lieferte 1780 Pläne zu einem repräsentativen, aber projektgebliebenen Neubau, in dessen zentralem, durch mehrere Geschosse reichenden, galeriegeöffneten Ausstellungsraum das riesige Modell – die natürliche Neigung des Carlsberges maßstäblich nachbildend – mit Oktogon, Grotten sowie architektonisch gefaßten Wasserkunst- und Gartenanlagen abschreitbar und – in grandioser Weise – von oben einsehbar gewesen wäre.

Suchen wir heute Architekturmodelle, so bieten Museen voran in Augsburg und Regensburg, Berlin, München oder Wien vielfältig altes, zwischen 1500 und 1900 entstandenes Anschauungsmaterial. Spektakulärstes Objekt ist darunter das zu Schauzwecken zerlegbare, einst entsprechend auch dargebotene, sorgfältig in Außenhaut und Raumgestalt bearbeitete, 1,90 x 1,04 x 1,83 m messende Holzmodell Hans Hiebers († 1522) mit dem kostbaren Malereidekor Michael Ostendorfers[155] für die – dank geplanten großen sechseckigen Zentralraums wie ein architektonischer Solitär wirkende – Kirche zur Schönen Maria in Regensburg. Dort anstelle einer 1519 abgetragenen Synagoge im weiten Platzareal herausgehoben, kamen bis 1540 allerdings nur Teile von Langchor und Türmen zustande. So überliefert dieses – übrigens älteste erhaltene, Baukörper und -raum ganzheitlich widerspiegelnde Modell eines der phantasievollkühnsten Projekte deutscher Baukunst im frühen, von heimischer Spätgotik und italienischer Renaissance geprägten 16. Jahrhundert.

Zwei Jahrhunderte jünger ist das Erinnerungsmodell der Marienkirche auf dem Harlunger Berg bei Brandenburg an der Havel. Kurz bevor Friedrich Wilhelm I., Preußens Soldatenkönig, 1722 die Ruine der um 1222 erbauten Marienkirche, ehedem – bis zur Reformationszeit – ein beliebter Wallfahrtsort, abbrechen ließ (um Steine für seinen Potsdamer Waisenhausbau zu gewinnen), dürfte (möglicherweise auf Veranlassung von Alphonse des Vignolles [1649-1744], dem reformierten Theologen, von Antoine Pesne 1739 für die preußische Königin porträtiert) das Modell aus Holz und Pappe angefertigt worden sein. Dadurch überkam uns ein sprechendes Zeugnis von der Mark Brandenburgs »baulich interessantester Kirche«: einem von vier Türmen eingefaßten, über griechischem Kreuz errichteten, emporenumzogenen Zentralbau (mit im 14. Jahrhundert angefügter Erweiterung).

Neben solche für Deutschlands Architekturgeschichte wichtige sakrale Denkmäler mag nun ein Objekt zum profanen Bereich treten: das 1614/15 geschaffene, bemalte, hölzerne und in acht Teile zerlegbare sogenannte »Zweite Dachkreuzmodell« (= Arbeitsmodell IV) des bekannten Stadtwerkmeisters Elias Holl (1573-1646), und zwar für den damals epochalen Neubau des Rathauses zu

Augsburg. Abweichend von Elias Holls Rathaus-Modellen I-III zeichnet sich dieses IV. durch detaillierte Fassadendurchbildung und Raumgliederung aus, zumal außer Treppen und Öfen hier sogar bei der unteren Pfletsch die Wölbung aller 15 Joche – inform von Kreuzrippen, Gurt- und Scheidebögen – dreidimensional dargestellt wurde. So entspricht Arbeitsmodell IV weitgehend dem ausgeführten Rathaus (bis auf die Doppelturmidee, welche Holl 1618 anstelle der Nebengiebel durchzusetzen vermochte). Daran wird zugleich ablesbar, wie entscheidend Modelle zur Klärung von Bauplanänderungen und Werkabläufen beitragen können, und welch' authentisches Urkundenmaterial sich mit ihnen – ergänzend zu Bauzeichnungen – anbietet.

Entwurfsmodelle (als Gesamt- oder Teilmodelle) sind seit der Antike bekannt und werden vom Mittelalter an (aus der Romanik literarisch überliefert und während der Gotik aus Edelmetallschreinen – wie z.B. dem der hl. Gertrud, in Nivelles[104], 1272/98, ingestalt einer Basilika mit Querhaus – erschließbar sowie dann handgreiflich durch jene seit der Mitte des 14. Jahrhunderts in der italienischen Renaissance immer häufiger vorkommenden) bis heute als Planungsgrundlage verwendet. In dieser Gattung muß man ferner differenzieren zwischen Ideenmodellen (auch Massenmodelle genannt), die zur groben Festlegung von Baukörpern dienen, und Arbeitsmodellen, in denen die kubischen Einzelformen und deren räumliche Auswirkungen näher fixiert sind. Am Ende entsteht das Ausführungsmodell als realistische Entwurfsbasis, zwar in meist verkleinertem Maßstab, und doch als Impression räumlicher Wirkung des Geplanten, seiner Funktion wie Konstruktion, der Fassadenverkleidung und Bedachung, zuweilen sogar seiner Einrichtung, Farbgebung usw.

Sowohl Raumgliederung, als auch wandfeste Innenausstattung bringt das geschoßweise zerlegbare, aus Birken- und Kiefernholz vor 1654 begonnene und 1657 vollendete, 58 x 58 cm große und 41 cm hohe Ausführungsmodell des Schlosses Skokloster bei Upsala zu Gesicht. Nach ihm ließ Schwedens Reichsadmiral und Marschall Carl Gustav Wrangel (dessen imposantes Grabmal in St. Marien zu Wismar steht) zwischen 1653 und 1668 an einem Nordarm des Mälarsees sein übereinstimmend geformtes hochherrschaftliches Wohngebäude errichten: »das bedeutendste und größte Privatschloß Schwedens«[189]. Dessen 1613 geborener architekturbegeisterter Bauherr († 1676) gewann dafür als entwerfenden Baumeister den aus Erfurt stammenden, in Gotha und andernorts tätigen Caspar Vogel, der wohl im Oktober 1653 zu projektieren begann.

Nach eindeutiger Quellenlage fertigte dessen Schwiegersohn Barthel Volkland das Modell, in dem auch Verbesserungsvorschläge des Stralsunder Architekten Nicodemus Tessin d. Ä. (1615-81) eingingen.

Vorläufig ungeklärt bleiben dagegen Herkunft, Zweck und Verfertiger des aus massivem Buntsandstein fein skulptierten, 1,45 m hohen Turm-Modells (hier Nr. 95). Angeblich aus Schloß Adelsberg über Gemünden/Unterfranken stammend, gelangte es in die Berliner Verkaufsausstellung »Orangerie '84« und wurde dort für die weit über 120 Nummern zählende Architekturmodelle-Sammlung[31] der Kunstbibliothek SMPK Berlin erworben. Reuther sah es für »mainfränkisch« und im 2. Viertel des 18. Jahrhunderts entstanden an.

Diesem topographischen Gebiet galt lebenslang Hans Reuthers (1920-89) Forschungen. Sie gipfeln in der 1983 edierten großen Monographie über »Balthasar Neumann« (1687-1753). Als ursprünglicher Militär-Ingenieur – 1731 bedacht mit einem Lehrauftrag für Militär- und Zivilarchitektur an der Universität Würzburg und seit 1741 bekleidet mit dem Rang eines Obristen der Fränkischen Kreisartillerie – entwickelte er sich zum international angesehensten deutschen Architekten und unübertroffenen Raumschöpfer des 18. Jahrhunderts. Würzburgs Residenz mit ihrer Hofkirche, aber auch Hochstifte – Speyer, Mainz, Trier und Bamberg – sowie Sakralbauten – Vierzehnheiligen, Neresheim, Münsterschwarzach und Gößweinstein – zeugen für seine überragende Leistung. Balthasar Neumann fertigte – wie aus Briefpassagen und Rechnungsbelegen ersichtlich – für die meisten Projekte – Würzburger Residenz, Schloß zu Bruchsal, Treppenhaus in der kurkölnischen Residenz Augustusburg zu Brühl, usw. – Modele aus Holz bzw. Gips selbst an oder ließ sie nach seinen zeichnerischen Rissen herstellen. Zwei davon blieben erhalten: das Januar 1744 geschaffene der Wallfahrtskirche Vierzehnheiligen (Bamberg, Histor. Museum) und das vor Mai 1727 ausgeführte für die Benediktiner-Abteikirche Münsterschwarzach am Main (München, Bayer. Nationalmuseum). Dank jenes Modells wird uns noch heute ein gewisser Raumeindruck der als Säkularisations-Folge seit 1821 zerstörten Abteikirche zuteil.

Angesichts der zahlreichen von Sébastien le Prestre de Vauban (1633-1707), Frankreichs bedeutendem Festungsbaumeister, veranlaßten Grenzfortifikationen und der dazu gleichzeitig erstellten »Plans en Relief« (Musée des Plans-Reliefs – langzeitig im Dachgeschoß des Hôtel National des Invalides zu Paris bewahrt) sowie entsprechender alter Reliefmodelle venezianischer Befestigungen (im Museo storico navale zu Venedig) mag man sich vergegenwärtigen, daß allenthalben in Europa Militär-Ingenieure für Planung und Anlage von Verteidigungswerken sich vornehmlich des Modells bedienten, ja selbst oftmals Verfertiger solcher dreidimensionalen Anschauungsmuster waren. Darum nannte sich Johann Bernhard Schulz († 1695), der – nach einem damals offenbar existierenden, allerdings militärischer Geheimhaltung unterliegenden Modell – den höchst rar gewordenen Festungsplan der kurfürstlichen Residenzstadt Berlin 1688/95 zeichnete und gestochen (mit Veränderungen) herausgab, geradezu selbstverständlich darauf: »Architect Milit: et Caelator« (= Militärarchitekt und Reliefarbeiter)!

In gleiche fortifikatorisch-militärische Zusammenhänge weisen ein florentinisches Stadtmodell von 1529 sowie die Serie jener vom Straubinger Drechslermeister Jakob Sandtner zwischen 1568 und 1574 für den Bayernherzog Albrecht V. geschaffenen Holzmodelle befestigter altbayerischer Städte, wie München, Landshut, Ingolstadt, Straubing und Burghausen an der Salzach (München, Bayer. Nationalmuseum). Symptomatisch wirkt es außerdem, daß das früheste überkommene Baumodell im deutschsprachigen Raum ausgerechnet jenes 1514 von Adolf Daucher d. Ä. (seit 1491 in Augsburg – 1523/24) in bemaltem, massivem Lindenholz geschnitzte Vorentwurfsmodell zum Luginsland-Turm der Augsburger Stadtbefestigung ist!

Den Städtischen Kunstsammlungen Augsburg gehört nicht nur das soeben gestreifte älteste erhaltene deutsche Architekturmodell (Inv.-Nr. 3448), sondern auch der umfangreichste (ursprünglich aus der didaktischer Anschauung dienenden Modellkammer im Rathaus hervorgegangene) Modellbestand. Er konnte sogar durch eine Erwerbung im Münchner Kunsthandel 1965 noch erweitert werden: durch ein polychromiertes, mit Karton beklebtes, 1,39 m langes und 80 cm hohes, fragmentiertes Holzmodell zu Flügelbauten und Kirche der Benediktiner-Abtei Einsiedeln in der Schweiz, und zwar jeweils deren Westfassaden. Angefertigt hat es wohl Frater Kaspar Moosbrugger I. (1656-1723) oder Frater Thomas Mayer (aus Solothurn), vor 1713 bzw. 1714/18; denn angefangen wurde der Einsiedler Westtrakt nach jener Planänderung vom 26. Januar 1713, und die Abteikirche entstand 1719-26 unter Moosbruggers Leitung.

Zwischen den bislang erfaßten Modellen befinden sich natürlich auch technische Monumente, Dachwerke, Brücken, Schleusen, Sudhäuser (z.B. zur Saline Hallein), Speicher, Börsengebäude, Hotels, Theater, ja sogar Sternwarten. Es handelt sich dabei u. a. um das Entwurfsmodell II zu derjenigen, die freistehend als Brückentor im Benediktinerstift zu Kremsmünster/Oberösterreich – östlich des Klerikaltraktes – zwischen 1748 und 1759 emporgeführt wurde. Das geschoßweise abhebbare, von Leonhard Seethaller geschaffene Modell, welches der Bauausführung der fünf unteren Geschosse bereits nahekommt, befolgte Pater Anselm Desings Projekt von 1747/49.

Annähernd gleichzeitig dürfte das zerlegbare, mit Raumgliederung und Ausstattung versehene Bestandsmodell der Franckeschen Stiftungen zu Halle an der Saale, ihres 1698-1700 errichteten Hauptgebäudes – einem 15achsigen Kopfbau – und daran bis 1709 bzw. 1732-38/45 angefügter Rückflügel, teils Fachwerkbauten, entstanden sein. Als zweites zugehöriges Modell existiert in den Franckeschen Stiftungen noch das zum – am Lindenhof 1726-28 in Halle hochgezogene – Bibliotheksgebäude.

Dieses ist inzwischen nicht nur Deutschlands ältester entsprechender Zweckbau, sondern zugleich derjenige mit dem ersten Kulissenmagazin. Begründer und Schöpfer der als Waisenhaus und Schulen segensreich wirkenden Stiftungen war August Hermann Francke (1663-1727), berühmter Theologe und verdienter Rektor der Hallenser Universität, den Antoine Pesne 1725/27 für den preußischen König – nicht ohne tiefen Grund – porträtiert hat.

Zu erläutern bleibt das besondere Anliegen vorstehender kurzer, raumbedingt schmal andeutender Übersicht; denn »Das deutsche Architekturmodell« als Forschungsunternehmen ging Hans Reuther, einstiger Ordinarius für Baugeschichte an der Technischen Universität Berlin-Charlottenburg, schon lose 1952 an. Von der Deutschen Forschungsgemeinschaft gefördert[173] und 1968 ins Veröffentlichungsprogramm des Deutschen Vereins für Kunstwissenschaft zu Berlin aufgenommen, hat Reuther dann verstärkt umfänglichste Materialien zum Katalog der deutschen Architekturmodelle zusammengetragen, einige Aufsätze zum Thema veröffentlicht[175, 176], freilich eine kritische Auswertung und endgültige schriftliche Fixierung der Forschungsergebnisse blieb ihm – todesbedingt – versagt. In diese Pflicht eintretend, zumal als Freund und seit 1965 am Vorhaben Interessierter, vermochte der Unterzeichnete als Koautor das 1989/90 von ihm erarbeitete Manuskript samt 320 Bildvorlagen zu »Deutsche Architekturmodelle ...« (worin sie in 438 Nummern erfaßt sind) vorzulegen.

Wie bei jedem Werkkatalog – bleiben dem Autor jene Befürchtungen und zugleich Hoffnungen nicht erspart, daß noch unbekannte, bislang unerfaßte Objekte, zumal im Kunsthandel oder auf unbeachteten Dachböden in Privathand, gewiß auftauchen werden.

Sie erfahren ihre Parallele etwa in jenen schöpferischen Zweifeln, welche auch Ludwig Hoffmann (1852-1932), Berlins nachmaligen, von 1896-1924 amtierenden, hochgeschätzten Stadtbaurat plagten – als er, nach dem Gewinn des Wettbewerbs für die Errichtung des Reichsgerichtsgebäudes in Leipzig und nach 1888 erfolgter Grundsteinlegung des gewaltigen Neubaus, dessen endgültige Silhouette festlegen mußte. In seinen »Lebenserinnerungen« bekennt Hoffmann dazu: »Schwierig war der Entschluß, wie hoch der mittlere Kuppelbau sich über das Gebäude erheben solle. Ein Modell des ganzen Gebäudes hatte ich derart anfertigen lassen, daß man daran den Kuppelbau vermittelst einer Kurbel heben und senken konnte. An diesem Modell versuchte ich durch Monate hindurch immer wieder, über diese Frage mir Klarheit zu verschaffen. Dabei kam ich zu der Überzeugung, daß dieser Bauteil wesentlich höher geführt werden müsse, als ich dies in meinem genehmigten Projekt vorgesehen hatte. Die höheren Kosten konnten aus Ersparnissen bei den Fundierungsarbeiten gedeckt werden.« Das genannte Modell gelangte später auf den Dachboden des 1896 vollendeten, Gründerzeitarchitektur verkörpernden Reichsgerichts.

Ekhart Berckenhagen

Wesen und Wandel des deutschen Architekturmodells (1981)

Modell des Berliner Schlosses von Andreas Schlüter, im von Johann Friedrich Wentzel 1700/02 gemalten Plafond des zerstörten Rittersaales im ehem. Schloß zu Berlin [82]

Das Architekturmodell vermittelt wichtige Hinweise zur Planungsabsicht und zum Entwurfsprozeß; es gibt Aufschlüsse über den ursprünglichen Bauzustand oder über eine Entwurfsvariante bzw. spätere Veränderungen am betreffenden Bauwerk. Vor allem aber trägt es dank seiner dreidimensionalen Darstellung zur Steigerung der Anschaulichkeit, namentlich für den Bauherrn, bei. Es kann ferner fallweise verlorengegangene Zeichnungen ersetzen oder, in den überkommenen Planbestand eingeordnet, wird es zu einem wichtigen Faktor im Entwurfs- und Baugeschehen, ja sogar zu einer unumstößlichen Urkunde von erheblicher wissenschaftlicher Beweiskraft.

Noch in unmittelbarer Verbindung zur Tradition der griechischen und römischen Antike[12] stehen die nur literarisch überlieferten Baumodelle aus der Romanik, für die allenfalls stellvertretend architektonisch geformte Reliquiare in Anspruch genommen werden können, wie beispielsweise das um 1000 in Antiochien entstandene Anastasiusreliquiar im Aachener Domschatz oder das um 1175/80 in Köln geschaffene Kuppelreliquiar aus dem Welfenschatz im Berliner Kunstgewerbemuseum[124], das einen Zentralbau mit Schirmkuppel auf griechischem Kreuzgrundriß wiedergibt. Aus der Gotik sind dagegen Architekturmodelle als Gesamtmodelle eines Bauwerkes trotz intensiver Nachforschungen bisher noch nicht bekannt geworden. Sicherlich fehlte als Voraussetzung für die Anfertigung eines Gesamtmodells die klare und eindeutig festgelegte Totalvorstellung des geplanten Bauwerkes, die weder der Architekturgesinnung noch der Baupraxis mittelalterlicher Bauhütten entsprach. Die frühesten überkommenen Architekturmodelle stammen aus der italienischen Rennaissance und wurden nach der Mitte des 14. Jahrhunderts aufgrund einer sich anbahnenden neuen Architekturvorstellung hergestellt, die von einer technisch-konstruktiven und mathematisch-stereometrischen Gesamtplanung ausgegangen war. In jener Epoche entstanden dort die ersten perspektivischen Bauzeichnungen wie beispielsweise Leonardo da Vincis Zentralkirchenentwürfe um 1490/1500.

Im deutschsprachigen Raum stellt das in massivem Lindenholz wohl von Adolf Daucher ausgeführte Vorentwurfsmodell für den Luginsland-Turm der Augsburger Stadtbefestigung[136] von 1514 das früheste überkommene Baumodell dar. Das erste zerlegbare Gesamtmodell mit detaillierter Durchbildung am Äußeren und im Innern hat sich in Hans Hiebers Holzmodell für die Neupfarrkirche zu Regensburg, die Wallfahrtskirche zur »Schönen Maria«[47, 155,] von 1519/1520 bewahrt. Spätgotische Steinmetztradition verbindet sich bei diesem Modell mit »Welscher Manier«. Leider erfolgte die Ausführung in vereinfachter Form; der sechseckige, nach Westen gerichtete Zentralbau blieb unausgeführt. Knapp einhundert Jahre später entstanden im Rahmen der Neubauplanung des Rathauses zu Augsburg durch den Stadtwerkmeister Elias Holl neben einem Modell des alten gotischen Rathauses vier Entwurfsmodelle[217,] von denen das sog. zweite Dachkreuzmodell von 1615/1620, das weitgehend dem ausgeführten Bauwerk entspricht, sehr sorgfältig ausgearbeitet und geschoßweise abhebbar ist, um ohne den Umweg über nicht laienverständliche Baurisse den Ratsherren die Diskussion über die gestalterische und organisatorische Einrichtung zu ermöglichen.[148] Es sei in diesem Zusammenhang noch an die Gruppe der im Auftrag des Bayernherzogs Albrecht V. vom Straubinger Drechslermeister Jakob Sandtner zwischen 1568 und 1574 angefertigten altbayerischen Stadtmodelle[162] erinnert, die sich im Bayerischen Nationalmuseum zu München befinden. Die Möglichkeit, eine ganze Stadt als Modell in Holz wiederzugeben, war damals gewiß kein Novum. Es gab u. a. ein florentinisches von 1529, das durch die Belagerung jenes Jahres veranlaßt, für Zwecke der Stadtverteidigung angefertigt worden war. Jedoch hatte Herzog Albrecht V. erstmalig die Hauptstädte seines Landes modellmäßig porträtieren lassen. Unter fortifikatorischen Gesichtspunkten entstanden in der Folgezeit viele Stadt- und Festungsmodelle, von denen nur die Sammlung der Festungsmodelle für die französische Ostgrenze von Sébastian le Prestre de Vauban (1633-1707)[154, 163] im Musée des Plans-Reliefs zu Paris erwähnt sei.

Der zahlenmäßig umfangreichste überkommene Modellbestand aus einer abgeschlossenen Kulturperiode gehört der ersten Hälfte des 18. Jahrhunderts, der Blütezeit des deutschen Barock, an. Sakrale und profane Bauschöpfungen sind anteilsmäßig etwa gleichwertig vertreten. Auf laienverständliche Darstellungsmethode wurde durch Zerlegbarkeit der durchweg in Weichholz gefertigten Modelle, oft mit Wiedergabe der wandfesten Ausstattung und zuweilen sogar sparsamer Möblierung ebenso geachtet wie auf eine repräsentative Ausführung, die meist noch durch eine polychrome Fassung unterstrichen wird. Aus jener Epoche stammen auch die meisten für eine Betrachtung in Vogelschau bestimmten Modelle von Gesamtplanungen fürstlicher Residenzen, die unter Einbeziehung der Gartenanlagen von architekturtheoretisch untermauerten Idealvorstellungen bestimmt waren, wie sie vor allem Paul Decker d. Ä. in seinem

Werk »Fürstlicher Baumeister oder Architectura Civilis« (1711-1716)[204] publiziert hat. Diese phantasievollen Baugedanken konnten oft nur als Torso verwirklicht werden oder sind gar nicht erst zur Grundsteinlegung gekommen.

Die Anschaulichmachung des gesamten Raumgefüges zerlegbarer Architekturmodelle des 18. Jahrhunderts, die durch Entfernung einer Fassadenwand noch gesteigert werden konnte und somit dem Betrachter einen zentralperspektivischen Einblick gewährte, hatte in den Schriften zeitgenössischer Architekturtheoretiker eine Parallelentwicklung. Der Nürnberger Johann Jacob Schübler stellte in seinem Werk »Nützliche Anweisungs-Proben von denen nöthigsten Begriffen der Vollständigen CIVIL-Bau-Kunst« (1740-1741)[72] ein repräsentatives, dreieinhalbstöckiges Wohnhaus vor, das sämtliche Baukonstruktionen und die wandfeste Ausstattung sowie eine vollständige Möblierung durch Wiedergabe als zentralperspektivischen Längsschnitt erkennen läßt. Der Göttinger Mathematikprofessor und Architekturtheoretiker Johann Friedrich Penther hat im zweiten Teil seiner ausführlichen Anleitung zur bürgerlichen Baukunst (1745)[187] als Titelkupfer eine allegorische Darstellung mit Putten mit zwei derartig zerlegbaren Modellen von Wohngebäuden in einer Zimmerecke vorangestellt.

Im ausgehenden 18. Jahrhundert traten neben Modellen aus Holz und Pappe als neuer Typus die Korkmodelle, die sog. Phelloplastiken hervor, die meist Nachbildungen römischer Ruinen zum Inhalt haben. Man sollte diese daher präziser als verkleinerte Korknachbildungen bezeichnen, die bis zu einem gewissen Umfang auch archäologisches Interesse beanspruchen können. Sie gingen vor allem aus der Werkstatt des Antonio Chichi in Rom hervor und wurden an manchen deutschen Orten auch über den Handel vertrieben.[212, 48]

Aufschlußreich sind die Modelle von Gewerbe- und Industriebauten, die im späten 18. Jahrhundert zuerst auftraten. Im Keltenmuseum zu Hallein im Salzburgischen befinden sind zwei Modelle für das dortige, 1798 erbaute Sudhaus mit technischer Einrichtung, das der aufgeklärte Fürsterzbischof von Salzburg Hieronymus Graf von Colloredo (reg. 1772-1803) für die Saline zwecks Verbesserung der Salzgewinnung veranlaßt hatte. Dazu gehören auch von Architekten entworfene Werke der Bauingenieurkunst, vor allem Brücken und Viadukte. Von den überdachten Holzbrücken der Schweizer Baumeisterfamilie Grubenmann[117] ab 1739, über die Erfindungen des hannoverschen Architekten Georg Ludwig Friedrich Laves aus den dreißiger Jahren des 19. Jahrhunderts für spezielle Tragwerkskonstruktionen bei Brücken[218] bis zu Otto Wagners Wiener Stadtbahnviadukten[67] aus Stein und Stahl mit Jugendstildekor kurz vor den Wende zu unserem Jahrhundert lassen sich modellmäßige Darstellungen nachweisen. Es sei in diesem Zusammenhang noch erwähnt, daß Johann Bernhard Fischers von Erlach Sohn Joseph Emanuel sich sogar dem Maschinenbau zugewandt und Dampfmaschinen für oberungarische Bergwerke, vor allem in Schemnitz, entworfen hat; ein zeitgenössisches Modell von 1732 befindet sich im Technischen Museum zu Wien[224] und verdeutlicht die Doppelbegabung des jungen Fischer von Erlach, der auch als Architekt eigenschöpferische Leistungen vorweisen kann.

Während des Klassizismus verlor das Architekturmodell bei vielen Architekten an Bedeutung und von Carl Friedrich Schinkel ist überhaupt kein Modell nachweisbar. Zu neuer Blüte gelangte es wieder seit dem Historismus. Eine auch geisteswissenschaftlich wichtige Gruppe stellen die phantasievollen theatralischen Schloßplanungen des unglücklichen Bayernkönigs Ludwig II. (reg. 1864-1886) dar[101], von denen Modelle vorliegen ebenso wie von den Entwürfen Julius Raschdorffs für den Berliner Dom seit 1891, der unter starkem Einfluß Kaiser Wilhelms II. entstanden ist.[206]

Neben die zur handwerklichen Modellanfertigung genutzten Werkstoffe wie Holz, Pappe und Stoff sowie Gips treten seit der Mitte unseres Jahrhunderts auch die zahlreichen Kunststoffe wie Polystyrolschaum, Acrylglas usw. Zugleich bemüht man sich, nicht zuletzt aus Kostengründen, um eine Präfabrikation und Mechanisierung der einzelnen Arbeitsvorgänge bei der Modellherstellung.

Das Architekturmodell als Mittel des Entwurfsprozesses soll ein geplantes Gebäude oder einen Bauteil dreidimensional veranschaulichen. Es ist nicht nur ein Hilfsgegenstand in einem Entscheidungsprozeß, sondern auch ein Mittel beim Finden und Erfinden, beim Suchen und Untersuchen. Balthasar Neumanns exakt durchgearbeitetes Holzmodell seiner Wallfahrtskirche zu Vierzehnheiligen vom Januar 1744[213, 179] im Historischen Museum zu Bamberg stellt das Endprodukt seiner vielfältigen Überlegungen dar, zu dem er notgedrungen auf Weisung seines Bauherrn, des Fürstbischofs Friedrich Carl von Schönborn veranlaßt worden war, als sein erstes, vom Sommer 1742 stammendes Projekt durch den verständnislosen und ehrgeizigen Bauleiter Gottfried Heinrich Krohne eigenmächtig verpfuscht worden war. Mit Darstellung aller konstruktiven Einzelheiten versehen, darunter auch die graphische Wiedergabe des gesamten Dachwerkes, vermag nur dieses Architekturmodell eine eindeutige Überprüfung der Raumeigenheiten und läßt das wirkliche Raumerlebnis, nämlich den Bewegungsablauf der einzelnen sich durchdringenden elliptischen und kreisrunden Wölbschalen mit ihren sphärischen Gurtbogen als ein Wahrnehmungsprozeß zu.

Dem gegenüber steht das Architekturmodell als Präsentationsstück für den Bauherrn gleichwertig zum Präsentationsriß. Möglichst anschaulich und repräsentativ sowie laienverständlich sollte es vornehmlich im Zeitalter des Absolutismus dazu beitragen, die Baulust des Fürsten zu wecken und zu realisieren. Heute kommt dem Präsentationsmodell in erster Linie die Aufgabe zu, weite Bevölkerungskreise über die vielfältigen Baumaßnahmen öffentlicher Hand zu informieren, um ihr Verständnis zu erreichen.

Modelle nach gebauten Architekturen entstanden aus unterschiedlichsten Beweggründen. Es gibt Kontrollmodelle, die für spätere Reparaturen, Umbauten und Erweiterungen als Grundlage zu dienen hatten; sie übernahmen zu einem gewissen Teil die Aufgaben, die heute Baubestandsbücher im öffentlichen Bauwesen erfüllen.

Lehrmodelle schuf man aus didaktischen Erwägungen entweder unter technisch-konstruktiven oder formal-künstlerischen Gesichtspunkten. Mit dem Aufkommen der Modellkammern um die Mitte des 18. Jahrhunderts begann ihre Blüte, obwohl bereits im 9. Jahrhundert ein Lehrmodell im Besitz Einharts, des Biographen Karls des Großen, nachgewiesen werden kann. Zunächst dienten die Lehrmodelle als Anschauungsmaterial für die Ausbildung der Genieoffiziere, dann als Studienobjekte für die aufkommenden technischen Lehranstalten, aus denen sie später oft in Museen und Sammlungen abgewandert sind.

Verwandt mit den Lehrmodellen sind jene Architekturmodelle, die als Gesellen- oder Meisterstücke von Bauhandwerkern vorgelegt werden mußten. Sie sind auf keine reale Bauaufgabe bezogen, sondern sie haben eine simulierte Situation zur Grundlage. Interessant sind in dieser Gruppe manche Entwurfsmodelle für Lehrgerüste. Noch im 18. Jahrhundert lassen diese vielfach eine konservative Baugesinnung verspüren, denn sie sind für Netzgewölbe der deutschen Sondergotik aus der ersten Hälfte des 16. Jahrhunderts bestimmt.

Erinnerungsmodelle wurden angefertigt, um ein zum Abbruch bestimmtes Gebäude in der Überlieferung dreidimensional zu bewahren. Hier sei auf die modellmäßige Darstellung der frühgotischen Marienkirche auf dem Harlunger Berg bei Brandenburg an der Havel verwiesen, die kurz vor 1722 abgebrochen wurde. Manchmal können auch Entwurfsmodelle im Laufe der Geschichte durch Abbruch oder Zerstörung des betreffenden Bauwerks unbeabsichtigt die Rolle eines Erinnerungsmodells einnehmen, wie beispielsweise das Modell von Balthasar Neumanns Benediktinerabtei-Kirche zu Münsterschwarzach am Main, die von 1821 bis 1837 als Folge der Säkularisation abgebrochen wurde. Bei dem unvollständig überkommenen Planbestand ist dasselbe zur wesentlichen Bauurkunde für den Forscher geworden.

Als museales Anschauungsobjekt hat das nachgebildete Erinnerungsmodell in der Zeit nach dem Zweiten Weltkrieg erheblich an Bedeutung gewonnen. Derartige Exponate sollten wohl besser als Rekonstruktionsmodelle bezeichnet werden, wie man sie auch für bauarchäologische Zwecke anfertigt. Vor allem haben Stadtmodelle, die geschichtliche Zustände aufzeigen, immer mehr Beachtung gefunden.[60, 181, 200, 208]

Votiv- und Stiftermodelle sind meist mehr oder minder naturgetreue Wiedergaben von gebauter Architektur, überwiegend von Kirchen und Kapellen, die entweder als Votivgeschenk von einem geistlichen oder weltlichen Stifter dargebracht oder als spezielles Attribut einem Heiligen beigegeben sind. Derartige dreidimensionale oder reliefierte Modelle unterliegen in erster Hinsicht bildhauerischen Gesichtspunkten in bezug auf ihre Maßverhältnisse zur Wirklichkeit und erst recht in der Wiedergabe ihrer Einzelheiten. Sie sind seit romanischer Zeit bekannt und oft für Vergleichszwecke nützlich.

Eine weitgespannte Gruppe bilden die Idealmodelle, die zuweilen auch als Phantasiemodelle nicht ganz treffend bezeichnet werden. Sie bedürfen stets einer sorgfältigen Beurteilung, ehe über ihre tatsächliche Zuordnung entschieden werden kann. Hierzu gehören auch architektonisch geformte Reliquiare und sonstige liturgische Geräte, vornehmlich Monstranzen. Durchweg aus edlem Material geformt, reicht ihr Themenkreis von kunstgewerblicher Phantasiearchitektur bis zur verkleinerten Wiedergabe von konkreten Gebäuden oder Bauteilen. Auch mittelalterliche Figurenbaldachine aus Naturstein und Holz, wie sie in und an den Domen zu Naumburg an der Saale, Bamberg, Paderborn und Münster in Westfalen vertreten sind, gehören hierher. So läßt sich der Nachweis erbringen, daß der steinerne Marienbaldachin im Bamberger Dom in seiner modellmäßigen Durchbildung deutlich auf die Gestalt der beiden nach 1232 vollendeten Westtürme weist, die stilistisch den Türmen der nordfranzösischen Kathedrale zu Laon verpflichtet sind.[41]

Die modellmäßige Wiedergabe des im Alten Testament (1 Kg 5,11-8,13; 2 Chr 2-4; Ez 40-43) quellenmäßig überlieferten Salomonischen Tempels zu Jerusalem hat seit dem Mittelalter nicht nur Architekten, sondern in gleichem Maße zunehmend auch jüdische und christliche Theologen immer wieder veranlaßt, diese Aufgabe zu lösen. Als Vorbild diente seit Beginn des 17. Jahrhunderts vor allem die zeichnerische Rekonstruktion durch den spanischen Jesuiten Juan Battista Villalpando (1552-1608). Da in situ nichts mehr vorhanden ist, mußten die alttestamentarischen Quellen dafür dienen, um im jeweigen Zeitstil eine Rekonstruktion zu wagen. In dem unvollendet gebliebenen Salomonischen Tempelmodell[1], das der humanistisch gebildete Hamburger Advokat und Ratsherr Gerhard Schott um 1680 in Auftrag gegeben hatte und das sich nach langer Wanderfahrt seit 1910 im Museum für Hamburgische Geschichte befindet[185, 191], besitzen wir nicht nur umfangmäßig das größte Modell eines einzelnen Bauobjektes, sondern zugleich auch einen dreidimensionalen Beitrag zur Geschichte der biblischen Archäologie und zur vielfältigen Architekturtheorie der Barockzeit.

Hans Reuther

Über Materialien und Arten

Hans Reuther (1920-89) beim Studium des zerlegbaren Modells von 1768 zum Neubau-Projekt des Benediktinerstifts Michaelbeuern [239]

Das Architekturmodell im engeren Sinn war und ist neben der zeichnerischen Darstellung ein integrierender Bestandteil im Entwurfsprozeß des Architekten. Als plastisch-dreidimensionale Wiedergabe in einem bestimmten Maßstabsverhältnis zum geplanten Werk trägt es – im Gegensatz zur vorgetäuschten bei sämtlichen Perspektivkonstruktionen – auch für den Bauherrn ganz erheblich zur Steigerung der Anschaulichkeit bei. Es hat daher hohen dokumentarischen Wert und vermittelt dem Bau- und Kunsthistoriker wichtige Hinweise zur Planungsabsicht wie zum Entwurfsablauf; zudem gibt es Aufschlüsse über den ursprünglichen Bauzustand oder über eine Entwurfsvariante bzw. über spätere Veränderungen. Fallweise kann es nicht mehr vorhandene Pläne ersetzen oder, in den überkommenen Zeichnungsbestand eingeordnet, wird es zu einem wichtigen Faktor im Entwurfs- und Baugeschehen, ja sogar mit – erheblicher Beweiskraft – zu einer unumstößlichen Urkunde innerhalb der Baugeschichte eines Objekts.

Das Wort »Modell« kommt vom italienischen »modello« (lat. exemplar, exemplarum, forma, modus; neu-lat. protactio, designum; franz. modèle, patron élvé, maquette, plaquette; engl. model) und bezeichnet nicht nur das Baumodell, sondern in der bildenden Kunst auch einen Naturgegenstand als Muster oder Vorlage künstlerischer Gestaltung, insbesondere den Menschen. In der Plastik bzw. Skulptur ist es ferner ein geometrisch exaktes Vorbild des endgültigen Werkes aus einem bildsamen Material, meist Ton oder Wachs, das mit freier Hand oft unter Zuhilfenahme von Modellierhölzern und Drahtschlingen hergestellt (modelliert) wird.

Als Werkstoffe zur Anfertigung von Baumodellen sind die unterschiedlichsten Materialien im Verlauf einzelner Kulturperioden nachweisbar. Neben dem in der griechischen und römischen Antike üblichen Naturstein, meist leicht zu bearbeitende poröse und dichte Kalkgesteine, kommen ganz selten Steingüsse vor, die aus pulverisierten Gesteinsbrocken und einem mörtelartigen Bindemittel bestehen und eine bildhauerische Nachbehandlung zulassen, falls man keine Gußform anwendet. Die Herstellung von Baumodellen aus ungebranntem, also luftgetrocknetem, oder gebranntem Ton ist ebenfalls seit der Antike verbürgt. Im Gegensatz zum Ton ist Plastilin (ital.) eine weich bleibende Modelliermasse, die beim Baumodell als Rahmen des Entwurfsprozesses leicht Veränderungen zuläßt. Plastilin besteht aus Kaolin, Gipspulver, Ölen und Erdfarben, aber auch aus Kolophonium, Zinkoxyd, Glycerin, Wachs und Rhizinusöl oder aus Wachs und Schusterpech mit Erdfarben. Die Beimengung von Glycerin erhält Plastilin immer in einem weich-feuchten Zustand. Die Verwendung von Wachs ist dagegen seltener.

Gips, der sowohl gegossen als auch mit dem Messer geschnitten oder bildhauerisch bearbeitet werden kann, hat selbst bei der Herstellung von Teilmodellen (z. B. Gebäudeachsen) im Maßstab 1:1, also in natürlicher Größe, Anwendung gefunden, wobei zwecks Wahrung der Stabilität die modellierten Teilstücke mit Hilfe von Nägeln, Draht und Schlaudern oder durch Metallgeflechte mit Holzrahmen oder -gerüsten als Träger verbunden werden.

Holz wird sowohl als Block, Bretter oder zur Verminderung des Eigengewichtes als Sperrholz zum Modellbau herangezogen. Die Verwendung von Weichholz läßt im Gegensatz zum Hartholz eine leichtere tischlermäßige Bearbeitung zu, vor allem bei Schnitzereien. Edelhölzer kommen an repräsentativen Fassaden oft bei den architektonischen und ornamentalen Gliederungen und in Innenräumen beim Paviment und der wandfesten Ausstattung vor. Holzstoff- und Spanplatten tragen wie Sperrholz zur Verminderung des Eigengewichts bei und lassen sich wie Holz bearbeiten.

Papiermaché (franz. Papierteig) ist eine bildsame Masse, die durch Auflösen von Altpapier oder Zellstoff in Wasser unter Zusatz von Leimlösung, Gummi oder Stärke, von Gips, Kreide, Schwerspat oder Ton hergestellt und in geölte Formen gepreßt wird; der Trocknungsvorgang erfolgt bei höherer Temperatur. Papiermaché wird oft zur Anfertigung von Ornamenten anstelle von Zinnguß verwendet. Es läßt sich bequem mittels Leim am Baumodell befestigen. Auch komplizierte Gewölbe können aus diesem Material gegossen werden. Verwandt mit Papiermaché ist die sogenannte Kaschierarbeit (kaschieren = franz. verdecken oder verbergen), die namentlich für kurzlebige Bühnen- und Festarchitektur wegen ihrer Leichtigkeit bevorzugt wird. Beim Modellbau kommt diese Technik zur Gestaltung kompliziert gekurvter und sich durchdringender Architekturen infrage. Über einem Trägergerüst aus Holz mit Metallgeflecht werden Teilstücke aus gleichen oder verschiedenen Materialien zusammengeklebt oder aufgegossen und danach farbig behandelt. Papier, Papiermaché, Textilien, Metall- und Kunststofffolien sind die hauptsächlich hierfür benutzten Werkstoffe.

Papier, Karton und Pappe ermöglichen eine schnelle Fertigung von Baumodellen, zumal die Fassadengliederungen mechanisch aus den Aufrißzeichnungen des Bauentwurfs übertragen werden können. Auch die sogen. Ausschneide- oder Modellierbogen gehören hierzu, die meist in Farbdruck dargestellte Fassaden eines bedeutendes Gebäudes zeigen, welche mit der Schere ausgeschnitten und mittels anhängender Laschen nach Faltung zusammengeklebt werden.

Einen besonderen Zweig der Baumodelle stellen die Phelloplastiken dar[212], die aus verschiedenfarbiger Korkrinde bestehen. Als »Erfinder« dieser Modellbauweise gilt der von 1738 bis 1784 in Rom lebende Architekt Augusto Rosa. Die Korkrinde wird nach Pressung zunächst durch Hobel geglättet und abgeschliffen. Sie läßt sich sägen, schneiden sowie bohren und durch Leimung verbinden. Die poröse Struktur der Korkrinde erinnert vor allem an den römischen Travertin, einen bei Tivoli in der Umgebung Roms gebrochenen Kalktuff von porösem Gefüge und gelblich-weißer bis grau-bräunlicher Farbe. Für die modellhafte Nachbildung von Bauten und Ruinen des antiken Roms als Lehr- und Erinnerungsmodele war dieser Werkstoff in der Zeit des Klassizismus und der Romantik sehr beliebt, zumal er auch, in gemahlenem Zustand angewandt, eine wirklichkeitsnahe Imitierung des ruinösen Zustandes und Verfalls der Objekte bewirkte.

Für die Anfertigung von Lehrmodellen zur Veranschaulichung von Mauerverbänden und Gewölben in Ziegelbauweise benutzt(e) man gebrannte Miniaturziegel oder gepreßte Miniaturkalksandsteine, die mit einem wasserlöslichen Mörtel, bestehend aus gesiebtem Schweißsand und Lehm im Mischungsverhältnis von etwa 1:4, vermauert wurden bzw. werden. Derartige Lehrmodelle lassen sich daher zerlegen und wieder verwenden.

Als Sondermassen für den Modellbau gelangten in abgeschlossenen Kulturperioden ganz vereinzelt sogar Brot, Marzipan, Tragant und Getreidekörner zur Anwendung.

Güsse aus Bunt- und Edelmetall sind besonders für die serienmäßige Modellherstellung als Devotionalien und Erinnerungsmodelle weithin verbreitet. Neben dem Zinnguß ist der Guß aus Neusilber, einer weitgehend korrosionsbeständigen Nickel-Kupfer-Zink-Legierung, bekannt. Außerdem sind ornamentale und figürliche Details in Zinnguß nachzuweisen, die entweder mit Drahtstiften oder durch Leimung an Holzmodellen befestigt werden. Die Benutzung von Leichtmetallblechen, vor allem Aluminium, für Modelle der Bauingenieurkunst hat gegenüber dem Stahlblech den Vorteil einer wesentlich leichteren Bearbeitung des Werkstoffes bei geringem Eigengewicht.

Zur Herstellung von sogen. Strukturmodellen eignet sich besonders Metalldraht, der gelötet werden kann, um Verbindungen herzustellen.

Für Erinnerungsmodelle hat man zuweilen den Eisenkunstguß angewandt, bestehend aus einem mit hohem Kohlenstoffgehalt versehenen Eisen, das im Bruch meist graue Farbe aufweist und das man daher als Grauguß bezeichnet. Derartige Modelle stammen durchweg aus der Blütezeit des Eisenkunstgusses im Klassizismus, deren höchste künstlerische Stufe in der 1804 von Gleiwitz aus ins Leben gerufenen kgl. Eisengießerei zu Berlin erreicht wurde. Carl Friedrich Schinkel lieferte beispielsweise von 1810 bis gegen Ende der 1830er Jahre alle Modelle auch für architektonische Denkmäler.

Elfenbein, im engeren Sinn der Handelsname für die aus Zahnbein bestehenden Stoßzähne von Elephant und Mammut, wurde mit Vorliebe bei Modellen von Denkmälern und architektonisch geformten Objekten des Kunstgewerbes (u. a. Reliquiare) angewandt. Es läßt sich sowohl schnitzen als auch mit Hilfe der Drehbank drechseln.

Das 20. Jahrhundert brachte neue, meist leicht zu bearbeitende und preisgünstige Materialien häufig auf der Basis der Schaumkunststoffe, vorzugsweise auf Polystyrolgrundlage für den Modellbau. Außerdem haben sich das Acrylglas und das unter Wärmeeinwirkung biegsame Plexiglas bewährt und konnten das bis dahin benutzte und zerbrechliche Fensterglas weitgehend ablösen.

Architekturmodelle sind von jeher zu verschiedensten Aufgaben und Zwecken hergestellt sowie verwendet worden. Bei systematischer Betrachtung sind voran zu unterscheiden: die eigentlichen Entwurfsmodelle, die Modelle nach gebauter Architektur mit unterschiedlicher Bedeutung und für die vielfältigsten Verwendungszwecke bestimmt, die Ideal- und Phantasiemodelle sowie Stadt- und Festungsmodelle und die Modelle aus dem Gebiet der Bauingenieurkunst mit Übergang zum Maschinenbau.

Das Entwurfsmodell erfüllt im engeren Sinn die eigentliche Aufgabe, die dem Baumodell zukommt. Es kann als Arbeitsmodell im Rahmen des Projektablaufs dienen, wobei es meist Änderungen und Korrekturen unterworfen ist, als Modell des vollendeten Entwurfs für den Bauherrn oder bei Wettbewerben als geforderter Bestandteil desselben, der dem Preisrichterkollegium die Beurteilung erleichtern soll. Schließlich kann ein sorgfältig im Detail durchgearbeitetes Entwurfsmodell auch noch die Forderung nach einem sogen. Präsentationsmodell erfüllen, das laienverständlich ist und zugleich vom Ruhm des Bauherrn kündet. Vor allem im absolutistischen Zeitalter waren derartige Modelle von Herrschaftsarchitekturen sehr beliebt.

Als Massenmodell kann es ein erstes Arbeitsmodell sein, jedoch wird diese Bezeichnung sogar bei Entwurfsmodellen angewandt, die keine Innenräume erkennen lassen und deren Durcharbeitung sich eindeutig auf die Fassaden beschränkt.

Das Hohlkörpermodell ist ein Modell, das eine adäquate Durchbildung sowohl des Äußeren als auch des Inneren aufweist. Um solch ein Modell vollständig erfaßbar zu machen, muß es zerlegbar sein. Bei mehrgeschoßigen Profanbauten ist es oft so konstruiert, daß es stockwerkweise abhebbar ist, oder durch Aufklappen um 180° in beide Längsschnitt- bzw. Querschnitthälften betrachtet werden kann. Letztere Methode hat sich vornehmlich bei Sakralbauten durchgesetzt, die sich häufig in Längs- und Querschnitthälften zerlegen lassen. Um den Transport derartiger sperriger Modelle zu erleichtern, sind ihre Turmobergeschosse, -kuppeln oder -helme abhebbar.

Das Konstruktionsmodell hat ausschließlich die Aufgabe, die Grundlagen der Baukonstruktion an einem Werk der Architektur oder Bauingenieurskunst insgesamt oder im Detail dreidimensional zu veranschaulichen. Meist sind es Dachwerke oder Fachwerksysteme, die dargestellt werden. Bei den Dachwerken handelt es sich häufig um frei gespannte Hänge- und Sprengwerkskonstruktionen über größeren Spannweiten, die zuweilen schon den Übergang von der zimmermannsmäßigen Ausführung zur ingenieurmäßigen Konstruktion darstellen. Gelegentlich repräsentiert auch nur ein Binderjoch den Konstruktionstypus. Turmdächer sind modellmäßig oft hergestellt worden, namentlich spätgotische Spitzhelme mit Kaiserstiel oder die sogen. welschen Hauben, welche Augsburger Zimmerleute zuerst eingeführt haben. Die modellmäßige Anfertigung von Kuppeln dient zwei Aufgaben: erstens, um das Konstruktionssystem zu zeigen, vor allem wenn diese nicht massiv ausgeführt, sondern als Holzlamellenbauweise attrappiert und im Dachwerk aufgehängt sind, zweitens, um die Wölbung in dreidimensionaler Darstellung als Malgrund für eine geplante Freskierung nach dem von Andrea Pozzo theoretisch vorgegebenen Schema der Quadraturmalerei zur Verfügung zu haben. Ab und zu werden selbst komplizierte Gründungen als Modell veranschaulicht.

Die Anfertigung von Detailmodellen im Maßstab 1:1 war bis zur Gründerzeit vereinzelt üblich[135], trat dann aber verstärkt in Erscheinung, weil den Architekten mehr und mehr die Sicherheit beim Entwurf der Einzelheiten verloren gegangen war. Bei einer Ausführung der Fassaden in massivem Werkstein waren nämlich nachträgliche Änderungen entweder gar nicht mehr oder nur unter erheblichen

Schwierigkeiten und großen Kosten möglich.[422 B] Diesen Gefahren wollte man möglichst entgehen. Man hat daher an der Baustelle derartige Detailmodelle dort errichtet, wo sie in endgültiger Ausführung im Baugefüge ihren Platz haben sollten. Während der nationalsozialistischen Ära, als megalomane Staats- und Parteibauten projektiert wurden, verwendete man größte Sorgfalt bei der Anfertigung solcher Modelle. Umfangreiche Modellbauer-, Bildhauer- und Stukkateuretrupps sowie Gerüstbauerkolonnen waren ständig beschäftigt, kostspielige Modelle, durchweg von mehreren Fassadenachsen zu erstellen, die oft nicht mehr am zukünftigen Standort ausgeführt wurden, sondern auf besonders dafür vorgesehenen Plätzen, die fast an das Freigelände einer Filmproduktionsstätte erinnerten. Zuweilen ergaben sich beinahe unüberwindliche Schwierigkeiten, um ein geeignetes Gelände ausfindig zu machen, wenn es sich um abwegige Bauaufgaben handelte. So fand man erst nach langer Suche im Pegnitztal östlich von Nürnberg einen passenden Standort, um einen vollständigen Sektor des sogen. Deutschen Stadions auf dem Reichsparteigelände in natürlicher Größe zu erreichen.

Ein Unikat in der Reihe der Detailmodelle 1:1 bildet die Straßenfassade des dreigeschossigen, mit kannelierten korinthischen Kolossalpilastern gegliederten ursprünglichen Manufakturgebäudes (1945 zerstört) Am Kanal 41 zu Potsdam, welches 1756 von H. L. Manger als Modell zum (seit 1755 geplanten) Neuen Palais im Park von Sanssouci errichtet worden war.[286]

Die Gruppe der Baumodelle nach gebauter Architektur ist thematisch und entsprechend ihrer vielfältigen Anwendungszwecke außerordentlich weitgespannt. Zunächst seien die Kontrollmodelle genannt, die in Bauhütten oder Architektenateliers von einem bestehenden oder gerade fertiggestellten Bauwerk bzw. Bauteil nachgefertigt wurden, um Konstruktion und Form für anfallende Reparaturen, Bauerweiterungen oder -veränderungen deutlich zu machen.

Lehrmodelle sind Mustertypen von Gebäuden, Werken der Bauingenieurkunst und von Baukonstruktionen, die zu didaktischen Zwecken als Anschauungsmaterial dienen und dabei entweder technisch-konstruktive oder künstlerische Aufgaben erfüllen sollten. Solche Lehrmodelle sind meist nach bestimmten Lehrplänen aufgebaut und in Sammlungen zusammengefaßt. So besaßen die heutigen Technischen Hochschulen und ihre Vorläufer[36] für die Architektenausbildung derartige Sammlungen, die entweder untergegangen oder in Museen abgewandert sind. Eine vollständige Modellsammlung, die »kungelige Modellkamaren« bewahrt noch das Technische Museum in Stockholm[8] – ursprünglich als Lehrmaterial zur Ausbildung von Ingenieuroffizieren dienend. Entsprechende Bestände setzen sich einerseits aus simulierten Musterentwürfen, andererseits aber auch aus nachgebauten Modellen bedeutender Bauwerke oder für ihre Zeit neuartigen Baukonstruktionen zusammen. Nicht zu übersehen seien selbst die theologischen Lehrsammlungen von Modellen biblischer Bauten, voran des rekonstruierten Salomonischen Tempels[1], die etliche Theologische Fakultäten und sonstige kirchliche Institutionen besaßen, wie beispielsweise die Franckeschen Stiftungen zu Halle an der Saale.

Rekonstruktionsmodelle wurden aus vielfältigen Gründen und Interessen angefertigt. Am Anfang steht die ständige Auseinandersetzung mit der vermeintlichen Gestalt des bereits erwähnten Salomonischen Tempels nach den einschlägigen alttestamentarischen Quellen. Bei den zahlreichen nachweisbaren Rekonstruktionsversuchen von Theologen und Architekten ließ sich nie der jeweilige Zeitstil ganz ausschließen, der vornehmlich in der Fassadengestaltung eingeflossen ist. Daneben haben Tempelbauten aus dem Alten Orient, der griechischen und römischen Antike sowie den verschiedensten Bereichen der Völkerkunde Anlaß zu auch plastischen Rekonstruktionsversuchen gegeben. Solche Modelle sind selbst für die Wissenschaftsgeschichte nicht unwichtig; denn sie vermitteln jeweilige Erkenntnisse aufgrund des entsprechenden Standes der Ausgrabungen. Oft werden Rekonstruktionsmodelle aus archäologischen[125, 142] und baugeschichtlichen Gründen angefertigt, um den ursprünglichen Zustand oder spätere Zustände eines Bauwerkes anschaulich zu machen. Sogar denkmalpflegerische Gründe können Anlaß sein, derartige Modelle herstellen zu lassen. Seit der Romantik läßt sich diese Sparte der Modellanfertigung nachweisen, wie z. B. jene Idealrekonstruktion der Marienburg in Westpreußen unter dem Oberpräsidenten Theodor von Schön nach 1816 unter Beteiligung von Carl Friedrich Schinkel vor Beginn der Restaurierungsarbeiten.[237]

Erinnerungsmodelle wurden meist angefertigt, um die Gestalt der zum Abbruch bestimmten Bauten der Nachwelt zu überliefern. Wohl das bekannteste Modell ist das der gotischen Marienkirche auf dem Harlunger Berg bei Brandenburg an der Havel, das vor 1722 hergestellt wurde.[100]

Die Funktionen der Rekonstruktions- und Erinnerungsmodelle sind oft nicht präzise voneinander zu trennen, ebensowenig wie von den Architekturmodellen, die als Exponate für Museums- und Ausstellungszwecke entstanden. Besonders nach dem Zweiten Weltkrieg hat man nach Plan- und Fotounterlagen mehr oder minder erfolgreich solche Rekonstruktionen untergegangener Bauten gewagt. Man hat auch zuweilen in Museen den Versuch unternommen, ganze Gebäudefassaden im Maßstab 1:1 zu rekonstruieren; manchmal werden dabei sogar Spolien vom zerstörten Originalbauwerk eingefügt. Bemerkenswert in dieser Reihe dürfte die Giebelfassade des Leibnizhauses zu Hannover sein, die man in Sandstein rekonstruiert und an einem anderen Standort und für ein Gebäude mit gänzlich neuartiger Nutzung vorgeblendet hat.

Neben dem Stadtmodell[251 A-D] steht das Festungsmodell[94], das ausschließlich militärtechnischen Zwecken diente und daher kaum der Öffentlichkeit zugänglich war. Für museale Bedürfnisse wurden seit dem 19. Jahrhundert zunehmend Stadtmodelle zur Identifizierung angefertigt, die entweder als Gesamt- oder Teilmodelle durchweg nach überkommenen historischen Plänen, Veduten und sonstigen Darstellungen in Modellbauwerkstätten der Museen geschaffen wurden.[1, 60, 208]

Das Idealmodell im engeren Sinne ist der in plastischer Wiedergabe sichtbare architektonische Gedanke von einem Bauwerk, das entsprechend den Vorstellungen seines Entwurfes alle Forderungen in ästhetischer und praktischer Hinsicht erfüllt. Es ist eng verwandt mit dem Phantasiemodell, das eine Architektur voller Ideenreichtum ohne Rücksichtnahme auf eine mögliche Verwirklichung darstellt. Derartige Modelle kommen sowohl im profanen als auch im sakralen Bereich vor. Besonders Tabernakel wurden in spätgotischer Zeit aus leicht bearbeitbarem Naturstein in Form von Fialen und Türmen nachempfunden. Auch sogen. Hochkreuze, meist durch Dombauhütten aufgeführte Wegekreuze in oft beträchtlicher Dimension nehmen den modellhaften Charakter von Türmen mit Fialen, Wimpergen sowie Maßwerkzier, Krabben und Kreuzblumen an. Als Beispiel sei das vom Kölner Erzbischof Walram von Jülich (1332-1349) gestiftete und durch die Dombauhütte zu Köln ausgeführte Hochkreuz bei Bad Godesberg genannt. Ferner ist auf den tabernakelartigen Pfeiler der »Spinnerin am Kreuz« im zehnten Wiener Gemeindebezirk hinzuweisen, der 1451/52 nach Entwurf von Hans Puchspaum neu errichtet wurde. Diesen modellartigen Typus hat Carl Friedrich Schinkel bei seinem Nationaldenkmal auf dem Kreuzberg in Berlin 1818-1821 in Gußeisen für einen profanen Zweck umgebildet.

Figurenbaldachine und Tabernakel sind durchweg Objekte, die den Gruppen der Ideal- und Phantasiemodelle zuzuordnen sind. Figurenbaldachine an Portalen und im Kircheninneren lassen sich seit Beginn des Übergangsstiles nachweisen. Beachtliche Lösungen findet man an den westfälischen Domen zu Paderborn und Münster sowie vor allem an den Domen zu Bamberg und Naumburg an der Saale. Neben phantasievoll gestalteten Chorschlüssen mit Wölbung, die Turm- und Wimpergbekrönungen aufweisen, nähern sich derartige Baldachine auch wirklichen Vorbildern, wie beispielsweise dem Turm der Kathedrale zu Laon über der Statue der Heimsuchungsmaria um 1235 im Bamberger Dom.

Eine Fülle von Idealmodellen turmreicher Sakralbauten des Übergangsstiles in angenäherter zentralperspektivischer Darstellung zeigen sich in den Zwickeln der Gipsreliefs der überkommenen nördlichen Chorschranken in der ehem. Benediktinerabteikirche St. Michael zu Hildesheim[172].

Votiv- und Stiftermodelle haben den Charakter von Symbolformen realer Architekturen und sind bereits seit vorchristlicher Zeit nachzuweisen. Modellen der Grabeskirche zu Jerusalem begegnet man vielerorts entweder in Kirchen oder als selbständige kapellenartige Baukörper, die von Jerusalempilgern gestiftet wurden und oft als Wallfahrtsstätten dienen. Bedeutende Beispiele befinden sich in der Kapuzinerklosterkirche zu Eichstätt, wo eine romanische Nachbildung in Werkstein um 1160 in Form eines ovalen Rundbaus mit Vorkammer steht. Aus dem späten 13. Jahrhundert stammt das heilige Grab inmitten der Mauritiusrotunde des Münsters zu Konstanz, und zwar als zwölfseitiger Zentralbau mit Pyramidenhelm, der in seinen Einzelformen an staufische Architektur erinnert. Das Augsburger hl. Grab in der ehem. Karmeliterklosterkirche St. Anna wurde wahrscheinlich von Johann Holl 1598 geschaffen und weist auf seiner Laterne eine bizarre Haube auf. Inmitten einer Golgathaanlage in Görlitz[146] steht neben der Kreuzkapelle als kubischer Baukörper mit kuppeliger Laterne das 1504 vollendete heilige Grab. Daneben gibt es kleine, meist aus Holz gefertigte und mit Edelsteinen besetzte Modelle des heiligen Grabes, die wohl in erster Linie als geweihte bzw. ungeweihte Pilger- oder Reiseerinnerungsmodelle anzusprechen sind.

Fast unübersehbar groß ist die Zahl der überlieferten Stiftermodelle – von karolingischer Zeit bis zur Gegenwart – als Relief und als Freiplastik, die in mehr oder minder angenäherter Gestalt den gestifteten Bau zeigen. Auch Kirchenpatrone halten oft als spezielles Attribut die ihnen geweihte Kirche in der betreffenden Stadt. Da bei der Darstellung der Stifter bzw. Kirchenpatrone bildhauerische Gesichtspunkte im Vordergrund standen, unterliegen die Modelle ebenfalls weitgehend diesen Gesichtspunkten. Namentlich die Längendimensionen sind meist verkürzt wiedergegeben. Selbst Rückschlüsse auf den jeweiligen Ursprungsbau sind nur beschränkt möglich, weil eine detaillierte Durchbildung in den seltensten Fällen gegeben ist, und daher Vergröberungen und Vereinfachungen in Kauf genommen werden müssen. Bei Stifterfiguren, die erst in nachfolgenden Stilperioden entstanden, werden Rückschlüsse auf den Ursprungsbau immer fragwürdiger. Bis zu einem gewissen Grade trifft dasselbe Kriterium auch auf Nachfolgebauten zu. Wenn die Statue nicht für den Standort der Stiftung geschaffen wurde, kann das Stiftermodell sogar zu einer mehr symbolischen Bedeutung gelangen.

Architektonische Reliquiare, meist als richtungsbezogener Baukörper in Form eines Hauses mit steilem Giebeldach oder in basilikal-dreischiffiger Gestalt, können trotz ihres modellhaften Charakters nur in Ausnahmefällen einem bestimmten Sakralbau zugeordnet werden, ebenso wenig wie Zentralbau- und Kuppelreliquiare, die als idealisierte Nachbildungen von Mausoleen auf Kreis-, Polygon- oder griechischem Kreuzgrundriß anzusehen sind.

Auch Erzeugnisse des Kunsthandwerks, vor allem architektonisch geformte Denkmäler und offene Rundtempel sowie Antentempel, können in den seltensten Fällen auf gebaute Vorbilder zurückgeführt werden. Architektonisch gestaltete Devotionalien, oftmals Miniaturmodelle von Domen und Wallfahrtskirchen, sind durchweg ohne künstlerischen Wert und in der Regel serienweise aus unedlen Materialien angefertigt, wobei auf Präzision kaum Anspruch zu erheben ist.

Die Gruppe der technischen Modelle stellt den Übergang vom Architekturmodell zur modellmäßigen Wiedergabe von Werken der Bauingenieurkunst dar. In erster Linie sind es Brücken[94], Wind- und Wassermühlen sowie Baugerüste, die im Modell veranschaulicht werden. Der Augsburger Stadtwerkmeister Elias Holl (1573-1646) war im deutschsprachigen Raum der erste Vertreter, der Modelle aus beiden Sparten nach seinen Arbeiten anfertigen ließ.

Hans Reuther (Fragmente aus dem Nachlaß)

Anmerkungen

1 Ahrens, Dieter (Hrsg.): Trier … Das Trierer Stadtmodell im Museum Simeonsstift. Trier 1983

2 Albrecht, Holl, 1937 = Ingeborg Albrecht: Elias Holl. Stil und Werk des ›Maurmaisters‹ und der Augsburger Malerarchitekten Heinz und Kager. In: Münchner Jb. d. bild. Kunst, N. F., Bd. 12, 1937, S. 101-136

3 Alvensleben, Udo von: Die braunschweigischen Schlösser der Barockzeit und ihr Baumeister Hermann Korb. Berlin 1937, S. 67-69, Abb. 20, 21

4 Architectural models. In: The architectural review 140, 1966, Nr. 833, S. 68-76 mit 10 Fig. (heutiger Modellbau)

5 Architekturmodelle. Siehe: Kunstforum International, Mainz, Bd. 38, 2/80

6 Bachmann, Erich: Ein Architekturmodell d. ehem. Deutschordensresidenz Ellingen. In: Jb. d. histor. Ver. f. Mittelfranken 80, 1962/63, S. 87-93

7 Bachmann, Erich: Die Aschaffenburger Korkmodelle. In: Artis 19, 1967, Heft 12, S. 23-27 m. 3 z. T. farb. Abb.

8 Baeckström, Arvid: Kongl. Modellkammaren (Stockholm, Tekniska Museet). In: Daedalus. Tekniska Museets årsbok 1959, S. 56-72 m. Abb. (der Modelle u. a.)

9 Bayerl, Günter: Historische Wasserversorgung. Bemerkungen zum Verhältnis von Technik, Mensch und Gesellschaft. In: Technik-Geschichte. Histor. Beiträge u. neuere Ansätze, hrsg. v. Ulrich Troitzsch u. Gabriele Wohlauf, Frankfurt/M. 1980, S. 180-211

10 Beccati, G.: Modello. In: Enciclopedia dell'Arte Antica Classica e Orientale. Bd. 5, Roma 1963, p. 132-137 m. Fig.

11 Beissel SJ, Stephan: Die Bauführung des Mittelalters. Studie über die Kirche des hl. Victor zu Xanten. Freiburg/Br. 2. Aufl. 1889 (Neudruck Osnabrück 1966): I, S. 107, 126, 134, 138 ausnahmslos handelt es sich um Steinmetzmodelle aus Holz für Werkstücke (wohl Schablonen) u. a. für Fenstermaßwerk

12 Benndorf, Otto: Antike Baumodelle. In: Jahreshefte d. Österr. Archäolog. Instituts in Wien 5, 1902, S. 175 ff., Fig. 47-58

13 Benson, A. C. & L. Weaver: The book of the Queens's Doll's House, 2 Bde. London 1924, mit zahlr. Abb. z. T. farbig, auf 116 Taf.

14 Berckenhagen, Ekhart: Die Ornamentstichsammlung der Kunstbibliothek. In: Berliner Museen 10, 1961, S. 22-25 m. 4 Abb. (Bericht über die 1948-60 wiedererworbenen 450 Architektur- u. Ornamentstich-Werke)

15 Berckenhagen, Ekhart: Deutsche Gärten vor 1800. Hannover-Berlin-Sarstedt 1962 (darin Abb. S. 35: Garten u. Schloß Salzdahlum nach Tobias Querfurt; Abb. S. 41: Garten- u. Wasserkunstanlagen auf der Wilhelmshöhe bei Kassel, nach dem Kupferstichwerk des Giovanni Francesco Guerniero)

16 Berckenhagen, Ekhart: Barock in Deutschland – Residenzen. Kat. d. Ausstellung Staatl. Museen Stiftung Preuß. Kulturbesitz Berlin 1966 (darin Baumodelle: Nr. 113, 220, 339); Besprechung v. Ausst. u. Kat. durch H. Reuther, in: Kunstchronik 19, 1966, S. 327-331 m. 3 Abb.; von Heinz Ohff, in: Der Tagesspiegel, Berlin, vom 10.9.1966, Nr. 6384, S. 4 m. 1 Abb. (vom Schleißheimer Schloßmodell)

17 Berckenhagen, Ekhart: Die Französischen Zeichnungen der Kunstbibliothek Berlin. Bestandskatalog mit 1045 Abb., Berlin 1970

18 Berckenhagen, Ekhart: Von Schinkel bis Mies van der Rohe. Kat. zur Ausstellung, Kunstbibliothek Berlin 1974

19 Berckenhagen, Ekhart: Hans Grisebach. Architekt der Gründerjahre. Seine Zeichnungen in der Kunstbibliothek Berlin. Ausstellungs- u. Sammlungskat. mit 31 Abb., Berlin 1974

20 Berckenhagen, Ekhart (Hrsg.): Fünf Architekten aus fünf Jahrhunderten. Zeichnungen von Hans Vredeman de Vries, Francesco Borromini, Balthasar Neumann, Hippolyte Destailleur, Erich Mendelsohn. Kat. zur Ausstellung d. Kunstbibliothek SMPK Berlin 1976 (darin S. 63-114 mit 26 Abb. der Beitrag »Balthasar Neumann« von Hans Reuther; S. 115-154 mit 29 Abb. »Hippolyte Destailleur« von E. Berckenhagen)

21 Berckenhagen, Ekhart: Erich Mendelsohns Architekturzeichnungen in Berlin. In: Jb. Preuß. Kulturbesitz 13, 1976 (1977), S. 253-257 Abb. 94-97

22 Berckenhagen, Ekhart: Fritz Höger Baumeister-Zeichnungen. Kat. zur Ausstellung d. Kunstbibliothek SMPK Berlin 1977

23 Berckenhagen, Ekhart: Architektenzeichnungen 1479-1979 von 400 europäischen und amerikanischen Architekten. Kat. zur Ausstellung d. Kunstbibliothek Berlin 1979 (mit 432 Abb.)

24 Berckenhagen, Ekhart: Entwürfe von Peter Behrens und Heinrich Tessenow zum Ehrenmal Unter den Linden in Berlin. Neuerwerbungen der Kunstbibliothek. In: Jb. Preuß. Kulturbesitz 15, 1978 (1980), S. 155-165, Abb. 53-58

25 Berckenhagen, Ekhart: Entwurfzeichnungen englischer und amerikanischer Architekten in Berlin. Neuerwerbungen der Kunstbibliothek Berlin. In: Jb. Preuß. Kulturbesitz 16, 1979 (1980), S. 227-239, Abb. 79-87

26 Berckenhagen, Ekhart: Willy Kreuer Architekturplanungen 1929 bis 1968. Ausstellungs- u. Bestandskatalog d. Kunstbibliothek Berlin 1980

27 Berckenhagen, Ekhart: Neuerwerbungen des Museums für Architektur. In: Berliner Museen. Berichte aus den SMPK 20, 1980, S. 4-6, Abb. 1-3

28 Berckenhagen, Ekhart: Vom Kugelhaus zum Waterloo Palace. Neuerworbene Architekturzeichnungen für die Kunstbibliothek. In: Jb. Preuß. Kulturbesitz 19, 1982, S. 355-368, Abb. 106-113

29 Berckenhagen, Ekhart: Architektur im Museum. In: Jb. Preuß. Kulturbesitz Sonderband 1, Einblicke – Einsichten – Aussichten … Stephan Waetzoldt zum 60. Geburtstag, Berlin: Gebr. Mann Verlag 1983, S. 209-219, Abb. 69-74 (Baumodelle S. 216)

30 Berckenhagen, Ekhart: Schiffe Häfen Kontinente. Eine Kulturgeschichte der Seefahrt. Begleitpublikation zur Ausstellung der Kunstbibliothek Berlin SMPK, Berlin: D. Reimer Verlag 1983 (S. 360 Nr. 178 mit Abb. S. 262: Radierung nach dem Baumodell des brit. Dreideckers »The Royal George« von 1715, im Maßstab 1:48 im Bes. der TU Hannover)

31 Berckenhagen, Architekturmodelle, 1984 = Berckenhagen, Ekhart: Die Sammlung der Architekturmodelle in der Kunstbibliothek Berlin. In: Jb. Preuß. Kulturbesitz Bd. 20, 1983 (Berlin 1984), S. 61-90, Abb. 2-24

32 Berckenhagen, Ekhart: Von Bélanger und Schinkel zu Frank Lloyd Wright. Neugewonnene Architekturzeichnungen für die Kunstbibliothek Berlin. In: Jb. Preuß. Kulturbesitz 21, 1984 (1985), S. 173-193, Abb. 39-49

33 Berckenhagen, Ekhart: Paul Wallots zeichnerischer Nachlaß. Neuerwerbung für die Kunstbibliothek Berlin. In: Jb. Preuß. Kulturbesitz 21, 1984 (1985), S. 195-203, Abb. 50-54

34 Berckenhagen, Ekhart: Das deutsche Architekturmodell, in: WELTKUNST 62, 1992, Nr. 4 vom 15.2., S. 246-248 mit 5 Abb.

35 Berliner, Rudolf: Zur älteren Geschichte der allgemeinen Museumslehre in Deutschland. In: Münchner Jb. d. bild. Kunst, N. F., Bd. V/1928, S. 327 (117)-352 (142); besonders S. 328 ff. (118 ff.) Gesch. d. Museumslehre beginnt mit Samuel van Quicchebergs Hdb. d. wiss. Slgen = Inskriptiones vel tituli theatri amplissimi, München 1565; dort im 1. Hauptabschnitt Programm eines idealen Museums entworfen u. kommentiert

36 Beschreibung des neuen Königl. Münzgebäudes. In d. v. D. Gilly hrsg. Sammlung nützlicher Aufsätze u. Nachrichten, die Baukunst betreffend. Hrsg. v. Mitgliedern d. kgl. Preuß. Ober-Bau-Departements 4. Jahrgang 1800, Bd. 1 = Jahrgang 1800, S. 21 f. m. Taf. (darauf Grundrisse der Alten Berliner Münze samt Seitengebäude u. deren 2. wie 3. Etage)

37 Bexte, Peter: Das Museum eines einsamen Mannes (des Sir John Soane, 1752-1837, in London, 13, Lincoln's Inn Fields). In: Frankfurter Allgemeine Magazin, Heft 309 vom 31.1.1986, S. 50-61 mit Abb. (auch der Baumodelle-Sammlung)

38 Binney, Marcus: An extension to the Soane Museum. In: Country Life 151, 1972, S. 1306-1308 m. Abb.

39 Bisschop, G. Rooegaarde: De geschilderde Maquette in Nederland. In: Nederl. Kunsthist. Jb. 7, 1956, S. 167-217 m. Abb.

40 Blendinger & Zorn, Augsburg, 1976 = Blendinger, Friedrich & Wolfgang Zorn: Augsburg. Geschichte in Bilddokumenten. München 1976

41 Boeck, Wilhelm: Der Bamberger Meister. Tübingen 1960, S. 175-184

42 Boeke, Enno: Der romanische Vierungsturm des Hildesheimer Domes, das Steinbergersche Turmreliquiar im Domschatz und das Grab Christi in Jerusalem. In: Niederdeutsche Beiträge zur Kunstgeschichte 18, 1979, S. 103-120 m. 12 Abb.

43 Booz, Paul: Der Baumeister der Gotik. München-Berlin 1956, S. 67-106

44 Briggs, Martin S.: Architectural models. In: The Burlington Matgazine 54, 1929, p. 174-183, 245-252

45 Brisac, Catherine: Musée des Plans-Reliefs. Hôtel Nat. des Invalides Paris 1981

46 Bruck, Robert: Die Dresdner Schloßmodelle. In: Mitt. aus d. kgl. sächs. Kunstsammlungen 6, 1915, S. 1 ff., Abb. 3-5, 7

47 Büchner-Suchland, Hieber, 1962 = Büchner-Suchland, Irmgard: Hans Hieber. Ein Augsburger Baumeister der Renaissance. München-Berlin 1962, S. 15-43, 65-68, Abb. 1-6, 7, 10-17, 29

48 Büttner, Anita: Korkmodelle des Antonio Chichi. Vollständiger Katalog der Korkmodelle, Hess. Landesmuseum Darmstadt Staatl. Kunstsammlungen Kassel, Darmstadt 1969 bzw. 2. Aufl. 1975 und Addenda 1978

49 Bulletin du Musée Carnavalet (Paris) 6, 1953, Nr. 2; 7, 1954, Nr. 1, p. 9-15; 18, 1965, Nr. 1, p. 14-19 (mit Abb. von Baumodellen)

50 Burckhardt, Jacob: Kultur und Kunst der Renaissance in Italien (1. Aufl. 1867). Wien 1936 (Teil: Architektur, 8. Kapitel. Das Baumodell § 58-60, S. 407-410)

51 Busley, Carl: Die Entwicklung des Segelschiffes erläutert an 16 Modellen des Deutschen Museums in München. Berlin 1920 (mit 180 Abb.)

52 Cable, Carol: The architectural model: its design and use. Vance Bibliographies, Monticello, Ill., 1982

53 Cornforth, John: Architects, Patrons and Models. In: Country Life 137, 1965, p. 466 f. m. 5 Fig.

54 Decker, Paul: Deß Fürstlichen Baumeister, Oder Architectura Civilis …, Erster Theil …, Augsburg … 1711, Nr. 1990

55 Dehio, Georg: Handbuch der Deutschen Kunstdenkmäler neu bearbeitet von Ernst Gall. Bd. 1 Niedersachsen und Westfalen 1935; usw.

56 Doig, Allan: The architectural drawings collection of King's College, Cambridge. Cambridge 1979, S. 26 f.

57 Elbern, Victor H. & Hans Reuther. Der Hildesheimer Domschatz. Hildesheim 1969, Nr. 35

58 Erichsen, Johannes: Überlegungen zum Augsburger Rathaus anläßlich der Ausstellung »Elias Holl und das Augsburger Rathaus« … In: Kunstchronik 38, 1985, S. 486-502 mit 16 Abb. (z. T. von Modellen)

59 Fe. F.: Modello: In: Enciclopedia Italiana di Scienze, Lettere ed Arti. Roma (1931) 1949, S. 511-517 m. Abb., Taf. 117, 118

60 Fischer, Christoph: Lübeck als Modell (M. 1:500, modernes). In: Deutsche Kunst u. Denkmalpflege 41, 1983, H. 2, S. 117-123 m. 6 Abb.

61 Fischer, Marianne: Architektur in Darstellung und Theorie. 5. Sammlungskat. der Kunstbibliothek, Berlin 1969

62 Fischer, Marianne: Katalog der Architektur- und Ornamentstichsammlung der Kunstbibliothek Berlin SMPK, Teil 1: Baukunst England. Berlin 1977

63 Franz, Heinrich Gerhard: Das Palais im Großen Garten zu Dresden. In: Zs. f. Kunstwiss. 3. 1949, S. 75 ff.

64 Fraser, Antonia: Spielzeug. (London 1966) Oldenburg-Hamburg 1966 Abb. 20-22, 86 f., 104-106, 108, 133, 170, 199, 252 von histor. Puppenhäusern in brit. Museen, Privatbes. usw.

65 Gall, Ernst: Bauzeichnungen der Gotik. In: Gestalt und Gedanke. Folge II, München 1953, S. 126-132

66 Gercke, Peter: Antike Bauten in Modell und Zeichnungen um 1800. Vollständ. Kat. d. Korkmodelle … Kassel Staatl. Kunstsammlungen 1986

67 Geretsegger, Heinz & Max Peintner: Otto Wagner 1841-1918. Salzburg 1964, S. 47-78 (auch dtv-Tb. 2864, München 1980, S. 69-95)

68 Göttlicher, Arvid: Materialien für ein Corpus der Schiffsmodelle im Altertum. Mainz 1978

69 Greene, Vivien: English Doll's Houses. London 1955

70 Grimm, Jacob & Wilhelm Grimm: Deutsches Wörterbuch 6. Bd. L. M. bearbeitet von Dr. Moritz Heyne, Leipzig 1885 (Sp. 2438 f. Model Sp. 2439 f. Modell)

71 Grodecki, Louis u. a.: Plans en Relief de Villes Belges. Levés par des Ingenieurs militaires français – XVIIe — XIXe siècle. Bruxelles 1965 (die Modelle im Musée des Plans-Reliefs, Hôtel National des Invalides)

72 Gürsching, Heinrich: Johann Jacob Schübler. In: Mitt. d. Ver. f. d. Gesch. d. Stadt Nürnberg 35, 1937, S. 19-57

73 Guide to the Collection Medieval Art. The Metropolitan Museum of Art, New York 1962, p. 14, Fig. 22 (Stiftermodell des Magdeburger Doms, das Kaiser Otto I., 962-973, Christus darreicht; ottonisches Elfenbein, 2. H. 10. Jh.; ex Coll. Seitenstetten; Gift of George Blumenthal 1941/41.100.157)

74 Hamilton, G. H.: The Art and Architecture of Russia. Pelican History of Art, Abb. S. 114 (Holzmodell d. Dreifaltigkeits-Kathedrale Alexander Nevski Lavra in St. Petersburg von Tressini & Schwertfeger 1720-23), Abb. S. 127 (Modell von Starov 1776)

75 Hauglid, Roar: Norske Stavkirker. Oslo Dreyers Forlag 1976, S. 303 Abb. 254 (Modell der Hedal-Stabkirche)

76 Heidelbach, Paul: Kassel – Ein Jahrtausend hessischer Stadtkultur. Kassel-Basel 1959, S. 227-229

77 Hentschel, Walter: Denkmale sächsischer Kunst. Die Verluste des zweiten Weltkrieges. Berlin 1963, Nr. 429 Abb. 555, Nr. 430 Abb. 556, Nr. 431 Abb. 557, Nr. 432 Abb. 558

78 Hess, W.: Katalog der Kreis-Muster-Modelle-Sammlung von Unterfranken und Aschaffenburg und des technologischen

Cabinets des polytechnischen Central-Vereins in Würzburg. Würzburg 1869

79 Heydenreich, Ludwig Heinrich: Architekturmodelle. In: Reallexikon zur Deutschen Kunstgeschichte, Bd. 1, Stuttgart 1937, Sp. 918-940 mit 16 Abb.

80 Hiersing, Thilo C.: Die utopischen Architekturmodelle der 60er Jahre ... Mainz 1980

81 Hilbich, spätgot. Rathaus, 1968 = Hilbich, Eberhard P.: Das Augsburger spätgotische Rathaus und seine Stellung unter den süddeutschen Rathausbauten. Diss. TH München 1968

82 Himmelheber, Georg: Kleine Möbel. Modell-, Andachts- und Kassettenmöbel vom 13.-20. Jh. München 1979 (darin u. a.: Klaus Maurice, Gedanken zu Modellsammlungen im 17. Jh., S. 35-44)

83 Hohauser, Stanford: Architectural and Interior Models. New York 1970

84 Hojer, Gerhard: Schleißheim, Neues Schloß und Garten. Amtl. Führer, München 3. Aufl. 1973, S. 51 f.

85 Holtmeyer, A.: Die Bau- u. Kunstdenkmäler im Reg.-Bez. Kassel. Bd. VI: Kreis Kassel-Stadt. Kassel 1923, S. 315 f., Taf. 194

86 Holtzinger, Heinrich: Geschichte der Renaissance in Italien von Jacob Burckhardt. Eßlingen 5. Aufl. 1912, S. 109-113: Das Baumodell

87 Horst, Tieleman van der: Neue Baukunst worinn ... gezeiget wird, wie man vielerley Treppen ... verfertigen solle ... Nürnberg, Weigel, 1763 (zu den Treppenmodellen in Augsburg als Hinweis auf mögliche Vorlagen)

88 Jacob, Sabine: Italienische Zeichnungen der Kunstbibliothek Berlin: Architektur und Dekoration 16. bis 18. Jh. Berlin SMPK 1975 (Nr. 735, Abb. S. 161: Domenico Piola – nahestehend, Ruhm und Zeit mit Palastmodell, um 1700, lav. Federzeichnung, Hdz 3855)

89 Jacobs, Flora Gill: A History of Doll's Houses. London 1954

90 Janke, Rolf: Architekturmodelle. Stuttgart 1962, 2. Aufl. 1978, S. 9, 151, Abb. 5, 6

91 Jannsen, Nicolai: Bauzeichnung und Architekturmodell. 1963, 4. unter Mitarbeit von U. Jannsen neu bearbeitete Aufl. 1985

92 Jestaz, B.: Les modèles d'architecte. In: Bulletin de la société nationale des antiquaires de France 1965, p. 184-185 (Vortragsresümee)

93 Karlinger, Hans: Elias Holl. In: Zs. Bayerland 45, 1934, S. 23-34 m. Abb.

94 Katalog Die Sammlungen des Verkehrsmuseums Nürnberg. Hrsg. v. d. Reichsbahndirektion ... Nürnberg 1935, S. 21 ff. (Eisenbahnbrücken seit Mitte d. 19. Jh., auch Modelle)

95 Katalog der Ornamentstich-Sammlung der Staatl. Kunstbibliothek. Berlin 1939 (Reprint in 2 Bden. New York 1958)

96 Katalog der Ausstellung Plan und Bauwerk. München 1952, Nr. 38, 51, 118, 123 (jeweils Modelle)

97 Katalog Deutsche Kunst und Kultur im German. National-Museum Nürnberg 1952, Abb. S. 173 (Puppenhaus der Nürnberger Patrizierfamilie Stromer, 1639; S. 231 weiterer Text zu Puppenhäusern daselbst)

98 Kat. d. Ausstellung Heinrich Christoph Jussow (1754-1825). Kassel, Staatl. Kunstsammlungen, 1958, S. 38 f.

99 Kat. d. Ausstellung Kunst und Kultur im Weserraum 800-1600, 2 Bde., Corvey 1966

100 Kat. d. Ausstellung Augsburger Barock. Radaktion v. Christina Thon, Augsburg 1968, Nr. 1 (Abb. 16, 17), 10 (Abb. 4), 22, 26 (Abb. 12), 27, 29 (Abb. 14), 30 (Abb. 15), 36 (Abb. 5)

101 Kat. d. Ausstellung König Ludwig II. und die Kunst. München 1968, Nr. 75 (Abb. S. 17), 76, 85 (Abb. S. 79), 320

102 Kat. d. Ausstellung Hannover als Residenzstadt. Hannover, Histor. Museum am Hohen Ufer, 1971, Nr. 45

103 Kat. d. Ausstellung Bayern – Kunst und Kultur. Redaktion: Michael Petzet, München, Stadtmuseum, 1972, Nr. 747, 854, 930, 1097, 1098, 1172, 1418, 1473, 1482, 1489, 1719, 1744, 1942, 1997, 2056, 2345

104 Kat. d. Ausstellung Rhein und Maas. Kunst und Kultur 800-1400. Köln 1972, Abb. S. 275, 312, 359, 371 (besonders hinzuweisen ist auf M 12: Fragmente vom Schrein der hl. Gertrudis, 1272-98, in Nivelles; denn der 1940 zerstörte Schrein »war das vollkommenste Abbild einer gotischen Kathedrale, die ›nicht nur die Sargform, sondern auch die Kastenform bis auf die letzte Spur abgestreift‹ hat (Braun).«

105 Kat. d. Ausstellung Monumenta Annonis. Köln und Siegburg. Weltbild und Kunst im hohen Mittelalter. Köln 1975, S. 56 ff., 125 ff., 185 ff. (Reliquienschreine) mit Abb., Farbtafel 5 (A 20: Anno umgeben von 5 Baumodellen, zwei davon haltend, um 1183)

106 Kat. d. Ausstellung The eye of Th. Jefferson. Hrsg. v. William Howard Adams, National Gallery of Art, Washington 1976, Nr. 478 (= Model of Popular Forest, für die Ausstellung hergestellt), Nr. 393 (= Model of the Virginia Capitol, Richmond, 1786)

107 Kat. d. Ausstellung Architektur des 19. Jahrhunderts in Augsburg. Augsburg, Städt. Kunstsammlungen, 1979, Nr. 113-117, Abb. 36, 37 (Zeichnungen bzw. Modell der Schule am Stadtpflegeranger in Augsburg, dazu S. 58 Lebenslauf von Ludwig Leybold, 1833-91)

108 Kat. d. Ausstellung Berlin und die Antike. Berlin 1979, Nr. 152, 169, 175, 458, 608-611, 1006 f., 1013 f., 1015 f., 1192, zumeist mit Abb.

109 Kat. d. Ausstellung Welt im Umbruch. Augsburg zwischen Renaissance und Barock. Bd. 1 Zeughaus Augsburg 1980, Nr. 9, 15-17, 261, 262, 272, 273

110 Kat. d. Ausstellung Stadt und Utopie. Modelle idealer Gemeinschaften. Berlin 1982, S. 93, 95, 117 f., 122 f., 126 f., 130, 135, 144 (Architekturmodelle des 20. Jh.)

111 Kat. d. Ausstellung Miniature Rooms. The (James Ward) Thorne rooms at the Art Institute of Chicago 1983

112 Kat. d. Ausstellung Het kleine Bouwen. 4 eeuwen maquettes in Nederland. Bearbeitet v. R. W. Tieskens, D. P. Snoep en G. W. C. van Wezel. Utrecht, Central Museum, 1983

113 Katalog Das Abenteuer der Ideen ... Eine Ausstellung in der Neuen Nationalgalerie ... Internationaler Bauausstellung Berlin 1984, S. 315, 316, 320, 321, 325, 326, 327 (Architekturmodelle von G. Grassi, V. Gregotti, W. Gropius, Hilmer & Sattler, Fritz Höger zum Chile-Haus in Hamburg, J. P. Kleihues, L. v. Klenze zur Glyptothek in München, Ch. W. Moore, J. Nash zu The Royal Pavilion in Brighton, R. Steiner, G. Terragni, O. M. Ungers)

114 Kat. Idee Prozess Ergebnis. Die Reparatur und Rekonstruktion der Stadt. Internationale Bauausstellung Berlin 1984, Abb. S. 14, 64, 92, 126, 145, 147, 160, 164, 210, 214-217, 271, 281, 295, 296, 301, 319, 323, 324, 330, 331, 364, 380 (Architekturmodelle des 20. Jh.)

115 Kat. Erich Mendelsohn 1887-1953 Ideen Bauten Projekte. Bearbeitet v. S. Achenbach, Ausstellung zum 100. Geburtstag aus den Beständen der Kunstbibliothek SMPK Berlin 1987 (präsentiert wurden auch Modelle zu und von Bauten Mendelsohns, zumeist Erwerbungen der Kunstbibliothek Berlin)

116 Kat. d. Ausstellung Papierarchitektur. Neue Projekte aus der Sowjetunion. Hrsg. v. Heinrich Klotz, Frankfurt/M., Deutsches Architekturmuseum, 1989

117 Killer, Jos.: Die Werke der Baumeister Grubenmann. Zürich 2. Aufl. 1959

118 Klaiber, H. A.: Schloß Solitude. München 1984

119 Kleiner, Salomon: ... Wahraffte Vorstellung byder ... Schlösser Weissenstein ob Pommersfeld und Geibach ... Augsburg 1728

120 Kletzl, Otto: Plan-Fragmente aus der deutschen Dombauhütte von Prag in Stuttgart und Ulm. Stuttgart 1939, S. 13 f., 75 f., 94, 113, 123, Anm. 32

121 Klotz, Heinrich: Architektur des 20. Jh. Zeichnungen, Modelle, Möbel. Aus der Sammlung des Deutschen Architekturmuseums Frankfurt/M., Katalog 1989. – H. Klotz & Evelyn Hils, Von der Urhütte zum Wolkenkratzer. 24 Modelle zur Gesch. d. Architektur. Kat. d. Ausstellung d. Dt. Architekturmuseums Frankfurt am Main 1990 (moderne Nachbauten, meist von Ivor & Sigrid Swain, 1982-89)

122 Knorre, Alexander von: Turmvollendungen deutscher gotischer Kirchen im 19. Jh. Köln, Universität, 1974 (Hinweise auf Turmmodelle z. B. Regensburg)

123 Köster, August: Modelle alter Segelschiffe. Berlin o. J. (um 1926) mit 124 Bildtafeln

124 Kötzsche, Dietrich: Der Welfenschatz im Berliner Kunstgewerbemuseum. Bilderhefte der SMPK Berlin, Heft 20/21, 1973, S. 71-73 Nr. 15, Farbtafel VII, VIII, Abb. 25-32 (Kuppelreliquiar, Köln, um 1175-1180)

125 Krefter, Friedrich: Persepolis im Modell. Das Modell der Palastterrasse von Persepolis im Maßstab 1:200 und die Probleme seiner Erstellung. In: Archaeologische Mitteilungen aus Iran, Abteilung Teheran, N. F., Bd. 2, 1969, S. 123-137, Taf. 54-59

126 Kreilinger, Kilian: Ein Baumodell F. A. Mayrs von Trostberg. In: Schönere Heimat 64, 1975, p. 15-18 mit 5 Abb.

127 Kreilinger, K.: Der bayerische Rokokobaumeister Franz Alois Mayr. (= Diss. München 1975) In: Jb. d. Ver. f. christl. Kunst 9, 1976, p. 1-161

128 Kreisel, Heinrich: Die Schlösser Ludwigs II. von Bayern. Darmstadt 1955, S. 82-86, Abb. 93

129 Kugler, Franz: Beschreibung der in der königl. Kunstkammer zu Berlin vorhandenen Kunst-Sammlung. Berlin 1838 – Beschreibung der Kunstschätze von Berlin und Potsdam, 2. Teil: VIII, 2 No. 448, S. 271 f.: Modelle der Heiliggrabkirche in Jerusalem, L 12 Zoll, B 14 Zoll, H 9 Zoll, sowie der Kirche zu Bethlehem, L 18 Zoll, B 7 Zoll, H 6 Zoll, aus Holz mit Teilen aus Elfenbein, Ornamente aus Perlmutter angelegt, z. T. auseinandernehmbar, von Prof. Joh. Liguovius aus Königsberg laut Zertifikat vom 8.6.1669 in Jerusalem von dort mitgebracht (ähnliches Modell der Heiliggrabkirche, welches sich 1710 in Lüneburg befand, ebenfalls von einer Reise ins Hl. Land – testiert 1691 – bei Z. C. von Uffenbach in seinen merkwürdigen Reisen durch Ndr. Hollant u. Engelland, I, S. 511, beschrieben)

130 Ladendorf, Heinz: Andreas Schlüter. Berlin 2. Aufl. 1937, S. 53-62, Abb. 62

131 Lauter, Hans: Zur gesellschaftlichen Stellung des bildenden Künstlers in der Griechischen Klassik. Mit einem Exkurs: Paradeigmata (= Modelle). In: Erlanger Forschungen. Reihe A, Bd. 23, 1974, S. 26-34

132 Ledebur, Leopold Freiherr von: Koenigliche Museen Abtheilung der Kunstkammer, umfassend die Sammlung kleinerer Kunstwerke des Mittelalters und der neueren Zeit sowie der historischen Merkwürdigkeiten. Berlin 1871, S. 38-41 (Architekturmodelle, über 100 Stück, darunter auch Korkmodelle; Arbeiten von Friedrich Schilling, aus Papier-maché von Callenbach und Zmudzynski)

133 Lehnert, Georg: Aus alten Puppenstuben. In: Velhagen & Klasings Monatsheften 16. Jg., Dez. 1901, S. 401-411 m. Abb. (u. a. von Räumen eines Puppenhauses des 17. Jh., im Kunstgewerbemuseum zu Berlin = Abb. 2-6)

134 Lepik, Andres-René: Das Architekturmodell in Italien 1353-1500. Magisterarbeit Uni. Augsburg 1987 (Ms.)

135 Lieb, Holl, 1953 = Lieb, Norbert: Elias Holl. In: Lebensbilder aus dem bayerischen Schwaben, Bd. 2, München 1953, S. 246-268

136 Lieb, Baukunst, 1955 = Lieb, Norbert: Augsburger Baukunst der Renaissancezeit. In: Augusta 955-1955, München 1955, S. 229-247, Abb. 9-11

137 Lieb, Seld, 1958 = Lieb, Norbert: Die Augsburger Familie Seld. In: Lebensbilder aus dem bayerischen Schwaben 6, 1958, S. 38-87

138 Lieb, Holl, 1968 = Lieb, Norbert: Elias Holl. In: Bayer. Symphonie. Hrsg. v. Herbert Schindler, Bd. 2, München 1968, S. 163-175

139 Löffler, Fritz: Das alte Dresden. Geschichte seiner Bauten. Dresden 1955, S. 29, 38, 59 f., 355, Abb. 44, 141, 186

140 Lübbecke, Fried: Das Palais Thurn und Taxis zu Frankfurt a. M. Frankfurt/M. 1955

141 Lüde, Annegret von: Studien zum Bauwesen in Würzburg 1720-1750 Mainfränkische Studien Bd. 40, Würzburg 1987, S. 123, Anm. 30, 31

142 Mallwitz, Alfred: Olympia im Modell. In: Kat. d. Ausstellung 100 Jahre deutsche Ausgrabung in Olympia. München 1972, Abb. 76-85 (Rekonstruktionsmodelle – nach der Grabung 1875-81 im antiken Heiligtum – von Hans Schleif 1931 und von Eva Mallwitz 1960)

143 Manderscheid, Hubertus: Ein Gebäudemodell in Bonn. In: Bonner Jahrbücher des Rhein. Landesmuseums in Bonn 183, 1983, S. 429-447 m. Abb. (Modell für antike Badeanlage? – Votiv? Mit weiterführenden Hinweisen auf andere antike Baumodelle = Anm. 67)

144 Marzolff, Peter: Ein Reliefbruchstück in Ettenheim. In: Die Ortenau. Veröffentlichungen d. Histor. Ver. f. Mittelbaden 55, 1975, S. 181-184 m. 2 Abb. (Spolie mit Modell – der 1828 abgebrochenen Abteikirche Ettenheim-Münster? – vom Stifterstandbild möglicherweise)

145 Matteoli, Anna: I modelli lignei del' 500 e de '600 per la facciata del duomo di Firenze. In: Commentari 25, 1974, p. 73-110 m. 17 Fig.

146 Melville, Robert: Model makers. In: Architectural review 151, Nr. 902/1972, S. 249 abgebildet »model by Stephan Salter of George Gilbert Scott's All Saints, Sherbourne, 1859«

147 Mettken, G.: Ein Reliefporträt Frankreichs. In: Weltkunst 38, 1968, S. 618 (Modelle von Vaubans Festungen)

148 Meyer, Ch. (Hrsg.): Die Hauschronik der Familie Holl. München 1910, S. 61 f., 70

149 Modell: ein architektonisches Medium. In: Werk – Bauen + Wohnen 1983, Nr. 1, S. 20-47 m. Abb.

150 Mosser, Monique: Französische Architekturmodelle im Zeitalter der Aufklärung. In: Daidalos. Berlin Architectural Journal 2, 1981, S. 83-95 m. 12 Abb.

151 Müller, Hannelore: Städt. Kunstsammlungen Augsburg. Das Maximilian-Museum. München-Zürich (Gr. Kunstführer Bd. 90) 1982, Nr. 15 und 16 (Rathaus-Modell und »Dachkreuz«-Modell)

152 Models. In: Encyclopedia of world art. Bd. 10, New York 1965, Spalte 192-201, Plate 97-104

153 Ortleb, A. und G.: Kleine Baumodellierschule. Eine Anleitung wie Dilettanten und jugendliche Anfänger Modelle von Gebäuden jeder Stylart von Holz, Kork und Pappe selbst anfertigen können. Leipzig 1886 (mit 98 Abb.)

154 Parent, Michel & Jacques Veroust: Vauban. Paris 1971

155 Pfeiffer, Wolfgang: Die Zeichnungen Michael Ostendorfers am Kirchenmodell der Schönen Maria zu Regensburg. In: Pantheon 44, 1966, S. 378-387

156 Pfister, Rudolf: Die Augsburger Rathaus-Modelle des Elias Holl. In: Münchner Jb. d. bild. Kunst, N. F., 12, 1937, S. 85-100

157 Ponten, Josef: Architektur die nicht gebaut wurde. 2 Bde., Stuttgart-Berlin-Leipzig 1925

158 Ratensky, Alexander: Architekturzeichnung und Modellbau. Eine Einführung für Architekturstudenten und Bauzeichner. 1985

159 Reclams Kunstführer Deutschland. Band IV Hessen: Kunstdenkmäler. Bearbeitet v. Gerhard Bott, Dieter Großmann u. a., Stuttgart 5. Aufl. 1978 – siehe ferner Bd. I Bayern, II Baden-Württemberg, III Rheinlande u. Westfalen, V Niedersachsen usw., VI Rheinland-Pfalz usw., VII Berlin sowie die Österreich- u. Schweiz-Bände etc.

160 Redslob, Edwin: Dome in Gold. Berlin 1937 (= Reliquiare)

161 Reinle, Adolf: Salomonische Tempelsymbole an christlichen Kirchen. In: Neue Zürcher Zeitung: Fernausgabe Nr. 295 vom 17.12.1976, S. 25

162 Reitzenstein, Alexander Freiherr von: Die alte bairische Stadt in den Modellen des Drechslermeisters Jakob Sandtner – gefertigt in den Jahren 1568-1574 im Auftrag Herzog Albrechts V. von Bayern. München 1967 (= Modelle von München, Landhut, Ingolstadt, Straubing, Burghausen an der Salzach)

163 Répertoire des maquettes d'architecture, modèles et plansreliefs. In: Revue de l'art 58/59, 1982-83, S. 128-141 m. 23 Abb.

164 Reuther, Hans: Paul Decker d. Ä. In: Neue Deutsche Biographie 3. Bd., Berlin 1957, S. 548 f.

165 Reuther, Hans: Die Kirchenbauten Balthasar Neumanns. Berlin 1960, S. 75-78, 90-97, Abb. 23, 24, 59

166 Reuther, Hans (Hrsg.) Rudolf Kömstedt: Von Bauten und Baumeistern des fränkischen Barocks – aus dem Nachlaß herausgegeben von H. R. Berlin 1963, S. 87 und Abb. 71, 72

167 Reuther, Hans: Das Oswaldreliquiar im Hildesheimer Domschatz und seine architektonischen Vorbilder. In: Niederdeutsche Beiträge zur Kunstgeschichte 4, 1965, S. 63-76, Abb. 39-52

168 Reuther, Hans: Bibliographie für Baugeschichte des Lehrstuhls für Baugeschichte und Bauaufnahme ... Berlin TU 1968 ff. (Maschinen-Schriften, vervielfältigt; 28 Einzeltitel) dazu – ebenfalls als fiktiver Titel – Vorlesungen ... 1965 ff. (37 Einzeltitel – im Besitz der Kunstbibliothek SMPK Berlin, unter den Signaturen 356^x bzw. E 420°, jeweils mtl-Format)

169 Reuther, Hans: Das Gebäude der Herzog-August-Bibliothek zu Wolfenbüttel und ihr Oberbibliothekar Gottfried Wilhelm Leibniz. In: Leibniz. Sein Leben ..., hrsg. v. W. Totok & C. Haase, Hannover 1966, S. 349-366 m. 7 Abb. (des von Hermann Korb 1705-13 errichteten Bibliotheksgebäudes)

170 Reuther, Barock in Berlin, 1969 = Reuther, Hans: Barock in Berlin. Meister und Werke der Berliner Baukunst 1640-1786. Berlin 1969, S. 106, 110, Farbabb. 3b/S. 19, Abb. 10/S. 24

171 Reuther, Hans: Die Sakralbauten von Christoph Hehl. Ein Beitrag zur Hannoverschen Bauschule Conrad Wilhelm Hases. In: Niederdeutsche Beitr. z. Kunstgesch. 8, 1969, S. 211-264 m. 29 Abb. (Abb. 12/S. 228: Modell, Entwurfsvariante der ev.-luth. Garnisonskirche in Hannover, Goetheplatz; Baubeginn 5.4.1892, grundsteingelegt 5.4.92, Einweihung 1896; 1943 ausgebrannte 3-schiffige, 5-jochige Basilika im roman. Stil)

172 Reuther, Hans: Die Chorschranken von St. Michael zu Hildesheim. Zur Deutung ihrer architektonischen Reliefdarstellungen. In: Niederdeutsche Beiträge z. Kunstgesch. 9, 1970, S. 103-136 m. 28 Abb. (Abb. 8: Stiftermodell; Abb. 13-20: Architekturreliefs in den Bogenzwickeln und deren architekton. Bedeutung als Zentralbau, Basilika usw.; Entstehung d. Chorschranken um 1197)

173 Reuther, Hans: Das deutsche Baumodell. In: DFG Mitteilungen 2, 1971, S. 26-30, Abb. n. S. 35

174 Reuther, Hans: Das Modell der St.-Clemens-Propsteikirche zu Hannover. In: Niederdeutsche Beiträge z. Kunstgesch. 10, 1971, S. 203-230 m. 19 Abb. (1-4, 6, 7 vom Modell)

175 Reuther, Hans: Das deutsche Baumodell – Bericht über ein Forschungsvorhaben. In: Sitzungsberichte Kunstgeschichtliche Gesellschaft zu Berlin N. F. Heft 21, 1972/73, S. 24-28

176 Reuther, Hans: Deutsche Burgen- und Schloßmodelle. In: Burgen und Schlösser. Zs. d. Dt. Burgenvereinigung ... 15, 1974, S. 104-114 m. 13 Abb.

177 Reuther, Hans: Die Baugeschichte des Doms und seiner Vorgängerbauten. In: Elbern, V. H. & H. Engfer & H. Reuther: Der Hildesheimer Dom. Architektur Ausstattung Patrozinien. Hildesheim 1974, S. 11 ff. m. Abb. (im Zuge des 1960 mit der Weihe beendeten Wiederaufbaus entstand 1956 ein zerlegbares Holzmodell des St. Marien-Doms)

178 Reuther, Hans: Der Treppenhausentwurf von Nicodemus Tessin d. J. für Schloß Charlottenburg. In: Schloß Charlottenburg Berlin Preußen. Festschrift für Margarete Kühn. Hrsg. v. Martin Sperlich & Helmut Börsch-Supan, Berlin 1975, S. 169-178 m. 9 Abb.

179 Reuther, Hans: Vierzehnheiligen. Bd. 20 der Großen Kunstführer. München-Zürich (1957) 4. Aufl. 1974, Abb. S. 11 das Holzmodell v. 1744

180 Reuther, Hans: Der Carlsberg bei Kassel. In: architectura 1976, S. 47-65 m. 13 Abb.; über das Carlsberg-Modell und das Modellhaus siehe S. 56 u. Anm. 14

181 Reuther, Hans: Die Museumsinsel in Berlin. Berlin 1978, S. 154, 203 f., Abb. 3, 4 = Berlin-Stadtmodell (1688) von 1970 im Berlin Museum, Abb. 89-91 = Modell für ein neues Museumsviertel am nördl. Spreeufer, um 1941 von Wilhelm Kreis

182 Reuther, Hans: Die Zeichnungen aus dem Nachlaß Balthasar Neumanns. Der Bestand in der Kunstbibliothek Berlin. 82. Veröffentlichung der Kunstbibliothek Berlin, Berlin 1979

183 Reuther, Hans: Vom Wesen und Wandel der Architekturzeichnung. In: Bauwelt 1979, Heft 46, S. 1947-1966 m. Abb.

184 Reuther, Hans: Architekturmodelle auf gotländischen Taufsteindeckeln. In: Niederdeutsche Beiträge z. Kunstgesch. 18, 1979, S. 93-102 m. 8 Abb.

185 Reuther, Salomon. Tempel, 1980 = Reuther, Hans: Das Modell des salomonischen Tempels im Museum für Hamburgische Geschichte. In: Niederdeutsche Beiträge z. Kunstgesch. 19, 1980, S. 161-198 mit 27 Abb.

186 Reuther, Daidalos, 1981 = Reuther, Hans: Wesen und Wandel des Architekturmodells in Deutschland. In: Daidalos. Berlin Architectural Journal 2, 1981, S. 98-110 mit 29 Abb.

187 Reuther, Hans: Johann Friedrich Penther 1693-1749. Ein Göttinger Architekturtheoretiker des Spätbarock. In: Niederdeutsche Beiträge z. Kunstgesch. 20, 1981, S. 151-176 m. 18 Abb.

188 Reuther, B. Neumann, 1983 = Reuther, Hans: Balthasar Neumann. Der mainfränkische Barockbaumeister. München: Süddeutscher Verlag 1983 (S. 161 »Archivalisch sind zahlreiche Modelle überliefert«; Abb. 40, 41 Münsterschwarzach-Modell; Abb. 62-64 Vierzehnheiligen-Modell)

188 A Reuther, Hans: Baukunst von der Renaissance bis zum Anfang des Klassizismus. In: Geschichte Niedersachsens, Band 3, 2 Hildesheim 1983, S. 679-736 m. Abb. (S. 713 ff. Schloß Salzdahlum 1689-94, S. 695 f. St. Clemenskirche zu Hannover, S. 722 f. Bibliotheksgebäude zu Wolfenbüttel 1705-13)

189 Reuther, Skokloster, 1985 = Reuther, Hans: Das Modell des Schlosses Skokloster. In: Niederdeutsche Beiträge z. Kunstgesch. 24, 1985, S. 171-184 m. 15 Abb. (von den Modellen Skokloster, Friedenstein Gotha und Gripenberg in Småland)

190 Reuther, Hans: Die große Zerstörung Berlins. Zweihundert Jahre Stadtbaugeschichte. Berlin 1985 (Abb. 103 Modell Großsiedlung Siemensstadt 1929/32, Abb.

117, 118 Modell Nord-Süd-Achse Berlins v. Albert Speer 1940, Abb. 125-128 Modelle zum Wettbewerb Hochschulstadt Berlin 1937)

191 Reuther, Hans: Ideale Architektur. Entwurf einer historischen Architektur. In: Der Traum vom Raum. Gemalte Architektur aus 7 Jahrhunderten. Kat. d. Ausstellung Nürnberg 1986. Marburg: Dr. W. Hitzeroth Verlag 1986, S. 107-11, 115-121, 353-359, 371-379 m. Abb. (S. 372 ff. Nr.-Abb. 95 ff. Salomon. Tempel-Rekonstruktionen)

192 Reuther, Hans & L. Busch, U. Frohne, C. Rathgeber: Die preußische Königsstadt 1701-1786, Abschnitt II im Katalog 750 Jahre Architektur und Städtebau in Berlin. Internationale Bauausstellung Berlin 1987 im Kontext der Baugeschichte Berlins, hrsg. v. J. P. Kleihues, Stuttgart 1987, S. 41-64 mit 60 Abb.

193 Reuther, Hans: Philipp Gerlach. In: W. Ribbe & W. Schäche (Hrsg.) Baumeister. Architekten. Stadtplaner. Biographien zur baulichen Entwicklung Berlins. Berlin 1987, S. 71-82 mit 5 Abb.

194 Reuther, Hans: Gößweinstein Kath. Pfarr- und Wallfahrtskirche zur Heiligsten Dreifaltigkeit. München-Zürich 1988

195 Ribbe, Wolfgang & Wolfgang Schäche (Hrsg.): Baumeister. Architekten. Stadtplaner. Biographien zur baulichen Entwicklung Berlins. Berlin 1987 (Modelle – des 20. Jhs. – siehe Abb. S. 382, 419, 462-464, 475, 521, 526, 545, 549, 553, 570, 572)

196 Roeck, Bernd: Elias Holl. Architekt einer europäischen Stadt. Regensburg 1985 (Modelle in Abb. 18c, 28a, 28b, 30b, Farbtafel S. 195, Abb. 34c, 36a)

197 Schadow, Johann Gottfried: Kunstwerke und Kunstansichten. Hrsg. v. Götz Eckardt. Bd. 1-3, Berlin 1987

198 Schattner, Thomas G.: Griechische Hausmodelle. Untersuchungen zur frühgriechischen Architektur. In: Mitt. d. Dt. Archäol. Instituts, Athenische Abteilung, 15. Beiheft, Berlin 1990

199 Schelling, Günther: Die Instandsetzung der Westfassade des Neuen Schlosses in Schleißheim 1959-62. In: Dt. Kunst u. Denkmalpflege 29, 1965, S. 51-61

200 Scheufler, Pavel: Langweiluv Model Prahy. Prag o. J. (um 1982; das Prag-Modell von Antonin Langweil)

201 Schiavo, Armando: Questioni anagrafiche e tecniche sul modello della cupola di San Pietro. In: Studi Romani 13/1965, S. 303-327 m. 10 Abb.

202 Schlikker, F. W.: Der Schaubildentwurf im griechischen Tempelbau. In: Archäolog. Anzeiger 1941, p. 748 ff.

203 Schnath, Georg: Das Leineschloß. Hannover 1962, S. 66-69

204 Schneider, Ernst: Paul Decker d. Ä. Beiträge zu seinem Werk. Phil. Diss. 1937 Uni Frankfurt/M.; Düren 1937

205 Schuberth, Ottmar: Modelle alter Bauernhäuser. Anlage, Technik, Material. Anleitungen zum Modellbau. München 1987

206 Schümann, Carl-Wolfgang: Der Berliner Dom im 19. Jh. Berlin 1980, S. 245-255, Abb. 230-240

207 Schwanzer, Berthold: Modell und Wirklichkeit. Jugendstilbauten im Vergleich ... Wien 1987

208 Seberich, Franz: Das Stadtmodell »Würzburg um 1525« (= Mainfränkische Hefte Nr. 50), Würzburg 1968 (1953-67 nachgebautes Modell)

209 Sedlmayr, Hans: Bemerkungen zu Schloß Klesheim. In: Mitt. d. Ges. f. Salzburger Landeskunde, 109. Vereinsjahr, 1969, S. 253-273, bes. S. 259-262, Abb. 3

210 Sedlmayr, Hans: Johann Bernhard Fischer von Erlach. Wien 2. Aufl. 1976, S. 329

211 Steiner, Konrad: Vom alten Graz (I. Teil, 1: Die Grazer Schloßbergfestung nach dem Modell des Anton Sigl). Graz 1951, S. 11-44

212 Stenger, Erich: Phelloplastik – die Kleinkunst der Korkbildnerei. Berlin 1927, S. 11-18, 20 ff. (Grundlegendes über ital. u. deutsche Korkbildner, ihre Werke und deren bzw. andere Sammlungen von antiken und späteren Architekturen, z. B. A. Rosa, A. Chichi und spätere. Carl May sowie Wilh. Dictus, den erfolgreich in Berlin wirkenden Johann Friedrich Schilling – S. 21, ferner Rehbaum, Friedrich Castan und andere)

213 Teufel, Richard: Vierzehnheiligen. Lichtenfels 2. Aufl. 1957, S. 106-110, Abb. 49

214 Thöne, Friedrich: Der Wolfenbütteler Barockbaumeister Johann Balthasar Lauterbach. In: Zs. f. Kunstwissenschaft 4, 1950, S. 197-202, Abb. 1

215 Toker, Franklin: Gothic Architecture by Remote control: an illustrated building contract of 1340. In: Art Bulletin 67, 1985, p. 67-95

216 Wagner-Speyer, L.: Grundlagen des modellmäßigen Bauens. Berlin 1918

217 Walter, Renate von: Das Augsburger Rathaus. Augsburg 1972, S. 17-30, Abb. S. 76, 84-87

218 Weber, Helmut: Georg Ludwig Friedrich Laves als Bauingenieur. In: Georg Hoeltje: G. L. F. Laves. Hannover 1964, S. 199-252 (Modelle des sogen. Laves-Balken befinden sich in Hannover, Hist. Mus. am Hohen Ufer)

219 Wende, Ingo: Modellsimulationen. In: Baumeister. Zs. f. Arch./Planung/Umwelt 78, München 1981, S. 58-62

220 Wilckens, Leonie von: Tageslauf im Puppenhaus. Bürgerliches Leben vor 300 Jahren. München 1956

221 Wilckens, Leonie von: Das Puppenhaus. Vom Spiegelbild des bürgerlichen Hausstandes zum Spielzeug für Kinder. München 1978 (darin die Nürnberger Puppenhäuser ab 1611 bis ins 19. Jh., siehe Abb. S. 73, 82, 99, 103, 198; desgleichen holländ., englische u. sonstige europäische Puppenhäuser)

222 Wilton-Ely, John: The architectural model. In: The architectural review 142, Nr. 845, 1967, p. 26-32 and 14 fig.

223 Wolf, Friedrich: François de Cuvilliés (1695-1768). In: Oberbayerisches Archiv 89, München 1967, S. 7-128, bes. S. 99 (zum Münchner Residenz-Modell)

224 Zacharias, Thomas: Joseph Emanuel Fischer von Erlach. Wien-München 1960, S. 22, 24, 172, 179, Abb. 255

225 Zimmer, Erich: Der Modellbau von Malsch und das erste Goetheanum. Zum Bauimpuls Rudolf Steiners. Stuttgart 1979

226 Zimmer, Jürgen: Das Augsburger Rathaus und die Tradition. In: Münchner Jb. d. bild. Kunst, 3. F., Bd. 28, 1977, S. 191-218 m. Abb.

227 Zucker, Paul: Die Brücke. Typologie und Geschichte ihrer künstlerischen Gestaltung. Berlin 1921

Katalog der deutschen Architekturmodelle

(nach dem Ortsalphabet – mit Ausnahme des Salomonischen Tempel-Rekonstruktionsmodells, Nr. 1)
bearbeitet von Ekhart Berckenhagen (nach den Notizen und Unterlagen von Hans Reuther; die noch von ihm verfaßten Katalog-Beiträge sind mit seinem Namen gekennzeichnet und nicht verändert)

1 *Gesamtansicht*

1 Idealmodell des Salomonischen Tempels, um 1680, im Museum für Hamburgische Geschichte zu Hamburg, Inv.-Nr. 1910, 539 (Zugang L. 1910, 275)
Material: Konstruktionselemente und Wände aus Eichenholz, Böden aus Tannenholz; Architekturgliederungen an den Fassaden aus Birnbaumholz; Fassadendekor (Palmenrelief, Festons u. a.) aus gepreßter und gebleichter Birkenrinde; Säulen- und Pilasterkapitelle sowie Fenstergitter aus Bleiguß bzw. Silberdraht; Innenausstattung des Tempelgebäudes mit Lederpreßtapete (Kalbsleder), Geräte aus Kupfer, Zinn und Silber, Figuren und Bundesladen aus Holz.
Farbgebung: Fassaden in naturfarbigen Holzsorten; Tempelgebäude-Inneres: wandfeste Ausstattung und Portale des Heiligen (hekhal) und Allerheiligsten (devir) vergoldet und mit farbigen Edelsteinattrappen besetzt, bewegliche Ausstattung durchweg polychromiert.
Abmessungen: Gesamtkomplex: Länge der Nordseite = 344,70 cm; der Ostseite = 344,20 cm. Z. C. Uffenbach nennt 1710 als Maße: »... hat vier und zwanzig Fuß ins Quadrat«, so daß eine Seitenlänge 12 Fuß mißt – 343,89 cm (1 Hamburger Fuß = 286,575 mm). Höhe bis zur Oberkante des Hauptgesimses der Trakte = 46,10 cm. Höhe bis zur Spitze der Pyramidendächer der 16 Pavillonaufsätze = 64,00 cm. Höhe der Giebelspitze der Ostfassade des Tempelgebäudes (ohne urspr. Bekrönung) = 85,80 cm.
Modellteile: Das gesamte Modell ist zerlegbar; das Tempelgebäude bildet einen eigenen, in mehrere Teile zerlegbaren Baukörper, um Einblick in die Innenräume zu ermöglichen.
Erhaltungszustand: Das Modell blieb unvollendet; daher ist die Architekturgliederung der Zwischentrakte in den seitlichen Binnenhöfen nur im Erdgeschoß ausgeführt. Stellenweise spätere Fehlstellen in der Architekturgliederung der Fassaden. Die Dachbekrönungen, aufgesockelte Vasen beim Tempelgebäude, fehlen, nur durch die zugehörigen Zapfenlöcher nachweisbar. Nach der Beschreibung von Z. C. Uffenbach 1710 ist die bewegliche Ausstattung des Heiligen (hekhal) und des Allerheiligsten (devir) im Tempelgebäude heute unvollständig; die Geräte im Vorhof (Brandopferaltar u. a.) sind verloren.

Restaurierungen: Laut eines früher im Tempel vorhandenen Zettels wurde das Objekt vom »Kunst- u. Galanterie Tischler« Gottfried August Kunatz (Dresden) vom 7. Juli bis zum 6. September 1848 repariert. Weitere Instandsetzungsarbeiten erfolgten ab 1916 (nach dem Kauf des Modells 1910 vom Kgl. Sächs. Altertumsverein zu Dresden) und 1978 (anläßlich der Ausstellung »300 Jahre Oper in Hamburg«) u. a. eine Ergänzung des architektonischen Aufbaus (noch vorhandener Spolien) durch Errichtung einiger Achsen der Kolonnade, die urspr. den gesamten Baukomplex als konzentrisches Quadrat umzog.
Zur Bedeutung, Einordnung, Rekonstruktion des Modells: siehe Hans Reuther, Das Modell des Salomonischen Tempels im Museum f. Hamburg. Geschichte, in: Niederdeutsche Beiträge zur Kunstgeschichte 19, 1980, S. 161-198 mit 27 Abb.; Reuther, Daidalos, 1981, S. 110, Abb. S. 104; Reuther, Ideale Architektur, 1986, S. 372ff. Nr. 95ff. m. Abb. – Reuther[185, 186, 191] geht darin – neben der ausführlichen Modellbeschreibung – auf Lage, Entstehungsgeschichte und Schicksal des zerstörten Tempels König Salomos (ca. 965-926 v. Chr.) zu Jerusalem ebenso ein wie auf J. B. Villalpandos 1596 publizierte Rekonstruktion und die nachfolgenden, auch auf jene korinthische Ordnung als Salomonische Ordnung, auf den Salomonischen Tempel und die Freimaurerei, desgleichen auf das Modell des Salomon. Tempels in der Theologie und Archäologie, auf den Salomon. Tempel und die Idealpläne barocker Klosteranlagen.

2 Aachen, Modell der Münsterkirche zu Aachen, im Relief (204 x 57 x 9,4 cm) am Dach des 1215 vollendeten Karlsschreins im Aachener Domschatz; von Süden gesehen mit karolingischem Westwerk, 786-805 entstandener oktogonaler Pfalzkapelle und ihrem 16eckigen Umgang sowie daraus hervorragendem Chorbau; vgl. Heydenreich, Architekturmodell, 1937, Spalte 934, Abb. 12; Otto Müller, Der Aachener Domschatz, Königstein/Taunus (1956), Abb. S. 2

2a Aachen, Modell des karolingischen Oktogons und Sechzehnecks im Maßstab 1:20 (für die Marmorbekleidung u. Mosaizierung) aus Holz und Pappe, farbig, mit Lämpchen, auf Standplatte, Länge 135, Breite 100, Höhe 78 cm, angefertigt um 1900 von Prof. Hermann Schaper; laut Mitt. v. Dombaumeister Dr.-Ing. F. Kreusch v. 16.9.1971 reparaturbedürftig im Aachener Dom

2b Aachen, Modell des karolingischen Oktogons, Ostjoch des Sechzehnecks und Ostapsis, Fundamente mit vorkarolingischen Mauerresten. Maßstab 1:20; auf Holzplatte in zwei Teilen aus Gips gefertigt, 96 x 97 und 36 cm hoch bzw. 62 x 43 bei 35 cm Höhe; entstanden im Zuge der Grabung 1911 durch Reg.-Baumeister Erich Schmidt-Wöpke. Laut Mitt. v. 16.9.1971 durch Dr.-Ing. F. Kreusch im Lapidarium des Aachener Doms ausgestellt

2c Aachen, modernes Rekonstruktionsmodell der Pfalz Karls des Großen (250 x 250 cm) von Leo Hugot; vgl. Ausstellungskatalog Karl d. Gr. ..., Aachen 1965, S. 395-400, Abb. 119-121; Revue de l'Art 1-2, 1968, p. 110, fig. 12

3 Admont/Steiermark, Modell des Reiflinger-Rechens im Enns-Holzgraben von Hans Gasteiger († 1577), um 1570. Modell aus Holz, in leicht geschwungener S-Form, 165 cm lang, obere Breite 38 cm, untere 20, obere Höhe 23 und untere 14 cm. In der Stiftsbibliothek Admont; laut Mitt. von Pater Dr. Dr. Adalbert Krause OSB in Admont vom 18.4.1973; siehe auch Kat. d. Ausstellung Der Bergmann – der Hüttenmann, Graz 1968, S. 389, Abb. 98. – Siehe hier Graz = Nr. 158 B

4 Altötting: Enrico Zuccalli stellt 1675 in München Forderung für »Verfassung der Modell und Grundriss« zur Umbauung der Heiligen Kapelle von Altötting; vgl. Kl. Lit. 29/9 (Altötting) im Staatsarchiv für Oberbayern, München. – Die Erben Zuccallis übergeben 1727 in München das von ihrem Vater hinterlassene zeichnerische Entwurfsmaterial zur Erweiterung der Hl. Kapelle v. Altötting. Das Modell sei ziemlich schadhaft und groß (daher offenbar noch zurückbehalten); vgl. Kloster Lit. 29/9 (Altötting) im Staatsarchiv für Oberbayern, München. – Im Nachlaß der Erben des Enrico Zuccalli befinde sich noch 1749 jenes Modell, daß E. Z. über den projektierten Kirchenbau des Heiligen Hauses zu Altötting verfaßt hat. Da E. Z. für dieses Modell eine considerable Bezahlung erhalten hat, soll das Modell an den Kurfürstl. Geistl. Rat zur weiteren Verfügung ausgehändigt werden; vgl. Verlassenschaftsakt 56/118. (E. Zuccali) im Staatsarchiv für Oberbayern, München.

–

Amsterdam (Stadhuis) siehe Weimar = Nr. 400

–

Andernach (Rheinkran) siehe hier Nr. 368 F

5 Aschaffenburg, Modell des (1605 fundamentierten, 1614 geweihten) Schlosses St. Johannisburg, gehalten von der fast lebensgroßen Statue des Bauherrn, Kurfürst Schweickard von Kronberg, im rechten Altarflügel, den Hans Junker zwischen 1609 und 1614 für die Schloßkapelle schuf; vgl. Erich Bachmann, Schloß Aschaffenburg und Pompejanum, Amtl. Führer 3. Aufl. 1973, Abb.1

5 K Aschaffenburg, Korkmodell-Sammlung im Schloß[7]; 1830 enthielt sie 38 Korkmodelle zumeist antiker röm. Bauten von Carl May, später kamen weitere auch von dessen Sohn Georg May hinzu; siehe Bachmann, Schloß Aschaffenburg, Amtl. Führer, 1973, S. 29 ff. (mit 25 Modellen)

6 Aschaffenburg, Baumodell des nach Entwürfen des Hofarchitekten Johann Friedrich von Gärtner (1792-1847)[23] 1840-48 für König Ludwig I. entstandenen Pompejanums (das im Erdgeschoß eine Kopie des Castor und Pollux-Hauses in Pompeji darstellt). Ehedem angefertigt vom Schreiner Heinrich Flucke, verschollen; vgl. Schloß Aschaffenburg und Pompejanum, Amtl. Führer bearb. v. Burkhard v. Roda, München 6. Aufl. 1982, S. 90

7 Augsburg, Modell des Gerüstes für den Gewölbebau im Mittelschiff von St. Anna (der 1321 gegr. ehem. Karmeliter-Klosterkirche und jetzige luther. Pfarrkirche), um 1747; in den Städt. Kunstsammlungen Augsburg, Inv.-Nr. 9608 (aus der Modellkammer im Rathaus: Modellkammer auswärtiger Modelle des Haupt- und Lehrgerüstes für Sprengung der Gewölbe im Hauptschiff der St. Anna-Kirche)
Angefertigt für eine basilikale Kreuzgewölbeanlage auf fünf querrechteckigen Jochen anschließend von der Mittelschiffswand mit 5 Pfeilerarkaden und segmentbogigen Fenstern in deren Achsen in der Hochschiffswand. Rechtes Seitenschiff mit äußeren Strebepfeilern, Fenstern, Portal, Pultdachgebälk und links Knickung zum Chor, Kreuzgratgewölbe-Gerüst zeigt durchgehende Arbeitsbühne in Höhe der Sohlbank der Obergadenfenster und eine zweite in Kämpferhöhe der gestelzten Schildbogen. Balkenlage über den Gewölben bis zur Längsachse des Mittelschiffes vorhanden, Gerüsttreppe dargestellt, desgleichen die eiserne Verankerung jener Balken mit der Hochschiffswand, jeweils in der Achse zwischen zwei Fenstern, ferner Lehrbogen der Gewölbe in Bohlenkonstruktion wiedergegeben.

2 *Ostfassade des Tempelgebäudes*

3

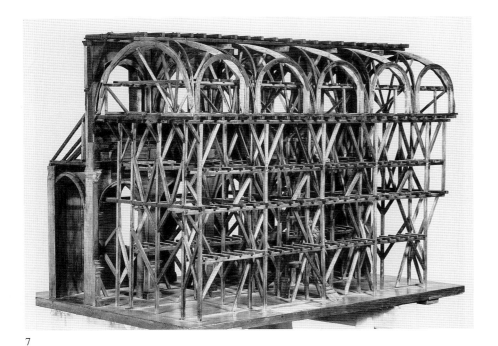

7

Holz, naturfarbig; kleinere Fehlstellen; eiserne Anker; Größe der Grundplatte 92 x 60 cm, Höhe 62 cm
St. Anna war Mitte des 14. Jh. vollendet, wurde – nach Klosterbrand 1460 – 1461-64 wiederaufgebaut; ein durchgreifender Umbau der Kirche folgte 1487-97, wobei das Schiff um 25 Fuß verlängert und um 5 Klafter erhöht wurde. Auch die Chorgewölbe stammen aus dieser Bauperiode. Ein völliger Umbau des Inneren, der noch den heutigen Raumeindruck bestimmt, schloß sich, ausgeführt vom Architekten Andreas Schneidmann, 1747-49 an.
Lit.: Tilmann Breuer, Die Stadt Augsburg. München 1958, S. 17, 19 Abb. d. Grundrisses

8 Augsburg, Modell einer Brücke mit Tor, 18. Jh. (1948 wiederhergestellt), in d. Städt. Kunstsammlungen Augsburg, Inv.-Nr. 9752 (aus der Modellkammer im Rathaus, Inv.-Nr. 119)
Offene Balkenkonstruktion (2 Joche = 3 Strompfeiler) ohne Fahrbahnbelag mit Geländer. Rundbogiges Brückentor, verschlossen durch Aufziehfalle. Klappbrücke mit Holzbelag. Holz, naturfarbig, Eisenteile und eiserne Ketten; Grundplatte: 68 x 36,5 cm, Höhe 55 cm

9 Augsburg, Modell einer Brücke mit 2 massiven Widerlagern, frühes 19. Jh. (1947 instandgesetzt); in d. Städt. Kunstsammlungen Augsburg, Inv.-Nr. 9619 (aus der Modellkammer im Rathaus)

Brücke in freitragender Holzkonstruktion, Segmentbogen von beiden Widerlagern ausgehend, Holzfachwerk ohne Fahrbahnbelag; aus unbemaltem Holz mit eisernen Verbindungen; Größe (ohne Grundplatte) 99 x 12,5 cm, 17 cm hoch

10 Augsburg, Modell einer Brücke in Holzkonstruktion mit drei Jochen und 4 Holzpfeilern, ohne Fahrbahnbelag, um 1820/30 (1947 restauriert); in d. Städt. Kunstsammlungen Augsburg, Inv.-Nr. 9642 (aus der Modellkammer im Rathaus)
Holz, naturfarben, Eisennägel; 115 x 19 cm und 15 cm hoch (ohne Grundplatte)

11 Augsburg, Modell einer Brücke mit zwei gemauerten Widerlagern und einem Strompfeiler in Massivkonstruktion, ohne Fahrbahnbelag, frühes 19. Jh. (1947 instandgesetzt); in d. Städt. Kunstsammlungen Augsburg, Inv.-Nr. 9618 (aus der Modellkammer im Rathaus)
An den Widerlagern und am Strompfeiler schwarze Holzeinlagen; Holz unbemalt, eiserne Nägel; Größe (ohne Grundplatte) 106 x 32 cm, 24,5 cm hoch

12 Augsburg, Modell einer Brücke mit zwei Widerlagern (Quaderverband) und zwei hölzernen Strompfeilern, Mitte 19. Jh.; in d. Städt. Kunstsammlungen Augsburg, Inv.-Nr. 9641 (aus der Modellkammer im Rathaus; vielleicht – Neues Verzeichnis der Modellkammer, Nr. 277 »Modell einer Brücke für leichte Lasten, Widerlager und zwei Holzunterstützungen«) [oder ist Inv.-Nr. 9825 gemeint?]
Alle 3 Joche in Sprengwerkkonstruktion, hölzerne Brückengeländer, durchgehender Fahrbahnbelag, aber Fußgängerbelag nur

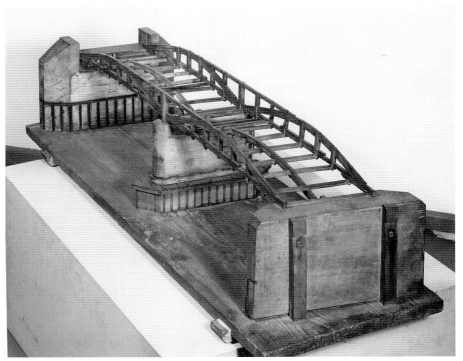

9   11

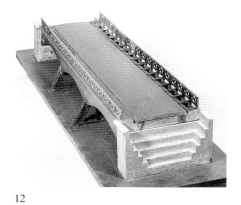

12

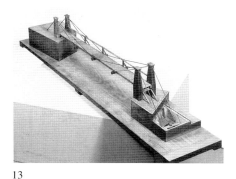

13

15

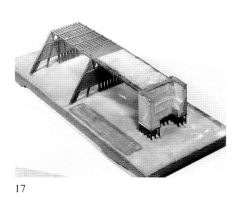

17

auf einer Seite zur Hälfte wiedergegeben; Holz, z. T. bemalt, Widerlager aus Holzkern mit Kunststeinüberzug; Größe (ohne Grundplatte) 100 x 34 cm, 18 cm hoch

13 Augsburg, Modell einer Brücke – eines Hängesteges über die Floßfahrt beim Hochablaß, frühes 19. Jh. (1948 und 1966 renoviert); in d. Städt. Kunstsammlungen Augsburg, Inv.-Nr. 9742 (aus der Modellkammer im Rathaus, Inv.-Nr. 121)
Schräger Gehwegverlauf, zwei Widerlager, auf denen die Pfeiler stehen. Diese vier tragen den an Drähten aufgehängten Steg mit einhüftigem Handlauf; Holzbelag der Gehbahn. Auf der Innenseite eines Deckels die Bleistiftnotiz »Kollmann inv. 1826«; Holz unbemalt, Eisen (Vierkantdraht); Größe (ohne Grundplatte) 142,5 x 24 cm und 26 cm hoch

14 Augsburg, Modell einer Brücke, frühes 19. Jh. (1947 wiederhergestellt); in d. Städt. Kunstsammlungen Augsburg, Inv.-Nr. 9688 (aus der Modellkammer im Rathaus, ohne Inv.-Nr.; 1944 aus dem Baumuseum bei Hl. Kreuz übernommen)
Darstellung nur eines Joches mit einem gemauerten Widerlager auf Holzpfostengründung und einem hölzernen Strompfeiler. Holzkonstruktion in segmentbogigem Sichelträger. Kein Fahrbahnbelag auf dem – schrägen – Fahrbahnverlauf; naturfarbiges Holz; Größe (ohne Grundplatte) 43,5 x 15 cm und 11 cm hoch

15 Augsburg, Modell einer Brücke mit einem Widerlager und einem abgestützten Strompfeiler, frühes 19. Jh. (1948 restauriert); in d. Städt. Kunstsammlungen Augsburg, Inv.-Nr. 9710 (aus der Modellkammer im Rathaus; bis 1944 im Baumuseum bei Hl. Kreuz)
Drei stichbogige Lamellenholzbinder, ganz flacher stichbogiger Überbau, an dem Widerlager und Strompfeiler aufgeständert, kein Fahrbahnbelag; Holz unbemalt, eiserne Dübel usw.; Größe (ohne Grundplatte) 68 x 17 cm und 13 cm hoch

16 Augsburg, Brückenmodell mit graphischer Darstellung der Brückensteigung auf der Grundplatte, frühes 19. Jh. (1948 wiederhergestellt); in d. Städt. Kunstsammlungen Augsburg, Inv.-Nr. 9700 (aus d. Modellkammer im Rathaus; bis 1944 im Baumuseum bei Hl. Kreuz)
Holzkonstruktion: 3 parallele ganz flache Stichbogen aus je 2 Balken, durch 3 Verschraubungen mit dem noch flacheren Überbau verbunden; Widerlager aus hellrotem Marmor (in jedem oben 2 Löcher, urspr. für weitere Teile des Modells), kein Fahrbahnbelag. Holz, unbemalt; Größe (ohne Grundplatte) 59,5 x 25 cm und 11 cm hoch

17 Augsburg, Modell eines Brückensteges mit graphischer Legende der statischen Kräfte auf der Grundplatte, 1. Hälfte d. 19. Jh. (1948 instandgesetzt); in d. Städt. Kunstsammlungen Augsburg, Inv.-Nr. 9825 (aus d. Modellkammer im Rathaus)
Brückenteil mit einem Widerlager, massiv

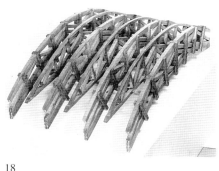

18

mit Pilotierung, und zwei Strompfeilern aus Holz (= 2 Joche); durchgehende Balkenlage, in der Jochmitte durch Verdoppelung verstärkt, zur Hälfte der Fahrbahnbelag (aus Kiesmörtel); Holz, teils bemalt, die Widerlager aus Holzkern mit Kunststeinüberzug; Größe ohne Grundplatte 50,5 x 22,5 cm bei 21 cm Höhe

18 Augsburg, Modell einer Brückenbogenkonstruktion, 18. Jh. (1947 restauriert u. ergänzt); in d. Städt. Kunstsammlungen Augsburg, Inv.-Nr. 9664 (aus d. Modellkammer im Rathaus; 1944 aus d. Baumuseum bei Hl. Kreuz)
Vier Stichbogenbinder in Holzkonstruktion (dazwischen drei Leerbinder); an beiden Enden der 4 Stichbogenbinder Zapfen; Sprengwerkkonstruktion; kein Fahrbahnbelag; Holz, unbemalt, eiserne Nägel und Beschläge; Größe 87 x 50,5 cm und 18 cm hoch

19 Augsburg, Modell eines Brunnenhauses mit Wasserradantrieb, 2. Hälfte 18. Jh. (1948 instandgesetzt); in d. Städt. Kunstsammlungen Augsburg, Inv.-Nr. 9743 (aus d. Modellkammer im Rathaus, Inv.-Nr. 222)
In einem quadratischen Pavillon, der aus vier Eckpfeilern besteht, die mit gedrückten Korbbogen verbunden sind, und von einem Mansarddach abgeschlossen ist, befindet sich die Maschinerie: ein einfaches Druck- und ein dreifaches Saugwerk werden durch ein mittelschlächtiges Wasserrad angetrieben. Eine freitragende Wendeltreppe mit Mittelspindel, die von Pinienzapfen bekrönt ist, führt in den Dachraum; nur dort wird sie von einer Balusterbrüstung umzogen. Da befindet sich auf einem doppelstufigen Unterbau ein achteckiger, kupferner Brunnentrog. Vor dem Brunnenhaus, vertieft in den Sockel eingelassen, ein ovales Becken eines Springbrunnens. Am Rand vier Löcher, vielleicht zum Einsetzen von Figuren.
Holz, z. T. grau bemalt, Eisen und Kupfer; Größe 97,5 x 70,5 cm und 103 cm hoch; Länge und Breite des Hauses 70,5 x 70,5 cm

20 Augsburg, Modell eines Leichtdachwerks, Ende 18. Jh. (?); in d. Städt. Kunstsammlungen Augsburg, Inv.-Nr. 9612 (aus d. Modellkammer im Rathaus, Inv.-Nr. 106; laut Verzeichnis: »Dachstuhl zum Fabrikgebäude, nur an vier Ecken unterstützt«)
Die Leichtkonstruktion besteht aus zwei

19

20

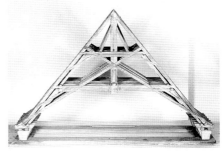

21

Feldern mit drei Bindern, die auf vier toskanischen Rundpfeilern gelagert sind. Die Sparren, die nur bei den Bindern vorkommen, sind in Fuß- und Firstschwellen eingezapft und werden in ihrer Mitte von je einer Pfette unterstützt, die mit Diagonalstreben die Last auf die Balkenlage überträgt, wo anstelle einer Hängesäule eine Drahthalterung vorhanden ist. Zur Aufnahme der Dachhaut dienen feldweise diagonal verlegte Bohlen, welche die Funktion von Sparren haben. Sie sind mit ebenfalls diagonal verlaufenden Drähten gekreuzt, so daß rautenartige Felder entstehen. Am Grundrahmen befindet sich ein Maßstab mit römischen Ziffern und Angabe der Maßeinheit in Meter aufgenagelt.
Holz, unbemalt, Eisendraht; 1948 instandgesetzt; 108 x 58,5 cm bei 34 cm Höhe

21 Augsburg, Modell eines Dachwerks, wohl 18. Jh.; in d. Städt. Kunstsammlungen Augsburg, Inv.-Nr. 3466 (aus d. Modellkammer im Rathaus, Inv.-Nr. 427?)
Das Dachwerk zeigt ein Kehlbalken-Satteldach ohne durchgehende Balkenlage, das daher auf den Mauerkronen nur ein Stichgebälk über zwei Mauerlatten besitzt. Dargestellt sind drei Binder- und vier Leergespärre. Die Konstruktion erweist u. a. Schwertstreben zur Aufnahme des Sparrenschubs und eine abgesprengte Hängesäule zur Unterstützung des unteren Kehlbalkens. Die Dachneigung beträgt 52,5°. Derartige Dachwerke wurden für Kirchen- und Saaldächer angewandt, wo die Gewölbe in den Dachraum reichten bzw. Holztonnen

23

im Dachwerk aufgehängt wurden. Am Grundrahmen ein Maßstab mit römischen Ziffern und Angaben der Maßeinheit in Meter aufgenagelt. Holz, unbemalt, die hölzernen Mauerkronen backsteinfarbig bemalt, eiserne Beschläge; 92,5 x 30,5 cm und 63,5 cm hoch

22 Augsburg, Rathaus, Fußboden-Modell für die Ratsstube, von Johann Friedrich Böld 1754; in d. Städt. Kunstsammlungen Augsburg, Inv.-Nr. 3464
Der in seiner Grundstruktur durch Rasterung geometrisch eingeteilte, aus verschiedenen Edelhölzern zusammengefügte Intarsienfußboden ist mit einem Mittelpunkt versehen und wird von einem Randstreifen umzogen, der an einer Seite durch einen Wandvorsprung nur in halber Länge erscheint. Die Bandelwerkmotive in den vier Feldern und in der Mitte sowie im Parapet der Eingangstür lassen noch die Grundform einer Quadratraute verspüren.
Edelhölzer, unbemalt, als Intarsien in einem Holzrahmen vertieft eingelassen; 45,8 x 45,5 cm.
Das vom Meister Johann Friedrich Böld signierte und datierte Fußbodenmodell für die Ratsstube entspricht nicht der Darstellung von Salomon Kleiner (vgl. Sal. Kleiner, Das prächtige Rath Hauss der Stadt Augspurg ..., Augsburg 1732, Blatt 6; Kat. OS[95], Nr. 2118 abgebildet bei v. Walter, Rathaus, Abb. S. 98); dort ist eine strenge geometrische Musterung erkennbar.
Lit.: Hiltrud Kier, Schmuckfußböden in Renaissance u. Barock, München-Berlin 1976, S. 17, 34, 89, Abb. 149

Hans Reuther

23 Augsburg, Modell der Evangelischen St. Georgskirche, von einem unbekannten Augsburger Baumeister um 1650 (bzw. kurz nach 1648)
Unbemaltes Nadelholz. Dächer, Giebelfassade und Orgelempore abnehmbar. Das Altarretabel und der Orgelprospekt mit bräunlichen Detailzeichnungen. L = 70,0 cm, B = 38,0 cm, H = 67,5 cm.
Augsburg, Städt. Kunstsammlungen (Inv.-Nr. 3462). Aus der Modellkammer im Rathaus (Inv.-Nr. 6)
Fünfjochiger, dreischiffiger Hallenraum mit eingezogenem 5/8 Chorschluß ohne Turm und Dachreiter, aber mit polygonalem Treppenturm zum Dachraum in einer Ecke von Langhaus und Chorschluß in nachempfundener gotisierender Formensprache. Achteckige Pfeiler auf hohen Postamenten mit Basen und Kapitellen tragen rundbogige, gegurtete Kreuzrippengewölbe (im Mittelschiff querrechteckig, in beiden Seitenschiffen längsrechteckig). Der Außenbau schlicht gegliedert: tief herabreichende schmale Spitzbogenfenster ohne Maßwerk zwischen einfachen Strebepfeilern beim Langhaus und Chorschluß. Die Giebelfassade nur durch zwei Portale und darüber je einem Spitzbogenfenster in den Längsachsen der beiden sehr schmalen Seitenschiffe. Die Portalgewände ebenso wie die der Seitenportale in der Langhaus-Querachse mit angedeuteten Voluten und Beschlagwerk; diese Zierformen sind auch beim Altarretabel, Kanzel, Taufstein und Orgel der vollständig wiedergegebenen Ausstattung erkennbar. Die realen Baumassen hätten etwa betragen: L = 35 m, B = 19 m, H = 34 m (First des Langhausdaches), H der Pfeiler = 20 m, daher wurde das Modell im Maßstab 1:20 gefertigt.
Sicher Bestandteil eines unausgeführt gebliebenen Entwurfs für die evangelische St. Georgskirche kurz nach dem Westfälischen Frieden längs der Georgenstraße beim ehem. Augustiner-Chorherrenstift St. Georg (der Bauplatz noch 1684 als »der Evangelischen Kirchen-platz« bez.).
Lit.: Lieb, Baukunst, S. 233. – Kat. Augsburger Barock, Nr. 1, Abb. 16, 17.

Hans Reuther

24 Augsburg, Modell einer Säulenhalle, 18. Jh. (1948 restauriert); in d. Städt. Kunstsammlungen Augsburg, Inv.-Nr. 9751 (aus d. Modellkammer im Rathaus, Inv.-Nr. 22)
Die dreischiffige, je acht Joche umfassende toskanische Säulenhalle ist an einer Längs- und einer Schmalseite offen. Die korbbogigen Kreuzgratgewölbe über quadratischem Grundriß sind zwischen Gurt und Scheidebogen gespannt. An den beiden offenen Seiten erscheinen nach Art der florentiner Frührenaissance abgesetzte Archivolten.
Holz, unbemalt, sämtliche Gewölbe aus einem Holzblock geschnitzt; 89 x 33 cm und 17 cm hoch

25 Augsburg, Modell eines doppelgeschossigen Fachwerkhauses, 1. Hälfte des 18. Jh.; in den Städt. Kunstsammlungen Augsburg, Inv.-Nr. (ohne); wohl aus der Modellkammer des Rathauses (aufgeklebter Zettel mit Nr. 64)
Der Grundriß ist trapezförmig zur rückwärtigen, stumpfwinklig vortretenden Fassade sich verbreiternd. Das Fachwerkgefüge über profiliertem Sockel zeigt in seinen Strebeformen den »Mann« und an den Eckständern den »halben Mann«. Ein hohes, allseits abgewalmtes Mansardendach läßt zudem erkennen, daß es sich um ein freistehendes Wohngebäude handelt. Die Hauptfassade ist in der Mitte über einer Freitreppe mit fünf Auftritten zweiachsig dargestellt. Erd- und Obergeschoß führen eine dorisch-toskanische Pilasterordnung, die von einem Dreieckgiebel abgeschlossen ist. Vor dem Unterdache tritt als Zwerchhaus diese architektonische Komposition unter Anwendung der jonischen Pilasterordnung in Erscheinung. Die Fensterbogen sind im

23

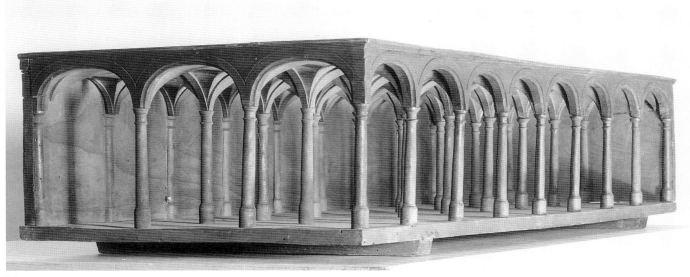
24

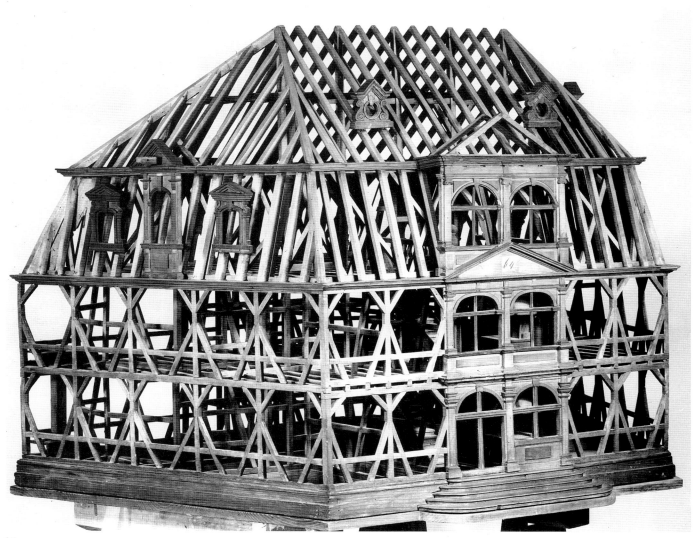
25

32

Erdgeschoß und beim Zwerchhaus fast halbkreisförmig, beim Obergeschoß korbbogig. Auf dem Oberdach sitzen zwei reich profilierte Lukarnen. An der linken Seitenfassade erkennt man am Unterdach einen zwerchhausartigen Fensterausbau, formal ähnlich den beiden Achsen der Hauptfassade mit Ladebaum; ihn flankieren je ein übergiebeltes Segmentbogenfenster.

Im Inneren Fachwerktrennwände und in beiden Geschossen eine Herdstelle mit Rauchfang hinter der rechten Fensterachse der Hauptfassade und hinter der linken die Treppenanlage als einläufige vom Erd- zum Obergeschoß und mit einer Viertelwendung endend vom Ober- zum Dachgeschoß. Das Treppenloch im Dachraum ist von einer Balustenbrüstung eingefaßt. In der linken hinteren Ecke in beiden Geschossen eine Abortanlage.

Holz, unbemalt, kleine Fehlstellen (u. a. einige Dachfenster an den Schmalseiten); Länge der Hauptfassade 69,5 cm, Breite der linken Seitenfassade 66 cm, Breite in der Längsachse 71,5 cm, Länge der Rückfassade 116 cm, Höhe 77 cm

Das Modell könnte ein Meisterstück sein, da die technisch-konstruktiven Gesichtspunkte betont sind, während die formale Duchbildung etwas ungelenk wirkt und unterschiedliche Stilauffassungen erkennen läßt, sodaß man vermuten möchte, der Verfertiger habe wahllos Vorlagebücher angewandt.

Hans Reuther

26 Augsburg, Modell einer Hebevorrichtung für Werksteinquader, 18. Jh. (?); in d. Städt. Kunstsammlungen Augsburg, Inv.-Nr. 9740 (aus der Modellkammer im Rathaus, Inv.-Nr. 156)
Die in einem Holzrahmen aufgehängte Hebevorrichtung beim Versetzen von Werksteinquader wird als Kniehebel-Steinzange bezeichnet und wirkt ähnlich wie die Teufelsklaue oder Steinschere ohne daß aber zwei Spitzen in eingehauene Löcher an den Seitenflächen der Quader eingreifen müssen. Holz, unbemalt, Eisen; 40 x 15 cm und 45 cm hoch
Lit.: A. Opderbecke & H. Wittenbecher, Der Steinmetz, Leipzig 2. Aufl. 1912, S. 26, Fig. 75

27 Augsburg, Modell einer Sägemühle mit Lagerhaus, Meisterstück des Andreas Wiedemann 1772 (1947 ergänzt u. restauriert); in d. Städt. Kunstsammlungen Augsburg, Inv.-Nr. 9639 (aus d. Modellkammer im Rathaus, Nr. 83)
Doppelgeschoßiges Fachwerkgebäude, langgestreckt, beide Schmalseiten spitzbogig, an einer eine Polygonseite konkav gekehlt, an einer Längsseite ein schmaler Vorbau, parallelogrammartig im Grundriß. Mühlkanal mit Schleuse und Schaufelrad. Im Erdgeschoß-Inneren das Sägegatter. Steiles (zwei Kehlbalkenlagen) Walmdach, über dem Anbau abgeschlepptes und abgewalmtes Dach, am First ansetzend.
Holz, unbemalt, Sockel (Stein darstellend) grau bemalt; größte Länge und Breite 156 bzw. 85 cm und 70 cm hoch

28 Augsburg, Modell zur Gebälkkonstruktion einer Kuppel, um 1770; in d. Städt. Kunstsammlungen Augsburg, Inv.-Nr. 9611 (aus d. Modellkammer im Rathaus, Nr. 10)
Auf Balkenlage ein kreisrunder Tambour, spitzbogige (gestelzte) Kuppelschale mit 24 Rippen, Kaiserstiel mit Abspreizungen in der Balkenlage der Kuppel. Holz, unbemalt; ø 45,5 cm, Höhe 56 cm

28

27

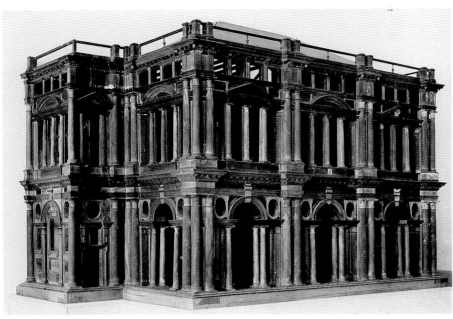

29

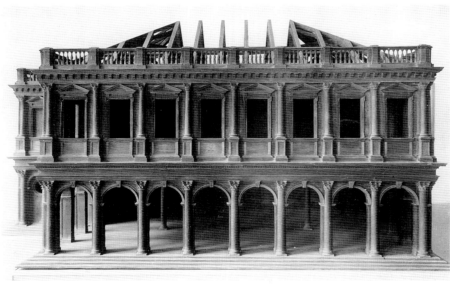

30

29 Augsburg, Loggia auf dem Perlachplatz = »Palladio-Modell« von Joh. Matthias Kager (1575, München – 1634, Augsburg), 1611
Ahorn, Linden-, Birnbaum- und Fichtenholz, bemalt, teils massiv, teils furniert, Ornamentik aus Pappmaché (Papier, Ölton und Wachs). Die Ornamentik ist nur beim rechten Drittel der Loggia annähernd vollständig. L = 156,0 cm, L ohne Treppenhausanbau = 135,0 cm, B = 91,0 cm, H = 117,0 cm
Augsburg, Städt. Kunstsammlungen (Inv.-Nr. 3454). Aus der Modellkammer im Rathaus (Inv.-Nr. 3)
Das sehr sorgfältig gearbeitete sog. Palladio-Modell der geplanten Loggia bildet das Gegenstück zum sog. zweiten Italienischen Modell von Joseph Heintz d. Ä. Es stellt eine rechteckige, doppelgeschossige Halle von drei zu zwei Achsen dar; an der linken Schmalseite ist ein längsrechteckiger Treppenhausanbau erkennbar, dessen Längsausdehnung ein Achsenfeld der Loggia einnimmt. Die Fassaden zeigen in beiden Geschossen eine gekuppelte korinthische Halbsäulenordnung. Das Gebälk des Obergeschosses ist mit Viereckköffnungen im Fries versehen. Ein zierliches Geländer ersetzt die Attika. Beim Erdgeschoß erkennt man die architektonische Arkadenausbildung nach dem Vorbild von Andrea Palladios sog. Basilika zu Vicenza, und beim Obergeschoß werden in jedem Achsenfeld die drei eingestellten korinthischen Säulen im rhythmischen Wechsel mit einem Dreieck- bzw. Segmentbogengiebel abgeschlossen. Das Walmdach mit einer Neigung von etwa 30-35° zeigt die Konstruktion. Im Gegensatz zum sog. zweiten Italienischen Modell erfolgt hier auch im Obergeschoß eine zweischiffige Teilung des Saales jeweils durch einen Längsunterzug auf gekuppelten Säulen. Das Modell ist wie das sog. zweite Italienische Modell im Maßstab 1:20 gefertigt.
Beide Loggia-Modelle setzen Hausteinarchitektur voraus, nicht zuletzt bedingt durch die Zierlichkeit der Profilierungen an den Fassaden. Im Jahre 1611 erhielt auch Joh. Matthias Kager am 21. Juli von der Stadt Augsburg eine Zahlung wegen eines »Visiers« zur Loggia in Höhe von fl. 30.
Lit.: Pfister, Rathaus-Modelle, S. 86, Nr. 1, Abb. 2, 3, passim. – Albrecht, S. 124, 127 ff., Abb. 19. – Lieb, Baukunst, S. 232, 236, 240, Abb. 13. – Kat. Augsburger Barock, Nr. 36, Abb. 5.

Hans Reuther

30 Augsburg, Loggia auf dem Perlachplatz = »Zweites italienisches Modell« von Joseph Heintz d. Ä. (1564, Basel – 1609, Prag), 1609 in Prag.
Unbemaltes Fichtenholz mit Zedernholz furniert, Stufen aus Nußbaumholz. L = 161,5 cm, L ohne Treppenhausanbau = 130,0 cm, B = 81,0 cm, H = 85,0 cm.
Augsburg, Städt. Kunstsammlungen (Inv.-Nr. 3455). Aus der Modellkammer im Rathaus (Inv.-Nr. 2).
Das sehr sorgfältig gearbeitete Modell, auch als sog. zweites italienisches Modell bezeichnet, stellt eine rechteckige, doppelstöckige Halle von acht zu fünf Achsen dar; an der linken Schmalseite ist ein fast quadratischer Treppenhausanbau mit zwei zu zwei Achsen erkennbar. Die Fassaden zeigen beim Erdgeschoß halbkreisförmige Pfeilerarkaden mit vorgelegten korinthischen Dreiviertelsäulen, und beim Obergeschoß komposite Dreiviertelsäulen mit Rücklagen auf Postamenten in Brüstungshöhe vor einer Wand mit Rechteckfenstern, deren profilierte Gewände ohrenartig verkröpft ist, darüber Dreieckgiebel auf Konsolen. Beim Treppenhausanbau sind die Erdgeschoßarkaden geschlossen, so daß diese nur als Blenden erscheinen, und beim Obergeschoß sind die Fenster zugemauert. Eine attikaartige Balusterbrüstung schließt über dem Konsolgesims die Fassaden nach oben ab. Das Erdgeschoß enthält eine zweischiffige Halle und im Obergeschoß befindet sich ein stützenloser Saal. Auch konstruktiv ist das Modell aufschlußreich. Der Unterzug ruht auf drei korinthischen Säulen und ist durch Sprengwerkbalkenlager gebildet. Für das Dachwerk (Kehlbalkendach mit Walmen, Neigung 33°) und die Sprengwerkbalkenlage liegen zwei datierte Werkzeichnungen (5. und 13. Juni 1607) von Elias Holl vor (Braunschweig, Herzog-Anton-Ulrich-Museum, Inv.-Nr. KK 361, 362).
Die realen Baumassen hätten etwa betragen: L (mit Stufenunterbau) = 26,00 m, H (mit Stufenunterbau bis Oberkante Gesims) = 12,72 m, daher wurde der Maßstab 1:20 gefertigt.
In seinem Todesjahr (1609) wurden Joseph

Heintz d. Ä., seit 1591 Kammermaler Kaiser Rudolf II in Prag, Unterlagen für den Loggia-Entwurf übersandt. Er erhielt 200 Gulden als Honorar »per ein Visierung und Modell, was anstatt der alten Metzg möchte zu bauen sein«. Das auf seine Veranlassung hergestellte Modell blieb unausgeführt, denn 1611 wurde Joh. Matthias Kager (1575, München – 1634, Augsburg) für ein neues »Visier zu der Loggia bei der alten Metzg« bezahlt. Joseph Heintz d. Ä. lieferte auch mehrere Entwürfe für Augsburger Bauten (Zeughaus, Siegelhaus und Metzig), die Elias Holl dann ausführte.

Die Loggia sollte ihren Standort statt der alten Metzig an der Nordseite des Platzes am Perlach, dem Augsburger Hauptplatz (heute: Ludwigsplatz) hinter dem 1594 aufgestellten Augustusbrunnen einnehmen, und ihr Treppenhausanbau wäre zur Steingasse orientiert gewesen. Ihre Aufgabe war die einer repräsentativen Stadthalle, wie sie als »Loggia« für die oberitalienischen Städte damals charakteristisch war.

Lit.: Pfister, Rathausmodelle, S. 86 ff., Nr. 2, Abb. 4-8. – Albrecht, Holl, S. 124 ff., Abb. 18. – Lieb, Baukunst, S. 232, 236, 240, Abb. 12. – Katalog Augsburger Barock, Nr. 10, Abb. 4. – J. Zimmer, Josephus Heinzius – Architectus cum antiquis comparandus. In: Umeni, 17. Jg., Prag 1969, S. 217-246. – Blendinger/Zorn, Augsburg, Abb. 214.

Hans Reuther

31 Augsburg, Ausführungsmodell des Luginsland-Turms, von Adolf Daucher d. Ä. (seit 1491 in Augsburg – 1523/24), 1514/15; in den Städt. Kunstsammlungen, Inv.-Nr. 3444 (aus d. Modellkammer im Rathaus, Nr. 48); seit 1945 verloren

Im Gegensatz zum Vorentwurfsmodell Adolf Dauchers d. Ä. (Augsburg, Städt. Kunstslgen., Inv.-Nr. 3448) ist das Ausführungsmodell eine einheitlicher wirkende Rundkomposition. Die sechs Halbkreisvorlagen haben einen mehr turmartigen Charakter. Sie sind in sieben durchfensterte Stockwerke gegliedert. Den oberen Abschluß bildet eine gedrungene zylindrische Laternenhaube mit mächtigem Knauf. Die gleiche Haube, jedoch ohne Laterne, bekrönt die sechs Türmchen von denen zwei noch ein achtes Geschoß aufweisen.

Die Turmkomposition erinnert an den Blaserturm von 1553-56 zu Ravensburg, und als Nachfolger sei das Ravensburger Tor zu Wangen im Allgäu erwähnt, dessen heutige Gestalt auf einen Ausbau der gotischen Anlage von 1607/08 zurückgeht. Im Inventar der Modellkammer im Rathaus wurde das Modell noch als Turmmodell der nicht mehr bestehenden St. Wolfgangskirche von etwa 1400 angesehen.

Fichtenholz (Unterbau) und Erlenholz (Oberbau), kleinere Fehlstellen beim Übergang des Sechsecks in den Kreiszylinder, gedrechselt und unbemalt, Höhe 126 cm
Lit.: Lieb, Baukunst, S. 237. Abb. 19

32 Augsburg, Entwurfsmodell zum Luginsland-Turm, von Narziß Leuthner 1514; in den Städt. Kunstsammlungen Augsburg, Inv.-Nr. 3445 (aus d. Modellkammer im Rathaus, Nr. 47). Seit 1945 verloren.

Der sehr schlanke Baukörper besteht in seinem unteren Teil aus einem sechsseitigen Polygon, das stadtmauerartig wirkt und somit den Turm bis zu etwa einem Viertel seiner Gesamthöhe ummantelt. In der Mitte jeder Polygonseite ist ein sechseckiges Türmchen, mit drei Polygonseiten vortretend, erkennbar. Der eigentliche Turmbau zeigt Verwandtschaft zu dem Vorentwurf für den Luginsland-Turm des Adolf Daucher d. Ä. vom gleichen Jahr (Augsburg, Städt. Kunstslgen., Inv.-Nr. 3448). Nur ist der türmchenartige Abschluß der sechs halbkreisförmigen Vorlagen wieder als sechseckiges Polygon geformt und mit einem Zinnenkranz besetzt. Als eingezogener, sechseckiger Laternenhelm mit Halbkreisgiebeln erscheint der eigentliche Turmhelm, der den Kranz der Türmchen überragt.

Die Ausführung des Modells nach dem Entwurf des von 1515-25 tätigen Stadtwerkmeisters Narziß Leuthner oblag dem Drechsler Ulrich Hohenauer, der 1514 dafür bezahlt wurde. Der laternenförmige Turmhelm legt Verwandtschaft nahe zum Türmchen der vielleicht von N. Leuthner vor 1521 erbauten Dominikanerinnenkirche St. Ursula in Augsburg. Im Inventar der

31

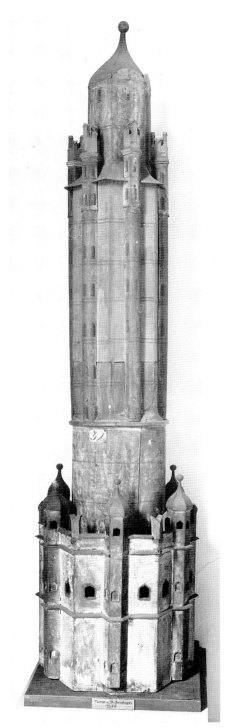

32

Modellkammer im Rathaus wurde das Modell noch als Turmmodell der mittelalterlichen, 1588 abgebrochenen St. Christophkirche angesprochen.

Fichten- und Lindenholz, gedrechselt und bemalt; Höhe 138 cm
Lit.: Lieb, Baukunst, S. 237, Abb. 21

33 Augsburg, Vorentwurfsmodell zum Luginsland-Turm, von Adolf Daucher d. Ä. (seit 1491 in Augsburg – 1523/24), 1514; in den Städt. Kunstsammlungen Augsburg,

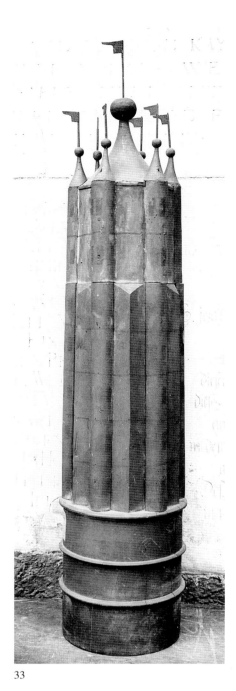

33

Hauptkegel durchdringen. Der Gesamteindruck ist noch weitgehend spätgotisch.
Der Luginsland-Turm, das um 1430 angelegte nordöstliche Eckwerk der Stadtbefestigung, war 1498 und 1509/10 brandgeschädigt worden. Für einen Neubau machte der Stadtzimmerpalier Balthus Ul 1513/14 »Visirungen«, die wohl der Zimmermannskonstruktion galten. In den Jahren 1514/15 wurde der Turm neu aufgeführt, und zu Beginn des Jahres 1516 erhielt Adolf Daucher d. Ä. ein Honorar.
Lindenholz (massiver Baumstamm), bemalt. Der abnehmbare Oberteil ging 1945 verloren und anschließend rekonstruiert. Die Fahne aus Eisen; unterer ø 20,5 cm und Höhe (mit Fahne) 102 cm
Lit.: 20. Jahresbericht d. Histor. Kreis-Vereins für Schwaben u. Neuburg, Augsburg 1854, S. 56, Taf. 3; Lieb, Baukunst, S. 237, Abb. 20; Reuther, Daidalos, 1981, Abb. S. 100

34 Augsburg, Modell zum Turmoberteil der Kirche St. Martin, 1538; in d. Städt. Kunstsammlungen Augsburg, Inv.-Nr. 3446 (aus d. Modellkammer im Rathaus, Nr. 45)
Das rechteckige, fast würfelförmige Obergeschoß des Turmunterteils ist allseits von Lisenen eingefaßt; aufgrund der Bemalung bestand er aus Bossenquadern. Das Obergeschoß zeigt eine Pfeilerbogenhalle. Das Pyramidendach, mit übergiebelten Dacherkern besetzt, geht in ein gleichseitiges Oktogon über, auf dem sich eine achtseitige Laterne, die Glockenstube enthaltend, mit Spitzhelm erhebt. Die durch Dreipaßfenster zu einem Pfeilerbau aufgelösten Fassaden sind übergiebelt. Dank der Bemalung des Pyramidendaches läßt sich die Eindeckung mit Bieberschwänzen erkennen.
Die 1070 erbaute Kirche St. Martin zu Augsburg wurde 1538 abgebrochen; das Modell des Turmoberteils dürfte als Erinnerungsmodell zu diesem Zeitpunkt angefertigt worden sein.
Fichtenholz, bemalt, einzelne Trockenrisse am Holz und geringe Fehlstellen an der Bemalung; 35 x 30 cm und 169 cm hoch

35 Augsburg, Modell eines Mühlhauses, 17. Jh. (1947 restauriert); in d. Städt. Kunstsammlungen Augsburg, Inv.-Nr. 9640 (aus d. Modellkammer im Rathaus, Nr. 23)
Auf unregelmäßig viereckigem Grundriß, eine Längsseite stumpfwinklig eingeknickt, doppelgeschossiger Mauerwerksbau, an einer Längsseite innen Raum für das Mühlrad. Steiles Kehlbalkendach, liegender Stuhl mit mittlerer Stuhlsäule in zwei Dachkehlbalkenlagen, eine Giebelwand in Fachwerk.
Holz, massive Bauteile grau bemalt, mehrere Fehlstellen beim Dachwerk, innere Zwischenwände fehlen; Grundfläche 94 x 59,5 cm, Höhe 61 cm

36 Augsburg, Modell für einen Obelisken am Rathaus, 17. Jh.; in d. Städt. Kunstsammlungen Augsburg, Inv.-Nr. 3469 (aus d. Modellkammer im Rathaus, Nr. 58)
Die als Balkengerippe ausgeführte Konstruktion mit einem eisernen »Kaiserstiel« in der Mitte erinnert noch an zimmermannsmäßig gestaltete gotische Turmhelme, bei denen ein hölzerner Kaiserstiel den Kern bildet. Der Obelisk ruht auf vier Kugeln. Das Modell stellt die Konstruktion

34

Inv.-Nr. 3448 (aus d. Modellkammer im Rathaus, Nr. 46)
Der zylindrische Baukörper des Unterteils ist nur durch zwei umlaufende Gurtgesimse gegliedert. Der Oberteil zeigt bis zu zwei Dritteln seiner Höhe ein Sechseck. Jeder Polygonseite ist eine halbkreisförmige Vorlage aufgesetzt, die auch beim letzten Drittel des wiederum zylindrisch geformten Oberteils weitergeführt ist. Den bekrönenden Abschluß bilden in der Mitte der Dachkegel mit konkaver Mantelfläche, Knauf und steile Spitze, die mit einer Fahne versehen ist. Ihnen entsprechen in gleicher Form die kranzförmig wie Wichhäuschen aufgereihten Abschlüsse der Vorlagen, die sich somit zur Hälfte ihrer Kegel mit dem

35

36

für einen der vier Rathausobelisken dar, die an den Ecken der Altanen aufgesetzt vorgesehen waren (vgl. das »Zweite Dachkreuzmodell«, Inv.-Nr. 3458). In der Holl-Mappe des Stadtarchivs befindet sich der »Entwurf für einen Ballustradenpylon« (siehe Albrecht, Holl, S. 135, Nr. 74).
Holz, unbemalt, Nägel, Beschläge u. »Kaiserstiel« mit Knauf aus Eisen; 15 x 15 cm, Höhe 92 cm

37 Augsburg, Modell des Oblattertores, 1747 (1948 renoviert); in d. Städt. Kunstsammlungen Augsburg, Inv.-Nr. 9754 (aus d. Modellkammer im Rathaus, Nr. 124)
Viereckiger, zweigeschoßiger Torturm mit Fallgatter (in Falz beweglich), davor Klappbrücke (mit Zugteil); Brückentor mit inneren Riegelbalken (Sturmbalken); außen Schlagbaum. Holz, unbemalt; 99 x 24,5 cm und 59 cm Höhe.
Der Oblatterwall wurde 1540 angelegt; an der Stadtseite mächtiger dreigeschossiger Turm (Feindseite rund, Stadtseite gerade; im Obergeschoß Schießscharten)

38 Augsburg, Modell des Perlachturms von Jörg Seld II (um 1454, Augsburg – 1526/27, Augsburg) 1503
Gebeiztes Fichten- und Erlenholz, die Fahne aus Eisen, die sechseckige Turmspitze abhebbar. L = 40,5 cm, B = 21,5 cm, H = 122,0 cm; H ohne Fahne = 118,0 cm.
Augsburg, Städt. Kunstsammlungen (Inv.-Nr. 3451). Aus der Modellkammer im Rathaus (Inv.-Nr. 43).
Das etwas derb gearbeitete Modell eines Kistlers für den Umbau des mittelalterlichen Perlachturmes zeigt vor allem an den strebenartigen Eckpfeilern Wimperge und krabbenbesetzte Fialen in der Formensprache der deutschen Sondergotik im Maßstab 1:52.
Im Frühherbst 1503 erhielt der Goldschmied Jörg Seld II vom Rat den Betrag von 3 fl. 1 Pfd. 16 ß. 1 hl. »um ein Visier des Perlachturms«. Die sechseckige Turmspitze läßt sich stilistisch dem Kreis um den Steinmetz- und Maurermeister Burkhart Engelberg (um 1450-1512) in Augsburg zuordnen. Die Zierformen zeigen dagegen Verwandtschaft mit der Gesprengearchitektur des Ostensoriums von Heiligkreuz in Augsburg, das J. Seld II 1494 angefertigt hatte (vgl. Norbert Lieb, Jörg Seld, München 1947, S. 19-21, Abb. nach S. 24).
Lit.: Lieb, Baukunst, S. 234 f., Abb. 9. – Katalog der Ausstellung Hans Holbein d. Ä. und die Kunst der Spätgotik, Augsburg 1965, Nr. 272.
Hans Reuther

39 Augsburg, Modell zum Perlachturm, von Hans Hieber (wohl aus Augsburg, seit 1509 nachweisbar bis zum Frühjahr 1522, als er in Regensburg starb), 1519; in d. Städt. Kunstsammlungen Augsburg, Inv.-Nr. 3450 (aus d. Modellkammer im Rathaus, Nr. 49)
Das nach Hans Hiebers Entwurf vielleicht vom Augsburger Kistler Thomas Hebentanz ausgeführte Modell im Maßstab 1:24 zum Umbau des Perlachturmes sieht die Veränderung des querrechteckigen Grundrisses zum Quadrat durch Hinausrücken der Westseite bei einer geplanten Höhe von etwa 54,80 m vor und stellt somit einen radikalen Eingriff in vorhandene Bausubstanz dar.
Der quadratische doppelstöckige Unterbau mit übereck aufgeführten Strebepfeilern und Gurtgesims weist an allen vier Fassaden Okulusfenster auf. Die aufgemalte graue Quaderung soll wohl die Ausführung in Tuffstein andeuten. Die beiden folgenden, leicht abgetreppten Geschosse mit Säulenvorlagen korinthischer Ordnung an den Ecken, das untere mit profilierter Rahmung jeder Fassade, das obere zusätzlich mit Rundscheiben verziert und die Fenster doppelschichtig mit Maßwerk versehen. Die Farbgebung zeigt eine rote Marmorierung; die Rundscheibeneinlagen sollen grünen Syenit darstellen. Die Balustrade ist mit kreisförmigen offenen Ecktürmchen über den Säulenvorlagen besetzt, deren tempiettoähnliche Wirkung durch je vier überschlanke Säulchen bestimmt ist, die jeweils eine Kuppel mit Knauf tragen. Oktogonale Laterne mit runden Eckvorlagen und entsprechender welscher Haube.
Norbert Lieb hat 1955 mit Recht das Modell als Umbauentwurf für den Perlachturm erkannt. Zuvor war es auf den 1539/40 abgebrannten Turm der St. Leonhardskirche an der Ecke Karolinen- und Karlstraße bezogen worden (vgl. Lieb, Baukunst, S. 235).
Gegen Ende August 1519 hatte der Rat der

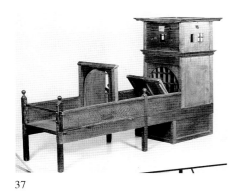

37

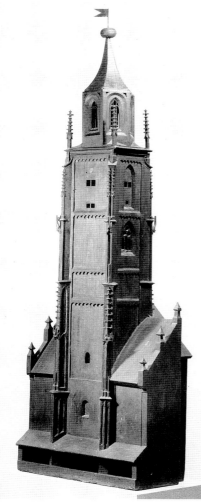

38

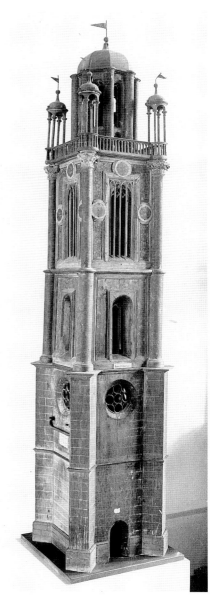

39

40

legbar (Unterbau, zwei Geschosse, Laterne). Zwei Untergeschosse 1945 verloren und danach rekonstruiert. Kleine Fehlstellen am Maßwerk; 47,5 x 47,5 cm; Gesamthöhe 215 cm, Höhe des Unterbaus 82 cm.
Lit.: Lieb, Baukunst, S. 234f., Abb. 10, Büchner-Suchland, Hieber, 1962, S. 65-68, Abb. 29

40 Augsburg, Modell zum Perlachturm, von Bernhard Jäger (aus Augsburg) 1522; in d. Städt. Kunstsammlungen Augsburg, Inv.-Nr. 3449 (aus d. Modellkammer im Rathaus, Nr. 50)

Das von dem Kistler Bernhard Jäger gefertigte Umbau-Modell für den Perlachturm im Maßstab 1:24 wurde sicherlich nach einem Entwurf des Stadtwerkmauermeisters Narziß Leuthner hergestellt. Auch hier geht das Projekt – wie dasjenige von Hans Hieber – von einem quadratischen Grundriß aus. Von den sechs Geschossen sind jeweils 2 durch Gurtgesimse zusammengefaßt. Die Fassaden mit Übereck gesetzten Strebepfeilern sind weitgehend schmucklos. Entsprechend der Farbgebung ist die Ausführung als Haustein-Quaderbau geplant. Die Balustrade ist auf flachen Segmentbogen vorgekragt, die auf den Strebepfeilern ruhen. Der achteckige Oberbau umfaßt 4 Stockwerke, die durch Eckpilaster und Bogenlisenen eine Fassadengliederung erhalten. Über den beiden unteren Stockwerken ist eine leicht vorkragende Balustrade herumgeführt, und die beiden oberen Etagen treten daher zurück; eine achteckige welsche Haube bekrönt den Turm. Unter der oberen Balustrade war die Jahreszahl 1522 aufgemalt.

Norbert Lieb hat 1955 mit Recht das Modell als Umbauentwurf für den Perlachturm erkannt (vgl. Lieb, Baukunst, S. 235). Zuvor war es auf den 1542 abgebrochenen Turm der Kirche »St. Leonhard auf dem Feld«, an der Gögginger Landstraße bezogen worden. Am 11. Oktober 1522 wurde B. Jäger vom Rat »um ein Visier zum Perlachturm bezahlt«.
Der Oberbau ist in Schwaben mit dem Schimmelturm zu Lauingen an der Donau verwandt; denn im Januar 1522 hat sich der Augsburger Rat »zwei Visierungen vom Turm zu Lauingen« besorgt.
Fichtenholz, bemalt. Der abnehmbare achteckige Oberbau 1945 verloren; 38,5 x 38,5 cm, Höhe bis Oberkante der Balustrade (= erhaltener Teil) 134,5 cm
Lit.: Lieb, Baukunst, S. 235, Abb. 11

41 Augsburg, Modell zum Eingerüsteten Perlachturm, von Elias Holl (1573, Augsburg – 1646, Augsburg). Wohl im Winter 1614/1615.
Unbemaltes Holz, Turmhaube abnehmbar. L = 52,5 cm, B = 32,0 cm, H = 156,0 cm (Grundplatte 65,9 x 34,0) Augsburg, Städt. Kunstsammlungen (Inv.-Nr. 3452). Aus der Modellkammer im Rathaus (Inv.-Nr. 51).
Der Perlachturm im Zustand vor seinem Umbau, für den ein Entwurf von E. Holl um 1614 (Augsburg, Städt. Kunstsammlungen, Inv.-Nr. Gr. 1653) vorliegt. Die Holzrüstung, mit deren Aufrichtung am 10. November 1614 begonnen wurde (am 1. April

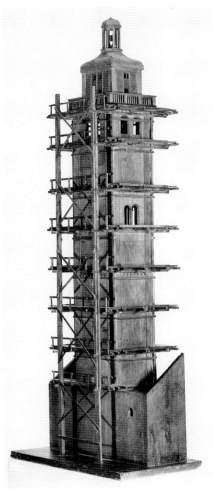

41

1615 abgeschlossen), besteht aus einem Balkenkorsett, das um den Turm gelegt ist, an dem sieben vorkragende Arbeitsbühnen übereinander befestigt wurden. E. Holl bemerkt darüber in seiner Chronik: »Es waren die Gerüst dieses Thurns so wunderbar gemacht und um den Thurn in die Vierung herum zusammen geschlossen wie eine gevierte Rahm von lauter Zimmerholz ...« Die Abstützung der Arbeitsbühnen erfolgte durch zwei abgebundene Mastbäume, die eine mit Kreuzstreben versehene Stuhlwand bilden und nur an der Platzseite aufgesetzt wurden. Auf diese Konstruktionsweise brauchte »kein einziges Löchlein in den Thurn eingebrochen« zu werden.
Sicherlich hat E. Holl dieses Modell angefertigt, um damit seine kühne Konstruktion, auf die er mit Recht stolz sein konnte, auch für die Zukunft zu dokumentieren. Die Beschäftigung mit Problemen der Bautechnik und Bauführung läßt sich in seinem Schaffen vielfältig nachweisen. Vgl. dazu auch seinen Entwurf für ein kleines Aufzugsgerüst für den Perlachturm vom 24. Juni 1615 (Braunschweig, Herzog-Anton-Ulrich-Museum, Inv.-Nr. 0139).
Lit.: Oskar Schürer, Elias Holl, der Augsburger Stadt-Werkmeister, Berlin 1938, S.

Stadt dem »Steinmützel« Hans Hieber 12 Gulden »zu einer Verehrung um die Visier des Perlachturms« bezahlt. Die stilistische Verwandtschaft zu H. Hiebers Modell für die Wallfahrtskirche zur »Schönen Maria« in Regensburg von 1520/21 ist unverkennbar.
Bemaltes Fichtenholz, die Kapitelle aus Stuck, Fahnen aus Eisen; in vier Teile zer-

14 f., Abb. 3 (= Deutsches Museum, Abh. u. Berichte, 10. Jg., Nr. 1). – Kat. Augsburger Barock, Nr. 22 – Reuther, Daidalos, 1981, Abb. S. 101

Hans Reuther

41a Augsburger Perlachturm als spielzeugmäßige Nachbildung des 18. Jh. im Österreichischen Museum für Volkskunde in Wien

42 Augsburg, Modell eines Pumpwerks, 2. Hälfte 18. Jh. (1948 instandgesetzt); in d. Städt. Kunstsammlungen Augsburg, Inv.-Nr. 9604 (aus d. Modellkammer d. Rathauses, Nr. 224, vielleicht identisch mit dem »Modell eines Brunnenhauses mit Brunnenturm zwischen Druckwerk und 2 Wasserrädern«)

Auf längsrechteckigem Grundriß ein zweigeschossiger Aufbau. Das Untergeschoß ist eine gemauerte offene Pfeilerarkadenhalle (an den Schmalseiten je 2 rundbogige, an den Längsseiten je 2 sehr flache korbbogige). Das Obergeschoß besteht aus einer Fachwerkkonstruktion (an jeder Längsseite 5, an jeder Schmalseite 2 Fenster). Über dem Flachdach mit Balustrade erhebt sich ein doppelgeschossiger Fachwerkturm (zunächst über quadratischem Grundriß, im Obergeschoß mit gerundeten Ecken). Im Turm eine vom Fachwerkgeschoß ausgehende Treppe mit offener Spindel, in der die Wassersteigeleitung zum Behälter auf der Turmplattform verläuft.

In die Rückseite dieses Turmbehälters ist eingepunzt: »In Augsburg/ Meist: H. G. Lobeck/ Stadt Spengler/ 1773«. An der einen Schmalseite des Erdgeschosses erscheint ein Stockbrunnen mit sechseckigem Becken. Im Untergeschoß 2 hölzerne Wasserräder mit Pumpen aus Messing.

Holz (Fachwerk unbemalt), Untergesch. grau bemalt; Wasseristallation aus Messing. Gebäudegrundfläche 82,5 x 38 cm auf einer Grundplatte von 113 x 47,5; Höhen bis Oberkante Balusterbrüstung 70,5 cm, bis Turmoberkante 104 cm und bis Installationsoberkante 120 cm.

43 Augsburg, Modell eines Pumpwerkes mit Windantrieb; in den Städt. Kunstsammlungen Augsburg, Inv.-Nr. 9801

44 Augsburg, Modell des mittelalterlichen Rathauses, 1515/1516 (?) oder späteres 16. Jh. Unbemaltes Ahornholz. Dachflächen aus unbemaltem Fichtenholz, in sieben Teile zerlegbar (Sockelgeschoß; erstes Hauptgeschoß; zweites Hauptgeschoß, linker Teil mit Erker; desgl. rechter Teil unter zwei Giebeln; drittes Hauptgeschoß, linker Teil unter linkem Giebel; linker Giebel mit Turm; zwei rechte Giebel), z. T. sind die auf dem Fußboden der Räume in den Geschossen noch aufgeklebten Zettel erhalten, die die Raumbestimmung nachweisen. Das Zifferblatt der Uhr am Hauptgiebel fehlt.

L der Vorderseite = 87,3 cm, L der Rückseite = 93,5 cm, B der linken Seite mit Erker = 57,5 cm, B der rechten Seite = 42,0 cm. H des Firstes vom linken Giebeldach = 61,5 cm, H des Firstes vom mittleren Giebeldach = 48,0 cm, H des Firstes vom rech-

42

44

44 *Rückseite*

ten Giebeldach = 44,0 cm, H des Turmes = 94,0 cm.
Augsburg Städt. Kunstsammlungen (Inv.-Nr. 3453). Aus der Modellkammer im Rathaus (Inv.-Nr. 1).
Das sorgfältig hergestellte Modell mit geschnitzter Bauornamentik versehen und die innere Raumgliederung (Wände, Säulen, Treppen) zeigend, läßt den Zustand des mittelalterlichen Rathauses als einen spätgotischen, aus drei unterschiedlichen großen Giebelhäusern zusammengewachsenen Gruppenbau von 1449 und 1494 erkennen, der 1515 bis 1518 durch Jakob Zwitzel am Äußeren ausgeziert und mit einem schlanken Glockentürmchen versehen wurde. Hans Burgkmair und Jörg Breu d. Ä. schmückten das Rathaus mit Fresken. Das Modell geht von einem ebenen Terrain aus und berücksichtigt daher nicht die topographische Situation auf einem Stadthügel am Osthang zwischen Lech und Wertach. Somit fehlen im Modell die durch das Höhengefälle bedingten Keller- und Stützgewölbe. Von der inneren Raumgestaltung verdient der im ersten Hauptgeschoß über der Wölbung der Kürschnerhalle im Sockelgeschoß gelegene Ratssaal mit der abgeteilten Söldnerstube (Grundfläche 25,30 x 15,30 m) Beachtung. Die Holzbalkendecke mit Unterzügen wird von fünf Säulen in zwei Reihen getragen, so daß eine dreischiffige Gliederung des Saales entsteht.
Das Modell ist kein Entwurfsmodell von 1515, sicher auch kein Erinnerungsmodell vom Jahre 1615, als es der großartigen Schöpfung des Elias Holl weichen mußte, sondern es stellt wohl eine dreidimensionale Bauaufnahme aus dem späteren 16. Jahrhundert dar, denn es fehlt noch der rückseitige doppelstöckige Anbau am Südteil der Ostseite, den man in E. Holls Grundrißaufnahmen vom 30. Dezember 1609 erkennt (Augsburg, Stadtarchiv, Hollmappe). Vgl. ferner den Aufriß der Hauptfassade des mittelalterlichen Rathauses von E. Holl vom gleichen Datum (Augsburg, Städt. Kunstsammlungen, Inv.-Nr. Gr. 848). Die eingeklebten Zettel in den einzelnen Räumen stammen lt. Angabe bei Lieb, Baukunst, S. 234, von 1615, also kurz nach dem Abbruch.
Lit.: Julius Baum, Das alte Augsburger Rathaus in der Zeitschr. d. hist. Ver. f. Schwaben u. Neuburg, Bd. 27, Augsburg 1907. – Ders., Die Bauwerke des Elias Holl, Straßburg/Els. 1908 (= Studien zur deutschen Kunstgeschichte, Heft 93). – Ulrich Christoffel, Augsburger Rathaus, Augsburg 1929, S. 7 f., Abb. 21-23 (= Dtsche. Kunstführer, Bd. 47). – Pfister, Rathausmodelle, S. 86 f., Nr. 3, Abb. 1, 9. – Norbert Lieb, Elias Holl u. seine Zeit. Ausstellungskatalog Augsburg 1946, Raum 2, Nr. 3-5. – Lieb, Baukunst, S. 234, Abb. 7. – Hilbich, Spätgot. Rathaus, S. 29-32, Abb. 33, 34, 42-53. – v. Walter, Rathaus, S. 18 f., Abb. S. 75, 76. – Blendinger/Zorn, Augsburg, Abb. 102.

Hans Reuther

45 Augsburg, Rathaus, »Zweites Dachkreuzmodell« (= Modell IV) von Elias Holl (1573, Augsburg – 1646, Augsburg). 1614/1615.
Pappel- oder Birnenholz, mit Leimfarbe bemalt (Mauerflächen weiß, Architekturglieder grau mit schwarzer Kontur, Portal rot marmoriert, Dachflächen rot, Giebelwappen in dunklem Gelb mit schwarzer Schattierung), in acht Teile zerlegbar (Erdgeschoß, zwei Hauptgeschosse, Mezzanin mit unterem Dachkreuzgeschoss, oberes Dachkreuzgeschoß, Hauptgiebeldach, zwei Nebengiebeldächer). L = 93,0 cm, B = 71,5 cm, H bis Hauptgesims = 48,2 cm, H bis First des Hauptgiebeldaches = 94,5 cm.
Augsburg, Städt. Kunstsammlungen (Inv.-Nr. 3458).
Im Gegensatz zu den Modellen I-III von Elias Holl für das Augsburger Rathaus zeichnet sich dieses durch eine sehr detaillierte Fassadendurchbildung und Raumgliederung aus. Außer Treppen und Öfen ist hier bei der unteren Pfletsch die Wölbung der 15 Joche dargestellt in Form der Kreuzrippen, Gurt- und Scheidebogen. Das Modell entspricht weitgehend dem ausgeführten Rathaus bis auf die Doppelturmidee, die E. Holl 1618 anstelle der Nebengiebel durchgesetzt hat. Ferner sind wohl zur Vereinfachung sowohl der Mittelrisalit der Hauptfassade als auch die architektonische Durchbildung des Hauptgiebels mit dem Stadtwappen (u. a. Fehlen der Volutenanschwünge) weggelassen. Jedoch treten an der Hauptfassade zwei Nebenportale in Erscheinung. Zum Vergleich mit dem ausgeführten Bau sei auf den Kupferstich von Matthäus Merian d. Ä. (vgl. M. Merian, Topographia Germaniae, 4. Svevia, Frankfurt am Main 1643) verwiesen.
Bei dem Modell dürfte es sich um eines der Exemplare handeln, von denen der Stadtwerkmeister in seiner Chronik berichtet: »Vor Anfang dieses Rathausbaues habe ich einem jeden Hrn Stadtpfleger ein Modell von Holzwerk machen lassen, wie es kommen werde und zu Hauss gesandt. In diesem sollen die Zwey mittleren Stiegen zwischen den Altanen auch mit einem Dach und Schießer (= Giebel) abgeschlossen worden seyn.« (vgl. Die Hauschronik der Familie Holl, herausgegeben von Ch. Meyer, München 1910, S. 61 f., 70.). Von den zeichnerischen Entwürfen für das Augsburger Rathaus sind hier besonders zu nennen: drei Grundrißpläne und ein unvollständiger Aufriß der Hauptfassade mit Andeutung einer der Flankentürme (Augsburg, Städt. Kunstsammlungen).
Lit.: Ulrich Christoffel, Augsburger Rathaus, Augsburg 1929, S. 8 f., Abb. 31-37. – Pfister, Rathaus-Modelle, S. 86, Nr. 7 (als zweites »Mittelgiebel«-Modell bez.), Abb. 1, 11. – Albrecht, Holl, S. 107. – Lieb, Baukunst, S. 237. – Kat. Augsburger Barock, Nr. 30. – v. Walter, Rathaus, S. 25-27, Abb. S. 86. – Kat. Bayern, Nr. 747. – Reuther, Daidalos, 1981, Abb. S. 102.

Hans Reuther

46 Augsburg, Rathaus, »Venezianisches Modell« (= Modell I) von Elias Holl (1573, Augsburg, – 1646, Augsburg). Frühjahr 1614.
Zedernholz, nur die Fenster und das Portal mit Leimfarbe aufgemalt, in vier Teile zerlegbar (jedes der vier Geschosse abhebbar). L = 96,0 cm, B = 70,0 cm, H = 38,5 cm.

44

44

Augsburg, Städtische Kunstsammlungen (Inv.-Nr. 3456). Aus der Modellkammer im Rathaus (Inv.-Nr. 17)

Dreiflügelbau mit einem vor den querrechteckigen Hof gelagerten Mittelflügel (im Erdgeschoß die Eingangshalle, drüber ein hohes, fünfachsiges Saalgeschoß) mit zwei rechteckig anschließenden Seitenflügeln (enthaltend die Amtsräume). Die Raumgliederung ist in allen Geschossen dargestellt (einschl. Öfen und Treppen).

Die eigenartige Form der fünf Fenster des Ratssaales an der Hauptfassade und zum Hof (von Okuli zusammengefaßte Biforien) gaben dem Modell die Bezeichnung »venezianisches Modell«. Das einzige Portal in der Mittelachse des Baukörpers mit flankierenden toskanischen Säulen und Gebälk verbindet sich mit einem Balkon vor dem mittleren Saalfenster. Der Mittelflügel weist drei Geschosse auf, während bei den Seitenflügeln im Erdgeschoß zwei Fensterreihen übereinander angeordnet sind und über dem ersten Obergeschoß ein Mezzanin eingeschoben ist. Das durchgehende Flachdach wurde früher fälschlich mit den Seitendächern des »Dreigiebelmodells« über den Seitenflügeln ergänzt (= Modell II).

Die Datierung »spätestens Frühjahr 1614« (zuletzt bei Lieb, Baukunst, S. 237) rückt dieses Modell an den Anfang der Planung für ein neues Rathaus. Zwei undatierte Entwurfszeichnungen (Grundriß und Aufriß der Hauptfassade) stammen von Elias Holl (Augsburg, Stadtarchiv, Hollmappe, verschollen, vgl. Albrecht, Holl, S. 134, Nr. 62, 63).

Lit.: Pfister, Rathausmodelle, S. 86, Nr. 4, Abb. 1, 10. – Albrecht, Holl, S. 109. – Lieb, Baukunst, S. 237. – Kat. Augsburger Barock, Nr. 26, Abb. 12. – v. Walter, Rathaus, S. 27-30, Abb. S. 87-89.

Hans Reuther

47 Augsburg, Rathaus, »Erstes Dachkreuzmodell« (= Modell III) von Elias Holl (1573, Augsburg – 1646, Augsburg). 1614/15.

Unbemaltes Kirschbaum- oder Birnenholz für den Baukörper, Fichtenholz für Giebel und Dachflächen, in neun Teile zerlegbar (Erdgeschoß mit Mezzanin, zwei Hauptgeschosse, oberes Mezzanin, zwei Hauptgiebelgeschosse, drei Giebeldächer). L = 74,7 cm, B = 57,5 cm, H = 77,5 cm.

Augsburg, Städt. Kunstsammlungen (Inv.-Nr. 3457). Aus der Modellkammer im Rathaus (Inv.-Nr. 16).

Der Baukörper und das Mittelgiebeldach dienten sicher zunächst dem 1927/28 weitgehend rekonstruierten »Dreigiebelmodell« (= Modell II). Elias Holl entwickelte daraus durch Fortnahme der seitlichen Giebeldächer, Erhöhung des Mittelgiebeldaches durch Zwischenschaltung von zwei Geschossen sowie Einfügung von niedrigeren und kleineren Kreuzgiebeln über zwei entsprechenden Geschossen wie beim Mittelgiebeldach über den Treppenhäusern. Der große Ratssaal ist durch beide Hauptgeschosse geführt, wie aus der im Modell vorhandenen Raumgliederung (einschl. Öfen und Treppen) hervorgeht. Durch die Kreuzgiebellösung ergeben sich noch vier Altane. Maßstab 1 : 60.

45 *Hauptfront übereck*

Lit.: Pfister, Rathaus-Modelle, S. 86, Nr. 6 (als erstes »Mittelgiebel«-Modell bez.), Abb. 1, 13. – Lieb, Baukunst, S. 237. – Kat. Augsburger Barock, Nr. 29, Abb. 14. – v. Walter, S. 25 f. (bez. wie Pfister), Abb. S. 85.

Hans Reuther

48 Augsburg, Rathaus »Dreigiebelmodell« (= Modell II) von Elias Holl (1573, Augsburg – 1646, Augsburg). Mitte 1614 (= Seitengiebeldächer), 1927 (= Baukörper und Mittelgiebeldach).
Unbemaltes Holz, unbemaltes Fichtenholz für Seitengiebel und Dachflächen, in vier Teile zerlegbar (Baukörper und drei Giebeldächer). L = 74,7 cm, B = 57,5 cm, H bis Hauptgesims = 38,7 cm, Gesamthöhe = 62,0 cm.
Augsburg, Städt. Kunstsammlungen (Inv.-Nr. 5326). Aus der Modellkammer im Rathaus nur die beiden seitlichen Giebeldächer (Inv.-Nr. 15, 17).
Der Baukörper und das Mittelgiebeldach dieses zweiten Rathausmodells sind nach den Erkenntnissen von Rudolf Pfister (vgl. Pfister, Rathaus-Modelle, S. 86, Nr. 5, Abb. 1, 12 u. passim) austauschbar mit dem ersten »Dachkreuzmodell« von Elias Holl für das Rathaus (= Modell III). Die Aufgabe der beiden seitlichen Giebeldächer als Bestandteile einer alternativen Dreigiebelversion ging bald verloren und sie wurden

45 Rückansicht übereck

46

46

fälschlich mit dem »venezianischen Modell« für das Rathaus (= Modell I) in Verbindung gebracht. In Anlehnung an den Dreigiebelaufriß des Rathauses am 13. November 1614 (Augsburg, Städt. Kunstsammlungen, Inv.-Nr. Gr. 11993) und an das genannte »Dachkreuzmodell« wurden 1927/28 ein entsprechender Baukörper und das Mittelgiebeldach angefertigt. Maßstab 1 : 60.
Lit.: Pfister, Rathaus-Modelle, S. 86, Nr. 5, Abb. 1, 12 u. passim. – Albrecht, Holl, S. 110, Anm. 13. – Lieb, Baukunst, S. 237. – Kat. Augsburger Barock, Nr. 27. – v. Walter, Rathaus, S. 25 f., Abb. S. 84.

Hans Reuther

49 Augsburg, Modell des Gradierwerks der Saline Bad Reichenhall, um 1760-70 (1947 instandgesetzt); in d. Städt. Kunstsammlungen Augsburg Inv.-Nr. 9598 (aus d. Modellkammer im Rathaus, Nr. 172)
Geschlossener Unterbau (aus Baumstamm, kreiszylindrisch ausgehöhlt, darüber 3 quadratische Stockwerke, eine Seite durchgehend offen, an den 3 übrigen Seiten in der Mittelachse je ein Rundbogenfenster in jeder Etage. Oben offen, kleiner einfacher Flachdreiecksgiebel als Abschluß jeder Fensterseite. Im Erdgeschoß das Pumpwerk. Zwei Steige- und eine Abflußleitung zu einem achtseitigen Wasserbecken auf einstufigem Unterbau im 3. Obergeschoß (inform eines Brunnentroges). In der rechten Ecke der offenen Seite eine Wendeltreppe mit durchgehender Spindel, freitragend ohne Brüstung vom 1. zum 3. Geschoß.
Holz mit Eisenteilen; Größe 36 x 36 cm, 106 cm hoch

50 Augsburg, Modell vom Turmoberteil der Kirche St. Servatius, 1543; in d. Städt. Kunstsammlungen Augsburg, Inv.-Nr. 3447 (aus d. Modellkammer im Rathaus, Nr. 44)
Der mit seinem oberen Abschluß noch einbezogene Turmunterteil läßt Rundbogenblenden in dichter Folge erkennen. Innerhalb der durchbrochenen Brüstung erhebt sich ein sechseckiges Geschoß mit zweibahnigen Maßwerkfenstern an jeder Polygonseite. Das folgende Geschoß besteht aus drei viereckigen Baukörpern mit Kreuzsprossenfenster an jeder Seite, die im Winkel von 120° aneinandergesetzt sind, sodaß ein dreistrahliger Grundriß erzielt wird. Ihre leicht konkav verlaufenden Giebeldächer mit hohen Knaufspitzen durchdringen sich mit einer sechseckigen, durch Fenster in ein Stützensystem aufgelösten Laterne, deren steiler, in einem Knauf endender Spitzhelm von maßwerkartig übergreifenden Spitzbögen mit Knäufen baldachinartig umzogen wird.
Lindenholz, schwarz gebeizt, geringe Fehlstellen vor allem an der oberen Balustrade; deren Maße 25,8 x 20,1 cm; Maße des Turmunterteils 23,5 x 18,5 cm, Höhe 126 cm
Die 1273 erbaute Kirche St. Servatius zu Augsburg wurde 1543 abgebrochen; das Modell dürfte wohl zu diesem Zeitpunkt als Erinnerungsmodell angefertigt worden sein.

47

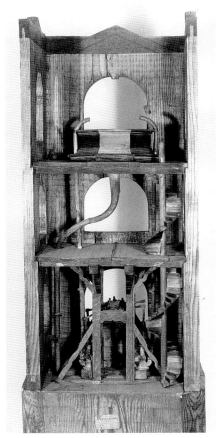

49

48

51 Augsburg, Modell eines Schleusengebäudes auf dem Ablaß, 18. Jh. (1947 restauriert); in d. Städt. Kunstsammlungen Augsburg, Inv.-Nr. 9693 (aus der Modellkammer im Rathaus, Nr. 134 bzw. 102)
Fachwerkbau, in dessen Erdgeschoß an einer Längsseite Einlauf in drei verschieden breite Kanäle, an der gegenüberliegenden hebbare, je einmalig unterteilte Schleusentore. Obergeschoß zeigt innen an einer Schmalseite das Tretrad mit drei parallel versetzten und durch Zahnräder in Verbindung stehenden Wellen für die über Rolle in der Dachbalkenlage geführten Zugseile der drei Schleusentore. Einläufige Treppe ohne Brüstung mit Wendepodest (rechtwinklige Wendung) vom Obergeschoß zum Dachraum. Das Dach ist ein Kehlbalkendach mit doppeltem stehendem Stuhl. – Holz, unbemalt, 63 x 44 cm, Höhe 70 cm
Das Schleusengebäude auf dem Ablaß wurde 1705 erbaut; es brannte am 24./25. Oktober 1793 ab.

52 Augsburg, Modell des Schrannenhauses bei St. Moritz, vom Stadtmaurermeister Georg Fink 1754; in d. Städt. Kunstsammlungen Augsburg, Inv.-Nr. 3460 (aus d. Modellkammer im Rathaus, Nr. 5)
Der eingeschossige Baukörper (der später als Feuerwehr- Requisitenhaus diente und

51

1906 abgebrochen wurde) zeigt an einer Schmalseite Volutengiebel über 2 Blendarkaden der Fassade. An der Längsseite 13 Korbbogenarkaden mit Schlußsteinen; die beiden zur Schmalseite als Blendarkaden ausgebildet. Die mittleren drei Korbbogenarkaden werden durch toskanische Pfeilervorlagen betont; Pfeiler nach römischer Manier. Rückwärtige Langseite ist schmucklos, mit liegenden ovalen Ochsenaugen lediglich verziert. Abgewalmtes Mansardendach mit Aufschieblingen beim Unter- und Oberdach. Vorn sind die Dachfenster übergiebelt, an der Rückseite

Schleppluken. Im Dach durchgehender Längsunterzug auf Holzpfosten mit Kopfbändern; die beiden Joche zum Volutengiebel ohne Unterzug und in Räume unterteilt, mit Ofen.
Holz, naturfarbig; L 175 cm (ohne Balustrade vor dem Volutengiebel), B 40 cm (ohne Dachüberstand), H 35,5 cm (Dachfirst), 34 cm (Volutengiebel)

53 Augsburg, Modell des Schwibbogentores, 18. Jh. (1948 instandgesetzt) in d. Städt. Kunstsammlungen Augsburg, Inv.-Nr. 9741 (aus d. Modellkammer im Rathaus, Nr. 133)
Das Tor-Erdgeschoß ist als querrechteckiger Baukörper ausgebildet, an jeder Längsseite ein Spitzbogentor; die Zugbrücke von Palisaden-Staketen-Zaun flankiert; auf dem hölzernen Strompfeiler beidseits je ein Pfosten mit Zwiebelknauf, an dem sich der Zaun totläuft.
Holz (in primitiver Ausführung), unbemalt, 48 x 35 cm, 37,5 cm hoch

54 Augsburg, Modell zum Schulhaus am Stadtpflegeranger, von Ludwig Leybold (München 1833-1891 Augsburg), vor 1872; in d. Städt. Kunstsammlungen, Inv.-Nr. 9601 (aus d. Modellkammer im Rathaus, Nr. 116 a; bis 1944 im Baumuseum bei Heiligkreuz, Bergungsverz. Nr. 39)
Der dreigeschossige Baukörper zeigt im Grundriß eine Doppel-T-Form mit flachen Giebeldächern an beiden Querriegeln, die durch ein Satteldach gleicher Neigung über dem Hauptbau verbunden sind. An der rückseitigen Fassade des Hauptbaus tritt in der Mitte ein durch alle Stockwerke gehender Anbau mit kleineren Fenster auf sechseckigem Grundriß vor die Flucht.
Der zurückhaltend mit Lisenen eingefaßte und bei beiden Obergeschossen durch flache toskanische Pilaster gegliederte sowie mit einem auf Konsolen ruhenden Hauptgesims versehene Baukörper zeigt nur in der Mittelachse der Stirnseite beider Querriegel eine aufwendigere Architekturgliederung durch zwei Arkadenöffnungen bei den dort befindlichen Treppenhäusern. Sti-

52

54 *Hauptfassade*

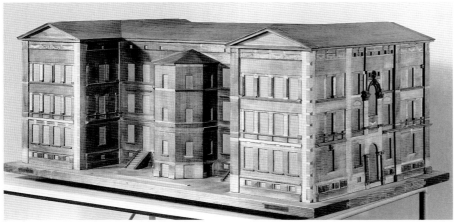

54 *Rückfront übereck*

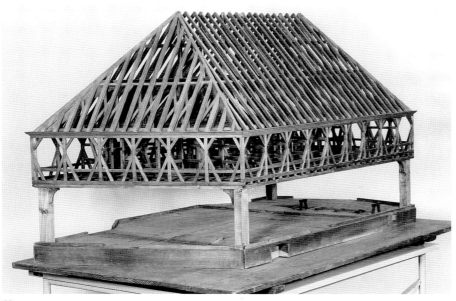

59

listisch klingt bei dem um 1872/73 durch den seit 1866 in städtischen Diensten (Baurat) tätig gewesenen L. Leybold errichteten Schulhaus eine nachklassizistische Formensprache an, die noch nicht von der sogen. Gründerzeit beeinflußt war.
Holz, unbemalt; Architekturglieder silbergrau getönt; größere Fehlstellen bei der Architekturgliederung (u. a. Kapitelle, Fenstergewände u. – giebel, Gesimskonsolen); Maße: 94 x 54 cm und 39,5 cm hoch, Grundplatte 102 x 62 cm
Lit.: H. Eberlein, Augsburg. (= Stätten deutscher Kultur, Bd. I) Berlin 1939, S. 218. – Blendinger & Zorn, Augsburg, S. 111 f., Abb. 343 (= Gebäudestadtplan, Lithographie 1873). – Kat. d. Ausstellung Architektur d. 19. Jhs. in Augsburg, bearbeitet v. Matthias Arnold, Städt. Kunstsammlungen Augsburg 1979, S. 58 (Lebenslauf v. L. Leybold), Nr. 113-117, Abb. 36, 37 (= Zeichnungen)

55 Augsburg, Modell eines Tores mit Zugbrücke, 18. Jh. (1948 rest. u. ergänzt); in d. Städt. Kunstsammlungen Augsburg, Inv.-Nr. 9802 (aus d. Modellkammer im Rathaus, Nr. 78/102?)
Geschlossener Torbau mit Satteldach (Kehlbalkenkonstruktion); Fallgatter auf der Innenseite; außen in Holzkonstruktion errichtete einjochige feste Brücke mit Zugbrücke als Torverschluß, doppelflügeliges Tor mit Sturmstange. – Holz, unbemalt; Grundplatte 132 x 78 cm und Höhe 115 cm

56 Augsburg, Modell eines Tores, 18. Jh. (1948 instandgesetzt); in d. Städt. Kunstsammlungen Augsburg, Inv.-Nr. 9726 (aus d. Modellkammer im Rathaus, Nr. 105 ?)
Doppelflügeliges Tor mit Sturmstange; die Zugbrücke von Staketenzaun flankiert; äußerer u. innerer Wagebalken; auf dem hölzernen Strompfeiler beiderseits je ein Pfosten; Wegführung von innen nach außen ansteigend (schiefe Ebene). – Holz unbemalt, Grundplatte 74 x 39 cm, Höhe 43,5 cm

57 Augsburg, Modell einer Zugbrücke, 18. Jh. (1948 restauriert); in d. Städt. Kunstsammlungen Augsburg, Inv.-Nr. 9800 (aus d. Modellkammer im Rathaus, Nr. 117)
Rundbogiger Torweg mit Balkengerüst- bzw. Fachwerkkonstruktion; oben Aufzugrolle für Brücke und Torverschluß. – Holz unbemalt (in primitiver Ausführung); 72,5 x 40,5 cm und 41,5 cm hoch

58 Ausburg, Modell einer Zugbrücke mit Tor, 18. Jh. (1948 wiederhergestellt); in d. Städt. Kunstsammlungen Augsburg, Inv.-Nr. 9748 (aus der Modellkammer im Rathaus, Nr. 110 ?)
Torbogen mit zweiteiliger innerer Aufzugsvorrichtung (Welle mit doppelter Zahnradübersetzung an jeder Seite) zum Heben der Zugbrücke (strompfeilerwärts), von Geländer mit Pfosten eingefaßt; die Zugbrücke ansteigend. – Holz, unbemalt, mit Eisenketten; 84 x 75 cm, 49,5 cm hoch

59 Augsburg, Modell einer Walkmühle in Fachwerkbau, Meisterstück von Hügel,

60

Pinienzapfen. – Holz, bemalt; ø 47 cm, Höhe 135 cm
Reuther, Daidalos, 1981, Abb. S. 101

62 Augsburg, Modell einer Zwiebelhaube, wohl 18. Jh.; in d. Städt. Kunstsammlungen Augsburg, Inv.-Nr. 3470 (aus d. Modellkammer im Rathaus, Nr. 85)
Holzkonstruktion über regelmäßigem Achteck, achteckige Haube mit Graten. – Holz, unbemalt; größter ø 38 cm; Polygonseite 10,5 cm; Höhe 55 cm
Nach Norbert Lieb möglicherweise die Turmkuppel von St. Ulrich

63 Augsburg, im Palais Liebert-Schaezler, Maximilianstraße 46, wurde (laut autobiographischer Aufzeichnungen des Bauherrn, Benedikt Adam Liebert; im Schaezlerschen Familienarchiv, Augsburg) ein inzwischen verschollenes Holzmodell nach dem »ersten Riss« des Münchner Hofarchitekten Carl Albert von Lespilliez (1723-96)[23], um 1765 angefertigt vom Augsburger Kistler-Meister Johann Michael Groß, längerzeitig aufbewahrt.

64 Augsburg, Stadtmodell, von Hans Rogel, 1560-63; Holz; siehe Blendinger & Zorn, Augsburg, 1976, Abb. 181

–

Augsburg, Städt. Kunstsammlungen: siehe Einsiedeln = Nr. 129

65 Augustusburg/Sachsen, Modell des quadratischen, vierflügeligen Schlosses mit angefügtem rechteckigen Stall- und Wirtschaftshof, 16. Jh.; im Schloß Augustusburg aufgestellt

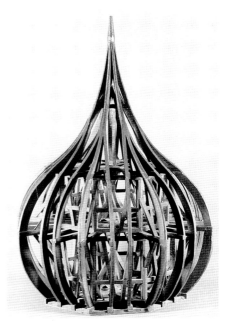

62

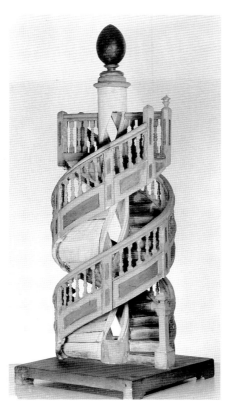

61

1747 (am 25.2.1944 Kriegsschaden im Baumuseum bei Heiligkreuz; 1948 instandgesetzt u. z. T. ergänzt); in d. Städt. Kunstsammlungen Augsburg, Inv.-Nr. 9766 (aus d. Modellkammer im Rathaus, Nr. 80)
Fachwerkbau auf unregelmäßigem sechseckigem Grundriß; Erdgeschoß ist offen, zeigt nur 4 kräftige Eckpfeiler mit Knaggen. Maschinen der Mühle sind fast völlig zerstört; erkennbarer Wasserkanal; im Obergeschoß entspricht das Fachwerk dem des Grundrisses (Männerkonstruktion mit durchgehendem Brüstungszügel); im Inneren Fachwerkkonstruktion der Trennwände; darüber steiles Kehlbalkendach mit liegendem Stuhl und mittlerer Stuhlsäule; Holz, unbemalt; größte Länge 119,5 cm, B 62 cm, H 68 cm

60 Augsburg, Treppenmodell zum Wasserturm beim Roten Tor, wohl Anfang 17. Jh.; in d. Städt. Kunstsammlungen Augsburg, Inv.-Nr. 3441 (aus d. Modellkammer im Rathaus, Nr. 35)
Modell einer dreiläufigen, freitragenden Wendeltreppe zwischen 2 Geschossen mit offener (oben zur Zierde geschlossener und mit gedrehtem Knauf versehener Spindel), zylindrischer Spindel mit Balusterbrüstung auf dreistufigem, kreisförmigem Unterbau. – Holz, bemalt (kleinere Fehlstellen); ø 59 cm, Höhe 105 cm (Knauf abnehmbar)

61 Augsburg, Modell einer zweiläufigen Wendeltreppe zum Wasserturm beim Roten Tor, Anfang 17. Jh.; in d. Städt. Kunstsammlungen Augsburg Inv.-Nr. 3442 (aus d. Modellkammer im Rathaus, Nr. 36)
Treppenmodell, doppelläufig mit Balustergeländer; in Konstruktion (besonders der Spindel) und Form wie [60] (als Spindelabschluß der dem Stadtwappen verpflichtete

Anstelle der brandzerstörten Burg Schellenberg 1567 Baubeginn des großen, festungsartig geschlossenen Jagdschlosses, und zwar für Kurfürst August von Sachsen, Bauleitung (u. Planung?) von Hieronymus Lotter. Nach dessen Entlassung Baufortführung durch Rochus Graf Lynar bzw. die Bauleiter Erhard van der Meer, Nikolaus Gromann und Michel Hoffmann – bis zur Bauvollendung 1573.
Lit.: Wolfgang Götz, Deutsche Marställe des Barock. (Kunstwiss. Studien, Bd. 34), München-Berlin 1964, S. 10, Abb. 3

–

Bad Reichenhall siehe Augsburg = Nr. 49

–

Bad Tölz siehe Benediktbeuren = Nr. 78

66 Bamberg, Neue Residenz, Modell der Haupttreppe, deren Verlegung im September 1698 durch den Bauherrn Lothar Franz von Schönborn beschlossen wurde (ursprünglich am Ende des Gebsattelbaus geplant). Nach den Entwürfen von Johann Leonhard Dientzenhofer (1660-1707)[23] hatte der Bamberger Hofschreiner ein »Modell sauber zu fertigen«; es ist nicht mehr erhalten.
Lit.: Heinrich Mayer, Bamberger Residenzen. München 1951, S. 79f., 183f.; Erich Bachmann, Neue Residenz, Bamberg. Amtl. Führer, München 1956, S. 9

67 Bamberg, St. Michael, Modell der Balustrade vor der Westfassade; nach dem Entwurf von Johann Dientzenhofer (1663-1726) lieferte es der Nürnberger Johann Ulrich Moesel 1722/23.
Lit.: Heinrich Mayer, Bamberg als Kunststadt. Bamberg-Wiesbaden 1955, Anmerkung 145

68 Bamberg, Neues Rathaus (Altes Priesterseminar), Modell des Portals von / nach Balthasar Neumann (s Entwurf); verschollen.
Lit.: Heinrich Mayer, Bamberg als Kunststadt. Bamberg-Wiesbaden 1955, S. 286; Max H. v. Freeden, Balthasar Neumann als Stadtbaumeister, S. 67

69 Bamberg, Dom, Modell eines Turms, aus d. 2. Hälfte d. 18. Jh.; ehem. in der Sammlung Winterhelt. Laut brieflicher Mitt. v. Dr. Oswald, Amorbach v. 30. 4. 74 (darin auch das in Privatbes. befindliche Karton-Modell der Grabkapelle des Freiherrn Rüdt von Collenberg erwähnt).

70 Bamberg, Modell der Ludwigs-Kettenbrücke, (1829), im Maßstab 1:25, angefertigt vor 1905; im Deutschen Museum zu München. Inv.-Nr. 4627 (Zugang 1905 aus d. TH München)
Anstelle der Holzbrücke von 1809 – siehe hier 70 A – entstand, über den rechten Arm der Regnitz, diese als erste Kettenbrücke in Bayern; Konstruktion des kgl. bayer. Ingenieurs Franz Schierdinger; Leo von Klenze lieferte die Entwürfe zu den 4 Pylonen; diese und die Landfesten aus Sandsteinquader. Nach der feierlichen Übergabe am 31. Dezember 1829 erfolgte der Abbruch der Brücke wegen Baufälligkeit erst 1891; 1892 errichtete man den Ersatzbau als Stahlbogenbrücke, die am 11. April 1945 gesprengt wurde. Maße des Modells 437 x 75 cm und 65 cm hoch
Lit.: Paschke, Die Bamberger »Kettenbrücke« einst und jetzt, Bamberg 1953, S. 10 f.

70 A Bamberg, Modell der hölzernen Straßenbrücke über den rechten Arm der Regnitz, (1809), im Maßstab 1:40 angefertigt vor 1905; im Deutschen Museum zu München, Inv.-Nr. 2548 (Zugang 1905 vom Straßen- u. Flußbauamt Bamberg)
Als einziger Bogen mit Sehnenlänge von 215 Fuß konstruiert, hatte diese Brücke dank des Bogensprengwerkbinders eine Spannweite von 62,5 Meter. Sie wurde 1826 abgebrochen. – Maße des Modells 252 x 65 cm und 37 cm hoch

71 Bamberg, Modell der Stadt um 1840, angefertigt vom Geometer Lacher in Bamberg (1950 restauriert); in den Städt. Kunstsammlungen Bamberg, Inv.-Nr. Pl. 4/66
Dieses »Relief« der Stadt Bamberg mit Bauwerken (in gelb u. rot), Fluren und Wiesen (gelb u. grün) sowie Flußläufen (in blauem Glas) besteht aus Holz, farbig gefaßtem Gips und Glas; es mißt 105 x 105 cm bei 6,3 cm Höhe, einige Fehlstellen

–

Bamberg siehe Vierzehnheiligen = Nr. 393

71 M Barenaue (Lkr. Bersenbrück), Modell der Wasserburg, auf einem Deckelbecher d. 16. Jhs. (Goldschmiedearbeit von 30 cm Höhe und 13 cm Dm.); in Privatbesitz zu Barenaue
Lit.: Roswitha Poppe, Burg- u. Schloßtypen d. Osnabrücker Landes, Osnabrück 1953, S. 8 u. Titelbild; Walter Borchers, Der Deckelbecher der Familie von Bar-Altbarenaue, in: Westfalen. Hefte f. Gesch., Kunst u. Volkskunde 36, 1958, S. 218-226; Carl Haase (Hrsg.), Niedesachsen, Göttingen 1971, Abb. 17

70

72 a bis s Basel, Modelle im Historischen Museum (die – wie Dr. Peter Reindl am 22.9.1977 mitteilte, teils zugänglich, teils außerhalb deponiert seien; Hans Reuther hat sie offenbar nicht aufgesucht; da sich jedoch Erinnerungsmodelle darunter befinden, folgt hier die Liste des Bestandes):
a: Stadtmodell von Großbasel, das sogen. »Prunkstück« des Museums, angefertigt nach den Vogelschauplänen Matthäus Merians (1615-42) im Maßstab 1:400 von Alfred Peter, ehem. Restaurator d. Denkmalpflege, 1952-59 (siehe Informationen der Basler Museen 6/1971 mit 6 Abb.)
b: Stadtmodell mit Basler Fischmarkt und Umgebung, 1914 angefertigt für d. Landesausstellung von Gustav Nauer & L. Bastady im Maßstab 1:200 (1914.605)
c: Stadtmodell Basels mit Zentrum Barfüßerplatz, um 1870 entstanden (1927.10)
d: Modell der alten Basler Rheinbrücke, um 1860 (?) hergestellt (1870.1236)
e: Modell einer Rammkatze zum Einrammen der Balkenpfeiler der alten Rheinbrücke, angeblich aus dem Anfang des 19. Jh. (1900.288)
f: Modell der Gebäude am Steinenberg in Basel (1877.77)
g: Fünf Modelle von Basler Stadttoren, um 1880 von Haefely gefertigt, und zwar des Aeschenschwibbogens (1883.112), des Albanschwibbogens (1884.183), des St. Johann-Tores (1885.74), des Steinentores (1885.87) und des Riehentores (1885.102)
h: Modell des Basler Zeughauses, 1917 gefertigt von L. Bastady (1918.3)
i: Modell des St. Johann-Tores, Anfang 20. Jh. von A. Peter hergestellt (1920.33)
j: Modell des alten Dachstuhls des Basler Bischofshofes, gefertigt von Nielsen Bohny & Co. (1923.2)
k: Neun Rekonstruktionsmodelle von Burgen, Schlössern und Festungen, und zwar von Schloß Homburg und Schloß Waldenburg, beide gefertigt von Max Götzinger (1880.161 und 1894.298), von Schloß Dornach, 1882 hergestellt von N. Andres (1883.2), von der Festung Hüningen mit Umgebung (als Planrelief; 1913.577. – Siehe Basler Zeitschrift f. Gesch. u. Altertumskunde 57, 1958, Abb. 10), vom Schloß Rötteln, hergestellt Ende d. 19. Jh. von E. Probst (1913.590), von Farnsburg (1879.49), von der Habsburg, gefertigt v. M. Götzinger (1883.38), von der Hasenburg, rekonstruiert von Biétrix & Dietlin 1876 (ohne Nr.), vom Mörsberg (1880.83)
l: Relief der Kirche von Moutier-Grandval (1880.82)
m: Modell der Eremitage, Anfang 19. Jh. (?) (1898.78)
n: Drei Rekonstruktions-Modelle, und zwar des keltischen Refugiums Obergösgen, mit mittelalterlicher Burgruine, von W. Frey 1908 gefertigt (1910.84), des römischen Theaters in Augst (1913.588), der römischen Thermen in Augst, in Gips ausgeführt von T. Kiefer & A. Peter (1938.312)
o: Modell der Fassade des Geburtshauses von Erasmus, 1911 von Berkel in Rotterdam angefertigt (1919.430)
p: Modell des Stadtplanbureaus für die Schweizer. Landesausstellung 1939 »Augusta Raurica« (1939.1338)
q: Rekonstruktionsmodell des ehem. Hauses zum Tanz in Basel mit den Wandmalereien Holbeins d.J., 1922 angefertigt vom Architekten W. Spieß (1944.2727; siehe M. L. d'Otrange Mastai, Illusion in Art. Trompe l'Oeil. A History of Pictoral Illusionism, New York 1975, Abb. 104/ S. 117
r: Rekonstruktionsmodell eines Salmenwags in Basel (1870.1263)
s: Wohnungsmodell eines Schweizers (des

Stadtkommandanten unter Napoleon in Würzburg), aus Pappe und Papier, bemalt und um 1810 angefertigt (1974.165)

73 Baumburg, nördlich vom Chiemsee (hoch über Altenmarkt), Entwurfsmodell der ehem. Augustiner-Chorherrnstifts-Kirche, und zwar für die Verwandlung der alten, 1156 vom Salzburger Erzbischof geweihten romanischen Basilika – »unter Beibehaltung der Westfassade und der Umfassungsmauern mit möglichst geringen Kosten – in einen Rokokoraum«, angefertigt bzw. veranlaßt vom »Markt- und Gerichtsmaurermeister von Trostberg« Franz Alois Mayr (vor) 1755; im Pfarrhof von Baumburg (1974 dort entdeckt und farblich aufgefrischt)

Mayr führte die Neugestaltung der Kirche von 1755 bis 1757 durch, wofür das vorzüglich erhaltene kastenförmige Holzmodell, L 104 cm, B 43 cm, Höhe der Türme 81 cm, mit seinen detaillierten Innenraum-Darstellungen die Neugestaltung vorgab, und zwar »in groben Zügen«. Kilian Kreilinger [126], der seine Dissertation dem Baumeister der Kirche widmete [127], schreibt: »Das Modell läßt anhand der verschieden hohen Fenster- und Türöffnungen an seinen Längsseiten den ursprünglichen Verband der Kirche mit dem heute größtenteils abgebrochenen Kloster erkennen. Die drei Blindfenster der Ostfassade werden durch eine Pilastergliederung gerahmt, die in einen geschwungenen Giebel übergeht. Die Zweiturmfassade im Westen ist dagegen glatt gehalten; lediglich ein Giebelportal sowie zwei Reihen hochrechteckiger Fenster setzen ihre Akzente. Den Abschluß der Westfassade bildet ein Pultdach, das vom Satteldach des Langhauses abgesetzt ist. Zwiebeldächer bekrönen die beiden Türme. Der einzig ›erlaubte‹ Einblick in das Innere des Modells wird durch das Entfernen des Westteils ermöglicht. Die Ostseite, heute ebenfalls abschraubbar, war ursprünglich fest verleimt. Mit Pilastern besetzte Wandpfeiler tragen das von Spitzkappen eingeschnittene Tonnengewölbe des Langhauses, während kleinere Tonnen mit Gurtbögen die Räume zwischen den Pfeilern überwölben. Alle Architekturglieder wurden aus Holz geschnitten. Der Stuckdekor, die Kapitelle der Pilaster, der Hochaltar, sowie die beiden östlichen Seitenaltäre, ja sogar die Musterung des Pflasters wurden auf gelblichem Papier in schwarzer Tusche gezeichnet und grau laviert, schließlich ausgeschnitten und auf das Holz geklebt. Die Bestuhlung der Kirche wird durch zwei Reihen von Sitzbänken sowie durch das Chorgestühl angegeben. An die westlichen Wandpfeiler wurden zwei Beichtstühle gestellt. Altarblöcke mit Stufen geben die Ausrichtung der ansonsten nicht näher charakterisierten Sei-

tenaltäre an ... Den vor den Säulen des Hochaltars auf Volutensockeln stehenden Heiligenfiguren Katharina und Augustinus sowie Rupertus und Barbara entsprechen an den Seitenaltären jeweils ein Engelpaar ... Die Pilaster und ihre Sockelfelder sind in gelb-grün-grau-weißen Tönen marmoriert; das Gebälk ist weiß gefaßt ... Rocaillen, vermischt mit Bandlwerk, begleiten und verbinden die Gewölbegliederungen, sie füllen die Felder auf Emporenbrüstungen, Ausstattungsstücken und dienen als Fensterumrahmung. Im Westen ruht die Musikempore auf einem Tonnengewölbe. Spuren einer Verleimung deuten auf eine zweite darunterliegende Empore hin, die wohl von einem Gebälk getragen wurde. Sie ist heute verloren. An der Westwand ist links und rechts einer Augustinusfigur ein Chorgestühl aufgezeichnet. Vorhänge (nur einer erhalten) stellen die Verbindung der Emporen zum Tonnengewölbe her und verhüllen die eingezogenen Mauern der Türme.

Gegenüber dem Modell erkennt man bei der ausgeführten Westfassade bemerkenswerte Unterschiede. So dürfte es sich bei der im Modell dargestellten Fassade um ein Werk des 17. Jh. handeln ... Zu diesem Umbau gehören auch die Zwiebeldächer der Türme, die bereits auf einem Stich des 17. Jh. abgebildet werden. Das Portal dürfte auf einen Entwurf Franz Alois Mayrs zurückgehen ... Offenbar wurde während der Projektierung des Umbaus der ursprüngliche Plan, den das Modell zeigt, aufgegeben: Die Fenster bekamen Rokokoabschlüsse, ein geschweifter Giebel ersetzt das Pultdach und aus dem Portalbau wurde eine tempiettoartige Vorhalle. Die Ostfassade in Richtung des Alztals wurde dem Modell entsprechend ausgeführt. Auch bei der architektonischen Gliederung des Innenbaus treten Unterschiede zutage ...«.

74

74 Baumburg, Landkreis Traunstein, Modell von Kirche und Kloster, wahrscheinlich zwischen 1771 und 1778 durch Franz Joseph Lindtmayr (F. A. Mayrs postumer Schwiegersohn) veranlaßt; im Besitz des Pfarrhofs Baumburg

Damals, um 1778, hatte das Kloster erhebliche Schulden und wurde mit einer Administration aus München belegt. Die Ausführung neuer Projekte war darum unmöglich. Nach den dem Modell zugrundeliegenden Plänen sollte der Wirtschaftshof neu angebaut und der Klostertrakt im Südwesten der Klosterfassade abgerissen werden, merkte Kilian Kreilinger[126,127] an.

Maße des kompakten Holzmodells 87 x 76 cm, Höhe der Türme 23 cm; Farbgebung: Bodenplatte grün, Mauerteile weiß, Dächer grau, Seitenteile der Kirche weiß mit gelben Architekturgliederungen, deren Westfassade grau mit Hausteinquaderung.

74

75 Bayreuth, Modell des Alten Schlosses mit Schloßturm, von Ingenieur Capitain Johann Adam Riedinger (1680-1756) um 1750; im Stadtmuseum Bayreuth (V 29)

Aus der seit dem späten 14. Jh. regellos heranwachsenden Bautengruppe, deren Nordtrakt 1594/99 Jakob Frauler ausbaute, entstand seit 1603 die Residenz der Markgra-

75 Blick von Süd

fen von Brandenburg-Kulmbach. Ab 1691 erfolgte dann nach Projekten von Charles Philippe Dieussart durch Vorblenden von Arkaden- und Pilastergliederung eine repräsentative Vereinheitlichung aller Hoffassaden. Ein 1753 ausgebrochener Brand zog Schloßkirche und Nordflügel in Mitleidenschaft und einen Neubau der Schloßkirche bis 1756 nach sich.

Mit Papier beklebter Karton, farbig gefaßt, auf hölzerner Bodenplatte 71,5 x 55,5 cm
Lit.: Kat. Bayern Kunst u. Kultur, 1972, Nr. 1473; Stadtmus.Bayreuth Führer v. W. Müller, 1974, S. 33; Bayer. Kunstdenkmale, Stadt u. Landkreis Bayreuth, S. 24 f. m. Abb.

76 Bayreuth, Modell des Neuen Schlosses der Eremitage, 18. (?) Jh.; in ungenanntem Besitz. Das Neue Schloß entstand durch den Ausbau einer Gartenstaffage (= Menagerie) höchstwahrscheinlich nach Ideen der Markgräfin Wilhelmine, und zwar errichtet von den Bayreuther Hofarchitekten Joseph Saint-Pierre (1708/09-1754) und Karl Philipp Christian von Gontard (1731-91)[23] während der Jahre 1749/53 (wobei die Innenausstattung erst in den 1770er Jahren vollendet war).

Diese mit drei isolierten Baukörpern über halbkreisförmigem Grundriß entwickelte Anlage zeigt im Scheitel den achteckigen Kuppelbau des Sonnentempels mit bekrönendem Sonnenwagen, flankiert beiderseits von zehnachsigen Zirkelbauten, welche sich mit jeweils drei (nicht 5 wie beim ausgeführten Bau) zum Parterre hin öffnen. – Dr.-Ing. Hans Vollet (Bayreuth, mit Schreiben vom 3.1. und 28.2.1980 an Hans Reuther) machte mit diesem Modell bekannt und meinte »Es ist hinsichtlich seiner Herkunft und Herstellungszeit noch nicht erforscht, stellt den ursprünglichen Planungsstand dar, bei dem die Seitenflügel nur mit drei Achsen endeten ... Ich selbst neige zu der Auffassung, daß es sich um ein Modell aus der Zeit Saint-Pierres handelt ... Bemerkenswert sind die Innenräume. Ein Vergleich mit dem Original ist leider nicht mehr möglich, da das Neue Schloß 1945 ausbrannte.«

Lit.: Klaus Merten, Der Bayreuther Hofarchitekt Joseph Saint-Pierre. In: Archiv für Geschichte von Oberfranken 1964, S. 7 ff.; Erich Bachmann, Eremitage zu Bayreuth. Amtl. Führer, München 1966, S. 37 ff.; Lorenz Seelig, Friedrich u. Wilhelmine v. Bayreuth. Die Kunst am Bayreuther Hof 1732-63, München-Zürich 1982, S. 38 ff., Abb. 32 ff.

77 A-B Bayreuth, nachweisbare Modelle des Bayreuther Hofarchitekten Joseph Saint-Pierre (1708/09-1754), und zwar für die von ihm
A: entworfene Reformierte Kirche, deren Holzmodell (»der Kirche mit ihrem Glocken-Thurm«) am 27. August 1744, dem Tage der Grundsteinlegung, in einem Zelt im Hofgarten ausgestellt war, und
B: ist die Rede von dem nach seinen Angaben vom Hofschreiner Jacob Spindler gefertigten Modell der Kirchenfassade am Hospital, für die 1747/48 jeweils mit dem Bau begonnen worden war.

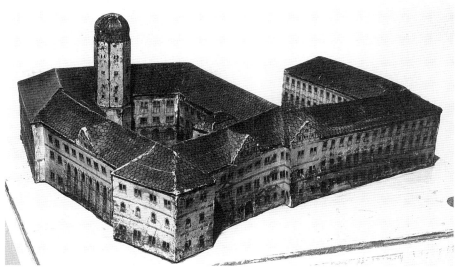

75 *Blick von Nordost*

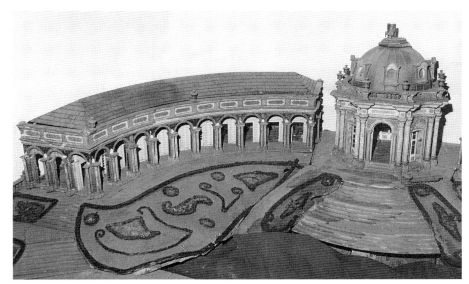

76

76

76 *Chinesisches Zimmer*

Lit.: Klaus Merten, Der Bayreuther Hofarchiteckt Joseph Saint-Pierre, in: Archiv f. Gesch. v. Oberfranken 1964, S. 42, 65, 119 Anm. 176, 134 Anm. 3

78 Benediktbeuren (Oberbayern), Modell eines »Barock-Dachstuhls«, wohl von Matthias Scheifler († 1695, »des Klosters hochgelobter Zimmermeister«); im Kloster Benediktbeuren

Das sauber durchgearbeitete, dunkelbraun getönte Holzmodell mit den Maßen 26,5 x 16,5 cm und 15,5 cm Höhe zeigt ein geschlossenes Dachwerk als Satteldach mit einer Binderkonstruktion, bestehend aus liegendem Stuhl im Dachbalkengeschoß, kombiniert mit stehendem Stuhl auf Lastenverteilungsschwellen im 1. Kehlbalkengeschoß. Eine Zuordnung des Modells innerhalb der Bauten des ehem. 1803 säkularisierten Benetiktinerklosters samt Kirche St. Benedikt (von 1680-83 und nachfolgender, bis tief ins 18. Jh. reichender Erneuerung der Klostertrakte) ist bisher nicht möglich.

78

79 Benediktbeuren, Modell eines Kirchendachstuhls (möglicherweise zur Franziskanerkirche in Bad Tölz ?), aus d. späten 17. Jh.; im Kloster Benediktbeuren

Dieses solide mit in brauner, blauer und weißer Farbe eingefärbten Hölzern gefertigte Modell eines geschlossenen Dachwerks ist ausgebildet als Satteldach mit einseitigem Walmdach (Halbkegel), und zwar in Binder-Konstruktion: einem liegenden Stuhl im Dachbalkengeschoß, kombiniert mit verstrebt stehendem Stuhl auf Lastverteilungsschwellen im ersten Kehlbalkengeschoß. Maße: 19 x 12 cm und 10 cm hoch. – Die Dreifaltigkeitskirche in Bad Tölz, 1653 entstanden als Klosterkirche der Franziskaner, ist ein Neubau von 1733/35, eine schlichte Wandpfeileranlage mit eingezogenem Chor.

80 Bensberg bei Köln, Modell des Schlosses von Matteo Alberti 1703; Anfang der 1940er Jahre in Berlin verbrannt (damals vom Heimatmuseum Bensberg ausgeliehen)

Kurfürst Johann Wilhelm von der Pfalz (1658-1716), im Volksmund »Jan Wellem« genannt, ließ sich durch den Venezianer Graf Matteo Alberti (1647/48-1735) in Bensberg ein großartiges Jagdschloß errichten. Planungen dafür begannen schon bald nach 1695, und zwischen 1703/07 wurde die gestaffelte äußere Form geprägt. 1710 war die dreiflügelige Anlage vollendet; sechs Jahre danach erreichten auch die Arbeiten im Innern ihren wesentlichen Abschluß. Mit dem sich um einen zentralen Ehrenhof gliedernden Schloß folgte Alberti, der, 1672-82 als Ingenieur in Paris wirkend, in den Einflußbereich Le Vaus und Hardouin Mansards kam, nicht nur dem Vorbild von Versailles, sondern fast noch stärker dem des von Christopher Wren erbauten Schlosses Winchester, das Alberti dank seiner Tätigkeit 1683 bei Wren in London kannte. Solche englischen Verbindungen belegen sogar jene Freundschaft, die Jan Wellem mit dem Herzog von Marlborough verband, der 1705 in Bensberg eintraf, wo er vom Gastgeber in einem prächtigen Zelt empfangen werden mußte, da der Neubau noch nicht bewohnbar war. Aus Backsteinen errichtet, hat er dann, endgültig fertiggestellt, einen leuchtend weißen Anstrich bekommen, aus dem sich nur die profilierten, in Haustein eingefügten Architekturteile, grau abgesetzt, hervorheben – ein Charakteristikum, das bereits am Modell ablesbar ist. Daß es im Zuge der Bauplanung entstand, erhellt die Tatsache seines Abweichens einiger Züge von der realisierten endgültigen Schloßgestalt.

Jörg Gamer machte in seiner Matteo Alberti-Monographie – neben dem verlorenen Bensberger Modell von 1703 – noch auf weitere von M. Alberti veranlaßte bzw. mit ihm in Beziehung stehende Modelle aufmerksam, und zwar auf das von Aloisi Bartoli 1707 für die Ursulinenkirche in Köln [213], auf das zum Cantobau in Köln von 1708/11 (1926 nachgebaut von H. Ott) sowie auf jenes nur nachweisbare für das Hôtel de Ville in Lüttich von 1710.

Lit.: Hede Weidner, Das Modell des Bensberger Schlosses. In: Jb. d. Kölner Geschichtsvereins VIII/IX 1927, S. 97-104; Werner Dobisch, Das Neue Schloß zu Bensberg. In: Rhein. Ver. f. Denkmalpflege u. Heimatschutz 31, 1938, S. 125 ff., Abb. S. 23; Jörg Gamer, Matteo Alberti, Oberbaudirektor des Kurfürsten Johann Wilhelm von der Pfalz. Diss. Heidelberg 1962; Jörg Gamer, Matteo Alberti. Die Kunstdenkmäler des Rheinlandes Beiheft Nr. 18, Düsseldorf 1978, Abb. 34-36 (Modell v. Schloß Bensberg), 87, 124; E. Berckenhagen, Barock in Deutschland – Residenzen, Berlin 1966, S. 145

81 Berlin, Idealmodell eines sakralen Zentralbaus, von H. G. Welligsen 1680; ehem. Berlin, Schloß Monbijou (Hohenzollernmuseum), seit 1945 verschollen

Ludwig Heinrich Heydenreich [79] hatte in seinem bedeutsamen Aufsatz über das Architekturmodell dieses Berliner Beispiel als einziges Idealmodell – exemplarisch – abgebildet (Abb. 16). Es bestand aus Elfenbein und Ebenholz – und dürfte von jenem zu Berlin Ende des 17. Jahrhunderts tätigen Holz- und Elfenbeinschnitzer Welligsen gefertigt worden sein. Da es zudem 1689 in der Kunstkammer des Berliner Schlosses bewahrt wurde, erhebt sich die Frage: ob nur als artifizielles Kuriosum – oder gar als Idealprojekt für einen künftigen Um- oder Neubau des Domes auf dem Schloßplatz ? Auch die Idealentwürfe von Jean Baptiste Broebes (um 1660- nach 1720) für »Le Dohme de Berlin« blieben Architektur, die nicht gebaut wurde (siehe J. B. Broebes, Vues des Palais et Maisons de Plaisans de S. M. le Roy de Prusse. Augsburg 1733, Taf. I und Va).

Lit.: Schloß Monbijou. Hohenzollernmuseum, Amtl. Führer 2. Aufl., bearbeitet v. A. Hildebrand, Berlin 1930, S. 48; Staatl. Museen zu Berlin. Die Bildwerke des Deutschen Museums. In: Volbach, Die Elfenbeinbildwerke, 1923; H. Reuther, Barock in Berlin, 1969, Abb. 11/ S. 27; Kat. d. Ausstellung Kunst in Berlin 1648-1987. Staatl. Museen zu Berlin 1987 B 19, Abb. S. 79

82 Berlin, Modell für den 1698 beginnenden Neubau des von Andreas Schlüter (1659-1714) entworfenen Stadtschlosses. Ein Präsentationsmodell taucht innerhalb jenes von Johann Friedrich Wentzel 1700/02 gemalten Deckenbildes auf: »Verherrlichung der Taten König Friedrichs I. in Preußen«, und zwar im Rittersaal des zerstörten Berliner Schlosses (siehe hier Bild S. 11) – in Untersicht, auf einer gut 1 m langen Bodenplatte stehend. Die blockhafte, um einen zentralen Hof sich kompliziert gliedernde Vierflügelanlage erscheint in schräger Aufsicht auch in einer leicht veränderten Bauversion – als ob es sich um ein zweites Modell handle-, welches sich in den voneinander abhängigen Kupferstichen von J. U. Kraus (nach der zeichnerischen Vorlage von C. F. Blesendorff; als Vignette »Regia Berolinensis« auf S. 3 im 3., 1701 in Cöln an der Spree erschienenen Band von Lorenz Begers »Thesaurus Brandenburgicus«) und von Peter Schenk d. Ä. (als Amsterdamer Verleger) spiegelt. In direkter Beziehung, gar als Vorlage zu Schenks gestochenem Blatt steht die in der Figurenstaffage entsprechende, seitengleiche Zeichnung (in der Kunstbibliothek SMPK Berlin,Hdz 1223 – Abb. nebenstehend), bei der jedoch die vier Hofrisalite stärker ausladend wirken.
Lit.: Berckenhagen, Residenzen, 1966, Nr. 113, Abb. S. 83; Reuther, Barock in Berlin, 1969, Farbabb. 3 b/S. 19, Abb. 10/S. 24; Reuther, Burgen- u. Schloßmodelle, 1974, S. 107f.; Ribbe & Schäche, Baumeister, 1987, S. 51 Anm. 19, 24, Abb. S. 48; Kat. d. Ausstellung Kunst in Berlin 1648-1987, Berlin 1987, B 17, Abb. S. 78

Um 1984 entstand (getragen von der TU Berlin) auf 160 x 200 cm großer Grundplatte ein Modell des kriegsteilzerstörten und 1950 fast restlos gesprengten Berliner Stadtschlosses im Maßstab 1:100, angefertigt von Wolfgang Schulz mit Andeutung der Umgebung (dadurch vergrößert auf ca. 6 x 4 m); aufgestellt im Schloß Charlottenburg.
Zu den von Andreas Schlüter, der 1713/14 noch im russischen St. Petersburg wirkte, veranlaßten Modellen gehört auch dasjenige für Schloß Monplaisir bei Peterhof, worüber B. H. Hallström (in Kunsthistorisk Tidskrift 33, 1964, S. 50 ff.) spricht.

83 Berlin, Modell vom Kernbau des Charlottenburger Schlosses, darüber spricht Leibniz im französisch abgefaßten, an Kurfürstin Sophie von Hannover gerichteten Brief aus Berlin am 3.1.1702. Der 1695 von Johann Arnold Nering (1659-95) begonnene Kernbau erfuhr seine heutige Gestalt bestimmende Erweiterung des Schlosses um einen Ehrenhof durch Johann Friedrich Eosander von Göthe (1669-1728) 1701/02 bis 1713 (siehe Margarete Kühn, Schloß Charlottenburg, Berlin 1955, S. 21; Reuther, Barock in Berlin, 1969, S. 130, 137, 143).
Nach Eosanders Idealentwurf von Schloß und Garten Charlottenburg (aufgenommen und gestochen von Martin Engelbrecht um 1708 bzw. 1717) entstand das neue, im Zuge des 1950 beginnenden Wiederaufbaus gefertigte, im Schloßbereich befindliche Rekonstruktionsmodell; siehe Berckenhagen, Residenzen, 1966, Nr. 110, Abb. S. 82; Kat. d. Ausstellung Bewahren und Gestalten. Deutsche Denkmalpflege, 1965, Nr. 125 d

84 Berlin, Modell des Turms der Parochialkirche nach dem 1713 entstandenen Entwurf von Jean de Bodt (1670-1745). Die 1694 von J. A. Nering entworfene neue, in der Klosterstraße gelegene Parochialkirche der Reformierten wurde 1695 grundsteingelegt und dann von Martin Grünberg (1655-1706) nach einem veränderten Projekt mit Turmfassade bis 1703 (Einweihung) weitergeführt. Für das Turmoberteil lieferte de Bodt 1713 seinen Vorschlag, der vereinfacht erst 1714/16 durch Philipp Gerlach (1679-1748) dreidimensional verwirklicht werden konnte. Darin hing danach endlich jenes für Schlüters Münzturm vorgesehene, 1717 sogar noch verbesserte 37 teilige Glockenspiel.
Modell in Holz 115,5 cm hoch (ohne die verlorene Bekrönung der Turmspitze), auf 26,5 x 50 cm großer Grundplatte; im Besitz der Ev. Georgen- und Parochialkirchengemeinde Berlin
Lit.: Ausstellungskatalog Kunst in Berlin 1648-1987, Berlin 1987, S. 509; Reuther, Barock in Berlin, 1969, S. 113, 133, 138; H. Reuther, Philipp Gerlach, in: Ribbe & Schäche, Baumeister, 1987, S. 71-82

85 Berlin, Holzmodell der katholischen St. Hedwigskirche, 1756 angefertigt vom Hoftischlermeister Peter de Ridder (aber nicht erhalten). »Zu den eigenartigsten Bauschöpfungen« Friedrichs d. Gr. zählend und an der Südostecke der um 1740 von Georg Wenzeslaus von Knobelsdorff »unter Beteiligung des Königs« konzipierten Platzanlage ›Forum Fridericianum‹ plaziert, ist der großartige, ans römische Pantheon gemahnende Kuppelbau 1747 grunsteingelegt, aber erst 1773 konsekriert worden.
Lit.: Hans-Joachim Giersberg, Studien zur Architektur des 18. Jhs. in Berlin u. Potsdam. Zur Rolle Friedrichs II. von Preußen als Bauherr u. Baumeister, Diss. Humboldt-Uni. Berlin 1975, S. 184-187 (3.3.3. Das Modell); Ders.: Zur Bauplanung der Berliner Hedwigskirche, in: Jb. d. Märkischen Museums Berlin 3, 1977, S. 33-51 (S. 49f. das Modell); H. Reuther, Baurisse für die Berliner St. Hedwigskirche in der Sammlung Nicolai zu Stuttgart, in: Schlösser – Gärten – Berlin. Festschrift für Martin Sperlich ... 1979, Tübingen 1980, S. 53-59 m. 4 Abb.

86 Berlin, Modell der großen Schleuse von David Gilly (1745-1808), 1800 aufgestellt im Modellsaal der Berliner Bau-Academie; damals war sie untergebracht in der von Heinrich Gentz (1766-1811) 1798-1800 erbauten Alten Münze (samt Annex). Siehe: Beschreibung des ... Münzgebäudes[36], 1800, S. 22. – Nicht mehr erhalten
David Gilly, seit 1770 preußischer Landbaumeister und von 1779-88 Baudirektor in Pommern sowie danach im Oberbaudepartement zu Berlin das preußische Bauwesen leitend, 1799 sogar die Bauakademie mitbegründend, hat sich in besonderem Maße auch dem Wasserbau (» ... Deich-, Ufer-, Schleusen-, Brücken-, Hafen- und Mühlenbau«) gewidmet; dafür zeugen seine entsprechenden gedruckten Abhandlungen. Siehe: Eckart Henning & Franz Jahn, Aus

der Tätigkeit der Preuß. Staatsbauverwaltung in Pommern, in: Baltische Studien NF 64, 1978, S. 59; Henning & Jahn, David Gilly, in: Balt. Studien NF 66, 1980, S. 87, 94; Schadow Kunstansichten, 1987, S. 125 f.; Ribbe & Schäche, Baumeister, 1987, S. 143

87 Berlin, Modell des Brandenburger Tors, 1800 in der Modellsammlung der Bauakademie in der Alten Münze zu Berlin ausgestellt (aber verschollen). Siehe: Beschreibung des ... Münzgebäudes[36] 1800, S. 22 Bei diesem Modell handelt es sich um das in der Entwurfsphase ca. 1788 veranlaßte, und zwar für das 1789-91 von Carl Gotthard Laghans (1732-1808) errichtete Brandenburger Tor; denn (wie jenes zur Tierarzneischule = Nr. 88) 1789 in der Berliner Akademieausstellung gezeigt, heißt es in deren Katalog (Nr. 223 a): »Das Modell zu dem neuaufzuführenden Brandenburger Thore, welches um so viel mehr die öffentliche Aufmerksamkeit verdient, weil es selbst ein öffentliches Werk ist, das in der Geschichte des Geschmacks Epoche macht, indem es die edle Simplizität der Alten in ihren Werken uns wieder näher vors Auge rückt, und unter dem nördlichen Himmelsstrich die Ruinen von Athen zu einem schönen Ganzen sich wieder verjüngen und bilden läßt.«
Lit.: Kurt Bauch, Das Brandenburger Tor, Berlin 1968, S. 35; H. Börsch-Supan, Die Kataloge der Berliner Akademie-Ausstellungen 1786-1850, Berlin 1971 (1789, 223 a); Ribbe & Schäche, Baumeister, 1987, S. 118

88 Berlin, Modell des Bohlendachs zur 1789-90 von Carl Gotthard Langhans (1732-1808) errichteten Tierarzneischule in Berlin-Mitte, Luisenstr. 56. Es wurde erwähnt im Katalog der Akademie-Ausstellung 1789 und dort neben dem Modell des Brandenburger Tors [= 87] gezeigt.
Lit.: Paul Mebes, Um 1800, München 2. Aufl. 1918, Abb. S. 256; Hermann Schmitz, Berliner Baumeister vom Ausgang d. 18. Jhs., Berlin 2. Aufl. 1925, S. 319 Nr. 32; H. Börsch-Supan, Die Kataloge der Berliner Akademie-Ausstellungen 1786-1850, Berlin 1971 (1789, 223 b)

89 Berlin, Holzmodell der Alten Münze, die von Heinrich Gentz (1766-1811) 1798-1800 am Werderschen Markt in Berlin-Mitte errichtet (und 1886 abgebrochen) wurde. Das »mit vielem Fleiße vom Hofzimmermeister Glatz verfertigte Modell« war innerhalb der Modellsammlung der Bauakademie, zu deren Mitbegründern und Professoren Gentz seit 1799 zählte, im Obergeschoß des Münzgebäudes bereits ab 1800 zu sehen. Später im Besitz der Lehrsammlung der TH Berlin-Charlottenburg, war es dort 1930 ausgestellt (dann Kriegsverlust). – Ein 1979 nachgebautes Modell im Maßstab 1:100 befindet sich im Deutschen Archäologischen Institut zu Berlin.
Lit.: Beschreibung des Münzgebäudes[36], 1800, S. 22; Adolph Doebber, Heinrich Gentz, ein Berliner Baumeister um 1800, Berlin 1916, S. XII, 48, Taf. 21 (mit Modell-Abbildungen im geschlossenen und geöffneten Zustand); Kat. d. Ausstellung Berlin und die Antike, Berlin 1979, Nr. 611; Altes Berlin. Fundamente der Weltstadt, offizieller Katalog der Berliner Sommerschau, Berlin 1930, Abb. 29 a (darin auch Abb. 26 das Modell einer Kirchenkuppel, kreisförmig mit Laterne, ein Zimmergesellenstück um 1840, sowie Abb. 27 ein Modell der Nikolaikirche in Berlin vor dem Umbau 1878); Schadow, Kunstansichten, 1987, S. 58, 279, 445 f., 882

90 Berlin, Modell des (1794 baubegonnenen) Ruinen-Schlosses auf der Pfaueninsel, aus Elfenbein und Perlmutter bestehend (und in 10-12 000 Einzelteilen ausgeführt) vom Tischler und seit 1824 1. Maschinenmeister der Pfaueninsel Francicus Joseph Friedrich, der als »Bastler von seltenem Format« galt. Es war auf der Pfaueninsel 1830 ausgestellt (dort 1832/34 auch weitere entsprechend gefertigte Modelle von F. J. Friedrich, und zwar von der Werderschen Kirche, der russ. Kapelle Alexander Newski, Modelle des Alten Museums zu Berlin, der Nikolaikirche in Potsdam, der Kirchen von Nikolskoe und Sakrow; einige davon waren für den Zaren Nikolaus bestimmt; vielleicht zählt dasjenige Pfaueninselschloß-Modell dazu, welches sich noch in Schloß Pawlowsk befindet).
Lit.: Caesar von der Ahé, Das Maschinenhaus auf der Pfaueninsel und seine Bewohner, in: Mitt. d. Ver. f. d. Gesch. Berlins 55, 1933, S. 8-13; Die Pfaueninsel. Bearbeitet v. Helmut Börsch-Supan, Verwaltung der Staatl. Schlösser u. Gärten Berlin 1976

91 Berlin, Idealmodell des (ungebaut gebliebenen) Doms (»Basilika-Entwurf« mit Säulenarkadenvorhalle), 1842 konzipiert von Friedrich August Stüler (1800-65); ausgeführt in Holz mit Zinkgußelementen (stark beschädigt); im Besitz des Dom-Museums Berlin-Mitte
Lit.: Carl-Wolfgang Schümann, Der Berliner Dom im 19. Jh., Berlin 1980, Abb. 56-63

92 Berlin, Idealmodell des (ungebaut gebliebenen) Doms (»Zentralbauprojekt«) von F. A. Stüler; angefertigt von R. Paßeck, Potsdam 1859 (laut Signatur an der Apsis), als Holzgerüst, darüber modellierter heller Gips, Säulen und Rahmenwerk in Zinkguß, über Grundfläche von 140 x 140 cm, mit 87 cm Höhe bis Tambouransatz (stark beschädigt); im Besitz des Dom-Museums Berlin-Mitte
Lit.: C.-W. Schümann, Der Berliner Dom ..., 1980, Abb. 105-113; E. Börsch Supan, F. A. Stüler, in: Ribbe & Schäche, Baumeister, 1987, S. 205 ff.

93 Berlin, Ausführungsmodell zum Dom, nach dem 1891 gezeichneten Projekt von Julius Carl Raschdorff (1823-1914), der, 1892 zum kgl. Dombaumeister ernannt, seither und bis 1905 sein Hauptwerk – neben Berliner Schloß und Schikels Altem Museum – baulich realisieren konnte. Das stark beschädigte Außen- wie Innenmodell im Maßstab 1:25 besteht aus teilweise getöntem Gips; im Besitz des Dom-Museums Berlin-Mitte (dort noch ein weiteres, fast völlig zerstörtes Dom-Modell von Raschdorff)

93

Lit.: C.-W. Schümann, Der Berliner Dom ..., 1980, Abb. 230-233 (Außenansichten), 234-240 (Innenansichten); J. C. Raschdorff & O. Raschdorff Dom zu Berlin. Abbildungen des Baumodells im Maßstab 1:25, Berlin 1896 (9 Blätter; danach unsere Reproduktion)

94 a und B Berlin, Stadtmodell, in Holz angefertigt 1970/71 von Armin Luda nach dem gestochenen Stadt- und Festungsplan von Johann Bernhard Schultz (1688/95) und Aquarellen von Johann Stridbeck d.J. (um 1690); im Besitz des Berlin Museums, Berlin

B: Als 1688 Friedrich Wilhelm der Große Kurfürst von Brandenburg starb, hinterließ er einen ökonomisch und militärpolitisch wiedererstarkten Staat. Seine Hauptstadt hatte – gemessen an dem Berlin-Cölln-Plan J. G. Memhards, dem Kupferstich in Merians ›Topographia Electoratur Brandenburgici‹, 1652 – in den zurückliegenden gut dreieinhalb Jahrzehnten nicht nur eine entscheidende städtische Ausdehnung – durch Neuanlage von Dorotheenstadt und Friedrichswerder – erfahren, sondern auch einen erstaunlichen, die Wasserlage hervorragend nutzenden Fortifikationsring erhalten. Nicht ohne Absicht wurde dessen Wiedergabe – die dreidimensional wirkende Perspektiv-Darstellung der Festung Berlin – darum zum eigentlichen Anliegen des Schultzschen Plans.

Diese von Johann Gregor Memhard (um 1615 bis um 1678)[23, 170], Matthias Dögen (tätig u. nachweisbar 1647-72)[95] und anderen nach neuesten Defensiverkenntnissen geschaffenen Befestigungswerke setzen ihrerseits jedoch – nach dem allgemein verbindlichen Verfahren zeitgenössischer Militärs und Militäringenieure, etwa des in Europa maßgeblichen Vauban[154, 163] – das Vorhandensein sogenannter ›plans-reliefs‹ voraus. Ein entsprechendes Gesamtmodell dürfte Johann Bernhard Schultz († 1695), der 1677 seine Bestellung als Amtskammeringenieur und Landmesser erhielt und dem 1689 eine Baustelle in der neuen Friedrichstadt angewiesen wurde, für seinen 47,6 x 142 cm großen, von ihm selbst gestochenen Plan (ab) gezeichnet (= delineavit) haben. In der Kartusche oben links nennt sich Schultz charakteristischerweise: »Architect [us] Milit: et Caelator [= Reliefarbeiter]«. Dadurch bekennt er sogar selbst, daß sein Berliner Festungs-Relief ursprünglich plastisch war und der danach gefertigte Plan nur dessen Spiegelbild ist.

Hans Jahn (Berlin im Todesjahr des Großen Kurfürsten. Erläuterungen zum Perspektivplan von Johann Bernhard Schultz aus dem Jahre 1688. In: Schriften d. Ver. f. d. Geschichte Berlins, Heft 55, Berlin 1935, S. 1-48) geht natürlich auf die Festungswerke ein und beginnt: »Dreizehn durch Hauptwälle verbundene Bastionen schließen die Stadt ein, dazu das Hornwerk im Süden der Straße unter den Linden mit den Fortifikationen im Westen der Dorotheenstadt. Die nördlich davon an der Spree gezeichneten Werke sind niemals durchgeführt worden. Die Pläne dazu hat Schultz wohl gekannt und hier des besseren ›Aspektes‹ wegen verwendet, wie es noch an einer anderen Stelle tut. Die Zählung der Bastionen begann am Friedrichswerder (östlich von der Dorotheenstadt), mit Nr. 1, führte um den Friedrichwerder, Neukölln am Wasser, jenseits der Spree auf die Berliner Seite und endete hinter dem Lustgarten mit Nr. 13. Sie wurden durch Namen unterschieden, die in den einzelnen Zeitabschnitten wechselten ...«. (Jahn läßt dann, S. 14ff., die einzelnen Bastionen mit ihren Toren und Besonderheiten detailliert folgen).

Lit.: Reuther, Museumsinsel, 1978, Abb. 3 und 4 (das Stadtmodell 94 a teils ohne die Bastionen); Christina Thon, Modell der Residenzstädte Berlin, Cölln und Friedrichswerder ..., in: Erwerbungen des Berlin Museums 1964-1981. Festgabe für Irmgard Wirth. Berlinische Notizen 1981, S. 32-35 m. Abb.; Ausstellungskatalog Berlin im Kartenbild. Zur Entwicklung der Stadt 1650-1950, Staatsbibliothek PK Berlin 1981, Nr. 2 und 3.2 (das moderne Stadtmodell); Gunter Schulz, Die ältesten Pläne von Berlin, Weinheim 1986 (Plan 5); Ausstellungskatalog Kunst in Berlin 1648-1987, Staatl. Museen zu Berlin 1987, Nr. A 36.

94 M Berlin, modellhaftes Puppenhaus mit Inneneinrichtung, nachklassizistisch (um 1860/70 ?); aus Holz, Papier, Stoff und Metall, Porzellan, Glas u. a.; im Besitz des Berlin Museums, Berlin

Puppenhäuser – wie dieses – sind häufig eine Spiegelung tatsächlich existierender historischer Bau- und Wohnkultur[13, 64, 69, 89, 133, 221]; siehe hier Nr. 273

Lit.: Berlinische Notizen Heft 1/2, 1974, Abb. S. 20-22

95 Berlin; Turmmodell, süddeutsch (vielleicht mainfränkisch ?) aus dem 2. Viertel des 18. Jhs.; skulptierter massiver Buntsandstein, ø 35 cm, Höhe 145 cm; angebliche Provenienz aus Schloß Adelsberg (über Gemünden/Unterfranken, nordwestlich von Würzburg); 1984 erworben für die Sammlung der Architekturmodelle der Kunstbibliothek SMPK Berlin, Inv. 1984, 88 AOM

In Adelsberg befindet sich (nach Georg Dehio, Hdb. d. Dt. Kunstdenkmäler. Bayern I: Franken, 1979, S. 4) »ein bescheidenes Schloß von 1526 und im Park vier gute Steinfiguren, darunter ein Hermes, der ›P. W.‹ signiert ist, um 1720«. So bleibt ein Zusammenhang mit unserem Modell-Turm zunächst offen, auch wenn die dargestellten Fenster und seine Tür für einen profanen Zweck sprechen.

Lit.: Katalog Orangerie '84. Deutscher Kunsthandel im Schloß Charlottenburg, Berlin 1984, Nr. 32/1, Abb. S. 72

95 K Berlin, Modell für einen eisernen (?) Ofen über rechteckigem Grundriß, mit einem Aufbau in zwei Geschossen, angefertigt vom Meister HGD (in Nürnberg ?) 1559; im Kunstgewerbemuseum SMPK Berlin

Neben diesem 15 cm breiten, 12,7 cm tiefen und 32,2 cm hohen mit Graphit geschwärzten Tonmodell befindet sich ein weiteres Dutzend ähnlicher Ofenmodelle des 16. bis 18. Jhs. aus Fayence, Hafnerkeramik u. a. im Kunstgewerbemuseum Berlin.

Lit.: Ausgewählte Werke. Kataloge des Kunstgewerbemuseums Berlin, Band 1, Berlin 1963, Nr. 81, Abb. 81

–

Berlin, Sammlung von gut 120 Architekturmodellen (vornehmlich des 20. Jhs.) im Besitz der Kunstbibliothek SMPK Berlin; siehe Berckenhagen, Architekturmodelle, 1984[31]; siehe hier Nr. 95 und 185, 186

–

Berlin siehe Heidelberg = Nr. 185 und 186

96 A und B Bern/Schweiz, Modelle (für eine Ausführung in Stein bzw. in Holz) für die 14 Säulen im Innern der ev. Heiliggeistkirche, veranlaßt von Niklaus Schiltknecht 1727; nicht erhalten.

Im 13. Jh. gegründet, entstand anstelle des alten Spitals der 1726 von Niklaus Schiltknecht (1687-1735) begonnene, 1729 geweihte Neubau – übrigens »die schönste und bedeutendste Barockkirche der Schweiz«.

95

Lit.: Georg Germann, Der protestantische Kirchenbau in der Schweiz, Zürich 1963, S.66f., Anm. 34; Die Kunstdenkmäler des Kantons Bern, Bd. V, 1969, S. 161 Anm. 8

97 Bern, Modell zum Projekt Schwarzwasserbrücke, nach den Plänen von Karl Gabriel Haller 1808 von F. Weber gefertigt; im Historischen Museum Bern, Inv.-Nr. 13970.
Einem vom Histor. Museum Bern im Okt. 1978 herausgebrachten Faltblatt mit Zeichnungen zum Projekt Schwarzwasserbrücke 1808 und dem Text von Franz Bächtinger ist folgendes zu entnehmen: »Am 13.Okt. 1807 hatte der Geometer Bollin seine Vermessungen abgeschlossen. Wie das vom Lehrling F. Weber nach den Plänen von Architekt K. G. Haller im Frühjahr 1808 erstellte Brückenmodell zeigt, sah die Zoll-Commission nun von einer Steinbrücke ab. Maßgebend waren dafür technische Gründe. Die projektierte Baustelle erforderte einen Bogen mit 77 m Spannweite und 36 m Höhe. Solche Ausmaße überschritten die damaligen bautechnischen Möglichkeiten, vgl. die 1844 gebaute Nydeggbrücke in einem Bogen von 67 m Spannweite, d.h. die größte Steinbogenkonstruktion in Europa bis um 1890. Das Schwarzwasser-Brückenprojekt wurde deshalb nicht Werkmeister Osterrieth, sondern dem städtischen Werkmeister im Holzwerk, Karl Gabriel Haller, anvertraut. Ausgebildet mit einem Stipendium an der Akademie in Karlsruhe (1787) und nach Studien in Stuttgart, Mannheim, Wien, Berlin und Kopenhagen, hatte sich K. G. Haller schon früh mit Holzbrücken befaßt. 1804 war er mit 4 Modellen von Holzkonstruktionen an der Kunst- und Industrie-Ausstellung in Bern beteiligt. Sein Schwarzwasser-Brückenprojekt zeigt eine Verbindung von Holz- und Steinbau.
Die von 7 (etwa parallel angeordneten) Bogen getragene, gedeckte Holzbrücke ruht auf zwei mächtigen, in zwei Spitzbogen übereinander stehenden, in die Felsen gebauten Widerlagern aus Steinwerk. Besonderes Interesse verdient die zur Mitte der Brücke wachsende Verjüngung in der Bogenbreite, offensichtlich zugunsten einer gesteigerten Tragfähigkeit. Hallers Holzkonstruktion erinnert an die im 19. Jh. aufkommenden technischen Wunderwerke der Eisenbrücken und unterscheidet sich damit von den berühmten Schweizer-Holzbrücken des 18. Jh. (Johann Ulrich Grubenmann: Brücke in Schaffhausen 1758; siehe hier Nr. 352) wie auch von den 1839 im Kanton Bern erstellten neuen Holzbrücken (Zollbrücke, Hasle-Rüegsau-Brücke, Schüppachbrücke). – Vermutlich aus finanziellen Gründen blieb Hallers Brückenprojekt die Ausführung versagt.
Die Verbindung von Bern nach Schwarzenburg führte weiterhin in vielen steilen Straßenkehren zur alten Steinbrücke auf der Talsohle. Erst 1882 konnte mit dem Bau der 167 m langen und 64 m hohen Eisenbrücke die verkehrstechnischen Schwierigkeiten des Schwarzwassergrabens überwunden werden. 1907 wurde an derselben Stelle die Eisenbahnbrücke gebaut. Das ... Brückenmodell von K. G. Haller konnte 1978 im Bernischen Histor. Museum restauriert werden. Bei dieser Gelegenheit wurde im Innern des Modells ein vom Erbauer geschriebener, für die Nachwelt bestimmter Zettel gefunden: ›Dies Modell, der zu machenden Brük über das Schwarz-Wasser, ist von mir nach dem Plan Herren Haller Architecte, in meinem letzten Lehrjahr ververtigt worden. Bern 12. May 1808. F. Weber.‹«
Maße des z.T. farbig gefäßten Holzmodells: 222 x 60 cm, 100 cm hoch

—

Biebrich siehe Wiesbaden = Nr. 430

98 Bingen/Rhein, Modell des alten Krans, angefertigt im Sommer 1912 von Absolventen der Großherzogl. Hess. Baugewerk- und Gewerbeschule in Bingen/Rhein unter Leitung des Direktors; im Heimatmuseum Bingen
1905 bestand die Absicht, den am Rheinufer stehenden alten Kran abzubrechen und an anderer Stelle wiederaufzubauen (was das Interesse des Deutschen Museums in München erweckte, den Kran sofort zu erwerben; dadurch unterblieb jede weitere städtische Versetzungsplanung). Das Modell besteht aus Holz und die Außenwände aus bemalter Pappe.
Lit.: Tölg, Der alte Kran in Bingen, in: Kathol. Kirchen-Kalender 1913, S. 32ff.; Kohl, Der alte Kran, in: Allgem. Zeitung Bingen v. 9. Juni 1951

99 Bonn, Holz-Modell des ehem. Schlosses Clemensruhe in Poppelsdorf (jetzt Botanisches Institut der Universität Bonn) wohl aus dem Baubüro von Robert de Cotte um/vor 1713; ehem. in d. Sammlungen d. Stadt Bonn, offenbar 1944 verbrannt
Anlage des Lustschlosses von 1713 an für Joseph Clemens, Kurfürst-Erzbischof von Köln und Herzog in Bayern, nach Planung von Robert de Cotte mit Abänderungen durch Benoit de Fortier und den örtlichen Bauleiter Guillaume D'Hauberat (bis 1717) als quadratische Vierflügelanlage mit vorspringenden Eckbauten und kreisrundem Binnenhof.
Nach längerer Bauunterbrechung ab 1744 Reparatur und Ausgestaltung des Schlosses für Kurfürst-Erzbischof Clemens August, Herzog in Bayern, durch Balthasar Neumann. Der 1753 vollendete Muschel- bzw. Grottensaal, als Hauptwerk des Peter Laporterie aus Bordeaux, war für die Zeitgenossen eine landesweit gerühmte Sehenswürdigkeit.

97

99

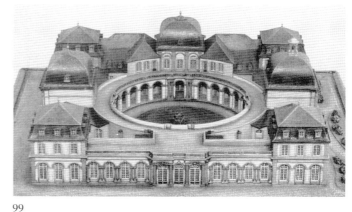

99

Lit.: Fritz Baumgart, Universität Bonn und Schloß Poppelsdorf, Bonn 1937, S. 18 ff., Abb. 21, 22 (= Abb. des Modells, die hier reproduziert sind); Fried Lübbecke, Das Palais Thurn und Taxis zu Frankfurt am Main, Frankfurt/M. 1955, S. 121 f., Abb. 61; Wend Graf Kalnein, Das kurfürstliche Schloß Clemensruhe in Poppelsdorf, Düsseldorf 1956; Reuther, Balthasar Neumann, 1983, S. 178

100 Brandenburg an der Havel, Erinnerungsmodell der Marienkirche auf dem Harlunger Berg bei Brandenburg, um 1721 angefertigt bei Abbruch der Marienkirche auf Veranlassung des Direktors der Brandenburger Ritterakademie Chr. Heinss; im Dom-Museum zu Brandenburg a. d. H.

Nach der Weihe einer ersten – mit der Bekehrung des slavischen Fürsten Heinrich Pribislav zum Christentum zusammenhängenden – Marienkirche 1136 ist 1222 ein Neubau im Gange, der rasch besondere Bedeutung als Wallfahrtsort erfuhr, aber von der 2. Hälfte des 16. Jhs. an zu verfallen begann – bis Friedrich Wilhelm I. 1722 die Ruine abbrechen ließ, um ihre Steine für das Militärwaisenhaus in Potsdam weiterverwenden zu können.

Genaue Vorstellung von dem Sakralbau vermitteln Aufnahmen, die Alphonse des Vignoles, welcher 1706/12 in Brandenburg weilte und 1744 in Berlin starb, veranlaßte. Nach diesen Zeichnungen ließ der Rektor der Ritterakademie Chr. Heinss 1752 Kupferstiche im Maßstab 1:500 anfertigen. Im Schloß Sanssouci (Sammlung der Zeichnungen und Stiche) wird eine zeichnerische Aufnahme der Ruine, auf Papier 340 x 466 mm, bewahrt, welche vielleicht auf A. des Vignoles zurückzuführen ist.

Das Modell des Dom-Museums besteht aus Holz und Pappe; eine Kopie danach besitzt das Heimatmuseum zu Brandenburg a. d. H.; ferner befand sich ein weiteres, nicht mehr nachweisbares Modell im Architekturmuseum der Technischen Hochschule Berlin-Charlottenburg.

Lit.: Friedrich Adler, Mittelalterliche Backstein-Bauwerke des Preußischen Staates, Bd. I, Berlin 1862, S. 5-8, Abb. Blatt 1 u. 2; P. Eichholz, Die Kunstdenkmäler der Provinz Brandenburg, Band: Stadt und Dom Brandenburg, Berlin 1912, S. 121-137 mit Abb. und Tafeln (31 = das Modell); Oskar Schürer, Romanische Doppelkapellen. Eine typengeschichtliche Untersuchung, Marburg/Lahn 1929 = Marburger Jb. f. Kunstwissenschaft V, 1929, S. 67-74; Werner Schade, Die Marienkirche auf dem Harlunger Berg bei Brandenburg, Masch.-Schrift 30 S. mit 42 Abb., Semesterarbeit d. Kunsthistor. Inst. d. Humboldt-Universität Berlin 1955; Reuther, Daidalos, 1981, Anm. 21; Mitteilungsblatt Landesgeschichtl. Vereinigung f. d. Mark Brandenburg 82, 1981, Nr. 1, S. 5

101 Braunschweig, Ausführungsmodell des Neustadtrathauses, nach E. W. Horns – vom Herzog Karl I. v. Braunschweig und Lüneburg 1773 genehmigten – Entwürfen angefertigt durch Tischlermeister Schmidt ab Mai 1773; es war am 11.6.1774 vollendet, und zwar im Duodezimalmaßstab 1:84; im Besitz des Städtischen Museums zu Braunschweig

Das Neustadtrathaus, zunächst ein seit dem 13. Jh. zusammengewachsener, heterogener Gebäudekomplex, war vom Ende des 14. Jhs. an bis 1671 politisches Zentrum Braunschweigs. Es wurde, da baufällig, »seit 1773 nach und nach fast ganz neu gebauet«, und zwar bis 1775 nach Erweiterungsumbau-Projekten des Architekten (und ab 1780 Oberzahlmeisters) Ernst Wilhelm Horn (geb. 1732/33). Schwere kriegsbedingte Schäden entstanden 1944.

Lit.: Fritz von Osterhausen, Die Baugeschichte des Neustadtrathauses in Braunschweig, in: Braunschweiger Werkstücke, Bd. 51, Braunschweig 1973, S. 110-123, Abb. 44-47 (vom Modell)

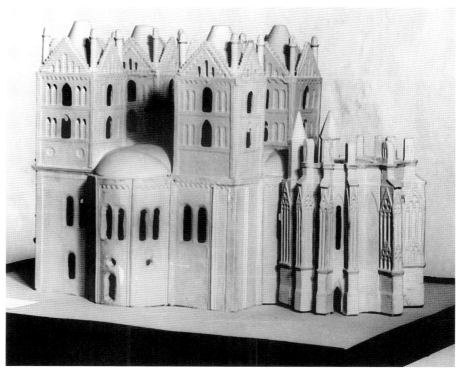

100

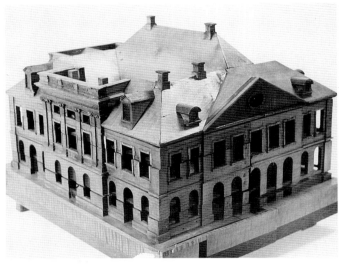

101 *Eckansicht Süd-West*   101 *Eckansicht Nord-Ost*

102 Bremen, Modell des Doms mit beiden Türmen, angefertigt von Diedrich Alten 1758 nach älteren Darstellungen (von Peter Kister ?), obwohl der Südwestturm bereits 1638 eingestürzt war (und sein Neuaufbau erst um 1900 erfolgte); seit 1908 im Besitz des Focke-Museums Bremen, D 211

Das Holzmodell zeigt verschiedene in Antiqua meist am Sockel geschnittene Inschriften; an der Doppelturmfassade: NACH DEN MARCKT, am Südwestturm (am obersten Geschoß): DIED. / ALTE / .N. / 1758, am Südwestturm (am Sockel der Südseite): DADIE / HAUSER / STEHEN, am Kreuzgang (Westseite): GEGENDLAU / STRASSEN , am Kreuzgang (Südseite): DOMS MEDE, an der Südseite des Domchores: AUF DEM / BOMMHOFE, an der Domchor-Ostseite: NACH DER SAND / STRASEN, an der Dom-Nordseite: NACHDENDOMSHOFE, an der Nordseite des Nordwestturms: ANNO 1758

Zur Baugeschichte des Doms ist nachzutragen, daß unter Erzbischof Bezelin (1035-43) ein Neubau entstand, dessen Einwölbung in der 1. Hälfte des 13. Jhs. erfolgte. Das nördliche Seitenschiff erfuhr dann Anfang des 16. Jhs. eine völlige Neugestaltung. Nach dem Einsturz des Südturms brannte der Nordturm 1656 in den oberen Geschossen aus; nach deren Ausbesserung wurde 1767 dort eine Haube aufgebracht. 1888-1901 ging danach eine durchgreifende Dom-Restaurierung vor sich. – Hinzuweisen bleibt auf den ehem. Dom-Lettner (Sandstein, gefaßt um 1511-18 und Heinrich Brabender d.J. zugeschrieben), in dem Karl der Große und Bischof Willehad mit dem Modell des Doms, der Doppelturmfront in Frontalansicht, erscheinen.

Lit.: Eberhard Lutze, Bremen (= Deutsche Lande – Deutsche Kunst), München-Berlin Deutscher Kunstverlag 2. Aufl. 1965, Abb. 27; Reuther, Das deutsche Baumodell, in: Sitzungsberichte ... 1973, S. 26; Der Bremer Dom. Baugeschichte, Ausgrabungen, Kunstschätze. Handbuch u. Katalog zur Sonderausstellung 1979 im Bremer Landesmuseum (Focke-Museum), Nr. 80

102B Bremen, Modell einer Turmhauben-Konstruktion, angefertigt als Gesellen- oder Meisterstück von Dietrich Seekamp († um 1897); im Besitz des Focke-Museums Bremen, C 1061

Das in Holz über ø 20 cm gefertigte, 65 cm hohe Modell stammt von dem nachmaligen Zimmer- und Baumeister D. Seekamp, Bremer Bauunternehmer und Innungsmeister, wohnhaft ehedem in der Sonnenstraße 4 zu Bremen, der auf einem Foto im Focke-Museum (C 1103) festgehalten ist, an einem Tisch sitzend in einem Innenraum, an dessen Wand und auf dem Tisch zwei Dachkonstruktionen erscheinen, die Gesellen- oder Meisterstücke von ihm sind (wohl C 979 a und C 1061).

102 D-H Bremen, fünf Modelle von hölzernen Dachstuhlkonstruktionen, wahrscheinlich Gesellenstücke der alten Innung »Bauhütte Bremen«; als Leihgaben der alten Innung »Bauhütte Bremen« (1917) ausgestellt im Focke-Museum Bremen, C 979 a-e

Die Maße der Modelle: ca. 100 x 100 cm, 68 x 60 cm, 60 x 70 cm, 100 x 100 cm und 30 x 26 cm, von denen die zwei größten offenbar von Dietrich Seekamp angefertigt wurden.

102

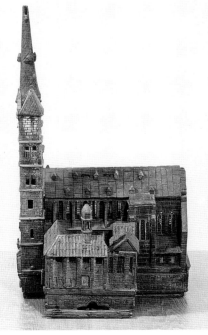

102

103-105 Brixen, Modelle zum (ab 1745 umgebauten) Dom; im Diözesanmuseum zu Brixen (= Bressanone / Südtirol / Italien), und zwar:

103 Ausführungs-Modell für den Dombau von Stefan Föger (aus Innsbruck) 1745, aus zwei Teilen bestehend – als Längsschnitte – Chor mit Querschiff und Langhaus (jeweils hinter Glas in Wandnische), in Holz angefertigt ca. 236 lang, etwa 70-75 cm tief und ca. 136 cm hoch, bemalt: Wandflächen weiß, Rocailleornamente zart rosé, Scheitelfelder der Wölbung rosé, seitliche Wölbungsfelder hell resedagrün, Pilaster grasgrün bzw. blauschwarz lebhaft marmoriert, Postamente rotbraun/gelb marmoriert, Stufen der Seitenaltäre und des Hochaltares marmoriert wie Trienter Marmor, weiß schwarze Querhaus- und Chorfußboden-Marmorierung.
Daneben der Dom-Längsschnitt mit Gewölbevariante (darüber), Holz, zerlegbar, Farbgebung wie vorstehend, jedoch mit grauem Fußboden; Maße: ca. 246 cm lang, etwa 70-75 cm tief und 98 cm hoch, die Gewölbevariante ca. 212 x 70/75 cm, etwa 36 cm hoch

104 Modell für die Domfassade (I) von Stefan Föger vom März 1747, angefertigt vom Hofzimmermeister Georg Singer aus Holz, die Vorhalle mehrteilig abnehmbar, die Farben: Architekturglieder hellgelb, Wandflächen weiß, Quaderung blauschwarz gesprenkelt mit weißen Einschlägen, Dächer und Turmhelme sowie Verdachung an der Vorhalle weinrot, Uhrenzifferblätter schwarz, Ziffern goldfarben, Rocailleornamente zartes rosé, Fußboden der Vorhalle schwarz-weiße Quadratrauten; die drei inneren Domportalgewände und die Stufen der seitlichen Öffnungen, die die vorgezogene mittlere Öffnung flankieren: grün/blauschwarz lebhaft marmoriert; Maße: Höhe ca 260 cm, Länge 136 cm, Tiefe 84,5 cm; Inv.-Nr. 426

105 Modell für die Domfassade (II), klassizistisch wirkend (Anfang der 1780er Jahre und ohne Folgen geblieben), aus Holz, polychromiert (weiß, rosé und grauschwarz marmoriert), Vorhalle abnehmbar, Maße: 141 cm hoch, 107 cm breit, 29,5 cm tief; mehrere, teils durchgehende Längsrisse, Fehlstellen im Giebelfeld, drei Portaltüren braun gestrichen; rechts von der Vorhalle mehrzeilige unleserliche Inschrift; Inv.-Nr. 429
Die Westfassade kam erst 1783/84 nach Entwurf und in der Bauleitung von Jakob Pirchstaller (etwa nach Fögers Modell = 104) zur Ausführung.
Lit.: Josef Weingartner, Der Umbau des Brixner Domes im 18. Jh., in: Jb. d. kunsthistorischen Instituts des österreichischen Staatsdenkmalamtes 14, 1920, S. 57-162, Abb. 29 und 30 (= 103), 38 (= 104), 39 (= 104, nur die Vorhalle) und 40 (= 105); Walter Frodl, Kunst in Südtirol, München 1960, S. 76, Abb. 138 (= 104, das teilweise zur Ausführung gelangte Modell von 1747)

106 Bruchsal, Reg.-Bez. Nordbaden, Modell für das Stiegenhaus des ehem. fürstbischöflich-speyerischen Residenzschlosses St. Damiansburg, 1731 aus Holz und Gips eigenhändig angefertigt von Balthasar Neumann für seinen Bauherrn Kardinal Damian Hugo von Schönborn, Fürstbischof von Speyer; nicht mehr erhalten
Die drei Hauptgebäude des Bruchsaler Residenzschlosses wurden – nach dem Entwurf von Maximilian von Welsch – 1722-25 hochgezogen; 1731 entstand dann B. Neumanns Modell für ein neues Treppenhaus in der Mitte des Corps de logis mit zwei flankierenden Lichthöfen auf elliptischem Grundriß (damit dem Grundgedanken des kurmainzischen Baudirektors Franz Anselm Freiherr von Ritter zu Groenesteyn folgend). Zwischen den dadurch gebildeten zwei konzentrischen Zylindern befanden sich die beiden Läufe mit Ruhepodesten, die zu einer überkuppelten Plattform im Piano nobile führten, von der brückenartige Stege zu den beiden

104

Sälen an der Stadt- und Gartenseite verliefen.
Lit.: Karl Lohmeyer, Die Briefe Balthasar Neumanns an F. K. von Schönborn, Saarbrücken 1921, S. 25; Kat. Balth. Neumann in Baden-Württemberg, Stuttgart 1975, S. 17, Nr. 12; Reuther, Balth. Neumann, 1983, S. 179

107 Brüggen, Landkreis Alfeld an der Leine, Entwurfsmodell zum Schloß des Oberhofmarschalls Friedrich von Steinberg, 1688 veranlaßt von Johann Balthasar Lauterbach (1654-94); im Schloß Brüggen
Das 71 cm lange, 31 cm breite und bis zum Dachgesims 21 cm hohe Holzmodell ist gelb-bräunlich gestrichen, wobei Pilaster, Lisenen und Gesimse heller gehalten wurden. Im Innern erscheint eine Raumaufteilung, und die Geschosse sind abnehmbar. Die Schmalseitenerker sind teils abgebrochen bzw. nachgearbeitet, desgleichen Reparaturen an den Gesimsen. Gegenüber dem 1693 fertiggestellten Bau bestehen nur geringe Abweichungen, so bei den Verdachungen und Brüstungsvorlagen der Hauptgeschoßfenster, den Oberfenstern des Festsaals, der Einfassung des Hauptportals, der Verbindung von Pilastern und Kranzgesims, bei der Gartentreppe hinter der Arkadenreihe.
Lit.: Die Kunstdenkmäler der Provinz Hannover, II Reg.-Bez. Hildesheim, 10: Kreis Alfeld II (ehem. Kreis Gronau), Hannover 1939, S. 21-35 mit Abb.; Friedrich Thöne, Der Wolfenbütteler Barockbaumeister Johann Balthasar Lauterbach, in: Zs. f. Kunstwissenschaft 4, 1950, S.197-202, Abb. 1; Reuther, Burgen ..., 1974, S. 110, Abb. 5; Hans Reuther, Zur Entwicklung des Barockgiebels im Herzogtum Braunschweig-Wolfenbüttel, in: Martin Gosebruch zu Ehren. Festschrift anläßlich seines 65. Geburtstages 1984, S. 149 ff., Abb. 4

108 Brühl, Modell für ein neues Treppenhaus im Schloß Augustusburg, veranlaßt von Balthasar Neumann ab 1743; nur erwähnt, aber nicht mehr erhalten
Im dritten Bauabschnitt von Schloß Brühl sind wir über die Tätigkeit Balthasar Neumanns daselbst und im Dienst des Kurfürsten Clemens August durch sieben Briefe unterrichtet. Gerichtet an seinen Gönner Friedrich Karl Graf von Schönborn, den Fürstbischof von Bamberg und Würzburg, heißt es darin u.a., daß in Brühl »Fehler und Ohnständt« zu beseitigen seien, mit denen das von Cuvilliés beibehaltene Schlaunsche Treppenhaus gemeint war, an dessen Stelle, d.h. von der großen Durchfahrt nach Norden hin sich öffnend, nach Neumanns Projekt 1743-48 ein neues Stiegenhaus entstanden ist.
Lit.: Hans Kisky, Schloß Brühl (Rheinische Kunststätten), Neuss 1953; Kat. d. Ausstellung Kurfürst Clemens August (im Schloß zu Brühl), Köln 1961, S. 118 f. mit Abb.; Wilfried Hansmann, Das Treppenhaus u. das Große Neue Appartement des Brühler Schlosses, Düsseldorf 1972; S. 21; Reuther, B. Neumann, 1983, S. 181

107 *Parkseite*

107 *Hofansicht*

109 Büdingen, Wetteraukreis/Oberhessen, Holzmodell des Schlosses, und zwar seiner Kernburg (auf Achteckplatte), angeblich im 18. Jh. angefertigt von Georg Thudichum, dem ehem. Direktor des (1602 gegründeten) Büdinger Gymnasiums, und seinem damaligen Schüler, dem Erbprinzen zu Ysenburg und Büdingen; im Schloßmuseum zu Büdingen
Die nach 1166 angelegte Ringmauer der Kernburg umschließt den Bergfried (mit Unterbau des 13. Jhs. und zurückgesetzten Oberturm des 15. Jhs.) sowie den romanischen Palas mit gotischer Kapelle (von 1495/97) und das Gebäude der »Hohen Schule« (des 16. Jhs.), ferner den Krummen Saalbau und den älteren, 1470 bzw. im 16. Jh. aufgestockten Küchenbau, welcher um 1600 Zwerchgiebel erhielt. Die Vorburg ist im Modell nicht dargestellt.
Lit.: Karl Winter, Büdingen (= Große Baudenkmäler, Heft 192), München 3. Aufl. 1976, S. 8 ff.; G. Bott u.a., Hessen Kunstdenkmäler. Reclams Kunstführer Bd. IV, Stuttgart 5. Aufl. 1978, S. 42 f. mit Grundriß der Kernburg

–

Burghausen an der Salzach, Stadtmodell von 1574, siehe hier unter München, Nr. 243 A

–

Burghausen an der Salzach, Modell der Pfarrkirche siehe Marienberg = Nr. 236

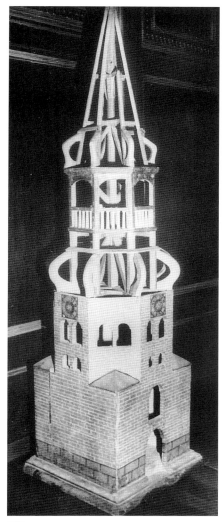

110

111

110 Buxtehude, Landkreis Stade, Erinnerungs(?)- Modell der zimmermannsmäßigen Turmhelm-Konstruktion der ev. Petrikirche, 1842; im Heimatmuseum von Buxtehude

Buxtehudes Petrikirche ist als dreischiffige Backstein-Basilika im 13. Jh. (angeblich 1285-96) erbaut und ihr Äußeres im 19. Jh. neu verkleidet worden. Der Turm von 1855 steht auf mittelalterlicher Bausubstanz, dessen Vorgänger wurde 1853 vom Blitz getroffen. Das Turmmodell von 1842 besteht aus bemaltem Holz 26 x 26 cm, bei 110 cm Höhe
Lit.: Die Kunstdenkmale des Landkreises Stade, 1980, Bildband Abb. 115, Textband, S. 166, 173

—

Calden siehe Wilhelmsthal = Nr. 431

—

Callenberg siehe Coburg = Nr. 114

111 Celle, Holzmodell der Stadtkirche mit projektiertem Turm, veranlaßt vom Hofbaumeister Johann Friedrich de Münter 1692; im Bomann-Museum Celle

Anläßlich der am 30. März 1913 stattfindenden Grundsteinlegung des neuen, im gleichen Jahr noch vollendeten Glockenturms, der das Celler Stadtbild bis heute prägt, erschien eine Festschrift, in der es, S. 26f., heißt: »... Unterm 3. November 1692 verfügte der Magistrat, daß die Kirchengeschworenen drei oder vier ›Abrisse‹ mit Kostenanschlägen für einen neuen Turm beschaffen sollten. Der begabte fürstliche Hofbaumeister Johann Friedrich de Münter († 1693), den Herzog Georg Wilhelm auf seine Kosten in Rom, Holland und England hatte ausbilden lassen, fertigte daraufhin jenes Holzmodell an ...«. – Zur Baugeschichte der Stadtkirche (ursprünglich Marien- oder Liebfrauenkirche genannt) ist nachzutragen, daß sie als eine in Backstein errichtete Hallenkirche 1292-1308 entstand, deren Turm 1457-64) nur zur vorläufigen Vollendung kam; denn ein Wirbelsturm brachte damals bereits den Turmhelm zum Einsturz, so daß der dann neu hochgezogene Turm erst 1516 fertiggestellt werden konnte. Erneuerungsarbeiten fanden 1676-98 statt, in deren Verlauf die gotischen Kirchengewölbe beseitigt und durch barocke hölzerne Tonnengewölbe ersetzt wurden; 1692 durch das Glockengeläut aufgetretene Schäden im Chorgewölbe führten dabei zu der oben erwähnten Maßnahme, die ohne direkte Baufolge blieb.
Lit.: 660 Jahre Stadtkirche Celle 1308-1968. Festschrift zur Wiedereröffnung der Stadtkirche nach ihrer Restaurierung 1967/68, S. 36; Kat. d. Ausstellung Die Stadtkirche als Celler Geschichtsdenkmal, Celle Bomann-Museum 1968, Nr. 106

112 Clausthal-Zellerfeld, Rekonstruktionsmodell des Holzfachwerks der 1744 geweihten und 1844 abgebrannten Gottesackerkirche, moderne Anfertigung in Holz durch Wolfram Kohlhaus, mit den Maßen 133 x 64 cm und 140 cm Höhe (bis zur Glockenturmspitze); im Gemeindebesitz der Marktkirche zum Hl. Geist zu Clausthal

113 Coburg, Modell der Ehrenburg und ihrer Umgebung, von Jakob Lindner, der in seinem Tagebuch notiert: »1877 ... Im Juli stellte ich die Abbildung des Residenzschlosses und seiner Umgebung zu Anfang dieses Jahrhunderts ... hier aus«; in der Ehrenburg zu Coburg

Das auf trapezförmiger Holztafel stehende Modell mit den Maßen ca. 245 x 148 x 108 x 125 cm (die Höhe der Gebäude und der östl. Böschung beträgt bis zu 22 cm) spiegelt das Gebiet »vom ehemaligen Bürglaßtor und Bürglaßschlößchen im Norden bis zur Linie ›offene Reitbahn‹, Bärenturm im Süden, das Gebiet der heutigen Arkaden bis Marstall im Osten und den Westfrontgiebel der ehem. Staatsbauschule, der Ehrenburgwestfront an der heutigen Rückertstraße und die 1827/28 abgebrochenen Häuser der Grafengasse im Westen« wider. Modellmaterialien sind Holz und Pappe, mit Papier überzogen und bemalt; renoviert und z. T. ergänzt.
Am Ort des ehem. Franziskanerklosters ließ Herzog Ernst 1543-47 durch Caspar Vischer das Stadtschloß errichten, dessen Ausbau Nikolas Gromann fortführte. Von diesem dreiflügeligen Gebäude blieben Süd- und Teile des Westflügels erhalten. Michael Frey sorgte dann 1589-96 unter Herzog Johann Casimir für Umgestaltungen, und 1623-27 fügte Johann Bonalino Altane an der Ostseite des Schloßhofes an. Nach dem Brand von 1690 Wiederaufbaumaßnahmen und 1738 Wiederweihe der Hofkirche; diese repräsentative Dreiflügelanlage, welche sich (im Gegensatz zum sich nach Süd öffnenden Renaissancebau) nach Norden orientierte, erfuhr ab 1806 (seit 1811 war auch Karl Friedrich Schinkel beteiligt) eine Neugestaltung des Äußeren im Stil englischer Neugotik durch A. M. Renié-Grétry.
Lit.: Willi Breuer, Coburger Architektur-Modelle; in: Jb. d. Coburger Landesstiftung 1973, S. 13, 18-21, Abb. 5 a + b

114 A-D Coburg (Oberfranken), Rekonstruktionsmodelle der Veste, welche 1126 erstmalig erwähnt, seit dem 14. Jh. ausgebaut und um 1450 bzw. seit 1498 mit einem Zeughaus (= Hohes Haus) versehen, im 16. Jh. ihre Umwandlung zur starken Veste durchmachte. Die von ihr erhaltenen Modelle – in den Kunstsammlungen der Veste Coburg – sind folgende:
A: das von Jacob Lindner, (Mitte oder) im 3. Viertel des 19. Jhs. angefertigt, gibt »die Veste im Bauzustand in der 1. Hälfte des 19. Jhs.« wieder; Modellmaße 212 x 124 cm und ca. 45 cm hoch; die Gebäude bestehen aus Pappe oder aus beklebten und bemalten Holzklötzen, die, mehrmals erneuert, sogar teilweise fehlen, die Wallböschung ist mit Moos beklebt
B: veranlaßt von Bodo Ebhardt (1865-1945), und zwar während der durchgreifenden Renovierung von 1911-24, mit der der letzte Coburger Herzog Ebhardt betraut hatte. Das Modell im Maßstab 1:100 vermittelt den damaligen Bauzustand; die Maße des Gebäudeteils sind 280 x 150 cm bei 45/50 cm Höhe; verwendete Materia-

113

114 B

lien sind Holz, Pappe, Papier, Farben; mit Beschädigungen
C: von Louis Walter und Franz Höch 1934 angefertigt im Maßstab 1:100 und 1956 renoviert durch Bruno und Gerhard Escher. Das Modell gibt den Bauzustand der Veste um 1600 wieder; seine Maße sind ca. 245 x 145 cm, bei etwa 48 cm Höhe; jetzt im Rathaus von Coburg
D: von Josef Fuhrmann 1972/73 erstellt und den heutigen Bauzustand erfassend, im Maßstab 1:200 – ca. 135 x 75 x 28 cm
Lit.: Willi Breuer, Coburger Architektur-Modelle, in: Jb. d. Coburger Landesstiftung 1973, S. 13 ff. mit Abb. (Breuer spricht darin auch von dem verschollenen Modell des Schlosses Callenberg, das von Jacob Lindner stammt, S. 13, 26, 27); Bodo Ebhardt, Der Wehrbau Europas im Mittelalter, Bd. 1, Berlin 1939, Taf. 66

115 a bis i Colmar, Modelle im Museum Unterlinden (nach Hans Reuthers Notizen vom 4.10.1982, mit Hinweis auf den Besichtigungsführer von Christian Heck, Colmar 1981, S. 38 f.):
a: Modell des Westbaus der ehem. Abteikirche Maursmünster (Marmoutier)
b: Modell der Klosterkirche von Marbach bei Voegtlinhofen (vor Zerstörung der Ruine 1845)
c: Modell der Burg St. Ulrich (Ruine) = Rappoltsweiler (Ribeauvillé)
d: Modell der Burg Hageneck bei Wettelsheim
e: Rekonstruktionsmodell (neues, im Lageplan) des Unterlinden-Klosters in Colmar
f: Modell des alten Protestantischen Gymnasiums in Colmar
g: Modell des Venezianischen Hauses (Johanniterhaus, rue St. Jean, erbaut 1608) in Colmar
h: Modell des Deinheimer Tors in Colmar
i: Modell einer Kirchenruine

116 a Corvey bei Höxter/Westfalen, Rekonstruktionsmodell der ehem. Abteikirche St. Vitus (erbaut 822-848, Westwerk zwischen 873 und 885), angefertigt von Ritter & Thümmler; im Kreisheimatmuseum Corvey
Lit.: Kat. d. Ausstellung Karl d. Gr. ..., Aachen 1965, S. 430 Nr. 592 a; Kat. d. Ausstellung Kunst u. Kultur im Weserraum 800-1600, Bd. 2, Corvey 1966, Nr. 377

116 b Corvey bei Höxter/Westfalen, Rekonstruktionsmodell des Klosterkirchen-Westbaus mit anschließendem Zwischenbau, im Maßstab 1:50, auf Holzplatte 82 x 85 cm, in Holz angefertigtes Äußere und Innere 40 x 44 cm bei 60 cm Höhe, durch den Aachener Dombaumeister Dr.-Ing. F. Kreusch; im Aachener Dom-Museum
Lit.: F. Kreusch, Beobachtungen an der Westanlage der Klosterkirche zu Corvey, Aachen 1963

117 Darmstadt, Modell des ab 1715 von Louis Remy de la Fosse geplanten und 1716 begonnenen Schlosses, angefertigt 1722-24 von Georg Conrad Weimar im Maßstab

114 A

1:50; bis 1944 im Denkmalarchiv (Schloß) Darmstadt, Kriegsverlust

Die Ausführung des Repräsentationsmodells erfolgte durch G. C. Weimar in Linden- und Birnbaumholz; die Ornamente am Turm bestanden aus vergoldetem Bleiguß; nachträglich wurden manche Einzelheiten, z. B. Baluster, in Zinnguß ergänzt. Das Darmstädter Schloß brannte 1944 vollständig aus, wurde aber bis 1966 verändert wiederaufgebaut.

Lit.: Jos. Schlippe, Louis Remy de la Fosse und seine Bauten, Diss. Darmstadt 1916, S. 46 ff.; Georg Haupt, Die Bau- und Kunstdenkmäler der Stadt Darmstadt (= Die Bau- u. Kunstdenkmäler des Landes Hessen Reg.-Bez. Darmstadt), Darmstadt 1952-54, Textband S. 223 f., Bildband S. 191, Abb. 396; Georg Zimmermann, Das Darmstädter Schloß und seine Baugeschichte, Darmstadt 1978, S. 29-40 (Modell-Abb. S. 33); Kat. d. Ausstellung Darmstadt in der Zeit des Barocks und Rokoko, Bd. 2, 1980, S. 108, Nr. 79 mit Abb. S. 42, 47 f.

118 A-F Dornach, Kanton Solothurn/ Schweiz, Modelle zum Goetheanum; im Goetheanum zu Dornach:

A: Außenmodell des ersten (1913-20 geplanten und gebauten, 1922 abgebrann-

117

ten) Goetheanums, in Plastilin gefertigt 1913
B: Innenraummodell des ersten Goetheanums, in Plastilin 1913 gefertigt
C: Außenmodell des zweiten Goetheanums, in Plastilin gebildet
D: Modell vom Haus de Jaager
E: Modell vom Haus Duldeck
F: Modell vom Heizhaus
Lit.: Rainer Köllner, Die Anthroposophie und ihr besonderes Verhältnis zur Architektur, Diss. TU Berlin 1980, S. 32 (zu A/B), 67 mit Abb. S. 66 (von C); Mike Schugt & Joost Elffers & Peter Ferger, Rudolf Steiner und seine Architektur, Köln (dumont Taschenbücher 72) 1980, Abb. 2 (= B), 35 (= A), 93 bis 96 (= C); Erich Zimmer [225]

119 Dortmund-Bövinghausen, Modell der (1898 gegründeten und 1900-04 ausgebauten) Schachtanlage Zollern 2, angefertigt für die Weltausstellung 1905 in Lüttich; das Modell der Maschinenhalle im Maßstab 1:50 kam daraus, als Leihgabe des Deutschen Museums in München, in die Sammlung Stahlbau der Münchner Fachhochschule

E. G. Neumann hebt hervor, daß »die Zeche Zollern 2/4 das Musterbeispiel einer fortschrittlichen, von verschiedenen Ideen geprägten Planung um die Jahrhundertwende« gewesen ist. Die Entwürfe zur Maschinenhalle und deren Portalgestaltung gehen beispielsweise 1902 auf Bruno Möhring (1863-1929) zurück.
Lit.: Baumeister, Heft 9/1974, S. 961; Bernhard & Hilla Becher, H. G. Conrad & Eberhard G. Neumann, Zeche Zollern 2 (= »Neunzehntes Jahrhundert«, Forschungsunternehmen der Fritz Thyssen Stiftung), München 1977, S. 201 Abb. 50, S. 220 Abb. 5; Hermann Sturm, Fabrikarchitektur Villa Arbeitersiedlung, München 1977, S. 93, Abb. 169 (Möhrings Entwurf), 170, 171 (der danach ausgeführten Halle)

120 Dresden, Modell der mittelalterlichen Stadt Dresden innerhalb der alten Stadtmauer, aber ohne Vorstädte, um 1540; ehem. im Altertumsmuseum im Großen Garten, vorher in d. Slg. Baukunst der TH Dresden bzw. im Grünen Gewölbe, Kriegsverlust
Am Schloß ist der 1533 begonnene Georgenbau bereits wiedergegeben, während das übrige Schloß noch in der Form vor dem Umbau durch Kurfürst Moritz erscheint. Das bemalte, stark nachgedunkelte Modell bestand aus Linden (?) – Holz mit den Maßen 109 x 99 cm. – Von weiteren am gleichen Ort bewahrten Modellen bzw. Teilstücken der Befestigungswerke des 16. Jhs. sind infolge Kriegsverlusts nicht einmal Fotos erhalten geblieben.
Lit.: Bruck, Schloßmodelle, 1915, S. 7 Abb. 3; Walter Hentschel, Denkmale sächsischer Kunst. Die Verluste des zweiten Weltkriegs (= Akad. d. Wiss. d. DDR, Schriften zur Kg., Heft 15), Berlin 1963, S. 150 Nr. 428

121 Dresden, Modell des mittelalterlichen Schlosses zu Dresden, um 1535; ehem. im Altertumsmuseum im Großen Garten, vorher in d. Slg. Baukunst d. TH bzw. im Grünen Gewölbe zu Dresden, Kriegsverlust.
Der ab 1533 hochgeführte Georgenbau erscheint noch nicht; desgleichen spricht für die Modell-Datierung um 1535, daß der 1530 brandbeschädigte Hausmannsturm nun eine welsche Haube zeigt. Das weitgehend erhalten gebliebene, in seine Geschosse zerlegbare, Raumausstattungen – wie die Schloßkapelle – aufweisende, 47 x 52 cm große Linden (?) – Holzmodell trug einen jüngeren Ölfarbenanstrich.
Lit.: Bruck, Schloßmodelle, 1915, S. 7 Abb. 4; Walter Hentschel, Denkmale sächsischer Kunst. Die Verluste des zweiten Weltkrieges, Berlin 1963, S. 150 Nr. 429 Abb. 555; Reuther, Burgen, 1974, S. 108

122 Dresden, Modell des Residenzschlosses zu Dresden, um 1580 angefertigt vom (»Schraubenmacher« und Baumeister) Paul Buchner (1531-1607), mit späterer Einfügung des Schloßturms (von 1676)

119

120

121

122

durch den Modellmeister Andreas Gärtner (1654-1727); ehem. im Altertumsmuseum im Großen Garten, davor in d. Slg. d. TH Dresden bzw. im Grünen Gewölbe, Kriegsverlust

Um 1200 begründet, erfuhr das Schloß besonders im 15. Jh. Erweiterungen, so 1471-76 durch Arnold von Westfalen; 1485 wurde es Residenz; ab 1533 entstanden unter Herzog Georg dem Bärtigen der Georgenbau und seit 1548, nach Entwürfen von Caspar Voigt v. Wierandt, der prächtige Moritzbau mit Haupthof durch Bastian und Hans Kramer. Mit dem kleinen Schloßhof schufen Paul Buchner und Hans Irmisch 1592/93 dann augenfällige Erweiterungen, zu denen auch der Stallhof mit »Langem Gang« zählte, den Irmisch nach Buchners Projekt 1586-91 aufführte.

Im Modell – aus Linden (?) – Holz, 77 × 77 cm groß, farbig bemalt, mit abnehmbaren Geschossen und Dächern, wodurch die Raumeinteilung sichtbar wurde, so jene Wiedergabe des »Riesensaales« (vor dessen Umgestaltung von 1612); selbst die Sgraffitomalereien an den Außenfronten waren sorgfältig dargestellt.

Lit.: Bruck, Schloßmodelle, 1915, S. 8 Abb. 5; Löffler [139] (1955, Abb. 44); Walter Hentschel, Denkmale sächsischer Kunst. Die Verluste des zweiten Weltkriegs, Berlin 1963, S. 150 Nr. 430 Abb. 556; Reuther, Burgen, 1974, S.109 Abb. 3

123 Dresden, Modell des Palais im Großen Garten zu Dresden, um 1678 angefertigt von anonymem Modelltischler nach dem Projekt des Architekten Johann Georg Starcke (um 1640-95); ehem. Altertumsmuseum im Großen Garten (ca. 1933 aus Privatbesitz erworben), Kriegsverlust

Das Palais, 1678-84 vom Oberlandbaumeister Johann Georg Starcke für Georg III., den Vater Augusts des Starken, errichtet, war der erste bedeutende Barockbau Dresdens, der jene 1676 begonnene Parkanlage des Großen Gartens akzentuierte. – In Geschossen abhebbar, bestand das naturfarbige Modell aus Birnbaumholz und war ca. 35 × 50 cm groß.

Lit.: Walter Bachmann, Entstehung u. Frühgesch. des Gr. Gartens, in: Sitzungsberichte u. Abhandlungen der ›Flora‹ in Dresden NF 36-38, 1931-33 (1934), S. 87-104, bes. S. 94; Walter Hentschel, Denkmale sächs. Kunst, 1963, S. 151 Nr. 431 Abb. 557; Reuther, Burgen, 1974, S. 109 Abb. 4; Martin Raumschüssel, Die Dresdener Sammlung antiker Skulpturen im 18. Jh., in: Kat. Glyptothek München 1830-1980, München 1980, S. 354ff. (das Palais beherbergte ab 1730 jene ca. 200 antiken Skulpturen, welche August d. St. in Rom erworben hatte); siehe auch H. G. Franz [63]

124 Dresden, bemaltes hölzernes Modell der 1945 zerstörten Dresdner Frauenkirche, 18. Jh. (um 1733 ?); im Stadtmuseum Dresden

Dresdens Stadtrat erteilte 1722 dem Ratszimmermeister Georg Bähr (1666-1738) den Planungsauftrag der Frauenkirche, die, 1726 baubegonnen, 1734 geweiht wurde, und erst 1743 ihre die doppelschalige Kuppel bekrönende, hölzerne, kupfergedeckte Haube erhielt. Im Vergleich mit ihr, den die Kuppel flankierenden Turmaufsätzen sowie vor allem mit jenen die großen Fensterrisalite einfassenden Wandpilastern des Zentralbaus (und der Säulen am Modell) wird deutlich, daß dieses einen mittleren Planungszustand (ver-

gleichbar Bährs 3. Projekt) vermittelt, zumal die abnehmbare Kuppel noch nicht ihre die Silhouette Dresdens bestimmende gedrungene Form zeigt. Es gilt als Hauptmodell Bährs nach Teilmodellen von Joh. Chr. Feige u. a., 1733.
Lit.: Jean Louis Sponsel, Die Frauenkirche zu Dresden. Geschichte ihrer Entstehung ..., Dresden 1893 (siehe Tafel XVIII, XIX)

125 (und 125 A) Dresden, Modell der Katholischen Hofkirche (heute Konkathedrale), um 1745 nach dem Projekt Gaetano Chiaveris für den sächsischen Hof in vergoldetem Zinkguß (ca. 100 cm lang) hergestellt; ehem. im Altertumsmuseum im Großen Garten bzw. vorher u. a. im Grünen Gewölbe, seit 1945 Kriegsverlust. – (Ein weiterer Guß aus den gleichen Formen befindet sich im Palazzo Massimo delle Colonne zu Rom)
Die Kathol. Hofkirche wurde 1739 grundsteingelegt und 1743 mit dem Dach geschlossen; im nachfolgenden Aus- und Weiterbau hatten 1750/52 Johann Christoph Knöffel und anschließend Oberlandbaumeister Julius Heinrich Schwarze die Bauleitung, wobei letzterer 1755 den erhöhten Turm vollendete.
Lit.: Johann Georg Herzog zu Sachsen, Sächsische Erinnerungen im Palazzo Massimo delle Colonne in Rom, in: N. Archiv f. Sächs. Gesch. 43, 1932, S. 267 f.; Hempel, 1955, S. 72 f.; Löffler [139] (1955, Abb. 186); Walter Hentschel, Denkmale sächs. Kunst. Die Verluste ... 1963, Nr. 432 Abb. 558

–

Ebensee siehe Wien = 429

126 Eichstätt/Mittelfranken, Willibaldstumba inform eines polygon geschlossenen Kirchenchores, dessen Streben von freistehenden Säulchen mit Knospenkapitellen getragen werden, 1269; in der Domkirche zu Eichstätt, auf einem neuen Sockel an der Südseite des Willibaldschores
Ursprünglich, 1269, ließ Bischof Hildebrand von Möhren die Reliquien des Heiligen im neuerbauten Willibaldschor auf dem Altar beisetzen; in dessen Steintumba blieben sie bis zur Errichtung des gegenwärtigen Willibaldsaltares 1745, was ein Stich in den Acta Sanctorum Julii, II, 500, zeigt. – Die Kalkstein-Tumba ist neuzeitlich bemalt und mißt 100 x 75 cm, bei 90 cm Höhe.
Lit.: Die Kunstdenkmäler von Mittelfranken, I, Stadt Eichstätt, bearbeitet von Felix Mader, München 1924, S. 91 f. Abb. 57

127 A-B Eichstätt/Mittelfranken, zwei unterschiedliche Modelle der Willibaldsburg aus dem 18. Jh.; Eigentum des Histor. Vereins Eichstätt bzw. im Museum der Willibaldsburg, restauriert
A: den Bereich der Vorburg wiedergebend, vor 1766, vielleicht auf den Baudirektor Peter Moritz Pedetti zurückgehend – und B: die Areale des verschwundenen Schaumbergbaus und jenes des von Elias Holl geprägten Gemmingenbaus festhaltend.
In Eichstätt, das im Altmühltal liegt, übrigens 740 vom Hl. Willibald gegründet, residierten die Bischöfe anfangs neben dem Dom. Erst Berthold, Bischof von Eichstätt und Burggraf zu Nürnberg (1354-1365), legte eine Burg auf dem Willibaldsberg an, in der dann Martin von Schaumberg (1560-90) eine rege Bautätigkeit entfaltete wie jener Konrad von Gemmingen, der die bisher burgartige Residenz zu einem Renaissanceschloß etwa seit 1609 durch Elias Holl (Planung) und Hans Alberthal baulich umwandeln ließ. Mit der Säkularisation – 1806 vom bayerischen Staat verkauft – begannen Verwüstung und Abbruch der Burgteile, bis die Ruine 1829 wieder in Staatsbesitz kam. 1973-76 fanden darin erneute, musealer Nutzung dienende Baumaßnahmen statt.
Lit.: Oskar Lochner von Hüttenbach, Die Willibaldsburg, Sammelblatt d. Histor. Vereins Eichstätt 27, 1912, S. 29; F. Mader, Die Kunstdenkmäler von Mittelfranken, I, ..., 1924, S. 487; Bauwelt 72, 1981,

123

124

S. 216f.; Manfred F. Fischer, Die Willibaldsburg in Eichstätt, Amtl. Führer, Bayer. Verw. d. Staatl. Schlösser …, 1982

128 Einbeck, Holzmodell der Stiftskirche St. Alexandri (jetzt ev.-luth. Pfarrkirche), wohl aus der 1. H. 19. Jhs.; im Besitz der Pfarrkirche zu Einbeck
Hallenkirche, deren Krypta und Chor 1316 vollendet waren, während am Langhaus noch Anfang d. 16. Jhs. Arbeiten stattfanden. Die offenbar doppeltürmig begonnene Westfront blieb unvollendet; ihr niedriger Mittelturm ist von barocker Haube mit Laterne von 1735 bekrönt.
Lit.: Klaus-Günther Ziegahn, Die Baugeschichte d. Stiftskirche St. Alexandri in Einbeck, Einbeck 1963

129 Einsiedeln/ Schweiz, Modell von Kirche und Flügelbauten der Benediktiner-Abteikirche, angefertigt von Frater Kaspar Moosbrugger I (1656-1723) oder Frater Thomas Mayer (aus Solothurn), das Kirchenmodell zwischen 1714 und 1718, das der Flügelbauten vor 1713; seit 1965 im Besitz der Städtischen Kunstsammlungen Augsburg, Inv.-Nr. 12099 (aus dem Münchner Kunsthandel erworben)
Holz mit Karton beklebt, polychromiert über weißem Grundanstrich, teils größere Fehlstellen, diese nach 1965 bis auf den Dachreiter aufgrund erhaltener Spuren zweifelsfrei ergänzt. Maße: Länge 139 cm, Breite der Türme 10,3 cm, Breite des linken Eckrisalits 22 cm und des rechten 14 cm, Höhe des linken Fassadenturms 80,5 cm und des rechten 79,5 cm, Höhe der Oberkante des Segments über dem Mittelrisalit 44 cm, Höhe des linken Eckrisalits bis Oberkante Hauptgesims 25 cm und des rechten wie vor 24 cm.
Das flüchtig gearbeitete, fragmentiert überkommene Modell zeigt die Westfassade der Abtei samt Kirche und schließt in der Tiefe mit der vollständigen Darstellung der beiden Fassadentürme ab; die Eckpavillons der Abteiflügel sind mit drei Fensterachsen ihrer Nord- bzw. Südfront wiedergegeben und bieten zwei Varianten. Trotz flüchtiger Ausführung kann das Modell kaum als nachträglich angefertigte Laienarbeit betrachtet werden; denn dagegen sprechen die variierten Eckpavillons, von denen der linke weitgehend dem Bauzustand entspricht. Die Errichtung des Westtraktes wurde nach Planänderung vom 26. Januar 1713 ausgeführt, und unter Kaspar Moosbruggers Leitung entstand von 1719 bis 1726 die Abteikirche. Das Modell legt zudem nahe, daß es nicht die letzte unmittelbare Vorstufe zur Ausführung ist, da im formalen Aufbau noch Details unausgeglichen wirken.
In der Baukorrespondenz von Einsiedeln wird dreimal von einem Modell berichtet (3.2.1703, 25.8.1705 und 18.9.1705), das Frater K. Moosbrugger bauen sollte. Außerdem bringt ein Gemälde in Einsiedeln, das anläßlich der Wahl von Abt Thomas I. Schenklin (reg. 1714-1734) geschaffen sein dürfte, das Modell des Neubaus zu Gesicht, bei dem die Abteikirche noch ein fassadenparalleles Mittelteil aufweist. Somit lassen sich diese Quellen nicht auf das vorliegende Modell beziehen.
Lit.: Alfred A. Schmid, Ein barockes Baumodell des Klosters Einsiedeln, in: Unsere Kunstdenkmäler 20, Heft 3/4, Bern 1969 = Festschrift Albert Knoepfli, S. 241-250 Abb. 1, 2, 4 (vom Modell)

—

Elchingen siehe Oberelchingen = Nr. 275

130 und 130 A Ellingen, Entwurfsmodell zur ehem. Deutschordensresidenz Ellingen, zwischen 1709 und 1717 veranlaßt offenbar von Franz Keller; im (ehem. Schlesischen) Landesmuseum Troppau/Tschechoslowakei – die schematische Nachbildung = 130 A in der ehem. Deutschordensresidenz Ellingen
Über das Original (= 130) schreibt Erich Bachmann (1963), daß es vermutlich aus der ehem. Deutschordenskommende Freudenthal in Mährisch-Schlesien, die im 18. Jh. der Ballei Franken unterstellt war, nach Troppau gelangte. Es besteht aus Holz, ist 41 cm hoch, 71 cm breit und

125

36,8 cm tief. Sockel, Pilaster, Eckbossen, Lisenen sind grau marmoriert, die Kapitelle goldgelb gefaßt, Mauerflächen gelblich weiß. Während die Haubendächer der Eckpavillons am Fassadentrakt bräunlich getönt sind, zeigen alle übrigen Dächer ziegelrot.

»Daß es sich um kein Lehr- oder Erinnerungsstück handelt, sondern um ein Entwurfsmodell, ist sicher. Die Unterschiede zum ausgeführten Bau – so zählt der Fassadentrakt 15 (statt 21) und die Seitenflügel gar nur 6 (gegen 16 bzw. 17) Achsen – sind erheblich, wenn auch keineswegs so groß, um an einen anderen als die bisher für Ellingen bezeugten Architekten W. H. Beringer und Franz Keller denken zu müssen … Es fragt sich nur, wann das Modell entstand. Zwei Möglichkeiten …: Entweder wurde es noch vor Baubeginn des wesentlich länger als am Modell ausgeführten Ostflügels und somit noch vor 1709/11 angefertigt, oder aber es stellt eine Zwischenreaktion von 1716/17 dar, die nach dem Tode W. H. Beringers (1715) und des Landkomturs Forstmeister von Gelnhausen (1716) für den neuen energischen Bauherrn Heinrich von Hornstein angefertigt wurde, und zwar noch bevor man sich für die Verlängerung des 1718 begonnenen Fassadentraktes entschieden hatte. In jedem Fall aber, immer vorausgesetzt, daß Keller der Urheber war, muß das Modell zwischen 1709 und 1717 entstanden sein … Interessanter als die Änderungen der Hauptfront ist die Bildung der Seitenflügel und vor allem des Rücktraktes am Modell. Die Seitenflügel, die am Modell nur sechs Achsen (gegen 16 bzw. 17 am ausgeführten Bau) zählen, umklammern nicht die gotische Schloßkirche, sondern reichen lediglich bis zum ehem. Bibliothekstrakt, der bis 1746 hart vor der Schloßkirche stand und somit beklemmend nah an den Fassadentrakt gerückt war, so daß nur ein seichter, queroblonger Binnenhof verblieb. Offensichtlich erwog man ursprünglich, den älteren Bibliothekstrakt in den Neubau einzubeziehen.«

Lit.: Erich Bachmann, Ein Architekturmodell der ehemaligen Deutschordensresidenz Ellingen; in: Jb. d. Histor. Ver. f. Mittelfranken 80, 1963, S. 87-93 mit 2 Abb. des Originalmodells in Troppau; derselbe Residenz Ellingen, Amtl. Führer d. Bayer. Verwaltung d. Staatl. Schlösser …, 1976, S. 67 f.

–

Ellwangen vgl. Kat. d. Ausstellung 1200 Jahre Ellwangen, Württ. Landesmuseum Stuttgart, Ellwangen 1964, S. 62, Nr. 10

131 A-B Esztergom/Ungarn, Holzmodelle der St. Stephanskirche und der Burg mit der St. Stephanskirche; diese dort offenbar erhalten

Fürstprimas Barkóczy beabsichtigte, Esztergom (Gran) zu einem Mittelpunkt des

127 A

127 B

129

religiösen Lebens in Ungarn zu machen, doch dann behinderte der Tod B's. die Bauarbeiten der St. Stephanskirche, die nach Franz Anton Hillebrandts (1719-1797) Entwürfen 1767 baubegonnen, aber in ihren Ausmaßen reduziert wurde. 1821 erfolgte deren Abbruch zugunsten eines basilikalen Neubaus.
Lit.: György Kelényi, F. A. Hillebrandt (1719-1797), in: Cahiers d'histoire de l'art 10, Akadémiai Kiadó Budapest 1976, S. 43-47 (S. 109 deutsches Resümee)

132 Falkenstein bei Pfronten im Allgäu, Entwurfsmodell zur Burg, 1884 von Max Schultze; im König-Ludwig II.-Museum Schloß Herrenchiemsee, Inv.-Nr. 516
Auf dem Felsen Falkenstein bei Pfronten sollte nach den Intentionen Ludwigs II.

130

132

anstelle der mittelalterlichen Burgruine eine neue ›Raubritterburg‹ entstehen. Nach den dazu 1883/84 eingereichten Entwürfen von Christian Jank und Georg Dollmann entschied sich der Bauherr dann jedoch für jenes Projekt des aus Regensburg geholten Thurn- und Taxisschen Baurats Max Schultze. Aber königliche Sonderwünsche, die zur Verzögerung des Baubeginns führten, ließen Schultze bereits im September 1885 aufgeben. Auch die nachfolgende Planung durch Baudirektor Julius Hoffmann erbrachte keine bauliche Realisierung, zumal der König inzwischen gestorben war.

Das Berg und Burgbau veranschaulichende, farbig gefaßte, mit Moos kaschierte Holz-Modell mißt 139 x 102 cm, bei 166 cm Höhe.

Lit.: Heinrich Kreisel, Die Schlösser Ludwigs II. von Bayern, Darmstadt (1954), S. 82-86, Abb. 93; Kat. König Ludwig II. u. d. Kunst, München 1968, Nr. 320; Kat. Bayern – Kunst u. Kultur, München 1972, Nr. 1997; Reuther, Burgen, 1974, S. 113 Abb. 13; Reuther, Daidalos, 1981, Abb. S. 110

133 Frankfurt am Main, Entwurfsmodell zum Palais Thurn und Taxis, um 1730 höchstwahrscheinlich aus der Werkstatt von Robert de Cotte; im Fürstlichen Thurn und Taxis-Schloß zu Regensburg (dort in der Bibliothek seit 1892)

133

Das die innere Raumgliederung wiedergebende, bemalte Holzmodell dürfte die früheste Urkunde für den Aufbau des Palais sein, das nach den Entwürfen des französischen Stararchitekten Robert de Cotte (1656-1735)[23] 1732-41 errichtet wurde von Guillaume D'Hauberat (um 1680-1749)[23]; 1944/45 zerstört, sind ehem. Hauptportal und Ehrenhof des Palais' durch Ebert in den Neubau des Frankfurter Fernmeldeamtes von 1951-54 einbezogen.

Am Modell sind beide Geschosse und Dach abhebbar; insgesamt besteht es aus folgenden Teilen: 1. Portalanlage, 2. linker Ehrenhofflügel EG, 3. linker Ehren-

133

hofflügel 1. OG, 4. rechter Ehrenhofflügel EG, 5. rechter Ehrenhofflügel 1. OG, 6. Dach linker Ehrenhofflügel, 7. Dach rechter Ehrenhofflügel, 8. Corps de Logis EG, 9. Corps de Logis 1. OG, 10. Corps de Logis Dach, 11. Corps de Logis Kuppel. Bemalt wurden die Wände silbergrau, Architekturgliederungen mainsandsteinrot, Dächer schiefergrau, Kuppel und Lukarnen (stehend rechteckig im Unterdach) grünspanfarben, Kuppelknauf vergoldet; Maße des 1967 restaurierten Modells: Länge (in Hauptachse) 93,5 cm, Breite der Straßenfront 99,5 cm, Breite der Gartenfront 86 cm, Höhe bis Kuppelspitze 37,5 cm
Lit.: Fried Lübbecke, Das Palais Thurn und Taxis zu Frankfurt am Main, Frankfurt/M. 1955, S. 121 f., 176 f., Bild 62, 83, 226

134 Frankfurt am Main, Entwurfsmodell zu einem Johann von Nepomuk-Altar eines deutschen Meisters um 1760/80; im Liebighaus-Museum alter Plastik Frankfurt/M., Inv.-Nr. 806
Lit.: Kat. Altarkunst des Barock, 1980, Nr. 22

135 Frankfurt am Main, Bauausführungsmodell 1:1 einer Fensterachse im ersten Geschoß der Seitenfront des Opernhauses (jezt: Alte Oper), 1874 probeweise aufgestellt
Professor Richard Lucae (1829-77) aus Berlin lieferte 1871/72 die Entwürfe zum Frankfurter Opernhaus, das nach einer von 1873 bis 80 dauernden Bauzeit am 20. Oktober 1888 mit Mozarts ›Don Giovanni‹ eröffnat werden konnte.
Lit.: Harald Zielske, Deutsche Theaterbauten bis zum zweiten Weltkrieg. Typologisch-historische Dokumentation einer Baugattung (=Bd. 65 der Schriften d. Ges. f. Theatergesch.), Berlin 1971, S. 171 ff.

135

m. Abb.; Eva Börsch-Supan, Berliner Baukunst nach Schinkel 1840-1870, München 1977, S. 620 ff.

136 Frauenchiemsee 1619: Überschlag über den bevorstehenden Bau in Frauenchiemsee, 46 550 bis 47 550 Gulden! Bericht nach München: »Wann das Modell von Holz gemacht wird« [für den Festungsbau?], könnte ein um 2000 oder 3000 Gulden höherer Voranschlag herauskommen. München, Staatsarchiv für Oberbayern: Kl. Lit. 169/24 (Frauenchiemsee)

137 A-B Freiburg im Breisgau, zwei Stadtmodelle; im Augustinermuseum Freiburg
A: Freiburg im 18. Jh. mit der Vaubanschen Befestigung, angefertigt um 1860
B: Freiburg zu Ende des 16. Jhs., 1965 gefertigt

138 A-B Freiburg im Breisgau, Modelle des Freiburger Münsters Unserer Lieben Frau. Auf Fundamenten des 12. Jhs. entstand um 1200 ein Neubau, welcher nach Planwechsel um 1235/40 zu einer Basilika umgewandelt wurde mit Westturm, der 1301 bis zum Glockengeschoß aufgeführt war, seit 1354 erfolgte der Chorneubau mit seiner Weihe erst 1513.
A: holzgeschnitztes Münstermodell, ca. 300 cm lang und 300 cm hoch, angefertigt »zum Jubiläums-Festzug zu Ehren des siebzigsten Geburtstages Sr. kgl. Hoheit des Großherzogs von Baden 1896«; im Besitz des Freiburger Münsterbauvereins
B: hölzernes Münstermodell, ca. 50 cm hoch; in den Kunstsammlungen der Veste Coburg

–

Friedrichswerth siehe Gotha = Nr. 154

139 Frydlant (Friedland/Nordböhmen), Holzmodell des Gallas'schen Schlosses, nach 1634; im Schloß Frydlant/Tschechoslovakei, Inv.- Nr. 253/11
Die Mitte des 13. Jhs. gegründete Burg gehörte 1278-1551 den Herren von Biberstein aus Meißen, welche Ende des 15. Jhs. Befestigungen anlegten und den Umbau des Palas im Renaissancestil begannen. Bis 1620 dann im Besitz der Herren von Rödern, vollendeten diese den Palas und ließen aus ihren italienischen Baumeister Marco Spatio und seinen Polier Anton den Ostflügel mit reichem Sgraffitoschmuck hochführen, am Nordflügel eine Loggia anfügen und – unterhalb der Burg – im 5. Burghof während des 4. Viertels des 16. Jhs. ein zweistöckiges, langgestrecktes Schloßgebäude mit westlich 1598-1602 angebauter Schloßkapelle errichten. 1620-34 durch Albrecht von Waldstein, den Herzog von Friedland, genutzt, kamen Burg und Schloß danach an die Grafen Gallas, 1759-1945 an das Geschlecht Clam-Gallas. Zwischenzeitlich, 1636-49 von den Schweden besetzt, erfolgten 1676 und 1682 Brände sowie anschließende Wiederherstellungen. 1867-70 Umbau des unteren Schlosses durch Wilhelm Hecke, und zwar im Neorenaissancestil mit neuer Reiterrampe und Treppe.

Lit: Hans Sedlmayr, Johann Bernhard Fischer v. Erlach, Wien 2. Aufl. 1976, S. 282 f., 329, Abb. 312

–

Frydlant siehe Prag = Nr. 288

140 A Fulda, Rekonstruktionsmodell der ehem. Abteikirche SS. Salvator und Bonifatius (Bau II von 791-819), gefertigt 1943/44; im Vonderau-Museum Fulda
Lit: Kat. d. Ausstellung Karl d. Gr. ..., Aachen 1965, S. 431 Nr. 594 a

140 B Fulda, Nachweis eines Modells der Benediktiner-Stiftskirche (seit 1752 Dom), das von einem Baumeister aus Tann/Rhön, wohl Johann Mützel, an Johann Dientzenhofer gesandt wurde (5. Sept. 1701).
Lit.: H. Schmerber, Beiträge zur Geschichte der Dintzenhofer, Prag 1900, S. 20

141 Gabel/Nordböhmen, Modell der St. Laurentiuskirche, veranlaßt von Johann Lucas von Hildebrandt (1668-1745) um 1699; nachgewiesen durch das im Dekanalarchiv zu Gabel verwahrte »Protocollum Conventus Jablonensis«, wo es heißt: »Solum enim modella lignea huius ecclesiae de Vienna huc missa et ab ipso imperatore bene considerata, constare dicitur 1200 fl.« – Verbleib unbekannt
Franz Anton Graf Berka hatte den seit den 1670er Jahren geplanten Neubau der Kirche neben dem 1697 vollendeten Klostergebäude des Dominikanerkonventes 1699 Joh. Lucas v. Hildebrandt in Auftrag gegeben. Bereits am 18. November 1699 erfolgte dessen Grundsteinlegung, bei der die »Architectus novus ecclesiae Petrus Biancho« und der »Lapicida Nicolaus Kitzinger« teilnahmen. Bis zum April 1706 war dann der Rohbau der großen Kirche bis zum Kuppelansatz hochgeführt. Doch die Kirchenweihe erfolgte erst 1729.
Lit.: Bruno Grimschitz, Johann Lucas von Hildebrandt, Wien-München 1959, S. 37

142 Gersfeld/Rhön, Holzmodell der ev.-luth. Kirche, nach dem Entwurf von Johann Caspar Heym aus Ostheim um 1778, angefertigt 1778 vom Kleinuhrmacher Valentin Hofmann und Schreinermeister Nikolaus Zitzmann; im Besitz der Gersfelder Kirche
Dieser – neben Lauberbach und Erbach – bedeutendste ev. Kirchenbau aus der 2. Hälfte d. 18. Jhs. in Hessen wurde 1785 von Johann Georg Link errichtet. Am Modell wird deutlich, daß sein Inneres ursprünglich als Quersaal mit halbkreisförmiger Sitz- und Emporenanordnung eingerichtet werden sollte. Das auseinandernehmbare Modell, 124,5 x 83 cm groß, mit Höhen bis zum Turm 157,5 cm und bis zum Schiffsfirst 79,5 cm, ist an der schwarzen Turmzwiebel datiert 1785. Ein erneuerter Anstrich zeigt resedagrüne Wandflächen, sandsteinrötliche Architekturteile, eine weiße Laterne sowie polychrome Innenausstattung, die querachsial angeordnet ist wie der Altar mit Brü-

stungsgitter. Sind im Modell die Säulen der unteren Reihe toskanisch ausgebildet und die der oberen, bis zur Decke durchgehenden jonisch geformt, so erscheinen im ausgeführten Bau beide jonisch ausgeprägt, unten auf Postamenten bzw. oben auf der Brüstung stehend. Im abhebbaren Dachstuhl des Modells sind festzustellen: 2 Oberzüge, 2 Stuhlsäulen je Binder, liegender Stuhl in 2 Etagen und Fußpfette.

Lit.: Egon Langheinrich, Die Kirche von Gersfeld/Rhön, ihre Orgel und ihre Glocken nach zeit- und kunstgeschichtlichen Aspekten zusammengestellt (24seitiger Kirchenführer, nach 1963, mit Abb. des Modells auf S. 4 und 5, mit Blick ins Innere); Reclams Kunstführer Deutschland Bd. IV Hessen, 5. Aufl. 1978, S. 194

143 Gersfeld/Rhön (Lkr. Fulda), hölzernes Erinnerungsmodell der ehem. Wasserburg bzw. des Barockschlosses derer von Waldthausen; im Schloßmuseum im Unterschloß

Eine seit 1740 angelegte Gartenanlage umschließt die drei Gersfelder Schlösser, wo ursprünglich jene 1219 und 1350 erwähnte Burg stand, deren romanischer Turm bis 1810 erhalten blieb. »Mittleres« und »Oberes Schloß«, beides einfachere Wohnbauten, wurden 1607 und 1605-08 errichtet, während das »Untere Schloß« erst um 1740 als dreigeschossiges Gebäude mit Mansarddach dazukam.

Lit.: Museen in Hessen, Kassel 1970, S. 163; Reclams Kunstführer Deutschland Bd. IV Hessen, 1978, S. 192

144 Görlitz, Modell der Peterskirche, 1761 angefertigt von Traugott Nicolai; in den Städtischen Kunstsammlungen Görlitz

Ein gezeichneter Grundriß der Kirche ist im Modellboden ausziehbar eingefügt, während Dach und Gewölbe in zwei einzelnen Stücken abnehmbar sind. Sie bestehen aus Holz mit den Maßen 60,5 x 41,3 cm (Bodenplatte), bei 58,5 cm Höhe bis zur Südturmspitze. Das Innere zeigt ein in Papier maßstabsgerecht eingesetztes Inventar und die barocke Fassung der Wände und Gewölbe in weiß und grau; das Äußere ist grau gestrichen und die seitlichen Ziegeldächer dunkelrot. Es fehlt der Turmhelm des Dachreiters. So vermittelt das Modell den Bauzustand zwischen 1691 und 1882.

1423 wurde der Grundstein zu dieser drei- bzw. fünfschiffigen Hallenkirche – über der zur Neiße hin untergelegten, 1457 geweihten Georgenkapelle – gesetzt, doch der Vertrag zum Kirchenweiterbau, besonders der Gewölbe, erfolgten erst 1491 und die unter C. Pflügers Leitung stehende bauliche Realisierung 1495-97. Starke Kriegsschäden erlitt die Petrikirche, die 1889-91 noch Beton-Turmhelme von 85 m Höhe erhalten hatte.

145 Görlitz, Modell einer Walkmühle, 18. Jh.; im Besitz d. Städt. Kunstsammlungen Görlitz (aus dem Lehrzwecken dienenden Bestand d. Görlitzer Tuchmacherinnung)

146 Görlitz, »modellmäßige« Heiliggrabkapelle (mit Heiligkreuzkapelle und Salbhäuschen) in der Görlitzer Heiliggrabanlage von 1481-1504.

Beispielhaft wird hier diese vom Görlitzer Bürgermeister Georg Emmerich, der 1464/65 auf Pilgerfahrt in Jerusalem gewesen war, veranlaßte Nachbildung der Heiligen Stätten, und zwar als umfangreichste ihrer Art, erwähnt. Angeblich mit genauen Maßverhältnissen wurde sie vor der Stadt errichtet, wobei 1490 Conrad Pflüger und 1498 Blasius Böser bauleitend genannt werden.

Lit.: Gustav Dalman, Die Modelle der Grabeskirche und Grabeskapelle in Jerusalem als Quelle ihrer älteren Gestalt, in: Palästina-Jb. 16, 1920, S. 23-31; Gustav Dalman, Die Kapelle zum Hl. Kreuz und das Hl. Grab in Görlitz und Jerusalem, Görlitz 1961; L. Kriss-Rettenbeck, Bilder u. Zeichen religiösen Volksglaubens, München 1963, Abb. 214, 216; Ernst Heinz Lemper, Die Kapelle zum Hl. Kreuz beim Heiligen Grab in Görlitz, in: Kunst des Mittelalters in Sachsen (= Festschrift für Wolf Schubert), Weimar 1967, S. 142-157; Ernst Heinz Lemper, Görlitz, Leipzig 3. Aufl. 1972, S. 72-78

144

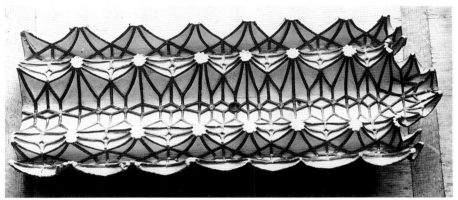

144

144

147 Gößweinstein, Krs. Forchheim, Modelle der Wallfahrtskirche zur Hl. Dreifaltigkeit, veranlaßt von Balthasar Neumann; verschollen
Nachweise über Teilmodelle, u. a. zum Hauptportal an der Westfassade sind aus der 1729 beginnenden Planung und der sich anschließenden Bauzeit von 1730-39 für die Wallfahrtskirche bekannt.
Lit.: Alfred Schädler, Zur baukünstlerischen Arbeitsweise beim Bau und der Ausstattung der Wallfahrtskirche Gößweinstein, in: Deutsche Kunstdenkmäler 1957, S. 27 ff.; Die Kunstdenkmäler von Bayern, Reg.-Bez. Oberfranken, Lkr. Pegnitz, München 1961, S. 174 ff.; Reuther, B. Neumann, 1983, S. 185

148 A und B Göttingen, Modelle einer Wassermühle und einer Windmühle, 19. Jh.; im Städt. Museum Göttingen (1898 aus der Modellkammer der Universität Göttingen)
Die Wassermühle ist 80 cm lang, bei 42,5 cm Gebäudebreite und 70 cm Höhe sowie einem Rad-Durchmesser von 33 cm. Höhe der Windmühle 100 cm, Länge 38,5 cm, Breite 30,5 cm, Durchmesser der Flügel 142 cm und Länge des Auslegers 59 cm. Materialien jeweils Holz. Beide Mühlen sind im 1919 erschienenen, von Bruno Crome verfaßten Sammlungsführer auf S. 114 erwähnt.

149 Göttweig/Niederösterreich, Modell der Pumpenanlage zur Wasserversorgung des Stiftes Göttweig, 1724 veranlaßt von Joseph Emanuel Fischer von Erlach; als Leihgabe des Stiftskammeramts Göttweig im Techn. Museum Wien, Inv.-Nr. 5525
Jene 1721 vom Zimmermeister Andreas Huber aus Salzburg für Göttweig ursprünglich mit zwei Stiefeln ausgestattete Pumpenanlage bewährte sich nicht, darum entwickelte J.E. Fischer von Erlach 1724 eine mit drei Stiefeln. Deren Originalmodell in Holz, unbemalt, mißt 65,5 x 49,5 cm bei 64 cm Höhe.

150 Gotha, Bauausführungsmodell des Schlosses Friedenstein, dreiflügelig mit abschließenden Türmen an der Südseite, nach Plänen des 1601 geborenen, aus Gotha stammenden, für Herzog Ernst von Sachsen-Gotha tätigen Baumeisters Andreas Rudolff, 1643/46; im Schloßmuseum Gotha
Aus rohem Holz, Fenster und Türen ausgesägt, bauteil- und stockwerkweise zerlegbar, mit den Maßen 108 cm lang (ohne Südtürme), 98 cm breit; beschädigt.
Als Gotha 1640 erneut Residenz wurde, standen Herzog Ernst für die Projektentwicklung des Gothaer Schlosses Friedenstein die Baumeister Andreas Rudolff, Nikolaus Teiner (Deiner), Kaspar Vogel, Matthias Staude zur Verfügung. Mit deren Hilfe entstanden Planungen und ab 1643 Fundamentierungsarbeiten. Nach der Schloßkirchenweihe im September 1645 in der erstbegonnenen Osthälfte des Nordflügels war der Schloßbau 1655 vollendet und die umgebenden Befestigungswerke bis 1665 ausgeführt.

149

150

151

Lit.: Hans Heinrich Heubach, Geschichte des Schloßbaues in Thüringen 1620 bis 1670, Jena 1927, S. 65-116 (bes. S. 76 f. Nr. 1 = alte Nr. 3, Abb. 13-16; Heubach, S. 17 f., weist auf drei weitere – Nr. 3,5,9 – in den gleichen Modellzusammenhang gehörende Modellteile hin); E. Drachenberg, Die Architektur des Schlosses Friedenstein, in: Der Friedenstein, 1961, S. 260-270; Herbert A. Frenzel, Thüringische Schloßtheater ..., Berlin 1965, S. 41-43, Abb. 6 (=Modell), 7-10 (Entwurfszeichnungen von Andreas Rudolff, die Grundrisse); Reuther, Skokloster, 1985, S. 179 ff. Abb. 12

151 Gotha, dreiflügeliges Entwurfsmodell, zweifelhaft, ob zum Schloß Friedenstein gehörig, um 1640/43; im Schloßmuseum Gotha
Aus rohem Holz, Türen und Fenster ausgesägt, L 62,4 cm, B 31,1 cm, H 27,2 cm, stockwerkweise in vier Teile zerlegbar. Baugeschichtliche Bemerkungen siehe 150; vgl. H. H. Heubach, Geschichte d. Schloßbaues in Thüringen, 1927, S. 77 Nr. 6 = alte Nr. 25

152 Gotha, vierflügeliges palazzoartiges Entwurfsmodell »III« zum Schloß Friedenstein, von Matthias Staude (?) veranlaßt um 1640/43; im Schloßmuseum Gotha
Gemaltes Holz, Fenster und Türen ausgesägt, L 62 cm, B 52 cm, H 22,5 cm, stockwerkweise in vier Teile zerlegbar. Zur Baugeschichte siehe 150; vgl. H.H. Heubach, Gesch. d. Schloßbaues in Thüringen, 1927 S. 77 Nr. 4 = alte Nr. 19, S. 92 ff, Abb. 9-12

153 Gotha, Alternativ-Entwurfsmodell »II« des vierflügeligen, mit Bastionen bewehrten Schlosses Friedenstein, um 1640/43 von Andreas Rudolff veranlaßt; im Schloßmuseum Gotha
Aus bemaltem Holz und Papier bestehend, Fenster, Türen und Arkaden gesägt, L 63,2 cm, B 57 cm, H 12,6 cm, geschoßweise abhebbar. Zur Baugeschichte siehe S. 150
Lit.: H. H. Heubach, Geschichte des Schloßbaues in Thüringen, Jena 1927, S. 77 Nr. 7 (ohne alte Nr.), S. 82 ff., Abb. 4-8; Reuther, Skokloster, 1985, S. 179 Abb. 11

154 Gotha, Entwurfsmodell zum Lustschloß Friedrichswerth bei Gotha, das Landbaumeister Jerimias Tütleb 1677-89 für den 1691 verstorbenen Herzog Friedrich I. von Sachsen-Gotha erbaute; im Schloßmuseum Gotha
Dreiflügelige Anlage mit Ehrenhof über Befestigung mit Bastionen und Wassergraben. Aus unbemaltem Tannenholz (auf massiver Grundplatte) L 46, B 42,6 und H 29 cm, zerlegbar.
Lit.: H. H. Heubach, Gesch. d. Schloßbaues in Thüringen, 1927, S. 81, 221; A. Langlotz, Der Bau des Schlosses Friedrichswerth (1677-89), in: Der Friedenstein, 1956, S. 61-68; Hans Herbert Möller, Die Kunst ..., in: Geschichte Thüringens, hrsg. v. H. Patze & W. Schlesinger,

152

153

154

Bd. 6, Köln – Wien 1979, S. 23 und Abb. 12 auf S. 84 (Schloßgarten)

155 Gotha, Modell eines unbekannten renaissancehaften Schlosses mit Mittelturm (dessen Bekrönung bzw. Dach fehlt) und vier Ecktürmen mit geschweiften Hauben, aus der ersten Hälfte des 17. Jhs.; im Schloßmuseum Gotha
Aus unbemalten Tannenholz, Fenster ausgesägt, L 68,2 cm, B 36 cm, H 32 cm (auf Grundplatte 69,5 x 34,3 cm)

155 M Gotha, Modell der Orangerieanlage, veranlaßt von Gottfried Heinrich Krohne (1703-56) 1747/48; im Kulturhistorischen Museum Schloß Friedenstein

154

Krohne entwickelte als weimarischer Oberlandbaumeister 1747/48 seine Entwürfe für die Gothaer Orangerieanlage. Sein dazu hergestelltes Modell mit Orangen- und Treibhäusern, Fontänen-, Grotten- und Gartenbereichen konnte er im Mai 1748 dem Herzog vorführen und dabei die schriftlich fixierte, sehr ausführliche ›Explication‹ erklären.
Darum betont H.-H. Möller zurecht: »Von großem Interesse sind die Erläuterungen, die Krohne selbst zu seinem Modell gibt und in denen er die bereits in den frühesten Entwürfen vorhandene divergierende Stellung der beiden Gebäudereihen begründet. Nachdrücklich weist er auf die bei Parallelstellung auftretende perspektivische Verkleinerung hin, die er durch jenen Kunstgriff geschickt zu vermeiden sucht. Ganz bewußt wird die Orangerie also nur als ein Teil der von Friedrichsthal zum Friedenstein sich erstreckenden Parkanlagen betrachtet. Es werden deshalb die Grotten und Bassins am Fuße der Mittelachse so in die Tiefe gelegt, daß das Auge die Wasserkünste darüber ohne Hindernis anschauen und sich der Blick bis zum Friedenstein erheben kann. Auch die Dreiteilung der Gartenanlage dient diesem Zweck: der flach abfallende Hang erfährt am Fuß für die Orangenhäuser die stärkste Erweiterung. Er verjüngt sich zur Mitte zur Aufnahme der Treibhäuser und wird in der Höhe durch die Hauptwasserkunst abgeschlossen, von der sich nach beiden Seiten in zwei Stufen breite Promenaden entwickeln.«

154

Das 170 x 162 cm große Modell, aus Holz gefertigt, fügt sich aus zwei Teilen in der Mittelachse zusammen. Die Gebäude sind mit Papier beklebt, auf dem, teils koloriert, alle Architekturdetails gezeichnet, während die Gartenanlagen direkt auf den Holzboden aufgemalt erscheinen.
Lit.: Hans-Herbert Möller, Gottfried Heinrich Krohne u. die Baukunst des 18. Jhs. in Thüringen, Berlin 1956, S. 148 f, 208, 210, 259, 300 f. (die ›Explication‹ vom 18.5.1748), Abb. 168

156 Graz in der Steiermark/Österreich, hölzernes Modell des Schloßbergs, 1812 angefertigt von Anton Sigl (1776-1863); im Schloßbergmuseum Graz
Das Schloßbergmodell des städtischen Kanoniers Anton Sigl zeigt den Schloßberg vor 1809, bevor seine Wehranlagen

155

156

zerstört wurden. Es vermittelt, »daß die Festung ... zum größten Teil aus nüchternen Kasernenbauten bestanden hat ... Mit Ausnahme der Thomaskapelle sind die bedeutendsten ... Gebäude, wie Glockenturm und Uhrturm, ... erhalten geblieben«. Über nierenförmigem Grundriß von 283 cm Länge und 155 cm Breite, mißt die Höhe bis zur Spitze des Uhrenturms 45 cm.

Lit.: Konrad Steiner, Vom alten Graz, Graz (Selbstverlag) 1951, I. Teil I, S. 11-44 mit 24 Bildern (meist des Modells); Album des Grazer Schloßberges in 28 Blättern (von H. Lampel) Graz um 1842, hrsg. von A.L. Schuller, Graz 1977; Fritz Popelka, Geschichte der Stadt Graz, 2 Bde., Graz-Wien-Köln 1959/60, S. 268-346, Abb. 66, 67, 72; Rochus Kohlbach, Steirische Baumeister, Graz (1961), S. 59, Abb. 48; Reuther, Burgen, 1974, S. 113 Abb. 12

157 A-D A: Graz, kleineres Schloßberg-Modell, angefertigt von Anton Sigl um 1840; im Stadtmuseum Graz

Nach Sprengung der Festungswerke entstanden, gibt das 80 cm lange und 50 cm breite Modell bereits das »Schweizerhaus« und Hödls klassizistisches Portal zur Stallbastei wieder.

Lit.: K. Steiner, Vom alten Graz, 1951, S. 43

B: Graz, Modell des Eisernen Tores, aus Pappe (85 x 51 x 31 cm) angefertigt um 1860; im Stadtmuseum Graz

Lit.: Fritz Popelka, Geschichte der Stadt Graz, 2 Bde., Graz-Wien-Köln 1959/60, Bd. 2, S. 33 Abb. 10; Rochus Kohlbach, Steirische Baumeister, Graz (1961), S. 60-62 Abb. 49

C: Graz, Modell von Ursulinenkloster und -kirche, hergestellt von Konrad Steiner im 20. Jh.; im Stadtmuseum Graz

Lit.: Festschrift 150 Jahre Joanneum, Graz 1961, Abb. 14

D: Graz, Modell des 1776-1823 erbauten Landstädtischen Theaters (heute Schauspielhaus) nach den Originalplänen rekonstruiert von Karl Reithmeyer 1925; im Stadtmuseum Graz

Lit.: Das Grazer Schauspielhaus, Graz 1964, S. 16 mit Abb.; Friedrich Tumlirz, Das Grazer Schauspielhaus, seine Baugeschichte, Diss. TH Graz 1956

158 A

158 H

158 **A-M** Graz in der Steiermark/Österreich, technische Modelle; im Landesmuseum Joanneum (Museum für Kulturgeschichte und Kunstgewerbe) zu Graz:
A: Brücken-Modell der Bresceny-Klause
B: Modell des Holzrechens in der Enns bei Hieflau (zum Auffangen des Schwemmholzes), der im 3. Viertel des 16. Jhs. vom Wasserbaumeister Hans Gasteiger († 1577) angelegt wurde, und zwar im Auftrag Erzherzogs Karl. Dessen Reste verschwanden erst zu Anfang d. 20. Jhs. – Siehe hierzu Nr. 3 = Admont
C: Holzschleifen-Modell
D: Modell von einem sogen. Kastengebläse
E: Modell von einem Pilotenschläger (Paternosterwerk)
F: Modell eines Rätterschachts
G: Modell einer Wasserkunst- und Förderanlage im Bergbau Deutschfeistritz (2. Hälfte d. 18. Jhs.)
H: Modell eines Wasserrads, Inv.-Nr. 06048, ca. 175 cm hoch
I: Modell eines oberschlächtigen Wasserrads, im Maßstab 1:10, angefertigt in der Werkstatt des Anton von Török zu Wien 1851, auf einer Grundfläche von 175 x 62 cm mit 147 cm Höhe; Inv.-Nr. 06049
J: Modell eines Schiffsmühlenrads mit selbständig verstellbaren Schaufeln, verfertigt von Werkmeister Joh. Faber am Polytechnicum in Prag um 1850, auf Grundfläche 72 x 68,5 cm mit 59 cm Höhe u. einem Rad-Dm. von 54,5 cm; Inv.-Nr. 06050
K: Wasserrad-Modell mit Poncelet-Rad, geschaffen von Andreas F. Buschau, Mechaniker in Graz, um 1850, auf Grundfläche 149 x 85 cm bei 108 cm Höhe und Rad-DM. von 77 cm; Inv.-Nr. 06051
L: Modell eines mittelschlächtigen Wasserrads mit Kulisseneinlauf und Kastenschaufeln, hergestellt von W. Fischer, Mechaniker in Prag-Weinberg, auf Grundfläche von 94 x 70 cm, bei 80 cm Höhe und einem Rad-Dm. von 69,5 cm; Inv.-Nr. 06052
M: Modell einer Aufzugsanlage, und zwar der sogen. Wismath-Aufzug auf dem Erzberg (um 1830)
Lit.: Kat. d. Erzherzog-Johann-Gedächtnisausstellung, Graz 1959, Bild 23; Festschrift 150 Jahre Joanneum, Graz 1961, S. 133, Abb. 17; Kat. d. Ausstellung Der Bergmann – Der Hüttenmann, Graz 1968

159 Greifswald, Modell von drei gotischen Hausfassaden, die in Backstein aufgeführt waren; ehem. in der histor. Sammlung des Greifswalder Museums (wiedergegeben auf einem Photo in der Kunstbibliothek SMPK Berlin)

160 Gripenberg in Småland/Schweden, Bauausführungsmodell für Schloß Gripenburg, 1661 veranlaßt von Nicodemus Tessin und angefertigt von Johan Crämer; in der Rüstkammer des schwed. Schlosses Skokloster, Inv.-Nr. 6931
Schwedens Reichsadmiral und -marschall Carl Gustav Wrangel (1613-76) beauftragte 1661 Tessin mit dem Bau des Jagdschlosses, das zu Ehren seiner Mutter

160

160

Margareta Grip »Gripenburg« heißen sollte. Als viertürmiger Baukörper bis 1666 realisiert, waren an einen querrechteckig geformten geschlossenen Kernbau mit Mittelrisalit vor die Enden beider Längsseiten quadratische Türme gestellt worden. Doch die ursprüngliche Absicht, die das Modell widerspiegelt, das Schloß als massiven Steinbau entstehen zu lassen, wurde zugunsten einer Holzblockbauweise aufgegeben, wobei die Änderungen auf Nils Israel Eosander zurückgehen dürften. Das in die Gebäudemitte versetzte repräsentative Treppenhaus ist für den schwedischen Schloßbau neuartig.
Das rot-weiß bemalte, zerlegbare Holzmodell (ohne Grundplatte) mißt 67,5 x 44 cm, bei 35,8 cm (Turm-)Höhe
Lit.: Gerhard Eimer, Carl Gustav Wrangel som byggherre i Pommern och Sverige ... (= C. G. W. als Bauherr in Schweden und Pommern. Ein Beitrag zur Kenntnis der nordischen Barockarchitektur; Acta Universitatis Stockholmiensis 6), Stockholm 1961, S. 184, Taf. 36, 38; Reuther, Skokloster, 1985, S. 181 f. Abb. 14, 15

161 Günzburg, Modell der Bahnbrücke über die Günz, im Maßstab 1:10, um 1853 angefertigt und 1966 restauriert; im Verkehrsmuseum Nürnberg
Diese 1853 bei Günzburg, im Verlauf der Bahnstrecke Augsburg-Ulm beim km 61,709 errichtete Eisenbahnbrücke, war die erste derartige in Bayern. Bemerkenswert ist ihre eigentümliche Bauart mit der hölzernen, durch Eisen verstärkten Fahrbahntafel. Nur Rund- und Flacheisen kamen zur Verwendung und entsprechend wurden sämtliche Verbindungen durch Bolzen oder Schrauben mithilfe gußeiserner Muffelstücke hergestellt. Die Konstruktionen ersetzte man 1861 durch Blechträger.
Lit.: Kat. D. Verkehrsmuseums Nürnberg 1935, S. 22 Nr. 31

162

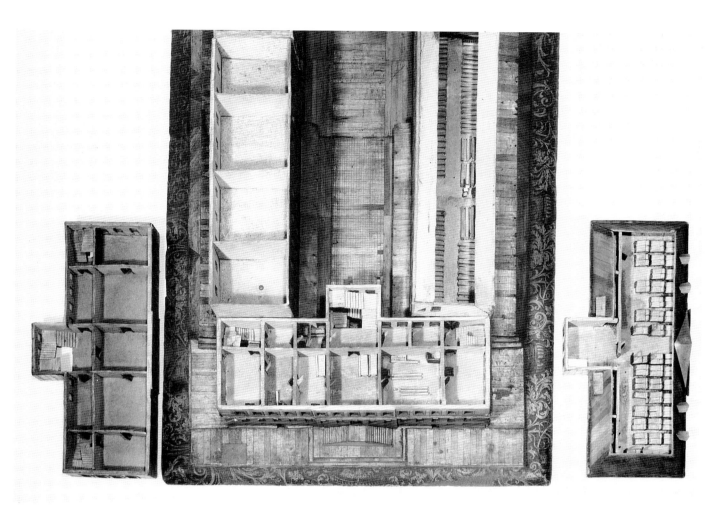

162 *Blick in die 1. Etage des Hauptgebäudes, links die 2. Etage, rechts das Mansardengeschoß*

162 Halle/Saale, Modell der Franckeschen Stiftungen, ihres Hauptgebäudes und der daran anstoßenden Rückflügel, entstanden wohl vor der Mitte des 18. Jhs.; im Archiv der Franckeschen Stiftungen zu Halle/Saale, Franckeplatz 1

Antoine Pesne (1683-1757), Hofmaler dreier preußischer Könige, porträtierte um 1725 August Hermann Francke (1663-1727), den berühmten Theologen und Rektor der Hallenser Universität. Er hatte 1695 die nach ihm benannten Franckeschen Stiftungen als Waisenhaus und Schulen begründet, die – wie es im Katalog »Große Deutsche in Bildnissen ihrer Zeit« (Berlin 1936, S. 183) heißt – »eine segensreiche Wirksamkeit bis heute entfaltet haben«. So wurde das Hauptgebäude der Stiftungen 1698-1700 – als Kopfbau, 15-achsig, wie am Modell erkennbar – errichtet. Die rechts dahinter anschließenden Häuser entstanden nachfolgend bis 1709 sowie die links sich anreihenden Fachwerkhäuser 1732-38 (nachdem dort bereits von Francke gekaufte Gebäude standen, die seinen Ansprüchen nicht genügten). Die Hauptbautätigkeit endete 1745.

Auf zwei Holzplatten (vordere 84,5 x 57,3 und 1,8 cm Dicke; hintere 81,8 x 49 und 0,6 cm dick) stehend, sind die Gebäude aus grauer Hartpappe gefertigt und außen mit Furnierstreifen belegt. Modell-Länge (ohne Treppenvorbau) 78 cm, Breite 38,8 cm, Höhe (einschl. Altan) 26,5 cm. Dächer und Geschosse sind abhebbar, wobei in geöffnetem Zustand im rechten Rückflügel der durch zwei Etagen reichende Festsaal erkennbar wird sowie die weitere Raumaufteilung samt jeweiliger Einrichtung.

Lit.: A. H. Francke, Segensvolle Fußtapfen ..., Halle 1709; Beschreibung des Hallischen Waisenhauses, Halle 1799; J. Storz, Das Naturalien- und Kunstkabinett der Franckeschen Stiftungen zu Halle an der Saale, in: Wiss. Zs. Univ. Halle, Ges. Sprachwiss. XI/2, Halle 1961, S. 193-200; J. Storz, Hauptbibliothek, Archiv u. Naturalienkabinett d. Franckeschen Stiftungen, in: August Hermann Francke. Das humanistische Erbe des großen Erziehers, Halle 1965, S. 96-108; ebenda S. 109-114 von K. Marholz, Die Stiftungen im Abbild alter Bauzeichnungen

163 Halle/Saale, Modell des Bibliotheksgebäudes der Franckeschen Stiftungen am

163

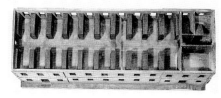

163

164 A

164 A

164 B

Lindenhof, hergestellt wohl zwischen 1740/50; im Besitz der Franckeschen Stiftungen zu Halle

Der 12-achsige Bibliotheksbau, 1726-28 hochgezogen, erhielt – erstmalig in Deutschland – ein Kulissenmagazin. Nach Abriß der Wolfenbütteler Bibliotheks-Rotunde (siehe Reuther[169]) ist dieses Gebäude der älteste erhaltene entsprechende Zweckbau der deutschen Bibliotheksgeschichte.

Das Modell ist aus Naturholz gefertigt mit den Maßen 69 x 24,2 cm, bei 30,5 cm Höhe; Dachebenen und Obergeschoß abnehmbar

164 A und B Hallein/Land Salzburg/Österreich, Modelle für das von Hieronymus Graf Colloredo, Fürstbischof von Salzburg (reg. 1772-1803) angeregte und zur Salzgewinnung 1798 errichtete Sudhaus der Saline; im Kelten-Museum Hallein

A: Entwurfsmodell (I) mit T-förmigem Grundriß, auf Grundplatte mit Böschung, technische Einrichtung im Innern, max. Breite 97 cm, Tiefe 94 cm, Breite hinten 54 cm, Höhe der Türme 39 cm; das polychrom bemalte Holzmodell mit Blechwanne entstand vor 1798 als erster Entwurf, mit abhebbaren Dächern bzw. Sparrenlagen.

B: Bauausführungsmodell (II) mit technischer Einrichtung, abnehmbaren Dächern bzw. Dachstuhl, aus Holz, bemalt, mit den Maßen 87 x 93 cm und (mit Grundplatte) 45,5 cm Höhe; das vor bzw. 1798 entstandene Modell entspricht weitgehend der existenten Gebäudeform.

Lit.: Österr. Kunsttopographie Bd. XX. Die Denkmale d. polit. Bezirks Hallein, Wien 1927, S. 156; Reuther, Daidalos, 1981, Abb. S. 109

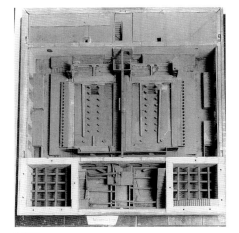

164 B

165

165 Hallein, Land Salzburg, Modell zum Laufsteg Griesrechen, 18. Jh.; im Kelten-Museum Hallein, Inv.-Nr. 309/57
Aus unbemaltem Holz gefertigt, mit den Maßen 117 x 19,5 cm und 30,5 cm Höhe, zeigt der Steg vier überlappte Längssprengwerke.
Lit.: Österr. Kunsttopographie Bd. XX. Die Denkmale d. polit. Bezirks Hallein, Wien 1927, S. 156 dort heißt es zum Museum Hallein: eine Anzahl von alten Holzmodellen (Küchlerschiff, Badwasserhebe aus Gastein, Hochofen, Kunstschacht, Wasserpumpe, Stollenbau, Kastengebläse, Stollenzimmerungen usw.): siehe hier auch Nr. 345 B und F

166 Hamburg, St. Michaelis-Kirche, als modellhafte Reliefdarstellung von Südwest, 1665 in Elfenbein geschnitzt (offenbar nach einem Entwurfsmodell, dessen Turmhelmgestalt noch ungelöst war) von Joachim Henne (tätig in Hamburg und Kopenhagen 1663-1707); ehem. in Privatbesitz Hamburg
Ein hiermit in Zusammenhang stehendes, von demselben Henne geschaffenes hochovales Elfenbein-Bildnisrelief zeigt den Hamburger Bürgermeister Berthold Moller (1605-67), welcher 1649 den Grundstein zur Michaelis-Kirche legte. Ihren Neubau führten 1648-73 Christoph Corbinus und Peter Marquardt aus. Durch Blitzschlag zerstört, entstand an gleicher Stelle die von Ernst Georg Sonnin (1713-94) und Leonhard Prey 1751-62 erbaute größere Kirche, deren Turm nach Sonnins Entwurf 1777-86 errichtet wurde.
Lit.: Christian Theuerkauff, Zum Bild der »Kunst- und Wunderkammer« des Barock, in: alte und moderne Kunst 11, 1966, Heft 88, S. 9 Abb. 21

166 a+b Hamburg, zwei modern nachgebaute Modelle der St. Michaelis-Kirche, und zwar vom 1. und 2. Bau; im Museum für Hamburgische Geschichte zu Hamburg

167 A Hamburg, Erinnerungsmodell der St. Petri-Kirche (vor dem Brand von 1842), angefertigt 1843; im Besitz der Hauptpfarrkirche St. Petri zu Hamburg
Das polychromierte Holzmodell auf einer Grundplatte von 115 x 82 cm, einer Turmhöhe von ca. 210 cm, zeigt auch die Häuserumbauung
Lit.: Dehio, Handbuch Hamburg/Schleswig-Holstein, 1971, S. 12; Backsteinbau in Hamburg, Hamburg Porträt, Museum f. Hamburg. Gesch. Heft 7/77, Nr. 50-53

167 B Hamburg, Modell der St. Petri-Kirche (vor dem Brand 1842), in den 1850er Jahren angefertigt vom Buchbindermeister Julius Wenck; im Museum für Hamburgische Geschichte Hamburg, Inv.-Nr. A 13603
Das aus bemaltem Papier und Pappe bestehende Modell mit Innenausstattung ist einseitig zu öffnen.

168 Hamburg, Modelle der Dachkonstruktion und Außenhaut des Turmaufsatzes der Hauptkirche St. Jacobi, angefertigt 1824;

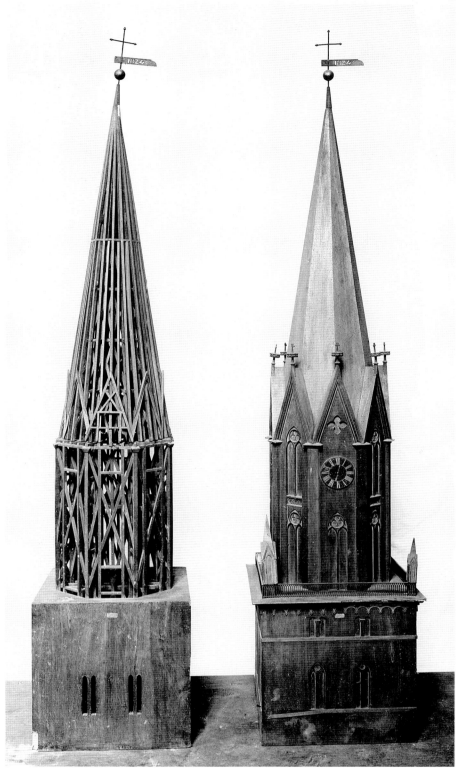

168

ehem. im Museum für Hamburgische Geschichte Hamburg
Der heutige Bau wurde 1255 urkundlich erwähnt und entstand in mehreren Bauabschnitten bis zur Mitte des 15. Jhs.; 1494/98 erhielt die dreischiffige Anlage ein 4. Schiff an der Südseite. Die gotische Turmbekrönung mußte 1810 abgebrochen werden; H. P. Fersenfeldt ersetzte sie 1826/27 durch einen neugotischen Aufsatz. Im 2. Weltkrieg (1944) starke Schäden, die zu einem Neubau des Turmes 1959-62 führten.
Lit.: Kat. Bewahren u. Gestalten. Deutsche Denkmalpflege, 1965, Nr. 70, Taf. 20 a-d

169 Hamburg, Modell der Balkenkonstruktion des Turmes der Dreifaltigkeitskirche St.

172

173

Georg, die 1743-47 von Johann Leonhard Prey erbaut wurde; ehem. im Mus. f. Hamburg. Geschichte Hamburg, Kriegsverlust

170 Hamburg, Modell der Dach- und Turmkonstruktion der St. Gertruden-Kirche (von 1882-85); ehem. im Mus. f. Hamburg. Geschichte Hamburg, Kriegsverlust

– Hamburg, Modell des Salomonischen Tempels siehe hier = Nr. 1

171 Hamburg, Modell der Wache auf dem Pferdemarkt (erbaut Ende d. 18. Jhs., abgebrochen 1854); im Museum für Hamburgische Geschichte zu Hamburg, Inv.-Nr. A 131138

172 Hamburg, Modell zum Projekt einer Börse, im Innern beschriftet: »Dieses Modell für den Baumeister Ole Jörgen Schmidt ist gemacht von dem Tischlerngesell Carl Tarnow gebürtig aus Rostock in Mecklenburg Schwerin 1836«; im Besitz des Baumuseums zu Kopenhagen Bereits im »Kunstblatt« von 1825 (S. 68) ist die Rede über eine Ausstellung von »architektonischen Zeichnungen des Hrn. Schmidt«, darunter das Blatt mit »einer Börse«. Und Schmidt selber berichtete später: »Ich lebe seit 8 Jahren in Altona und habe mich während dieser Zeit eifrig bemüht hier meine Fähigkeit als praktischer Baumeister durch die That zu bewähren, wie ich denn noch neulich ein, auf eine für mich sehr schmeichelhafte Weise beikommenden Orts aufgenommenes, Modell zu einem neuen Börsengebäude für die Stadt Hamburg hergestellt habe und jetzt mit dem Bau einer neuen Englisch Bischöfflichen Kirche eben daselbst nach den von mir angefertigten Rissen mich beauftragt sehe.« Nach dem »Hamburger Correspondent« von 1836, Nr. 9, war es identisch mit jenem in Hamburg öffentlich zugänglichen Börsen-Modell, über das es heißt: »Das vielfältig gefühlte Bedürfnis einer neuen Börse ... ist mehreren Architekten eine Aufforderung gewesen, Pläne für dieses Gebäude anzufertigen. Eben jetzt stellt Herr Schmidt ein Modell aus, dessen Ausführung durchaus an keine Localitäten geknüpft ist. Der Architekt projectirt eine geschlossene Börse und schließt dem Gebäude die nöthigen Räume für das Handels-Gericht, das Commerz-Collegium, die Handels-Bibliothek und die Auctionen mit ein ... Das Gebäude ist ein Oblongum, dessen zwei lange Seiten in gleichen Façaden sich erheben, während auf der einen kurzen der Haupteingang mit einem Peristyl, auf der andern ein Halbkreis das Gebäude abschließen. Es erhebt sich auf einem einfachen Sockel, zu dem eine Reihe Stufen führt, wird dann von einem Gurt umfaßt, der in zwei gleiche, ruhig über einander lagernde Massen theilt und schließt mit einer Corniche. Jede der Façaden theilt sich in drei Hauptmassen, und giebt in seinen Liniamenten die innere Eintheilung zu erkennen ...«.

Schmidt vermochte sein Projekt nicht baulich zu realisieren; denn den Börsen-Mittelbau errichteten 1839-41 C. Wimmel & Forsmann, während 1859 und 1884 die Ausbauten zwei weiterer Säle erfolgten, wobei 1884 auch die ursprüngliche Fassade am Adolphsplatz umgestaltet wurde. Schmidts von C. Tarnow 1836 erstelltes Projekt-Modell besteht aus naturfarbigem Holz und mißt (ohne Grundplatte) 266,5 cm Länge, bei einer max. Breite von 166 cm, die Höhe bis zur Ecke des Eingangsportals 65 cm und bis zum First 123 cm; die Dachteile sind abhebbar, und die Inneneinrichtung ist wanfest dargestellt.
Lit.: Die Börse in Hamburg, in: Allgem. Bauzeitung 1849, S. 287 f. mit Tafel; Fr. Schiøtt, Bygningsmodeller og Bygningstegninger paa Kjøbenhavns Raadhus, in: Architekten Meddelelser fra Akademisk Architektforening 8. Jg., Kopenhagen 1906, Nr. 35, S. 378 ff. mit Modell-Abb. S. 380 u. 381 sowie des gez. Grundriß-Entwurfs Abb. S. 379

173 Hamburg, Modell des Landhauses Bauer im Mühlenberger Weg 33 (das 1829-36 erbaut wurde von Johann Matthias Hansen und Ole Jörgen Schmidt), um 1860 angefertigt; im Besitz des Altonaer Museum
Lit.: Ausstellungskatalog Gärten, Landhäuser und Villen des hamburgischen Bürgertums, Mus. f. Hamburg. Geschichte Hamburg 1975, Nr. 435 (darin unter Nrn. 221, 256, 304 und 381 weitere für Museumszwecke nachgebaute Villenmodelle)

174 Hamburg, drei Modelle Hamburger Häuser, in Holz angefertigt um 1900; im Auktionskatalog Hausewedell 181, Hamburg 25.-26.11.1971, Nrn. 1719-1721 mit Abb.

175 A und B Hamburg, Modelle des 1921-24 erbauten Chile-Hauses sowie des in zwei Baustufen seit 1927 entwickelten Sprinkenhofes, beide veranlaßt von Fritz Höger (1877-1949)[22, 23]; das Modell des Chile-Hauses im Chile-Haus zu Hamburg[113]

177

177

Lit.: Wasmuths Lexikon der Baukunst, Bd. 3, Berlin 1931, S. 38 Abb. 2 (das Modell des Sprinkenhofes)

176 Hamburg, Modelle als Meisterstücke des Zimmerergewerbes des 19. Jhs.; ehemals in der Modellkammer des Amtshauses der Gewerbeschulen zu Hamburg

Darüber spricht William Gerber: »In dieser Sammlung wird auch das ausgeführte Modell einer Windmühle aufbewahrt, das laut Jahreszahlangabe entweder von Johann Wilhelm Wegener, der am 19. Sept. 1839, oder von Friedrich Pöppel, der am 10. Okt. 1839 Meister wurde, hergestellt sein muß.«

Lit.: William Gerber, Die Bauzünfte im alten Hamburg. Entwicklung und Wesen des vaterstädtischen Maurer- und Zimmerergewerbes während der Zunftzeit, Hamburg 1933, S. 98, Tafel III (darauf Fig. 15 Modell der Holzkonstruktion eines kompliziert geformten Dachstuhls, Fig. 16 Modell der Holzkonstruktion oben genannter Windmühle); über derartige technische Modelle siehe auch Hermann Heckmann, Sonnin, Baumeister des Rationalismus in Norddeutschland, Mitt. aus d. Mus. f. Hamburg. Gesch. Bd. XI, Hamburg 1977, S. 28 f.

176 M Hann. Münden, hölzernes Modell zur Erweiterung des 1603 begründeten Rathauses; Verbleib unbekannt

Lit.: H. Wilh. H. Mithoff, Kunstdenkmale u. Alterthümer im Hannoverschen, Bd. 2: Fürstenthümer Göttingen u. Grubenhagen, Hannover 1873, S. 144 f.

177 Hannover, Modell für die St. Clemenskirche, veranlaßt und angefertigt von Tommaso Giusti in der 1. Jahreshälfte 1713 (und zwar in freier Anlehnung an Baldassare Longhenas Kirche Santa Maria della Salute zu Venedig 1631-87); Depositum der röm.-kath. St. Clemensgemeinde im Histor. Museum am Hohen Ufer zu Hannover

Der Apostolische Vikar von Ober- und Niedersachsen Agostino Steffani (1654-1728) wirkte zunächst, 1688/96, als Opernkapellmeister und Komponist unter Herzog Ernst August (reg. 1679-98, seit 1692 als Kurfürst) in Hannover. Er verstand es, seinen Landsmann Tommaso Giusti schon im August 1711 mit der Bauleitung der St. Clemenskirche zu betrauen, als die Entwurfsphase, an der sich führende deutsche Architekten – wie z. B. Johann Dientzenhofer (1663-1726) – beteiligten, noch nicht abgeschlossen war. Trotzdem gelang es Steffani, den Entwurf des »macchinista e architetto« T. Giusti durchzusetzen. Aus Geldmangel und infolge schlechten Baugrunds mußte bei der Ausführung dann aber auf Vierungskuppel und die flankierenden Chortürme verzichtet werden. Weihe der Kirche am 4. Nov. 1718. – Reuther (s. u.) bemerkt dazu: »Als Fremdling in Niedersachsen stellt dieser gen Westen orientierte Kuppelbau auf griechischem Kreuzgrundriß ein Unikum dar. Das Holzmodell läßt eindeutige Rückschlüsse auf B. Longhena (1598-1682) in Venedig zu; bei diesem Architekten hatte T. Giustis Vater als Bauführer gearbeitet.«

Das im Maßstab 1:30 aus Holz, Pappe (teils mit Leinwand kaschierte) und Farbanstrich bestehende Modell mißt 153, 6 x 106,9 cm bei 165,7 cm Gesamthöhe und 50,65 cm mittlerem Dm. der oktogonalen Kuppelschale; es umfaßt zwei Dutzend Modellteile, die Reuther im Exkurs II, S. 228 f., detailliert aufführt.

Lit.: H. Reuther, Das Modell der St.-Clemens-Propsteikirche zu Hannover, in: Niederdeutsche Beiträge zur Kunstgesch. 10, 1971, S. 203-230 mit 19 Abb. (das Modell in Abb. 1-4, 6, 7); Hans Reuther, Geschichte des kathol. Sakralbaus in Niedersachsen 1648-1789, in: Niederdeutsche Beiträge zur Kunstgesch. 14, 1975, S. 154ff. Abb. 27; Reuther, Daidalos, 1981, Abb. S. 105

178 Hannover, zwei Modelle für die ev.-luth. Neustädter Hof- und Stadtkirche St. Johannis, 1666 und 1667 wahrscheinlich von Hieronymo Sartorio (dem 1707 gestorbenen Architekten, Fontänier und Bühnengestalter) veranlaßt; Verbleib unbekannt

Lit.: Rosalba Tardito-Amerio, Italienische Architekten, Stukkatoren und Bauhandwerker der Barockzeit in den Welfischen Ländern und im Bistum Hildesheim, Göttingen (= Nachrichten d. Akad. d. Wiss. in Göttingen I, Phil.-Histor. Kl., 1968, Nr. 6) 1968, S. 187 (61)

179 Hannover, Modell (Entwurfsvariante) zur ev.-luth. Garnisonkirche, die Christoph Hehl (1847-1911)[23] 1892-96 errichtete; offenbar Verbleib unbekannt; siehe Reuther[171]

180 Hannover, Modell »zum Herrenhäusischen Bauwesen« (Galeriegebäude oder bzw. und Gartentheater?) von Peter Wachter 1689; Verbleib unbekannt
Lit.: Herbert Westermann, Ein Beitrag zur Geschichte des hannoverschen Barock. In: Hannoversche Geschichtsblätter N. F. 28, Heft 1/2, (1974), S. 61-64; siehe ferner Hans Reuther, Eine Darstellung des Herrenäuser Gartentheaters ..., in: Niederdeutsche Beiträge zur Kunstgesch. 5, 1966, S. 199-206 m. Abb.; H. Reuther, Pläne des Großen Gartens zu Hannover-Herrenhausen im Nationalmuseum zu Stockholm, in: Niederdeutsche Beiträge zur Kunstgesch. 15, 1976, S. 127-138 m. Abb.

181 Hannover-Herrenhausen, Modell des Leibniz'schen Wasserrades; im Besitz S. K. H. Ernst August Prinz von Hannover, Herzog zu Braunschweig und Lüneburg
Lit.: Karl H. Meyer, Königliche Gärten. Dreihundert Jahre Herrenhausen, Hannover 1966, Abb. S. 36; Kat. d. Ausstellung Herrenhausen 1666-1966, Hannover 1966, Nr. V/76 (zum Vergleich siehe Nr. V/75 u. 75 a Plan der Herrenhäuser Wassermaschine, im Niedersächs. Hauptstaatsarchiv, 102 Technik 33 pm u. 34 pm)

182 Hannover, Erinnerungsmodell des Rittersaals im Leineschloß, 1971 vollendet; siehe Georg Schnath[203]; Reuther, Burgen, 1974, S. S. 9-11 Abb. 10

183 Hannover, Modelle des sogen. »Laves-Balken«, also von Brückenkonstruktionen, um 1835; im Histor. Mus. am Hohen Ufer zu Hannover
Prof. Dr.-Ing. Klaus Dierks meinte in einem Brief vom 29.3.1973:
Laves' ursprüngliche Idee war, die Tragfähigkeit eines Kantholzes dadurch zu erhöhen, daß man es in der waagerechten Mittelebene spaltet und die so entstandenen beiden Hälften in der Mitte spreizt. Die Idee wurde bald weiterentwickelt. Statt eines gespaltenen Balkens wurden 2 Balken zu einem Träger zusammengefügt (Weber, Bild 4 und 5). Für größere Spannweiten setzte Laves schließlich den Ober- und Untergurt jeweils aus mehreren Stäben zusammen und ordnete als Spreizen senkrechte Pfosten an (Weber, Bild 6). So entstand das System der Stadtgrabenbrücke. Die Stadtgrabenbrücke hatte jedoch die unangenehme Eigenschaft, »stark zu undulieren«, wie es in zeitgenössischen Berichten heißt. Gemeint war damit das auffällig starke Schwingen der Brücke beim Befahren von Fahrzeugen. Es ist nicht ganz geklärt, wie Laves auf die Idee gekommen ist, das System durch Diagonalstäbe zu versteifen. Es gibt jedenfalls im Archiv der Stadt Hannover die Zeichnung eines Systems à la Stadtgrabenbrücke, in die offensichtlich nachträglich ganz zaghaft Diagonalstäbe einskizziert wurden (Weber, Bild 31). Damit hatte Laves für sich das System gefunden, was auch schon vorher, zum Beispiel beim Bau der ersten Eisenbahnbrücken in England (vgl. Eisenbahnbrücken von Steven-

177

son, 1825), verwendet wurde, nämlich einen Fachwerkträger mit gekrümmtem Ober- und Untergurt. Fachwerkträger mit parallelen Gurten waren bekanntlich schon viel früher von Palladio gebaut worden. Laves selbst hat sein System als eine Kombination von Druckbogen und Kette angesehen. Da beide Systeme für sich damals ohne besondere Diagonalversteifungen ausgeführt wurden, hatte er auch in seinen ersten Entwürfen keine entsprechenden Fachwerkstäbe vorgesehen. Laves ist als Brückenbauer ein Einzelgänger, der ohne fruchtbaren Kontakt mit der übrigen Fachwelt blieb. Schon damals gab es zwischen dem Architekten Laves und den Bauingenieuren der königlich hannoverschen Eisenbahn große Verständigungsschwierigkeiten, weil sie auf verschiedenen Ebenen argumentierten. Man muß wohl die von Weber sehr prononciert vertretene Auffassung, Laves habe sich mit der Erfindung der Trennung von Druck- und Zugzone des Biegeträgers ein besonderes Verdienst erworben, um die Bemerkung ergänzen, daß die gleiche Entdeckung schon andere gemacht hatten, ohne daß sie allerdings sogleich zu den allgemeinen Kenntnissen der Baukunst gehörte.

Nun zu den Modellen: Die beiden Blechträger (Weber, Bild 3), gehören mit großer Sicherheit zu einer Versuchsreihe, die Laves durchgeführt hat, um den hannoverschen Eisenbahnen zu demonstrieren, daß seine auf Blechträger übertragene Formgebung gegenüber den von den Ingenieuren bevorzugten parallelflanschigen Blechträgern konkurrenzfähig ist. Wie wir wissen, ohne Erfolg.

Die übrigen Modelle haben wahrscheinlich in erster Linie zur Unterstützung von Auftragsverhandlungen mit potentiellen Bauherrn gedient. Jedenfalls ist von sol-

185

chen Modellen in der Korrespondenz mehrfach die Rede. Laves hat auch Tragfähigkeitsversuche durchgeführt, aber die dafür benötigten Modelle sind naturgemäß zerstört.«
Lit.: Georg Hoeltje, Georg Ludwig Friedrich Laves. Mit einem Beitrag über G. L. F. Laves als Bauingenieur, von Helmut Weber (S. 199 ff.) Hannover 1964, S. 204 ff. Abb. 3-7[31].

183 M Harburg/Bayer. Schwaben, Modell der Klosteranlage Maria Maihingen, bezeichnet: »Aufriß vom Kloster Maria Maihingen im Rieß aufgenommen und gezeichnet von Heinrich Schöner Anno 1816«, ausgeführt in Pappe, die polychromiert ist, auf 41,5 x 31 cm großer Grundplatte, wobei die Anlage 31,2 x 24 cm mißt, bei 15,7 cm Turmhöhe; im Fürstl. Öttingen-Wallerstein'schen Schloß Harburg/Bayer. Schwaben, Inv.-Nr. 563

184 Heidelberg, Modell der Schloßruine, 1822 angefertigt in Kork von dem Phelloplastiker Carl May (1747-1822) und seinem Sohn Georg May für König Ludwig I. von Bayern; im Besitz des Bayerischen Nationalmuseums München.
Lit.: Erich Stenger, Phelloplastik, 1927, S. 17, Abb. 3 auf S. 12 (gilt als bedeutendstes und größtes Modell der Mays)

184 F Heidelberg, Korkmodell der Fassade des Ottheinrichsbaus, angefertigt von Heinrich Cassebohm (1813-76) mit den Maßen 63 x 99 x 12 cm; im Landesmuseum für Kunst und Kulturgeschichte zu Oldenburg/Oldenburg

185 Heidelberg, Rekonstruktionsmodell des Schlosses mit auswechselbaren Dachvarianten für den Ottheinrichsbau (zwei Satteldächer mit großen Giebeln – wie es die Repros, Titelbild und hier nebenstehend, zeigen – bzw. Walmdach mit zwei Zwerchgiebeln), angefertigt um 1902 auf Veranlassung von Carl Schäfer für denkmalpflegerische Grundsatzentscheidungen; seit 1979 im Besitz der Kunstbibliothek SMPK Berlin, Inv.-Nr. 1979, 159 AOM (mit beiden Dachvarianten).
Dreidimensional wiedergegeben sind im Modell der 1601-07 von Johannes Schoch errichtete Friedrichsbau, an den sich der Gläserne Saalbau (von 1549) mit Glockenturm anschließt, dem im rechten Winkel dann der Ottheinrichs-Bau von 1553/62 folgt (sowie die Andeutung des Ludwigsbaus). Jener für Ottheinrich (1556-59), den letzten Wittelsbacher unter den pfälzischen Kurfürsten, errichtet, gilt heute als eines der bekanntesten profanen Architekturdenkmäler der Renaissance in Deutschland.
Als nach den 1689 durch die Franzosen verursachten Zerstörungen und anschließendem Brand die Heidelberger Schloßruine 1815 zum Ort Goetheschen Wechselgesangs mit Marianne von Willemer geworden war, wobei die Schloßterrasse (die das Modell ebenfalls beinhaltet) sich zu den Gärten von Schiras wandelte, und Europas romantische Dichter, Maler und deutsche Studentenschaften die Reste des Heidelberger Schlosses zum verehrungswürdigen Mal erhoben hatten, setzte nach dem gewonnenen Krieg von 1870/71 ein sich steigerndes Interesse für dieses Bauensemble ein. Es trat sogar als nationales Symbol endgültig an die Stelle des Kölner Domes.
Für den Erhalt, den Wiederaufbau des Heidelberger Schlosses erfolgten bereits 1872 erste Aufrufe von Architekten. Entsprechend sprach sich die Generalversammlung des Verbandes deutscher Architekten- und Ingenieurvereine 1882 in Hannover aus. Ihr folgten eine ähnliche Resolution des Berliner Architektenvereins 1883 und im gleichen Jahr die Entscheidung der badischen Regierung, ge-

naue Bauaufnahmen zu veranlassen, um damit sichere Grundlagen für eine Rekonstruktion zu gewinnen. 1895 erteilte dann Badens Regierung den Auftrag zur Restaurierung – zunächst des Friedrichsbaus – an Carl Schäfer (1844-1908), der im Jahre zuvor seinen Lehrstuhl an der Technischen Hochschule in Berlin-Charlottenburg mit dem in Karlsruhe vertauscht hatte.

Schäfers diesbezügliche Vorarbeiten waren bis 1897 abgeschlossen und der Friedrichsbau tatsächlich 1903 in einer umstrittenen Rekonstruktion vollendet. Doch bereits zwischenzeitlich beschäftigte sich Schäfer auch mit einem Gutachten über die Wiederherstellung der übrigen Heidelberger Schloßbauten, also des Gläsernen Saalbaus wie des Ottheinrichsbaus. Seine dazu angefertigten Zeichnungen lagen im Jahr 1900 vor und entfachten sofort eine bereits länger schwelende Diskussion in der Öffentlichkeit und vor allem in der Architektenschaft: Ob es um ein ›Nur-Erhalten‹ oder um einen Wiederaufbau gehen sollte. Sahen die Befürworter des »Erhaltes des jetzigen Schloßzustandes« den Reiz einer malerischen Ruine und folgten damit der Ruinenromantik des frühen 19. Jhs., so versuchten diejenigen, welche den Wiederaufbau postulierten, vergangene Herrlichkeit für die Zukunft restaurativ zu bewahren. Deren Sprecher waren zum Beispiel der Architektenverein Berlin und die Vereinigung Berliner Architekten, die »in dem Ausbau des Otto-Heinrichs-Baues nach den vorhandenen Anhaltspunkten ein werthvolles Mittel nicht nur zur Erhaltung des Schlosses, sondern auch zur Errichtung eines idealen Denkmals wiedererlangter nationaler Größe« sahen. Solche Stimmen fanden natürlich sehr schnell schärfste Ablehnung, und zwar durch so bewunderte Architekten wie Friedrich Adler[32], Joseph Maria Olbrich und Otto Wagner, der den Wiederaufbau als »Vandalismus ärgster Sorte« ächtete.

Carl Schäfer – durch den Fund des sogenannten Wetzlarer Skizzenbuches mit der darin befindlichen 1616 datierten Zeichnung einer Giebelhälfte des Ottheinrichsbaus ins Dilemma gebracht; denn zunächst hatte er für seine Dachrekonstruktion den Merianschen Stich von 1620 zugrunde gelegt – änderte 1902 seinen ursprünglichen Entwurf. Dieser Abwandlung folgt die Form, die auch an unserem Modell deutlich wird. Es gehört demnach zu jenen drei Modellen, von denen Henry Thode in seiner Kampfschrift »Leben oder Tod des Heidelberger Schlosses« spricht, wo es heißt: »Der innere Ausbau, zunächst allerdings nur des Erdgeschosses, und, was das Entscheidende ist, die Bedachung sind [1902] beschlossene Sache, und es handelt sich fortan nur noch um die Bestimmung darüber, auf welche Weise im besonderen eben die Bedachung wieder herzustellen sein wird.«

Die Streitfrage des Daches, ob, wie es das Wetzlarer Skizzenbuch und der Merian-Stich von 1620 zeigen, zwei Satteldächer mit großen Giebeln den Ottheinrichsbau abschließen sollten oder an deren Stelle ein Walmdach mit zwei Zwerchgiebeln zu treten hätte, wie es der Stich von Ulrich Kraus – datiert 1684 – zeigt, führte letztlich – 1903 zur Aufgabe des Wiederherstellungsplans und damit nur zur Sicherung vorhandener Bausubstanz. Die Konservierung errang den Sieg über die Restaurierung.

Eine für die Denkmalpflege folgenschwere und grundsätzliche Entscheidung wurde somit auch – oder vornehmlich – vor unserem Modell gefällt, das, 1979 noch in durch Kriegsfolgen verursachte (unsachgemäße) Einzelteile zerlegt, sich im Gewölbe des Gläsernen Saalbaus befand. Dort, in Heidelberg, hat es der Koautor für die Kunstbibliothek SMPK Berlin übernommen, in der berechtigten Hoffnung, das aus Holz und Gips bestehende, 5 x 5 m große und 3 m hohe Modell (von der Gipsformerei SMPK Berlin dereinst wiederhergestellt) im künftigen Neubau der Kunstbibliothek SMPK im Tiergartenviertel von Berlin – als repräsentatives Objekt des ›Museums für Architektur‹[29] – aufstellen und für didaktische Zwecke[27] nutzen zu können.

Lit.: Albrecht Haupt, Zur Baugeschichte des Heidelberger Schlosses, Frankfurt/M. 1902, Abb. 1; Die amtlichen Verhandlungen über die Erhaltung des Schlosses 1883-1901, in: Adolf Zeller, Das Heidelberger Schloß, Karlsruhe 1905, S. 108 ff., Fig. 54, 56, 81; Henry Thode, Leben u. Tod des Heidelberger Schlosses, 1904, S. 3; Kurt Rossmann, Der Ottheinrichsbau …, Heidelberg 1949, Abb. S. 7; Jutta Schuchard, Carl Schäfer München 1979, S. 23 ff.; Berckenhagen, in: Berliner Museen 20, 1980, S. 6; Berckenhagen, Die Sammlung der Architekturmodelle in der Kunstbibliothek Berlin, in: Jb. Preuß. Kulturbesitz 20, 1983 (1984), S. 65-67 Abb. 4; siehe hier Titelbild

186 Heidelberg, hofseitiges Teilmodell vom Friedrichsbau des Heidelberger Schlosses, angefertigt um 1895/96 und wohl veranlaßt von Carl Schäfer, bestehend aus Holz und Gips, 76 x 12 x 68 cm groß; im Sept. 1979 übernommen (im Heidelberger Schloß) für die Kunstbibliothek SMPK Berlin (in beschädigtem Zustand)
Lit.: Berckenhagen, Architekturmodelle, 1984, S. 88 Anm. 16

187 Helmstedt, modellartige Ansicht des Außenbaus der Doppelkapelle des ehemaligen Ludgeriklosters in der Stuckdekoration der Gewölbe von 1710
Lit.: Otto Stelzer, Helmstedt und das Land um den Elm, München-Berlin 2. Aufl. 1964, S. 27, Abb. 36

–

Herrenchiemsee siehe München = Nr. 256 und 257

188 A-C Herzogenburg/Niederösterreich, drei Modelle zur Augustinerchorherrenstiftskirche, 1743 und 1746 von Franz Munggenast veranlaßt; im Besitz des Stifts Herzogenburg
A: Halbmodell mit Einwölbung, Kuppel und Dachstuhl in Außen- und Innengestalt; Bodenplatte und Dachstuhl aus Fichtenholz, alles übrige aus Buche; Gesamtlänge außen 234 cm, innen 204 cm, Modelltiefe 44,0 cm, Turmbreite 34,3 cm, Turmhöhe 137,2 cm, Kuppelhöhe mit Laternenansatz 114,5 cm, Dachhöhe 112,1 cm, Gesimshöhe in Kirchenmitte 52,5 cm; dieses Modell »I« stammt von 1743, aus der Zeit des Baubeginns der Stiftskirche, die 1750 durch Franz Munggenast vollendet war, während der Turm erst 1767 durch Matthäus Munggenast hochgezogen wurde.
B: Halbmodell (»II« von 1746) der Kuppel in Innengestalt und Außenkonstruk-

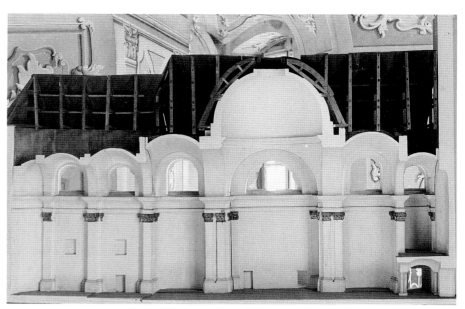

188 A

tion, in entsprechenden Holzarten wie A., Breite 67,5 cm, Kuppelhöhe innen 104,5 cm, Säulenhöhe 34,4 cm, Gesimshöhe im Kuppelraum 78,2 cm.
C: Modell für die Apsis mit Altar, Breite 44,6 cm, Gesamthöhe 83,7 und Apsishöhe innen 63,4 cm, Sockelhöhe 11,8 cm.
Lit.: Herzogenburg. Das Stift und seine Kunstschätze, St. Pölten (1964) S. 72; Klaus Güthlein, Der österreichische Barockbaumeister Franz Munggenast, phil. Diss. Heidelberg 1973, Abb. 19, 20, 21, 23

189 Hildesheim, ehem. Benediktiner-Abteikirche St. Godehard, dazu Hinweis auf das Kirchenmodell, welches Bischof Bernhard I. (1130-53) in Reims erworben hat.
Lit.: H. Wilh. H. Mithoff, Mittelalterliche Künstler und Werkmeister Niedersachsens und Westfalens, Hannover 2. Aufl. 1885, S. 34 f.

190 Hildesheim, Holzmodell der ehem. Benediktiner-Abteikirche St. Michael, aus d. Mitte d. 17. Jhs.; im Roemer-Pelizäus-Museum zu Hildesheim, Inv.-Nr. 2094
Lit.: Erik Lundberg, Arkitekturens Formspråk, Bd. III: Västerlandets Medeltid 600-1200, Stockholm 1949, Abb. auf S. 235; Kat. d. Ausstellung Werdendes Abendland an Rhein und Ruhr, Villa Hügel Essen 1956, Nr. 581

191 Hirschberg/Schlesien (= Jelenia Góra/Polen), Modell der ehem. ev. Gnadenkirche, die 1709-12/18 vom Architekten Martin Frantz d. J. erbaut wurde; das stark ruinöse Modell, auf Grundplatte von ca. 200 x 130 cm, jetzt im Museum zu Hirschberg
Lit.: Günther Grundmann, Gruftkapellen des 18. Jhs. in Niederschlesien u. d. Oberlausitz, Straßburg 1916, Taf. 32 Abb. 1 (Modell-Ansicht); G. Grundmann, Die Bethäuser und Bethauskirchen des Kreises Hirschberg. Ein Beitrag z. Gesch. d. protest. Kirchenbaukunst in Schlesien, Breslau (1917), S. 45 f., S. 13 (Grundriß nach dem Modell), 14 (Querschnitt nach dem Modell); G. Grundmann, Die Baumeisterfamilie Frantz, Breslau 1937, S. 29 ff., 10, 106, Abb. 11, 12 (Grundriß u. Schnitt nach dem Modell); G. Grundmann, Der evangelische Kirchenbau in Schlesien (= Bau- u. Kunstdenkmäler des deutschen Ostens, Reihe C, Bd. 4), Frankfurt/M. 1970, S. 29 ff., Abb. 62 (Modell in zwei Darstellungen)

192 Hofgeismar in Hessen, Modell eines Gesundbrunnens erwähnt, aber nicht erhalten
Um 1640 wurde in Hofgeismar erstmalig ein Mineralquell architektonisch gefaßt, 1700/01 erneuert, dann entstanden 1724 ein neues Brunnenhaus, danach mehrere Badehäuser, so 1728-32 in Fachwerkbau das Karlsbad (dessen Ostflügel um 1770), um 1745 das Wilhelmsbad und 1770 – errichtet von Johann Ludwig Splittdorf – das Friedrichsbad mit fürstlicher Wohnung; derselbe erbaute nachfolgend ein neues Brunnengebäude, das nach 1790 verändert wurde, außerdem führte 1792 S. L. du Ry über der Quelle einen Rundtempel auf.

191

193

Lit.: Helmut Kramm, Barocke Bauprojekte des hessischen Hofes. In: Festschrift Richard Hamann zum 60. Geburtstag, Burg bei Magdeburg 1939, S. 57; Reclams Kunstführer Deutschland Bd. IV Hessen, 1978, S. 261

–

Ingolstadt siehe München = Nr. 243 B (das große Sandtnersche Stadtmodell von 1572)

193 Ingolstadt, kleines Stadtmodell mit der Umschrift »ANNO DOMINI 1571 IAR HAT HERZÖG ALBRECHT DIES LÖBLICHE STAT DURCH JACOB SANNDTER IN GRUNDT LEGEN LASEN MIT ALLEM WIE ES ZUE DISSER ZE/IT GESTANDEN IST UND HAT DISE STAT 5000 SCHRIT UM SICH WARDT BURGENMAISTER ULRICH VISCHER«, entstanden wohl nach 1572; im Schloßmuseum bzw. Stadtarchiv zu Ingolstadt
»Ebenso wie das große ist auch das kleine Modell aus Holz gefertigt. Es besteht aus einer 13 mm starken hölzernen Grundplatte, auf der die Baublöcke aufgesetzt sind. Es hat eine unregelmäßige, ovale Form von 37 x 33 cm maximaler Größe. In seinem südlichen Teil folgt es der Windung des Donauflusses. Die Wälle, die Festungsmauern und die Häuser bestehen aus Holzklötzchen, während der Geländeanstieg innerhalb der Stadt und die Decke der Straßen aus Holz geschnitzt und weiß bemalt ist. Die farbige Behandlung entspricht der des großen Modells: äußeres Gelände und Wälle grün, das Wasser blau, die Dächer rot, Mauerflächen Naturholz. An der Seite läuft ein 33 mm hohes dünnes Holzband herum, das mit bairischen Rauten verziert ist (Spanschachtel). Wie erwähnt, ist das kleine Modell viel reicher und mit mehr Liebe gestaltet als das große«, schreibt R. Fuchs, Die Befestigung Ingolstadts bis zum 30jährigen Kriege, Würzburg-Aumühle 1939, S. 54f., 60

194 Innsbruck/Tirol, Modelle für die Jesuitenkirche lieferte seit 1627 Christoph Gumpp (1600-72); deren Verbleib unbekannt
Als Kreuzkuppelkirche mit Doppelturmfassade entstand der Neubau 1627-40 unter Beratung von Santino Solari und unter Verwendung von Detailplänen des Hans Schor sowie des Christoph Gumpp; Bauleitung und -durchführung lagen bei P. Karl Fontaner und Maurermeister Adrian Pfefferle. Gumpp lieferte wohl auch das Fassadenprojekt.
Lit.: M. Krapf, S. 53-108; Kat. Barock in Innsbruck, 1980, S. 79

195 Isny/Allgäu (Württ. Do.-Kr.), Konstruktionsmodell der achtseitigen Zelthaube des Turmes mit vier Giebeln der ev. Pfarrkirche St. Nikolaus (ehem. Benediktinerklosterkirche), wohl 18. Jh.; im Besitz der Pfarrkirche von Isny
Die vorhandene Basilikalanlage mit Westturm wurde 1288 geweiht und erhielt einen spätgotischen Chorneubau (Weihe 1508). Nach dem Brand von 1631 erfolgten der Wiederaufbau samt Turmerhöhung 1636 sowie dessen Erneuerung 1768
Aus Tannenholz gefertigt, mißt das Modell am Fuß 29 x 29 cm, bei einer Gesamthöhe von 196 cm und der Höhe des Glockenstuhls von 24,5 cm.
Lit.: Die Bau- und Kunstdenkmäler des Kreises Wangen, Stuttgart 1954, S. 139

196 Jerusalem, Zinkmodell der Altstadt, im Maßstab 1:500 = 400 x 457 cm, um 1872 gefertigt vom ungarischen Buchbinder Stefan Illes, bei der Weltausstellung 1873 in Wien, dort im »Ottomanischen Pavillon«, erstmalig gezeigt, danach bis 1878 in vielen Städten Europas präsentiert, blieb das sogen. »Relief de Jerusalem« in der Genfer Maison de la Reformation verwahrt, bis es 1984 als Leihgabe ins Stadtmuseum von Jerusalem kam. – Im Bibelmuseum zu Amsterdam befindet sich ein Rekonstruktionsmodell Jerusalems im Zustand d. 1. Jhs. n. Chr.

–

Jerusalem, Salomonischer Tempel = Nr. 1

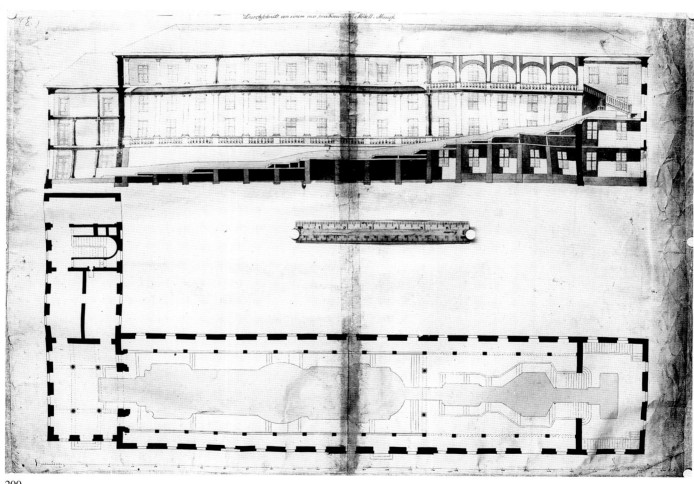

200

197 Jülich, Modell der Zitadelle, wie sie zu Ende des 18. Jhs. – nach Baumaßnahmen des 16. und 17. Jhs. – aussah, angefertigt 1802 von »Mr. Gramet Garde du Génie de cette Place«; ausgestellt in der Zitadelle von Jülich

Das aus dunkelbraunem (Kirsch- ?)Holz gearbeitete Modell steht auf einer Grundplatte von 129 x 118 cm und zeigt im zentralen Bereich der sternförmigen Bastionen des 17./18. Jhs. noch die renaissance – zeitlichen, auf Entwürfe A. Pasqualinis zurückgehenden Bautrakte.

Lit.: Hartwig Neumann, La Citadelle de Juliers. Ein 170 Jahre altes Holzmodell, in: Mitteilungen des Staatlichen Gymnasiums Jülich, Nr. 6, Oktober 1972 (Sonderdruck mit 8 S. und 4 Taf.)

198 Karlsbad, Modell-Nachbildung des berühmten 1905-08 errichteten Hotel Pupp, in bemaltem Holz, mit den Maßen 125 x 58 cm bei 95 cm Höhe, angefertigt als Standkäfig um 1910; im Deutschen Vogelbauermuseum zu Neheim-Hüsten, Inv.-Nr. 17/106

In solcher Kleinarchitektur – einem Vogelbauer – spiegelt sich historische Bausubstanz, zumal im Museum zu Neheim-Hüsten auch Vogelkäfige in Form eines fränkischen Schlößchens mit vier Ecktürmen und abhebbarem Mansarddach, süddeutsch um 1880, und ein Vogelhaus aus Ton vom Jahre 1787, ebenfalls süddeutsch, vorkommen.

Lit.: Deutsches Vogelbauer-Museum, achtseitiges Führungsblatt mit Abb., o. J.; Margret Nußbaum, Das Vogelbauermuseum in Arnsberg, in: Leben und Erziehen, 3/1978, S. 32 f. m. Abb.; Ludwig Merkle, Gitterwerk. Neheim-Hüsten Das Deutsche Vogelbauermuseum, in: Die schöne Welt, München Sept.-Heft 1983, S. 27 m. Abb.

–

Karlshafen siehe Kassel = Nr. 200

199 Karlsruhe, (modernes?) Modell des Badischen Hoftheaters, das Heinrich Hübsch 1851-53 neu errichtet hatte; im Amtsbereich des Staatl. Hochbauamtes Karlsruhe (1974 im Torbogengebäude)

Durch Brand ging das 1807/08 nach abgeänderten Plänen Friedrich Weinbrenners erbaute Karlsruher Hoftheater 1847 zugrunde. Auch der Neubau von Hübsch fand im 2. Weltkrieg mit anschließendem Abbruch ein ähnliches Ende.

Lit.: Harald Zielske, Deutsche Theaterbauten bis zum 2. Weltkrieg, Berlin 1971, S. 29; Herbert A. Frenzel, Geschichte des Theaters 1470-1890. München 2. Aufl. 1984, S. 369, 492, 507, 521

200 Kassel, Modell der 1709 begonnenen Kaskadenanlage am Carlsberg (Wilhelmshöhe), das – mit einer Länge von 222 Fuß (rund 63,5 m) – im Entwurf, Längsschnitt und Grundriß, von Simon Louis du Ry 1780 zum Modellhaus an der Königsstraße Ecke Fünffensterstraße in Kassel erscheint. Dieses über Bleistiftvorzeichnung mit Feder in Grau und Schwarz übergangene, grau, dunkelrosa und hellgrün getuschte, 494 x 650 mm große, unten rechts »Hartdegen 1781« bezeichnete Blatt gehört dem Hessischen Staatsarchiv Marburg, Karten P II 9344/2

H.-K. Boehlke (1980, S. 81 ff.) bemerkt dazu: »Elf Jahre nach Baubeginn seines Museums [Fridericianum, 1769-76] lieferte du Ry 1780 einen Entwurf zu einem Bau, der eine Sammlung von Architektur-Modellen aufnehmen sollte. Als Bauplatz war die Königsstraße/Ecke Fünffensterstraße vorgesehen. Während er die Front des Museums Fridericianum als architektonische Dominante eines großen Platzes repräsentativ gestaltete, war die der Zeile der Königsstraße eingegliederte Fassade des Modellhausentwurfs rationalistisch durchgebildet und ganz dem Charakter der Oberneustadtbebauung angepaßt ... Der Neubau war notwendig geworden, da das einfache alte Modellhaus neben der Rennbahn nach deren großzügiger Umgestaltung wohl nicht mehr recht in den neuen repräsentativen Rahmen paßte. Sein Inhalt sollte aber weiter ausgestellt werden können, so vor allem das ... Modell der ... Kaskade am Carlsberg, Modelle der Stadt Karlshafen mit dem Kanal-Projekt, des Auegartens usw. Doch nicht nur unter Landgraf Carl ausgeführte Projekte sollten hier ihre Aufstellung finden, sondern auch unter Friedrich II. geplante....

Die Großzügigkeit der du Ryschen Planung ist am besten aus Grundriß und Schnitt abzulesen. Das größte Modell, das des Carlsberges mit Oktogon und Kaskadenanlage, sollte sich durch das gesamte Hauptgebäude hinziehen. Da das Gefälle des Berges und der Kaskaden maßstäblich nachgebildet war, mußte der Ausstellungsraum auf der Seite des Oktogons die Höhe aller Geschosse einnehmen. Wie in der Natur sollte der Betrachter mit den Kaskaden hinabsteigen können. Auf jonischen Säulen ruhend, zogen sich dafür zwei von Balustraden begrenzte Galerien um den Mittelraum; die Galerie im unteren Teil hatte doppelte Geschoßhöhe.

Der unter Friedrich II. angefertigte Entwurf kam nicht zur Ausführung; wahrscheinlich fehlte es an den nötigen Mitteln. Unter Wilhelm IX. wurde eine einfachere Lösung verwirklicht; das alte Gebäude an der Rennbahn wurde 1789 abgetragen und wohl aus den alten Materialien am Kornmarkt dreigeschossig wieder aufgestellt. Daß du Ry auch hierbei die Oberleitung hatte, geht aus den Baurapporten im Marburger Staatsarchiv hervor.« Während der Regierungszeit Jérôme Bonapartes (1807-13) ist der Bestand an Modellen weitgehend vernichtet und als Brennmaterial öffentlich versteigert worden.

Lit.: Hans Reuther, Der Carlsberg bei Kassel. Ein Idealprojekt barocker Gartenarchitektur, in: architectura, Zs. f. Gesch. d. Architektur, 1976, S. 56; Kat. d. Ausstellung Aufklärung und Klassizismus in Hessen-Kassel unter Landgraf Friedrich II. 1760-1785, Kassel 1979, S. 213 f., Nr. 281 und 282 mit Abb.; Hans-Kurt Boehlke, Simon Louis du Ry. Ein Wegbereiter klassizistischer Architektur in Deutschland, Kassel 1980, S. 81-83 m. Abb.

201 A und B Kassel, Modelle des 1701-18 am Ostabhang des Carlsberges bzw. Habichtswaldes nach den Plänen von Giovanni Francesco Guerniero (um 1665-1745)[15, 16, 180] errichteten Oktogons, des sogen. »Herkules«, sind erwähnt in: A. Holtmeyer, Die Bau- und Kunstdenkmäler im Reg.-Bez. Cassel, Bd. IV Kreis Cassel-Land, Marburg/L. 1910, S. 268 f.; dort S. 261 auch die Marmornachbildung des Oktogons vom Modelleur Maldini 1726

202 A-C Kassel, Wachsmodell des Bellevue-Schlößchen (jetzt Spohr-Museum): Als beinahe quadratischer Block steht das Palais am Eckpunkt zwischen schöner Aussicht und Fünffensterstraße. Durch Paul du Ry hatte es Landgraf Karl 1714 für astronomische Zwecke erbauen lassen. Gute Wiedergaben dieser – im 17. und 18. Jh. neben Paris, Greenwich, Kopenhagen, Berlin, Bologna, Padua, Mailand, Rom – wichtigen europäischen Sternwarte finden sich in Johann Gabriel Doppelmayrs »Atlas Coelestis« (= Himmelsatlas, Nürnberg: Homännische Erben 1742, auf der Kupfer-Tafel »Hemisphaerium Coeli Australe« – unten links in einer perspektivischen Übereckansicht) und im »Nuovo Atlante geografico universale delineato sulle ultime osservazioni ...« von Giovanni Maria Cassini (3 Bände, Roma: Calcografia Camerale 1792-1801, auf der Kupfer-Tafel (I/4) »Planisfero Meridionale« oben rechts, als Aufriß, fünfachsig, in der Straßenfront). In jenem Zusammenhang dürften die beiden Holzmodelle (B/C) für turmartige Sternwarten entstanden sein, analog der am Wachsmodell und in den Stichen erkennbaren polygonen Bekrönung des ursprünglichen kreuzförmigen Dachaufbaus. Dieser wurde im Zuge des Umbaus von Simon Louis du Ry um 1790 durch das aufgebrachte Mansarddach verschleiert. Die Modelle im Bes. d. Staatl. Kunstsammlungen Kassel

202 A

202 B

202 C

206

206

Lit.: A. Holtmeyer, Kassel und Wilhelmshöhe, Marburg/Lahn o. J., S. 30; Reclams Kunstführer Deutschland Bd. IV Hessen, 1978, S. 299 f.; Ludolf von Mackensen u. a., Die erste Sternwarte Europas ... in Kassel, München (Callwey) 1979, Abb. S. 155; Kat. d. Ausstellung Die Welt in Händen. Globus u. Karte als Modell von Erde u. Raum, Berlin Staatsbibliothek PK 1989, S. 31 (II/14), 93 (VII/12 mit Abb. 80 = »Specola di Cassel«)

203 Kassel, hölzernes Modell für einen Triumphbogen zwischen den Flügelbauten von Schloß Wilhelmshöhe, 1791 nach dem Entwurf von Heinrich Christoph Jussow (1754-1825) veranlaßt, aber nicht mehr erhalten

Zu erinnern ist daran, daß den südlichen Weissenstein-Flügel Simon Louis du Ry 1786-89 errichtete, während ebenfalls für Wilhelm IX. 1787-92 der nördliche Kirchen-Flügel, bereits unter Jussows Bauleitung, hochgezogen wurde. Derselbe schloß die Anlage dann 1792-98 mit dem Mittelflügel. Jene die drei Baukörper verbindenden Trakte, unter Jérôme Bonaparte zunächst als Säulengänge konzipiert, haben zwischen 1815/29 ihre endgültige Form gefunden.

Lit.: Kat. d. Ausstellung Heinrich Christoph Jussow, bearbeitet von Hans Vogel[98], Staatl. Kunstsammlungen Kassel 1958, S. 10; A. Holtmeyer, Die Bau- u. Kunstdenkmäler im Reg.-Bez. Cassel, Bd. IV Cassel-Land, 1910, S. 307; Schloß Wilhelmshöhe. Amtl. Führer, 1962

204 Kassel, Korkmodell der Löwenburg im Park Wilhelmshöhe, angefertigt von Carl May (1747-1822); kriegsteilzerstört in d. Verwaltung d. Staatl. Schlösser u. Gärten Kassel

Als gotische Burgruine war die Löwenburg 1793-98 von Heinrich Christoph Jussow für den Erbprinzen und nachmaligen Kurfürsten Wilhelm I. errichtet worden – als Anlage, die mehr sein wollte »als eine nur fürstliche Spielerei, sondern Ausdruck einer besonderen Lebenshaltung.«

Lit.: Die Löwenburg. Amtl. Führer, verf. v. Heinz Biehn, 1965, S. 8; Reuther, Burgen, 1974, S. 112

205 und 206 Kassel, Modelle der Chattenburg, die anstelle des 1811 abgebrannten altertümlichen Schlosses am Fuldahochufer und am Rande der Karlsaue nach Plänen von Heinrich Christoph Jussow (1754-1825) für Kurfürst Wilhelm I. (1803-21) 1820 baubegonnen wurde, aber nicht über das 1. Stockwerk hinauskam; beide nach Jussows Entwürfen angefertigt vom Modelltischler Friedrich Blaue um 1817; im Besitz der Staatl. Kunstsammlungen Kassel

205: Chattenburg mit Karlsaue, Orangerie (die bereits 1703/11 entstanden war[16]), Auetor und Teilen des Friedrichsplatzes, aus Holz auf einer Grundfläche von 121,3 x 115,6 cm

206: die Chattenburg, aus Holz, auf Grundplatte 68,5 x 52 cm, 16,2 cm hoch; einige Fehlstellen bei der Bauplastik, auch

205

die zentral plazierte Quadriga existiert nicht mehr. – Baupläne zur Chattenburg von Jussow und Johann Daniel Engelhard, Jussows Bauleiter der Chattenburg, befinden sich im Hess. Staatsarchiv Marburg[98]
Lit.: G. Prior, Jacob Hoffmeisters gesammelte Nachrichten über Künstler und Kunsthandwerker in Hessen, Hannover 1885, S. 55; A. Holtmeyer, Die Bau- und Kunstdenkmäler ... Bd. IV Kreis Cassel-Stadt, Cassel 1923, S. 315f., Taf. 194; Reuther, Burgen, 1974, S. 111 Abb. 9

207 Kassel, Bauausführungsmodell zum Ständehaus, um 1833 veranlaßt von Julius Eugen Ruhl (1796-1871); im Besitz der Staatl. Kunstsammlungen Kassel
Am Ständeplatz, an dessen Nordwestseite, in der Friedrich-Wilhelm-Stadt von Kassel von Ruhl u.a. 1833 projektiert, konnte Ruhl den an italienische Hochrenaissance gemahnenden Bau – mit siebenachsiger und dreigeschossiger NO-Fassade zur ehem. Friedrich-Wilhelm-Straße sowie den, auch am Modell in der Seitenfront erkennbaren, rückwärtigen, eingeschossigen Saalkomplex – 1834-36 realisieren. Letzterer wurde nach Bauinspektor Röses Entwurf 1904/06 zweigeschossig verändert. Nach kriegsbedingten Schäden erfolgte der Wiederaufbau des Ensembles durch Siegfried Lohr 1979 (der auch seine Dissertation über Ruhl schrieb), und zwar mit vereinfachter Dachform des Hauptgebäudes. Dieses ist in der Ständehaus-Hauptfassade im Stichwerk des Verlages F. F. Bohné zu Kassel, in der 1. Lieferung, 1839 überraschenderweise 9achsig dargestellt. Ruhlsche Entwurfszeichnungen, drei Varianten, zum Ständehaus bewahrt übrigens das Kupferstichkabinett der Staatl. Kunstsammlungen Kassel

208 und 208 a bis e Kassel, Korkmodelle römischer Bauten; Erwerbungen u.a durch Landgraf Friedrich II. von Hessen-Kassel; siehe Wolf v. Both u. Hans Vogel, Land-

207

graf Friedrich II. v. H.-K., München-Berlin 1973, S. 223, Anm. 721, Abb. 71; Kat. d. Ausstellung Aufklärung u. Klassizismus in Hessen-Kassel unter Landgraf Friedrich II. 1760-1785, Museum Fridericianum Kassel 1979, S. 258ff. mit Abb.; siehe ferner Anita Büttner[48], Peter Gercke[66], Erich Stenger[212]
Hier noch der Hinweis auf modern nachgebaute Modelle im Stadtarchiv Kassel:
a: Modell des 1771 erbauten Hauses von Johann August Nahl d. Ä. (1710/81, als »Directeur des ornements« 1741/46 in Berlin und Potsdam an den Schloßneubauten Friedrichs d. Gr. wirkend[23], ab 1753 in Kassel, auch für die Dekorationen in Schloß Wilhelmsthal verantwortlich, seit 1781 Direktor der Kasseler Kunstakademie), Halbmodell aus Holz u. Karton im Maßstab 1:100, 38,1 x 7,5 cm bei 15 cm Höhe, 1960 von Wilhelm Haarberg angefertigt (Abb. 40/S. 160 bei W. v. Both u. H. Vogel, Landgraf Friedrich II. von Hessen-Kassel, 1973)

207

b: Modell des steinernen Renaissance-Bürgerhauses »Zur Pinne« in der Wildemanngasse 19 zu Kassel im Maßstab 1:100 v. W. Haarberg 1961
c: Modell des sogen. Altstädter Rathauses zu Kassel (1408) im Maßstab 1:100 v. W. Haarberg 1963
d: Modell des Fachwerkhauses Klosterstraße 11 zu Kassel im Maßstab 1:100 gefertigt von W. Immicke 1965
e: Modell einer Häusergruppe von 5 Fachwerkbauten am Altmarkt zu Kassel im Maßstab 1:100 gefertigt von Raphael Steiner 1969/70

–

Kehlheim siehe Regensburg (Rathaus) = Nr. 296 E

209 Klesheim bei Salzburg, Modell des Schlosses, das für Fürstbischof Johann Ernst Graf Thun-Hohenstein 1700/02 baubegonnen und 1707 im Rohbau fertiggestellt wurde; im Museum Carolino Augusteum zu Salzburg (im 2. Weltkrieg entscheidend fragmentiert)
Hans Sedlmayr, der in seinem grundlegenden Aufsatz »Bemerkungen zu Schloß Klesheim« 1960 auf »Das hölzerne Modell« (S. 259-262, Abb. 3) eingeht, zieht folgendes Fazit: für die chronologische Einordnung des Modells »übrigens eine recht rohe Arbeit« – in den Bauentwurfsprozeß sieht er die Abfolge – Modell (F), erstes Projekt (A), den Grundriß in Agram (B) und den Stich in der »Histor. Architectur« (E) – und glaubt nicht an eine Autorschaft Fischers am Modellentwurf; denn Fischer hat den Mittelteil, auch wenn er aus zwei hintereinanderliegenden Räumen besteht, stets als einheitlichen Block behandelt. Dem Treppenhaus ein niedriges Dach zu geben, lag ihm ganz fern. Die Entstehung des Modells zwischen 1700 und 1705, wobei Entwerfer und Hersteller unbekannt bleiben. »Die altmodischen Segmentgiebel über den Fenstern der Flügel lassen an einen Italiener der älteren Schulung denken.«
In Holz ausgeführt, zeigt das Modell, das aus drei Teilen (Mittelblock und Seitenstücken) besteht, zu denen noch das erhaltene gebliebene Mitteldach kommt. Im Innern sind Wandgliederungen und Kamine sowie Treppenläufe vorhanden; weiße und rosa sowie abgestufte Grautöne bestimmen das Farbbild. Maße: Breite des Mittelbaus 15,8 cm, B über alles 35,5 cm, Länge des Mittelpavillons 49,3 cm, L d. Seitenpavillons 34,5 cm, Höhe max. 42,7 cm (ohne Dach)
Lit.: ÖKT, Bd. XVI Die Kunstsammlungen der Stadt Salzburg, bearbeitet v. Hans Tietze, Wien 1919, S. 295 Fig. 383; Franz Martin, Schloß Klesheim, in: Wiener Jb. f. Kunstgesch., Bd. IV, 1926/27, S. 175-195, bes. S. 193 Abb. 3; Hans Sedlmayr, Johann Bernhard Fischer von Erlach, Wien-München 1956, S. 193 f. Abb. 115; 2. Aufl. 1976, Abb. 120; Hans Sedlmayr, Bemerkungen zu Schloß Klesheim, in: Mitt. d. Ges. f. Salzburger Landeskunde, 109. Vereinsjahr 1969 (= Festschrift zum 70. Geburtstag von Herbert Klein), Salzburg 1970, S. 253-273 mit Abb.; Reuther, Burgen, 1974, S. 110

210 Klosterlechfeld, Modell der Wallfahrtskirche, über das Elias Holl 1601 in seiner Familienchronik berichtet: »... ein Kirchle-Visier gemacht von Holz zu einer neuen Wallfahrtskirche«. Während das Modell verschollen ist, erfolgte der Bau 1602.
Lit.: Die Hauschronik der Familie Holl, hrsg. v. Christian Meyer, München 1910, S. 43

210 M Klosterneuburg/Niederösterreich, Modell der Stiftskirche in den Händen der Skulptur des hl. Leopold am Fenster der Thomas-Prälatur, vom Anfang des 17. Jhs.; im Stiftsmuseum Klosterneuburg
Renate Wagner-Rieger zog es zusammen mit anderen auf Miniaturmalereien und Siegeln erscheinenden Modellen der Stiftskirche zu deren Rekonstruktion heran; denn über den romanischen Ursprungsbau sind nur Daten von Grundsteinlegung (12.6.1114) um Schlußweihe (29.9.1136) überliefert, doch läßt die erhaltene Bausubstanz noch weitergehende Schlüsse zu. So entstand das auf Vermessungen und Forschungen von Adalbert Klaar und Karl Schemper basierende moderne Rekonstruktionsmodell im Maßstab 1:100; im Erzbischöfl. Dom- u. Diözesan-Museum Wien
Lit.: R. Wagner-Rieger, Zur Baugeschichte der Stiftskirche von Klosterneuburg, in: Jb. d. Stiftes Klosterneuburg N. F. III, 1963, S. 137 ff., 162, Abb. 24; A. Klaar, Eine bautechnische Untersuchung des Altstiftes von Klosterneuburg, in: Jb. d. Stiftes Klosterneuburg N. F. IX, 1975, S. 7 ff.; Kat. d. Ausstellung 100 Jahre Babenberger in Österreich, Stift Lilienfeld/N. O. 1976, S. 484 f., Nr. 889

211 Köln, Modell des Doms, 1841 von Peter Leven bei Carl Schorpp in Bamberg in Auftrag gegeben und am 2. Sept. 1849 als fertig erwähnt; in Holz ausgeführt, in Länge und Höhe von je 8 Fuß; das ganz ausgestattete Innere mit Gaslicht erleuchtet; im Eigentum der Johann Maria Farina Kölnisch Wasser-Fabrik, im 2. Weltkrieg vernichtet
Lit.: Sulpiz Boisseeré, Ansichten, Risse und einzelne Teile des Doms von Köln, neu hrsg. v. Arnold Wolff, Begleitheft Köln 1979, S. 56, Abb. 126

211 a Köln, modernes Grabungsmodell des karolingischen Doms SS. Petrus u. Maria (merowingisch mit Westchor Ende 8. Jh., Neubau um 800 bis ca. 864, Weihe 870); Kat. d. Ausstellung Karl d. Gr. ..., Aachen 1965, S. 436 f., Nr. 600 a

212 Köln, Tempietto des barocken Hochaltars im Kölner Dom, 1767 entworfen vom Lütticher Architekten Etienne Fayn, in Marmor und vergoldetem Kupfer ausgeführt und 1770 vollendet (mit einer Gesamthöhe von 5,85 m); in der Modellkammer des Kölner Doms
Lit.: Walter Schulten, Der barocke Hochaltar des Kölner Domes, in: Kölner Domblatt. Jb. d. Zentral-Dombau-Vereins 1979/80, S. 341-372 mit Abb., bes. Abb. 22

213 Köln, Modell der Ursulinenkloster-Kirche nach dem Projekt des Aloisi Bartoli 1707; ehemals im Ursulinenkloster Köln
Matteo Alberti errichtete die Kirche 1709-12 in der Straßenflucht der Machabäerstraße als Saalbau mit halbrunder Apsis, wobei die Fassade zwischen zwei Türmen von hoher Pilastergliederung und großem verbindenden Segmentgiebel bestimmt wird. Im letzten Krieg ausgebrannt, erfolgte die Wiederherstellung durch W. Weyres & Bong.
Lit.: Jörg Gamer, Matteo Alberti (= Die Kunstdenkmäler des Rheinlandes, Beihefte Nr. 18), Düsseldorf 1978, Abb. 87 (Abb. 124 zeigt das 1926 von H. Ott nachgebaute Modell des Cantobau in Köln, um 1708-11 von Matteo Alberti)

214 Köln, Modell der erzbischöflichen Hacht (Am Domhof 9) und der Bingerhäuser; 1726/27 angefertigt anläßlich eines Prozesses zwischen der Stadt Köln und der kurfürstlichen Regierung; im Kölnischen Stadtmuseum (Zeughaus)
Die beiden Bingerhäuser wurden im Auf-

213

trag des Buchhändlers Arnold Kirchhoff von dem Steinmetzmeister Johann von Winter 1596-98 errichtet (die Jahreszahl 1596 und die Initialen AK an den Giebeln). Das bemalte Holzmodell ist auseinandernehmbar und mißt 74 x 47,5 cm, bei 43 cm Höhe.
Lit.: Die Kunstdenkmäler der Rheinprovinz Bd. 7, IV. Abtlg. Die Kunstdenkmäler der Stadt Köln, 2. Bd., IV. Abtlg. Die profanen Denkmäler, bearbeitet von Hans Vogts, Düsseldorf 1930, S. 344, Fig. 224, 225, 348; Hans Vogts, Das Kölner Wohnhaus bis zur Mitte des 19. Jhs., Neuß 2. Aufl. 1966, Bd. 2, S. 508 f., 680, 683, 732 Anm. 115, Abb. 277, 278

215 Köln, Eisenguß-Modell eines gotisierenden Hauses (wohl als Laterne entwickelt), aus der Sayner Hütte, 19. Jh.; im Kölnischen Stadtmuseum, Inv.-Nr. RM 1928/185
Das in Eisenguß gefertigte Gehäuse, in dessen Inneren sich eine eiserne Rundung (offenbar zur Aufnahme einer Kerze) befindet, steht auf einer 10 x 9,5 cm großen zweifstufigen Standfläche und mißt bis zur Dachreiterspitze 20,5 cm.

216 a und b Königsberg in Preußen (heute Kaliningrad), modernes Rekonstruktionsmodell des Domes, im Maßstab 1:200; im Geh. Staatsarchiv PK Berlin

220

214

214

223 A   223 A

Der um 1325 baubegonnene Dom, in dem noch 1533 Baumaßnahmen stattfanden, stellte sich als dreischiffige Hallenkirche mit Niederem Chor zu 3 Jochen und Hohem Chor zu 2 Jochen und einer zweitürmigen Westfassade dar, die 1901-07 schonungslos restauriert wurden. Seit 1945 kriegsbedingte Ruine, an der nur Kants Grabmal wiederhergestellt ist. – Das aus Holz, Pappe, Sandpapier u.a. von Horst Dühring hergestellte Modell war in der Ausstellung des Geh. Staatsarchivs PK »Unter Kreuz und Adler. Der Deutsche Orden im Mittelalter« in Berlin 1990 (E-V 20) präsent; dort desgleichen: Königsberg i. Pr., modernes Rekonstruktionsmodell der mittelalterlichen drei Städte, im Maßstab 1:900, erstellt von Horst Dühring; (E14)

217 Konstanz/Bodensee, Modell der Altstadt, 1869 angefertigt; im Rosengartenmuseum Konstanz

– Kopenhagen siehe Hamburg (Börse) = Nr. 172

218 Kopenhagen-Christianshavn/Dänemark, Modell der deutschen-lutherischen Friedrichskirche (heute Christianskirche), 1752 veranlaßt von Niels Eigtved (1701-54) bzw. G. D. Anthon (?); im Baumuseum Kopenhagen

Durch Christian V. fand die Grundsteinlegung erst 1755 statt, der die Einweihung 1759 folgte. Aus naturfarbigem Holz ist das Modell im Maßstab 1:24 gearbeitet, und zwar mit sichtbarer Dachkonstruktion, wobei sich der Dachstuhl als Kehlbalkendach mit 2 Stuhlständern und 2 Überzügen mit 2 Spannriegeln darstellt. Die über vereinfachter Fassade aufragende Turmbedachung ist ebenso reine Zimmermannskonstruktion, zwar mit rudimentärer Turmhaube. Dank der zwei Längsschnitteile des Modells wird die Grundrißprojektion der inneren Einrichtung deutlich. Maße: größte Länge 150 cm, Breite insgesamt 148,5 cm, B des Schiffs 88 cm, Höhe bis Hauptgesims 69 cm, H bis First 118 cm

Lit.: Alfred Kamphausen, Deutsche und skandinavische Kunst. Begegnung und Wandlung, Schleswig 1956, S. 42 f.

219 Kopenhagen, Modell zum Projekt der Frederikskirche (sogen. Marmorkirche) von Caspar Friedrich Harsdorff (1735-99), 1798 gefertigt vom Schnitzer Brøtterup; Depositum der Kunstakademiet (KS 615) im Nationalmuseum Kopenhagen
Harsdorffs – das Pantheon nachahmende – Entwürfe von 1796/99, blieben ungebaut; und vollendet wurde die Marmorkirche erst 1876-94 von Ferdinand Meldahl (1877-1908). Das Modell aus Holz u. Gips mißt 126, 7 x 94 x 99,7 cm.

Lit.: Alfred Kamphausen, Deutsche und skandinavische Kunst, Schleswig 1956, S. 48 ff., Fig. 11-13 (= Entwürfe); Kat. d. Ausstellung C. F. Harsdorf 1735-1799, Kopenhagen Kunstindustrimuseet 1985, S. 63 f., Nr. 113

220 Kopenhagen, Modell für die Turmbedachung (halb sichtbare Zimmermannskonstruktion, halb Außenhautform) der St. Petrikirche, angefertigt 1757 von Johann Bøye Junge; im Baumuseum Kopenhagen
Eine erste Petrikirche entstammte dem frühen 13. Jh., während die jetzige zu Anfang des 15. Jhs. entstand und 1586 der deutschen Gemeinde überlassen wurde. Dem Abbrand von 1731 folgten Wiederaufbau und Weihe 1731. Unter Friedrich V. (1746-66) konnte die Turmspitze erneuert und dies' vom König finanziert werden.
Über 41 x 41 cm Grundfläche ragt das naturfarbige Holzmodell 223,5 cm empor (Grund bis Spitze Dreieckgiebel 113,5 cm, Helmhöhe 110 cm), die Kapitelle aus bemaltem Gips, Turmspitze u. Kugeln vergoldet

Lit.: Fr. Schiøtt, Bygningsmodeller og Bygningstegninger paa Kjøbenhavns Raadhus, in: Architekten Meddelelser fra Akademisk Architektforening 8, 1906, Nr. 35, Abb. S. 375

223 B

223 B

221 Kopenhagen, Modell des Palais Bernstorff in der Bredgade, veranlaßt um 1752 von Johann Gottfried Rosenberg (1709-76); im Baumuseum Kopenhagen
Der Mecklenburger und zeitweilige Mitarbeiter Eigtveds – J. G. Rosenberg – erbaute das mit der »schönsten Barocktreppe Dänemarks« ausgezeichnete Palais 1752/56 für den leitenden Minister Johann Hartvig Ernst Graf Bernstorff; 1829 wurde noch durch Jorgen Hansen Koch ein Annexbau (mit 1 Keller- u. drei Vollgeschossen) angefügt.
Das wohl ursprünglich naturfarbene, später grau und die abhebbaren Dächer schwarz gestrichene, mit innerer Raumaufteilung geprägte Modell hat folgende Maße: Straßenfront des Palais 190 cm Länge, seine Breite 64 cm und die Höhe vom Mittelpavillon (First) 82 cm sowie 71 cm der Seitenpavillons. Beim Annexbau-Teil beträgt die Straßenfrontlänge 57,5 cm, die Breite 48,8 cm und die Höhe des Satteldachs 66 cm

Lit.: Alfred Kamphausen, Deutsche und skandinavische Kunst, Schleswig 1956, S. 43, Abb. 87 (das Palais)

222 Kräutelstein bei Passau, Modell der Bahnbrücke über die Donau, und zwar der Lokalbahn Passau-Hauzenberg beim km 5,654, 1902/03, also während der Bauausführung angefertigt; im Verkehrsmuseum Nürnberg.
Diese seinerzeit weitgespannteste Brücke Bayerns wurde als durchlaufender Fachwerkträger von M. A. N. konstruiert; ihre Stützweite betrug 2 x 110,48 m, wobei die Pfeiler mit Druckluft auf den Fels gegründet waren. 1945 erfolgte die Sprengung der Brücke; auch das Modell im Maßstab 1:50 erhielt damals schwere Schäden, die 1951 und 1967/68 ausgeglichen werden konnten.
Lit.: Kat. d. Nürnberger Verkehrsmuseums, 1935, S. 22, Nr. 44

223 A und B Kremsmünster in Oberösterreich, zwei Modelle der Sternwarte über dem Brückentor; in der Sammlung der Sternwarte des Benediktinerstifts zu Kremsmünster
A: Modell (I) des ersten Sternwartenprojekts von Pater Anselm Desing, 1740 angefertigt von Gotthard Hayberger in Holz, 53 cm breit, 28 cm tief und mit 76 cm Höhe.
B: Modell (II), auf Desings Entwurf der Planstufe 1747/49 zurückgehend und angefertigt von Leonhard Seethaller, mit den Maßen 54 cm Breite, 41 cm Tiefe und 94 cm Höhe; in Geschosse zerlegbar und der Bauausführung der fünf unteren Geschosse nahekommen. Östlich des Klerikaltraktes war die Sternwarte – nach Baubeginn 1748-1759 vollendet.
Lit.: Leonore Pühringer-Zwanowetz, Bemerkungen zur Sternwarte des Stiftes Kremsmünster I. Das Projekt einer Sternwarte über dem Brückentor, in: Wiener Jb. f. Kunstgeschichte 32, 1979, S. 135-172,

Abb. 137-164; Reuther, Daidalos, 1981, Abb. S. 108

224 Landeshut/Niederschlesien (Kamienna Góra/Polen), Modell der ev. Gnadenkirche zur Hl. Dreifaltigkeit, 1708 (?) veranlaßt von Martin Frantz; ehem. (bis 1945) in der Sakristei der Gnadenkirche zu Landeshut

Über griechischem Kreuz wurde sie von Martin Frantz d. J. als einfacher Putzbau 1709-17 errichtet. Das zugehörige Holzmodell stand auf einer Grundplatte von ca. 150 x 150 cm mit einer Gesamthöhe (bis zur Turmspitze) von ca. 100 cm.

Lit.: Die Kunstdenkmäler der Prov. Schlesien, Bd. III, Breslau 1891, S. 389f.; Günther Grundmann, Der evangelische Kirchenbau in Schlesien, Frankfurt/M. 1970; derselbe, Die Baumeisterfamilie Frantz, Breslau 1937, S. 29ff., 106 m. Abb; derselbe, Die Bethäuser und Bethauskirchen des Kreises Hirschberg. Ein Beitrag zur Gesch. d. protest. Kirchenbaukunst in Schlesien, Breslau (1917), S. 9-15, 18 m. Abb.

–

Landshut siehe München = Nr. 243 C

–

Langenburg (Schloß-Modell von Georg Robin) = Nr. 399

225 Laxenburg bei Wien (BH. Mödling/Niederösterreich), Modell vom Pavillon der Laune mit illusionistischer Bemalung, datiert 15. Oktober 1799 auf dem zugehörigen fünfteiligen Tisch (dessen Mittelteil achteckig); ursprünglich im Speisesaaltrakt des kaiserlichen Schlosses Laxenburg, jetzt im Historischen Museum zu Wien

Das 1945 schwer beschädigte Modell im Maßstab 1:12, angefertigt vom Tischler Ignatz Witzmann und vom Maler Johann Zungner, ist inzwischen vorzüglich restauriert, besteht aus polychrom bemaltem Holz, hat als Sockel den genannten 77,5 cm hohen, ca 267 und 217 cm (in Längs- und Querachse) messenden Tisch, an dessen Rand ein 16,5 cm hoher Gartenzaun das Areal samt Beeten rund um den kreuzförmigen Pavillon eingegrenzt. Er selbst, zweistöckig, hat eine Längs- und Querausdehnung von 81 x 45 cm und Höhen – bis Oberkante Hauptgesims – 84 cm, bis Zeltdachspitze des achteckigen Hauptbaus (ohne Bekrönung) ca. 100 cm, bis Oberkante Hauptgesims der vier Annexbauten 38,5 cm sowie bis zu deren Spitze ca. 62,5-66 cm. Im Innern des Pavillons be-

224

finden sich – soweit hier nebenstehend abgebildet – Räumlichkeiten wie der zentrale runde Salon, das Musikzimmer, Kupferstichzimmer, Baumzimmer, Badezimmer, die Teufelsküche, das Stiegenhaus usw.

Im riesigen Park an jenem seit dem 13. Jh. begonnenen Alten Schloß – der Laxenburg – ist es die Fülle unterschiedlicher

225

225 *Musikzimmer*

225 *Badezimmer*

225 *Stiegenhaus*

Baulichkeiten – dem Blauen Hof, der Franzensburg, dem Passespielhaus, Theater, Fischerdörfl und Grünen Lusthaus, der Rittergruft und dem Concordiatempel – welche den besonderen Reiz des Ensembles ausmachen, in dem auch das »Haus der Laune« einen besonderen Akzent setzte. So heißt es neben der gestochenen Ansicht der »Maison Burlesque« (zu Laxenburg) in Johann Gottfried Grohmanns vielgelesenem »Ideenmagazin für Liebhaber von Gärten, Englischen Anlagen und für Besitzer von Landgütern« (Leipzig 1796-1802): »Eine Darstellung des sonderbarsten, burleskesten Gebäudes, das die Baukunst vielleicht je hervorgebracht hat, des Hauses der Laune, aus dem Garten des Kaiserlichen Lustschlosses Laxenburg bei Wien. Die Fenstergewände des oberen Stockwerks werden von Garben gebildet, die sich über die ganze Wand ausbreiten; das Gebälke machen auf ihrem Lager liegende Weinfässer, so daß der Keller unter dem Dache liegt; auf dem Dache selbst kriechen Schildkröten, Austern und Schaaltiere aller Art herum; statt der Statuen oder Vasen stehen an den Ecken des Gebäudes große Zuckerhüte auf Stangen, an denen grüne Körbe herunterhängen; die um das ganze Hauptgebäude laufende Brüstung wird von einer Reihe Katzen gebildet, die auf den Hinterfüßen sitzen. Das Hauptgebäude ist achteckig, hat vier Eingänge, und zwischen denselben eben so viele Nebengebäudchen, die sich nur gegen den Sahl zu öffnen und vier Nebenkabinettchen ausmachen. In der Nähe dieses Hauses der Laune ... steht ein kleines Wach- oder Schilderhäuschen, das – ein nicht unglücklicher Einfall – mit lauter Menschenaugen bemalt ist. Statt der Pfeiler, welche die Ketten tragen, womit das Häuschen umzogen ist, siehet man Spargelstangen aus der Erde empor stehen«.
Nachzutragen bliebe, daß das »Haus der Laune« für die Kaiserin Maria Theresia (seit 1790 Gemahlin des Kaisers Franz) durch den Hofarchitekten Johann Ferdinand Hetzendorf von Hohenberg (1732-1816) nicht nur in dem »15. Oktober 1799« datierten Modell entworfen, sondern von ihm auch bis zum Sommer 1800 fertiggestellt werden konnte; bereits 1809, während der französischen Invasion, wurde der bewunderte Pavillon von der Soldateska ausgeplündert und verwüstet.
Lit.: Erwin Heinisch, Der Architekt Johann Ferdinand Hetzendorf von Hohenberg, Innsbruck-Wien 1949, S. 20, Taf. 23, 2; Peter Pötschner, Das Haus der Laune im Park zu Laxenburg, Wirklichkeit und Modell, in: alte und moderne Kunst 106, 1969, S. 2-14 mit 22 Abb.

226 Leipzig, Modell des Reichsgerichtsgebäudes mit beweglicher Kuppel, veranlaßt von Ludwig Hoffmann (1852-1932); ehemals auf dem Dachboden des Reichsgerichts in Leipzig stehend
Ludwig Hoffmann, 1885 Gewinner des Wettbewerbs für das Reichsgerichtsgebäude, das, am 31. Okt. 1888 grundsteingelegt, von ihm bis 1896 vollendet wurde, schreibt in seinen »Lebenserinnerungen«: »... Schwierig war der Entschluß, wie hoch der mittlere Kuppelbau sich über das Gebäude erheben solle. Ein Modell des ganzen Gebäudes hatte ich derart anfertigen lassen, daß man daran den Kuppelbau vermittelst einer Kurbel heben und senken konnte. An diesem Modell versuchte ich durch Monate hindurch immer wieder, über diese Frage mir Klarheit zu verschaffen. Dabei kam ich zu der Überzeugung, daß dieser Bauteil wesentlich höher geführt werden müsse, als ich dies in meinem genehmigten Projekt vorgesehen hatte. Die höheren Kosten konnten aus Ersparnissen bei den Fundierungsarbeiten gedeckt werden ...«
Lit.: Ludwig Hoffmann (1852-1932) Stadtbaurat von Berlin 1896-1924. Lebenserinnerungen eines Architekten, hrsg. v. W. Schäche, Berlin 1983, S. 89

225 *Großer Salon*

227 A und B Lermoos bei Reutte/Tirol, Modelle zur (der hl. Katharina geweihten) Pfarrkirche und deren Dachstuhlkonstruktion, um 1751 von Franz Xaver Kleinhans; im Besitz der Pfarrkirche zu Lermoos

Das grob aus Holz gearbeitete, ca. 180 x 80 cm große Kirchen-Modell samt zugehörigem Dachwerk-Modell zählen zur Entwurfsphase der von Franz Xaver Kleinhans 1751-53 neuerbauten Kirche, die, 1761 geweiht, bis 1768 nach Kleinhans' Plänen eine Umgestaltung des Turmes erfuhr.

—

Lierheim siehe Nördlingen = Nr. 267 B

228 Liesborn (Waldersloh), Benediktinerkloster: eine Modell-Teilansicht der Abtei von Westen erscheint auf dem Bildnis des Liesborner Abtes Gregor Waltmann († 1739). Seit 1735 war das Klostergebäude von Michael Spanner errichtet und 1739-51 ein Nordflügel angebaut worden.
Lit.: Kat. d. Ausstellung Monastisches Westfalen. Klöster u. Stifte 800-1800, Münster 1982, Abb. S. 487

—

Limburg a. d. Haardt siehe hier Nr. 368 D

229 Lissa (ehem. Schlesien; jetzt Leszno/Polen), angebl. Entwurfsmodell zur ev. Kreuzkirche (bzw. Johannes d. Tfs.), und zwar deren Turm, den Carl Martin Frantz 1743 entwarf; ehem. im Kirrchenarchiv zu Lissa, jetzt Biuw Documentacji Zabytków Leszno

Die mittelalterliche Kirche von Lissa, bereits in der Mitte des 16. Jhs. renoviert, 1635 und (nach Abbrand 1656) 1666 Neubauten, zuletzt als Fachwerkbau mit Emporen und Turm; 1707 kriegszerstört, entstand ein vom Maurermeister Hans Adam Stier aufgemauerter Neubau, der, am 3.9.1711 grundsteingelegt, erst 1712 fundamentiert , 1715 bedacht und seit 1717

229

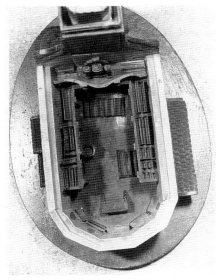

229 *Innenraum*

229

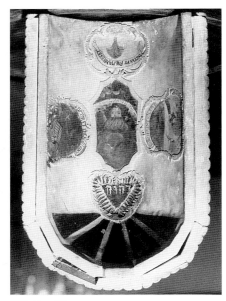

229 *Gewölbe*

benutzbar wurde. Das in bemaltem Gips gefertigte Modell, im Maßstab etwa 1:70, gibt die äußere und innere Gestalt der Kirche annähernd wieder, doch ist die Modellbreite im Verhältnis zu Länge größer als am ausgeführten Bauwerk. Derb sind die Einzelheiten des Modells, das die Inneneinbauten vermittelt, aber noch nicht die Erweiterung von Sakristei und Bibliothek.
Lit.: Julius Kothe, Die Kreuz-Kirche in Lissa, in: Mitt. d. Histor. Ges. für Posen 3. Heft, Berlin 1935, S. 22-34 m. Abb. (von Kirche u. Turm); Günther Grundmann, Die Baumeisterfamilie Frantz, Breslau 1937, S. 88, 118

230 Loccum, modellhafter Altaraufsatz inform eines Reliquienschreins, aus der Mitte des 13. Jhs., im 19. Jh. stark restauriert; in der Kirche des ehem. Zisterzienserklosters zu Loccum

»Einzigartig ist der ursprüngliche Aufsatz des Hauptaltares, ein mächtiger hölzerner Reliquienschrein, eine kleine Kirche mit Giebeln, Dächern ... wie die kostbaren Metallschreine des 13. Jhs., reich dekoriert mit geschnitztem Rankenwerk«, schreibt Gustav André, und Georg Dehio fügt hinzu: »... ehedem mit interessanter Einrichtung für die Sichtbarmachung der Reliquien.« Aus Eichenholz gefertigt, sind seine Maße: L 376, B 60, H 148 cm. Die Kirche, um 1240 begonnen, erlebte 1244 die Weihe vom Marienaltar im nördl. Querhaus und weitere Weihen 1249, 1276/77, dazu eine »bereinigende« Restaurierung 1848-54 unter dem hannoverschen Architekten C. W. Hase.
Lit.: Dehio, Kunstdenkmäler, I, 1935, S. 205 f.; Gustav André, Kloster Loccum (= Große Baudenkmäler Heft 160), München-Berlin 1959, S. 10

231 a Lorsch, Krs. Bergstraße/Hessen, modernes Rekonstruktionsmodell der Torhalle der ehem. Abteikirche St. Nazarius (774 bis 9. Jh.); im Römisch-Germanischen Zentralmuseum zu Mainz
Lit.: Kat. d. Ausstellung Karl d. Gr., Aachen 1965, S. 427, Nr. 589 a

232 Ludwigshafen am Rhein, Modell der Rheinschanze, vor 1790; ehem. im Stadtmuseum Ludwigshafen, Kriegsverlust; dafür befinden sich in der dortigen Sammlung noch Modelle von 1820, 1834 und 1852 sowie das moderne (1958 von A. Weigel gefertigte) Rekonstruktionsmodell des 1794 zerstörten Schlosses in Ludwigshafen-Oggersheim (siehe dazu: Karl Lochner, Schloß und Garten Oggersheim 1720-94, Speyer 1960, S. 59, Abb. 32, 33, 43, 45. – Siehe hier Nr. 368 B

233 Lüneburg, Lehr-Modell eines Siedehauses, 18. Jh.; ehem. in der Lüneburger Ritterakademie, nun im Museum für das Fürstentum Lüneburg, Inv.-Nr. 613
Auf einer Grundplatte 60 x 25 cm stehend, ist das aufklappbare und im Innern mit vier kleinen Bleipfannen sowie mit eingeworfenem Brennholz im Schuppen und mit Stroh gedeckte Holzmodell mit aufge-

klebten Buchstabenschildchen versehen (die eine verlorene Beschreibung nahelegen). In Lüneburg gehörten zur Saline ehedem 54 derartige Siedehäuser, die der seit dem 19. Jh. einsetzenden Modernisierung zum Opfer fielen.

233 M-Q Lüneburg, fünf vom Lüneburger Stadtbaumeister Havemann um 1910 (nach dessen exakten Vermessungen) gefertigte Lehrmodelle geben die damalige Bausubstanz folgender Lüneburger Bauten wieder: der Kirchen St. Johannis, St. Michaelis und St. Nikolai sowie des Rathauses und des Krans; im Museum für das Fürstentum Lüneburg (teils ausgestellt)
Lit.: Havemann, Zimmerwerke des Mittelalters, in: Zs. für Bauwesen, 1916

–
Magdeburg (ottonisches Stiftermodell des Domes) siehe [73]

234 Mannheim, Modell der sogen. Dalberg-Bühne des Nationaltheaters; im Städt. Reiss-Museum zu Mannheim
Mit der ersten Vorstellung am 7. Oktober 1779 beginnt die berühmt gewordene Wirkung jenes vom Kurfürsten Karl Theodor von der Pfalz für Mannheim schon 1777 geplanten Nationaltheaters. Gegenüber der Mannheimer Jesuitenkirche, 1775-78 von Lorenzo Quaglio (1730-1804) erbaut, hat es bis zu seiner Zerstörung 1795 unter der Intendanz von Wolfgang Heribert Reichsfreiherr von Dalberg (1750-1806) – dank des Engagements neuer Schauspieler, darunter solcher aus Gotha und Ekhofs Schule, und einer gestrafften neuartigen Bühnenorganisation, eine Blüte und Ausstrahlung sondergleichen erfahren. Neben Dalbergs Bedeutung mag auch die des Schauspielers Iffland und des Theaterdichters Schiller (dessen »Räuber« dort am 13. Januar 1782 zur Uraufführung kamen) nicht unerwähnt bleiben.
Lit.: Kat. d. Mannheimer Theater-Ausstellung 1929; Das neue Nationaltheater. Festschrift zur Eröffnung des neuen Mannheimer Nationaltheaters, hrsg. v. C. H. Drese, Heidelberg 1957, S. 145-148 (darin 7 Abb. von Modellen zum Wettbewerb Nationaltheater; dessen Richtfest am 28.6.1956); Heinz Kindermann, Theatergeschichte Europas, Bd. IV, Salzburg (1961), S. 676ff. mit Abb. S. 677 u. 688; Harald Zielske, Deutsche Theaterbauten bis zum 2. Weltkrieg, Berlin 1971, S. 27; Herbert A. Frenzel, Geschichte des Theaters. Daten und Dokumente 1470-1890, München 2. Aufl. 1984, S. 240f., 358, 360, Abb. 101 a+b/S. 271 (Schnitt und Grundriß)

235 Marbach/Elsaß, Erinnerungs-Modell von der Ruine des Augustiner-Chorherrenstifts samt Kirche (im Zustand von ca. 1820), angefertigt von Ch. Foltz, Mitte des 19. Jhs.; im Museum Unterlinden zu Kolmar
Lit.: Rudolf Kautsch, Der romanische Kirchenbau im Elsaß, Freiburg/Br. 1944, S. 148, Abb. 132ff.

233

234

236 Marienberg bei Raitenhaslach (Ldkrs. Altötting), Bauausführungs-Modell der Pfarr- und Wallfahrtskirche, um 1760 von Franz Alois Mayr; im Besitz der Kirche von Marienberg

»Franz Anton Glonner K. Regierungs- und Stadt-Maurermeister in Burghausen giebt dieß Modell zum Andenken und Aufbewahrung der Kirche S. Mariaberg, in der Hoffnung, daß dasselbe gut aufgenommen und unbeschädigt erhalten werde. Er empfiehlt sich hiermit Sr. Titl. Hochwürden Herrn Pfarrer zu ferneren Freundschaft und Gewogenheit.«

Damit bekennt sich der Vorbesitzer zu seiner Schenkung, was der in auseinandernehmbaren Holzmodell eingeklebte Zettel bekundet; zumal Kilian Kreilinger[127] überzeugend darlegen konnte, daß als Schöpfer der 1760-64 erbauten Marienberger Kirche nur Franz Alois Mayr in Betracht kommt.

Der Westteil des relativ gut erhaltenen, mit seiner gesamten Innenausstattung versehenen, 70 cm langen, 68 cm breiten Modells ist, zu öffnen und läßt dadurch die sich vom weißen Wandton gut absetzenden gelborange marmorierten Pilaster sowie die im gleichen Ton erscheinenden Architekturglieder des Hochaltars erkennen, ebenfalls die in leuchtenden Ölfarben gemalten Fresken und den grau gehaltenen Stuck, auch die vier Seitenaltäre samt Orgel. Goldfarbe, bereits am Schmuck des Hochaltars, überzieht selbst die aus Holz geschnitzten Oratorien, Kanzel und Abtbalkon. Turmhöhe 108 cm

Lit.: Kilian Kreilinger, Der bayerische Rokokobaumeister Franz Alois Mayr, Diss. Universität München 1975, S. 79-84

237 Marienburg im ehem. Westpreußen, modernes Rekonstruktionsmodell der Hochmeisterresidenz mit Hochschloß, Schloßkapelle, Mittelschloß und Hochmeisterpalast, angefertigt von Horst Dühring; im

236

236

Besitz des Geh. Staatsarchivs PK Berlin und ausgestellt in »Unter Kreuz und Adler. Der Deutsche Orden im Mittelalter« 1990, E 1 – um so die Marienburg und ihre Baugeschichte dreidimensional zu vergegenwärtigen: Seit ca. 1290 baubegonnen, erfogte ab etwa 1320-44 der Umbau des Konventshauses zum Hochschloß, der sich Ende des 14. Jhs. bis 1398 die Errichtung des Hochmeisterpalastes anschloß.

Lit.: Bernhard Schmid, Führer durch das Schloß Marienburg in Preußen Berlin 4. Aufl. 1942; Die Marienburg. Amtl. Führer, Marienburg 3. Aufl. 1941; siehe hier S. 17

238 Marksburg ob Braubach/Rhein, Modell der seit 1899 von Bodo Ebhardt (1865-1945) restaurierten Burg; dargestellt im Hintergrund des in Öl gemalten Porträts Bodo Ebhardts (in der alten Bibliothek auf der Marksburg)

Ebhardt hat sich um die Erhaltung zahlreicher Burgen verdient gemacht; dafür zeugen Restaurierungen und sogar einige erhaltene Modelle – das Gipsmodell der Hochkönigsburg (bei Schlettstadt im Elsaß) im Busch-Reisinger-Museum der Harvard-University zu Cambridge/Massachusetts ebenso wie das zur Veste Coburg, siehe hier Nr. 114 B. – Sonderausstellungen mit Modellen und Plänen seiner Werke wurden auf der »Großen Berliner Kunstausstellung« 1913 und anläßlich der 75-Jahrfeier 1974 im renovierten Dachgeschoß der Marksburg veranstaltet.

Lit.: Oskar Doering, Bodo Ebhardt, Berlin 1925; Bodo Ebhardt, Der Wehrbau Europas im Mittelalter, Berlin 1939; Klaus Eb-

239

239 Michaelbeuern (Land Salzburg), Modell des geplanten Klosterneubaus von Franz Alois Mayr 1768; in der Bibliothek des Stifts Michaelbeuern

Nachdem im 17. Jh. die erstmalig 1070 geweihte, bereits mit einem spätgotischen Chor bereicherte Stiftskirche »barockisiert« worden war, betraute Anton Moser, 1765-83 regierender Abt des Benediktinerstifts, den Baumeister Franz Alois Mayr aus Trostberg in Oberbayern mit einer Neubauplanung und entsprechender Herstellung eines Modells (für das Mayr laut »Baubuch«-Eintragung vom 14.2.1768 100 Fl. erhielt)

Dieses in Holz – über der Abtei mit abhebbaren Dächern und drei Geschossen, jeweils mit Raumaufteilung und Treppen – angefertigt, zeigt weiß getönte Fassaden, gelbe Gewände und Profile, ziegelrote Dachflächen und Turmhauben. Pavimente bestehen im Klosterteil aus kariertem Papier. Broderieparterre, in 4 Felder unterteilt, füllen die beiden östlichen Höfe. Die plastisch profilierte Doppelturmfassade der Kirche hat resedagrüne Pilaster und rotmarmorierte Säulen. Über dem Portal die Jahreszahl MDCCLXVIII (= 1768). Schwarze Eisen kennzeichnen die grünen Kirchenfenster. Unübersehbar sind in den Grundrissen der verschiedenen Etagen jene in die Fußböden eingeklebten Zettelchen mit Raumbezeichnungen – wie etwa im Keller, anschließend an den Chor – »Sakristey«, »Kreuz-Gang«, »Schneiderei« usw. Hinzuweisen bleibt auf das Gemäldemodell für die Kirchenkuppel, eine ausgehöhlte Holzscheibe (Kalotte) mit 37,5-38 cm Dm. und 5,6 cm Scheitelhöhe; auf deren Unterseite die Ölfarben-Skizze »König David empfängt die jüdischen Helden« von Joseph Söll aus Trostberg, 1770, erscheint. – Nach dem Kloster-Modell kam lediglich der jetzige Konventstock zur Ausführung.

Lit.: ÖKT, Bd. X Die Denkmale d. polit. Bezirks Salzburg, Teil II Die Gerichtsbez. Mattsel u. Oberndorf, bearbeitet von Paul Buberl, Wien 1913, S. 544, Fig. 535 ff.; Kilian Kreilinger, Der bayerische Rokokobaumeister Franz Alois Mayr, in: Jb. d. Ver. f. christl. Kunst 9, München 1976, S. 112-115, Anm. 191

240 a Minden, Rekonstruktionsmodell des 952 geweihten Dom-Neubaus, im Maßstab 1:100 (nach H. Thümmler); im Museum f. Gesch., Landes- u. Volkskunde Minden; siehe H. Thümmler, Die karolingische Baukunst in Westfalen, Wiesbaden 1957, S. 54 ff.; Kat. d. Ausstellung Kunst und Kultur im Weserraum, Bd. 2, Corvey 1966, Nr. 404 a

241 Molsberg, Oberwesterwaldkreis, 65 cm hohes hölzernes Erinnerungsmodell der mittelalterlichen Burg, 1760 angefertigt anläßlich des Abbruchs der Burg, um Platz zu machen für den Neubau des 1766-68 errichteten Barockschlosses des Erzbischofs von Trier Johann Philipp von Waldersdorff (re. 1756-68); im Schloß Molsberg

Lit.: Die Bau- u. Kunstdenkmäler d. Reg.-Bez. Wiesbaden Bd. IV Kreise Biedenkopf, Dill, Oberwesterwald u. Westerburg, Frankfurt/M. 1910, S. 152-155, Fig. 165, 166; Dehio, Rheinland-Pfalz-Saarland, 1972, S. 579

242 Moritzburg nördlich von Dresden, Modell des Jagdschlosses, angefertigt zwischen 1591/1604; ehem. im Grünen Gewölbe zu Dresden, nun in Schloß Moritzburg

Das 59 x 56 cm große und 24 cm hohe, wohl vor 1600 entstandene und vielleicht von Paul Buchner veranlaßte Holzmodell vermittelt die Gestalt des am Rande des Friedewalds im Wasser gelegene, bewehrte Schloß, das sich Herzog Moritz von Sachsen 1542-46 durch Hans von

239

239

Dehn-Rothfelser (1500-61) errichten ließ und dann 1582-84 Umbauten und Aufstockungen durch Paul Buchner (1531-1607) erfuhr. Spätere Baumaßnahmen, wie die Anfügung der Kapelle 1661-67 durch Wolf Caspar von Klengel (1630-91) und die grundlegende Umwandlung 1723-26 nach Ideen Augusts des Starken, fehlen darum noch.
Lit.: Bruck, Schloßmodelle, 1915, S. 10 Abb. 7; H. G. Franz, Zacharias Longuelune und die Baukunst des 18. Jhs. in Dresden, Berlin 1953, Abb. 186; Löffler, Das alte Dresden, 1955, Abb. 141; Lothar Kempe, Schlösser und Gärten um Dresden, 1957, Abb. S. 10; Gerhard Thümmler, Betrachtungen zur Baugeschichte ... Moritzburg, in: Sächsische Heimatblätter 1972, S. 57-72 mit Abb. (4: des Modells); Reuther, Burgen, 1974, S. 109

243 A bis E München, fünf Stadtmodelle altbayerischer Hauptstädte, 1568-74 angefertigt von Jakob Sandtner; ehedem in der herzoglichen Kunstkammer im Antiquarium der Münchner Residenz, jetzt im Besitz des Bayerischen Nationalmuseums zu München. Es handelt sich um die Städte:
A: Burghausen (1574)
B: Ingolstadt (1572; dazu siehe hier Nr. 193)
C: Landshut (1571)
D: München (1570, mit nachträglichen Änderungen)
E: Straubing (1568)
Stadtmodelle nehmen im Bereich des Architekturmodells eine Sonderstellung insofern ein, als städtische Gesamtdarstellungen erst seit dem 16. Jh. im deutschen Sprachraum nachweisbar sind, und zwar infolge einer geometrisch-kartographisch begründeten, perspektivisch ganzheitlichen Raumvorstellung italienischer Prägung. Die bedeutendste Folge derartiger Stadtmodelle entstand im Auftrag Herzog Albrechts V. von Bayern durch den Straubinger Drechslermeister Jakob Sandtner. Er fertigte Lindenholz-Modelle von teils beachtlicher Größe, so mißt das Münchner Modell 199 x 189 cm, bei einem Maßstab 1:616. Diese Stadtmodelle dürften vermutlich unter Mitwirkung von Bausachverständigen und Feldmessern geschaffen worden sein. Ihre kartographische Genauigkeit konnte Sandtner nicht einheitlich durchhalten. Um Dominanten im Stadtbild hervorzuheben, wurden monumentale Baukörper, vor allem die Kirchtürme, proportional überhöht sowie Straßen, Gassen und Plätze regelmäßig in ihrer Breite übertrieben. In erster Linie sollten die Sandtnerschen Stadtmodelle vom Ruhm des Landesfürsten künden und waren daher als Kunstwerke anzusehen. In zweiter Funktion erst dienten sie städtebaulichen und fortifikatorischen Zwecken.
Lit.: Alexander Frhr. v. Reitzenstein, Die alte bairische Stadt in den Modellen des Drechslermeisters Jakob Sandtner ..., München 1967; R. Fuchs, Die Befestigung Ingolstadts bis zum 30jährigen Kriege, Würzburg-Aumühle 1939, S. 54 ff. Abb. 52-55; Norbert Lieb, München. Die Geschichte seiner Kunst, München 1971,

239 Erdgeschoß des Klosters

242

Abb. S. 17-19, 24, 26, 50, 63; Kat. Bayern, 1972, Nr. 345 und 346 (moderne Kopie nach Sandtners München-Modell und Kopie von Andreas Heigl 1883 nach Sandtners Straubing-Modell); Burg zu Burghausen. Amtl. Führer, bearbeitet v. Elmar D. Schmid, 1978, Abb. 32; Reuther, 1974, S. 106 f., Abb. 2

244 München, Modell der Stadt, angefertigt 1846-68 durch J. B. Seitz; im Bayerischen Nationalmuseum zu München
Dieses Rundmodell im Maßstab 1:750 vermittelt die ebenso planmäßige wie großzügige Stadterweiterung unter Bayerns Königen Ludwig I. und Maximilian II.
Lit.: Norbert Lieb, München. Die Geschichte seiner Kunst, München 1971, Abb. S. 250, 252, 266, 287, 292

245 A bis D München, Modelle, die in Urkunden des Staatsarchivs für Oberbayern erwähnt (aber verschollen) sind:
A: 1612 Taglohn bezahlt an den Kistler Sebastian Rutt »von einem Modell einer Festung und zwei Truhen dazu zu machen«; Hofzahlamtsrechnung 1612, Bl. 463 b
B: 1614 sechs Gulden bezahlt an einen Land-Zimmermeister (in Aschau ?), der »zur Fürstlichen Hofkammer ein Modell oder Visier eines Hammerwerks geliefert«; Hofzahlamtsrechnung 1614, Bl. 433
C: 1671 erhält ein Drechsler Bezahlung für Arbeit »Zum Wassermodell« eines französischen Ingenieurs (Le Roy); Hofzahlamtsrechnung 1671, Bl. 506
D: Am 14. Febr. 1722 erhält der Hofbaumeister Joseph Effner (1687-1745)[16] eine Abschlagszahlung von 84 Gulden »wegen Perspektivmodelle«; Hofregistratur Fasz. 120, Band Lit. A, Abschlagscheine 1716-26

246 München, Modell-Nachweise zur 1718 vollendeten Dreifaltigkeitskirche, 1711-14 im Staatsarchiv für Oberbayern:
a: 1711/12 Kleine Zahlung an Tagwerker, die das Modell der Dreifaltigkeitskirche vielmals zu gehaltenen Konferenzen getragen; Kl. Lit. 455/9 (Karmelitinnenkloster und Dreifaltigkeitskirche), Rechnung 30.9.1711 bis 31.12.1712, Bl. 44 b
b: 14. Jan. 1712 Viscardi soll zur Fassade der Dreifaltigkeitskirche in München »einen Riss oder Modell verfassen«; Kl. Lit. 457/11
c: 20. April 1712 »Nach dem allbereits verfaßten Modelle mit der Kuppel« wird der Bau der Dreifaltigkeitskirche auf 24 000 Gulden kommen; Kl. Lit. 457/11. – An dem Modell Viscardis ist ein Kistler beteiligt; Kl. Lit. 454/4
d: 1713/14 Ein nicht namentlich genannter Kistler »so das Modell gemacht«, erhält 6 Gulden; Kl. Akt 455, Baurechnungen der Dreifaltigkeitskirche in München vom 1.1.1713 bis 9.2.1716, Bl. 42

—

München, Michaelskirche (1597) siehe deren Stiftermodell und hier Nr. 250 B

243 D *Nordostteil*

244

247 München, Servitinnenkloster (Herzogspital), 1729 hat der Kistler für dessen Modell noch 35 Gulden zu fordern; Bayer. Staatsarchiv für Oberbayern, Kl. Lit. 470/7. – Ebenda, dem Maler sind für das Modell 15 Gulden bezahlt worden

248 München, Modell zur Kath. Pfarrkirche St. Kajetan, der 1663-67 baubegonnenen, ehem. Theatinerkirche, durch folgende Rechnungen belegt:
1666 Der Baumeister (Lorenzo Perti) hat einen Kistlergesellen namens Carlo Angelino kommen lassen, »das Modell zu der Kirche zu machen«. Der Kistlergeselle erhält vom 1. Febr. bis 20. März 1666 Wochenlohn. Im Okt. 1666 ist er immer noch beschäftigt. Am 20. Febr. 1667 verbucht man Ausgaben von 24 Gulden 23 Kreuzer für das »zum Kirchenmodell hergegebene Holz«. 19. Mai 1668 Zahlung an den Kistler Carlo Angelino. 14. Aug. 1668 28 Gulden bezahlt an den Hofdrechslermeister Jeremias Hofiele »für gemachte Arbeit zu dem Kirchenmodell«. Jonas Wolff, Maler, erhält 27 Gulden, für drei große vergoldete Knöpfe zu den Kuppeln und zugleich die Postamenta, darauf erstbenannte Knöpfe stehen, anzustreichen. 13. April 1669 bezahlt 22 Gulden an Balthasar Ableithner, Bildhauer, um zu dem Modell gemachte und ausgeschnitzte Bilder; alle im Staatsarchiv für Oberbayern, Kl. Lit. 474/2, München Theatinerkirche, Rechnungen

249 München, Kirchenmodell, datiert 1706 am Turm in Kartusche und 1749 (über dem Portal); im Bayer. Nationalmuseum, München
Das farbig bemalte Modell besteht aus einem 38 cm langen, 23 cm breiten und bis

249

252

zum First 38 cm hohen Kirchenschiff, an dessen Südseite ein mehrgeschossiger Turm über 13 x 10 cm Grundfläche 80 cm hoch aufragt. Die Fenster mit eingesetztem Glas sind mit Bienenwabensprossen bemalt. Über dem Nordportal eine aufgemalte Sonnenuhr, am Turm Uhren mit Ziffern. Das Kircheninnere charakterisieren Altar, Bänke, Wandfresken.
Lit.: Kat. d. Ausstellung Bayern Kunst und Kultur, 1972, Nr. 1172

250 a und b München, Rekonstruktionsmodelle zu didaktischen Zwecken, modern angefertigt; im Deutschen Museum zu München, Inv.-Nr. 2896 und 5009
a: die Münchner Frauenkirche als Beispiel des massiven gotischen Ziegelbaus des 15. Jhs.
b: die 1583 baubegonnene, 1597 geweihte Jesuitenkirche St. Michael, in der Neuhauserstraße, und zwar deren Dachstuhl-Konstruktion

251 A bis D München, nachweisbare, aber nicht mehr erhaltene Modelle:
A: 1613 hat der Hofbaumeister Heinrich Schön d. Ä. ein »Modell« zum Hofgarten bei der Residenz in München geschaffen (siehe N. Lieb, Münchener Barockbaumeister, 1941, S. 35). Es war offensichtlich die Projektvorlage zu jenem unter Herzog Maximilian bis 1618 von Schön vollendeten Gartenareal, in dem sich – nach dem Merianstich zu urteilen – eher französische Vorbilder (Fontainebleau etwa) denn italienische abzeichnen, obwohl Einzelelemente, wie das »italienische« Gartenkasino und die Innendekoration der Residenzneubauten, Maximilians Vorliebe für italienische Stileigentümlichkeiten nahelegen[15].
B: 1615 erhält Heinrich Schön d. Ä. Bezahlung für das »Modell zum Turm« der Münchner Residenz (wohl der Turm zwischen Kaiserhof und Brunnenhof); München, Staatsarchiv für Oberbayern, Hofbauamtsrechnungen 1615 (siehe N. Lieb, Münchener Barockbaumeister, 1941, S. 35, 228 Anm. 310
C: 1630 erhält der Kistler (!) Hans Schön eine (kleine) Zahlung »um ein gemacht Modell zur kurfürstl. Hofkapelle« der Münchner Residenz; Staatsarchiv für Oberbayern, Hofbauamtsrechnungen 1630, Bl. 174 b

252

252

D: 1720 hat der Hofkistler Franz Etschmann, und zwar zu Beginn des Jahres, in der Residenz an einem Modell für Ihre Kurfürstliche Durchlaucht gearbeitet (etwa am Modell zu Schloß Schleißheim?); Staatsarchiv für Oberbayern, Hofbauamtsrechnungen 1720, Bl. 119

252 München, Modell zur Projekt gebliebenen Umgestaltung der Residenz, 1764-65 entstanden auf Veranlassung von François de Cuvilliés d. Ä. (1695-1768) und 1767 bezahlt, nach 1945 instandgesetzt; im St. Georgs-Rittersaal der Residenz zu München

Das zerlegbare Modell besteht aus bemaltem Holz und ist fest auf einem nicht ursprünglichen Sockel montiert. Maße: max. Breite 338 cm, max. Länge 419 cm, Firsthöhe des Residenzstraßentrakts 45 cm, Firsthöhe des geplanten Ostbaus 45 cm, Dachreiterspitze desselben 60 cm Spitze des Turms etwa 89 cm Höhe. Geschosse und Zwischenwände der Räume sind ohne wandfeste Ausstattung dargestellt, wo offene Fensterhöhlen wiedergegeben wurden. Bei der Farbgebung erscheinen Fassaden grau, geschlossene Fensterflächen schwarz, Freskoandeutungen in Grautönen, Marmorportale entsprechen dem roten Tegernseer Marmor, Dächer weinrot in Grautöne übergehend, am Turm farbig gestaltete Sonnenuhr und vier Zifferblätter.

Als besondere Merkmale hervorhebenswert bleiben, daß die Fassade zur Residenzstraße ungestaltet blieb (nur Fenster und Portalöffnungen sind vorhanden, aber Marmorportale und Wandmalereien fehlen). Ohne Fensteröffnungen – und daher nur in Malerei wiedergegeben – sind: a) beide Längsfassaden des Brunnenhofes, b) Fassaden des Küchenhofs, c) Fassaden des Grottenhofs einschließlich der offenen Loggia sowie d) der Königsbauhof. Der Ostflügel und der Nordflügel (des nachmaligen Klenze-Baus) mit ihren Höfen haben offene Fensterhöhlen.

Im Amtlichen Führer zur Residenz München schreibt Hans Thoma (1937 S. 23 f.): »Noch einmal – am 5. März 1750 – wird die Residenz von einem verheerenden Brande heimgesucht ... Neu errichtet wurde nur südöstlich des Residenzgartens ein von der Residenz durch feuerfeste Mauern getrenntes Residenztheater; nachdem der von Cuvilliés d. Ä. geschaffene Plan genehmigt und am 9. Juli 1751 der Grundstein gelegt wurde, steht am 9. Februar 1753 ›das Neue Theatre-gebäu bereits ganz unter dem Tach‹ und kann noch am 12. Oktober desselben Jahres mit der Aufführung einer italienischen Oper (›Catone in Utica‹ von Ferrandini) eröffnet werden.

Von 1761 bis 1763 wird die sparsame Neueinrichtung der Kurfürstenzimmer unter der Leitung von Cuvilliés vervollständigt ... Im Zuge dieser ›Ausgestaltungen‹ wurde im Frühjahr 1764 die Prachttreppe in Stiegenhaus der Grünen Galerie abgetragen und an ihre Stelle im Erdgeschoß mehrere Zimmer, im Obergeschoß ein großer Marmorspeisesaal geschaffen. Selbständige Bauunternehmungen aber konnten nicht mehr in Angriff genommen werden; die ursprüngliche Absicht einer großzügigen Neugestaltung der gesamten Residenz durch Cuvilliés, wovon noch Fassadenentwürfe und ein Holzmodell erhalten sind, scheitern an der herrschenden Finanznot.«

Lit.: Festschrift zur Eröffnung des Alten Residenztheaters (Cuvilliés-Theater), München 1958; Vierte Festschrift zum Wiederaufbau der Residenz, München 1959; Wolf[223]; Kat. Bayern Kunst und Kultur, 1972, Nr. 979; Reuther, Burgen, 1974, S. 111 Abb. 8

253 München, 1762 hat der Zimmermeister Johann Adam Schwanck in München-Au zum Hofkammerpräsidium »unterschiedliche Modelle verfertigt« und erhält dafür 44 Gulden 5 Kreuzer; Staatsarchiv für Oberbayern, Hofzahlamtsrechnungen 1762, Bl. 490 b

254 München, Modell der Glyptothek nach Leo von Klenzes (1784-1864) Entwürfen um 1823; in den Bayer. Staatsgemäldesammlungen, B 624
Ausgeführt in Pappe über Holzgerüst, farbig gefaßt, 13 x 52, 5 x 18,4 cm. »Das maßstabsgetreue Modell zeigt die in Marmor hergestellten Teile der Hauptfassade sowie der schmalen Seitenabschnitte ohne die sich anschließenden Hofflügel. Die Rückansicht weist die Hoffront des Haupttraktes auf mit den beiden hochliegenden Lünettenfenstern und der Hoftreppe. Die rechteckigen Fenster neben der Vestibültür fehlen.
Die Formgebung der Hauptfassade entspricht bis auf die fehlenden Giebelakrotere und die Glaslaternen der Eckrotunden der Ausführung. Die Statuen der Nischen und des Giebels, die auch bei der Eröffnung der Glyptothek 1830 noch nicht ... versetzt worden waren, gleichen jenen auf der Lithographie Klenze/Heinzmann. Die Hauptfassade war im Aug. 1823 ausgeführt. Die Entscheidung, auf die Kanneluren der Säulenschäfte zu verzichten, war erst Ende 1822 gefallen. Das Modell müßte demzufolge um 1823 entstanden sein und diente offensichtlich nicht als Vorlage für die Ausführung, sondern als nachträgliches Werkmodell. Da auf die rückwärtigen Flügel verzichtet wird, konnte es am ehesten zur künftigen Bebauung des Königsplatzes als Maßstab dienen.«
Bereits 1816 hatte Klenze dem Kronprinzen ein derartiges Modell angeboten: ›Da ich voraussehe daß nach den gegebenen Bedingnißen die Glyptothek für den großen Platz auf welchen sie steht leicht zu klein werden mögte, so schlug ich heute [23. Febr. 1816] beim Spazierengehen auf dem Platze selbst dem Kronprinzen vor ein Modell aus Holz und Leinenwand in wahrer Größe machen zu lassen welches mit 600 fl. erlangt werden könnte ...‹. Der Vorschlag wurde damals abgelehnt (Klenzeana, Memorabilien I, 1, fol. 24 r.), heißt

254

254

254

Richard Wagner strebte schon im Vorwort zur Ringdichtung 1862 »ein provisorisches Theater, so einfach wie möglich, vielleicht bloß aus Holz, und nur auf künstlerische Zweckmäßigkeit des Inneren berechnet« an. So entstand der Gedanke des Einbaus solch' provisorischen Theaters im Glaspalast, jener 1854 in München errichteten Ausstellungshalle. »Am 10.5.1865 sandte Semper erste Pläne an Wagner, am 20.10.1865 waren Modell und Arbeit ›vorgerückt‹, Ende November 1865 schickte Semper die Pläne an Wagner nach München, Anfang 1866 das Modell an Ludwig II. Schon am 22.3.1866 wurde Semper mitgeteilt, das Interesse des Königs für das Provisorium sei erkaltet und nur auf das monumentale Theater gerichtet. Das Handelsministerium verweigerte die Freigabe des Glaspalastes, da er zu verschiedenen Ausstellungen benötigt wurde, die oberste Baubehörde erklärte das Projekt aus technischen Gründen für undurchführbar (die Anlage eines Bühnenkellers sei ausgeschlossen, weil unter dem Boden zur Verhütung der Feuergefahr eingebaute Rohre und Schlauchleitungen nicht entfernt werden könnten).

es neben den Modellabbildungen im zur 150-Jahr-Feier erschienenen Kat. Glyptothek München 1830-1980 (München 1980, S. 540 Nr. 214).
Lit.: Kat. Bayern Kunst u. Kultur, 1972, Nr. 1719; Reuther, Daidalos, 1981, Abb. S. 109; Kat. Abenteuer der Ideen, 1984, S. 316

255 München, Modell zur Alten Pinakothek, auf Betreiben von G. v. Dillis und im Auftrag Leo von Klenzes zwischen 1822 und 1823 angefertigt; im Bes. d. Bayer. Staatsgemäldesammlungen, B 623
Das farbig gefaßte, aus Pappe über Holzgerüst hergestellte, 18,5 x 90 x 33,5 cm große Modell zeigt die südliche Hauptfassade mit einer Arkadenordnung vor Hinzufügung der Balustrade mit den 25 monumentalen Künstlerstatuen. Auch die Nordseite entspricht nicht der Bauausführung, sondern stellt eine Alternativlösung der Südfassade dar. So spiegelt das Modell eine Zwischenlösung wider, und zwar »das Stadium der Planung nach den Veränderungen am Portikus und an den Fenstern des Erdgeschosses. Das Attikageschoß ist hier bereits mit einer Pilastergliederung versehen, während die Künstlerbalustrade fehlt.« – Unter König Ludwig I. von Bayern wurde die Pinakothek 1825 grundsteingelegt und 1836 bezogen.
Lit.: Peter Böttger, Die Alte Pinakothek in München, München 1972, S. 37, 227, Abb. 39-47 (des Modells); Oswald Hederer, Leo von Klenze [1784-1864], München 1964, S. 289; Kat. Bayern Kunst u. Kultur 1972, Nr. 1744

256 München, Modell eines provisorischen Richard-Wagner-Festspielhauses im Glaspalast zu München; veranlaßt von Gottfried Semper (1803-79) 1865/66; im Ludwig II.-Museum im Schloß Herrenchiemsee, Inv.- Nr. 649
Das aus Fichtenholz mit aufgeklebtem, farbig getuschtem Papier gefertigte Modell mit in zwei Teilen abhebbarem, rot und grün gestrichenem Bühnendach steht auf 163,5 x 108,3 cm großer Grundplatte, wobei der Gebäudekomplex 125 cm lang und 69 cm breit ist; die Firsthöhe beträgt 42,5 cm; die Figuren über der Loge in Gips, teils ergänzt, die Säulen geschnitzt und die bemalten Bühnenportalvorhänge sind aus Karton geschnitten.

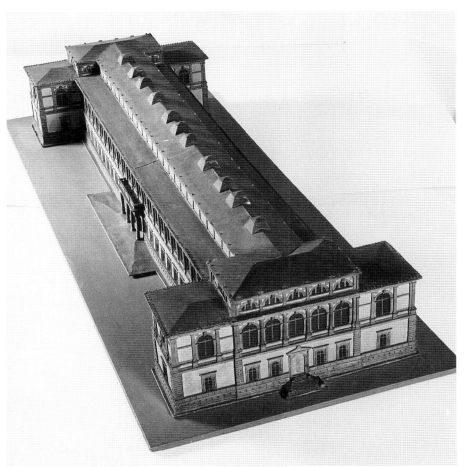

255

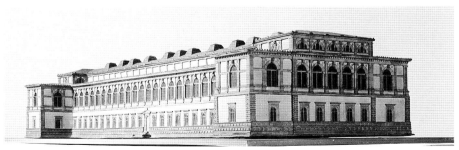

255

107

256

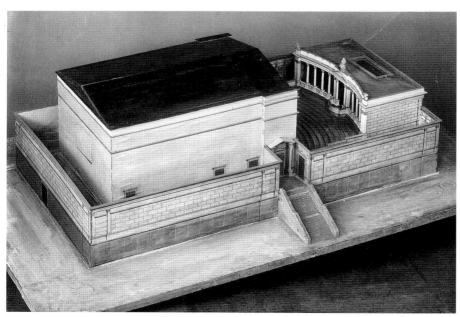

256

Semper stellte den Theaterbau aus Mauerwerk und Holz als längsrechteckigen Komplex in die Mitte der riesigen Halle, umschlossen von einer nur von den beiden Zugängen unterbrochenen Mauer mit Quaderteilung und Pilastergliederung. Die Gestaltung des ungedeckten, amphitheatralischen Zuschauerraums mit parallelen Seitenwänden, zentralem, vertieftem Orchesterraum und verdoppeltem Proszenium folgt den beim großen Festspielhausprojekt erläuterten Prinzipien. Hinter der rückwärts abschließenden Kolonnade sind Logen und Salons für die Königsloge angeordnet. Im Gegensatz zu der überdehnten Breite des Auditoriums des Monumentalprojektes ist der Zuschauerraum hier in für die Bühnensicht günstigen Proportionen gehalten«, heißt es im Kat. König Ludwig II. und die Kunst (München 1968, S. 154, Nr. 85, Abb. S. 79)
Lit.: Herrenchiemsee. Amtl. Führer, bearbeitet v. Heinrich Kreisel, 1. Aufl. 1929, S. 55, Abb. 21 (Aufl. 1960, S. 51 Abb. 19); Eugen Roth, Der Glaspalast in München. Glanz und Ende 1854-1931, München 1971, Abb. S. 31; Martin Fröhlich, Gottfried Semper. Zeichnerischer Nachlaß an der ETH Zürich. Kritischer Katalog, Basel-Stuttgart 1974, S. 158 Abb. 179

257 München, Modell des projektierten Richard-Wagner-Festspielhauses jenseits der Isar, und als Point-de-vue einer vom Hofgarten hinführenden Straße, veranlaßt 1865/66 von Gottfried Semper; das Originalmodell mit ausgearbeitetem Zuschauerraum verbrannte während d. 2. Weltkriegs im Theatermuseum München; die 1926/27 nachgebaute Kopie des Modells (in Birnbaumholz 216 x 142 x 21 cm, und zwar ohne Zuschauerraumausstattung) von Hermann R. Dürr befindet sich im Ludwig II.-Museum im Schloß Herrenchiemsee, Inv.-Nr. 606
Sempers projektiertes Festspielhaus mit ca. 175 m Breite, 102 m Länge und 50 m Höhe begleitete folgender Planungsablauf:
26.11.1864 teilt Ludwig II. Wagner seinen Entschluß zum Neubau eines steinernen Theaters mit,
13.12.1864 schreibt Wagner an Semper vom Auftrag des Königs,
29.12.1864 Audienz Sempers beim König; Planung eines provisorischen Theaters im Glaspalast,
September 1865 war Semper zu Terrainstudien in München,
10.12.1865 reist Wagner aus München ab, März 1866 sind die Pläne vorangekommen, im Mai 1866 vollendet, im Juni nach München unterwegs,
Ende Dez. 1866 ist das Modell vollendet, dann über Neujahr in Zürich und im Januar 1867 in München aufgestellt,
im März 1867 zur Grundsteinlegung zu schreiten, wie es des Königs Absicht war, wird von Wagner wie von Cosima, selbst von der Umgebung Ludwigs II. gebremst,
7.9.1867 wird Semper von der Kabinettskasse mitgeteilt, das Projekt sei fallengelassen worden.
Trotzdem darf man »in Sempers Projekt

257

nach städtebaulicher Lage, Monumentalität sowie Gliederung und Proportionierung der Baumassen die bedeutendste Schöpfung des 19. Jhs. im Theaterbau sehen. Seine äußere Gestaltung war Ausgangspunkt für die großen, späteren Theaterbauten Sempers in Dresden und Wien und mehrfaches Vorbild für andere Architekten. Die Gestaltung des Zuschauerraumes nach Wagners von Semper tektonisch formulierten Ideen wurde gebaute Realität in Otto Brückwalds Bayreuther Festspielhaus (1872-76) in minderem Material, später in Max Littmanns Münchner Prinzregententheater (1900/01) in repräsentativer Ausführung; sie beeinflußte außerdem die vor allem von Littmann propagierte amphitheatralische Gestaltung des ›Volkstheaters‹ als demokratischer Alternative zum herkömmlichen durch ständische Unterschiede bedingten Typus des Rang- und Logentheaters«, wird zurecht (1968) angemerkt.

Lit.: Kat. König Ludwig II. u. d. Kunst, München 1968, S. 151 f., Nr. 75, 76, Abb. S. 17; D. u. M. Petzet, Die Richard Wagner-Bühne König Ludwig II., München 1970, S. 297-316 m. Abb.; Kat. Bayern Kunst u. Kultur, 1972, Nr. 1942; Martin Fröhlich, Gottfried Semper. Zeichnerischer Nachlaß an der ETH Zürich, Basel-Stuttgart 1974, S. 158 Abb. 179

258 München, Modell des auf den Isarhöhen errichteten Prinzregententheaters, 1900/01 veranlaßt von Max Littmann (1862-1927); im Theater-Museum München
Der Gesamtbaukörper gliedert sich in drei wesentliche Funktionsbereiche, und zwar – was auch am Modell, aus Sperrholz und Pappe, mit aufgemalten Fenstern, Ornamenten und der Eingangsfront-Beschriftung »Der Deutschen Kunst«, auf Grundplatte von 136 x 111,5 cm, bei 36 cm Bühnenhaus-Firsthöhe, deutlich wird – in Zuschauerhaus, Bühnenhaus u. Restauration.

Zielske bemerkt dazu: »Die Errichtung des Prinzregenten-Theaters nahm die Festspielhausideen wieder auf, die in den ersten Regierungsjahren König Ludwigs II., 1864/65, im Münchner Kunstleben eine bedeutende Rolle gespielt und an deren Verwirklichung Richard Wagner und Gottfried Semper gemeinsam gearbeitet hatten. Das erneute Aufgreifen dieser Ideen für die bayrische Hauptstadt ist in erster Linie dem Generalintendanten der Königlichen Theater, Ernst v. Possart, zu verdanken. Er veranstaltete seit 1893 festspielartige Aufführungen der musikdramatischen Werke Richard Wagners, wofür der Neubau des Prinzregenten-Theaters, formal weitestgehend am Bau des Bayreuther Festspielhauses von Otto Brückwald orientiert, die geeignete Spielstätte abgeben sollte.« Nach Baubeginn 1900 wurde sie am 20. August 1901 mit dem III. Akt der »Meistersinger« von Richard Wagner eröffnet.
Lit.: Max Littmann, Das Prinzregenten-Theater in München, München 1901; Kat. Bayern Kunst u. Kultur, 1972, Nr. 2056; Harald Zielske, Deutsche Theaterbauten bis zum 2. Weltkrieg. Typologisch-historische Dokumentation einer Baugattung, Berlin 1971, S. 265-268 m. Abb.

259 München, Modell-Längsschnitt des Künstlertheaters, 1907/08 veranlaßt von Max Littmann (1862-1927); im Theater-Museum München
Für die »Ausstellung München 1908« geschaffen, war dieses intime Theater, das im 2. Weltkrieg zerstört wurde, auch ein grundlegendes Theaterbau-Reformprojekt; denn »das nach Ideen von Georg Fuchs 1907/08 von Max Littmann als Ausstellungstheater errichtete Gebäude enthielt eine reichlich flache, der herkömmlichen Tiefenbühne bewußt entgegenentwickelte Spielfläche und einen als reines Amphitheater gestalteten Zuschauerraum, bei dem lediglich der rückwärtige Abschluß durch eine Logenreihe noch als ein Entgegenkommen an die allgemein herrschenden Publikumsvorstellungen vom Theaterbau zu werten war. Beim Münchner Künstlertheater war ausdrücklich

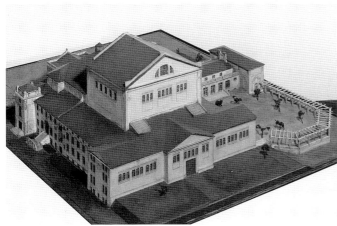

258

258

259

von einer Reform des Bühnenbildes und des Darstellungsstils ausgegangen worden, wobei alles, was bisher an Darstellungsformen aus der Tiefe der illusionistischen Kulissenbühne entwickelt worden war, nun ins Reliefhafte umgewendet und zugleich Illusionäre der Ausstattungsformen in Stilisierendes verwandelt wurde«, erklärt H. Zielske. Entsprechendes schlägt sich bereits im Holzmodell – mit den Maßen 80,4 x 164,5 x 55 cm – nieder; am Rahmen ein Zettel mit der Aufschrift »XVII Max Littmann«

Lit.: Max Littmann, Das Münchner Künstlertheater, München 1908; Harald Zielske, Deutsche Theaterbauten bis zum 2. Weltkrieg, Berlin 1971, S. 63, 286 Anm. 126, 290 Anm. 216, 295; Kat. Bayern Kunst u. Kultur, 1972, Nr. 2345

260 A und B München, Modelle im Deutschen Museum zu München, Inv.-Nr. 1278 u. 4524

A: Querschnittmodell des Justizpalastes in München; am Lenbachplatz 1897 von Friedrich Thiersch (1852-1921, dem seit 1879 in München, wo er 27jährig Professor an der TH wurde, höchst erfolgreich bis zu seinem Tode wirkenden Architekten) in Formen italienischer Spätrenaissance errichteter mächtiger viergeschossiger Hausteinblock mit zentraler vierseitiger Eisen-Glas-Kuppel. Diese erscheint auch angeschnitten im Modell, darunter das repräsentative fünfachsige Treppenhaus sowie links davon, durch jeweils eine Gangreihe getrennt, die Schnitte durch das südl. Vestibül, den Festsaal und darüber die Bibliothek, entsprechend rechts die Schnitte durch zweigeschossiges nördl. Vestibül und ebenso zweigeschossigen Schwurgerichts-Saal und Dachräume. Angefertigt wohl um 1897 im Maßstab 1:40.

B: Modell einer Hundehütte im Maßstab 1:1, als erstes Probestück in Stahlbeton angefertigt 1884 von Wayss & Freytag

–

München siehe Bamberg = Nr. 70, 70 A
München siehe Dortmund = Nr. 119
München siehe Heidelberg = Nr. 184

261

261 Münsterschwarzach, Kreis Kitzingen, zerlegbares Modell der Benediktinerabteikirche St. Felicitas, veranlaßt von Balthasar Neumann (1687-1753) vor Mai 1727 für den Bauherren Abt Januarius Schwab (1717-42); seit 1855 im Besitz des Bayer. Nationalmuseums, Inv.-Nr. 27/I 16

Das Holzmodell vermittelt den annähernden Eindruck der als Folge der Säkularisation seit 1821 völlig abgebrochenen Abteikirche. Die Maße belaufen sich in der Mittelachse auf eine Gesamtlänge von 131 cm, Gesamtbreiten im Langhaus 40,5 cm, im Querhaus 67 cm, bei der Doppelturmfassade 46,5 cm, die Höhen bis Oberkante Hauptgesims 28,5 cm, der Doppelturmfassade (einschließl. Turmspitze) 96 cm, der Vierungskuppel 81 cm, des Chorturmes 75 cm, der Vierungskuppel (lichte Höhe) 70 cm und beim Kuppel-Dm. (im lichten) 24 cm. Folgende Teile ergeben das Modell: 2 Längshälften bis Hauptgesims (einschließlich Querhaus), 2 Längshälften Obergaden mit Kuppel (einschließl. Querhaus), 1 Portal mit flankierenden Säulen, 1 Doppelturmfassade mit Giebelzwischenbau und 1 Chorturm mit Kuppel.

In sorgfältiger Tischlerarbeit mit Nut- und Federverbindungen entstanden nicht nur der Bau, sondern auch die Innenausstattung (Altäre, Chorgestühl, Emporenbrüstung im Chorraum), dazu die Holzschnit-

260 A

zerei der Kapitelle und der Bauzier-Fußboden in furnierten Quadratrauten; eiserne Scharnierverschlüsse dienen dem Auseinandernehmen beider Modellhälften. Bemerkenswert bleibt, daß ein Hoch-

altar nicht vorgesehen und die Orgelempore an der Doppelturmfassade nur noch in linker Hälfte vorhanden ist, der Sakristeianbau an der südl. Längsseite des Chores liegt, an der Nordseite des Chorschlus-

261

ses ein Ansatz für den Abteibau (halbe Achse Fassade) erscheint, die Seite des Sakristeianbaus 2 logenartige Emporen (unter der östl. Doppeltür zur Sakristei, unter der westl. Loge 1 Nebenaltar), an der Nordseite dafür 2 Nebenaltäre hat. In den Vierungspfeilern befinden sich zylindrische Schächte für Wendeltreppen zur Kuppel (je Pfeiler 1 Schacht); ein gleicher, aber im Dm. kleinerer Schacht in der Südecke des Chorschlusses. Die vertikale Schichtung des Außenmauerwerks zeigt sich sogar in der Konstruktion des Modells; daran sind nur kleine Fehlstellen und spätere Verschraubungen erkennbar.
Zur Baugeschichte und architektonischen Charakterisierung meint H. Reuther: »Der erste Großkirchenbau B. Neumanns entstand 1727-43 als Neubau anstelle eines mittelalterlichen Vorgängerbaues als dreischiffige Basilika auf lateinischem Kreuzgrundriß mit Doppelturmfassade im Westen und Chorturm. Die auf Säulenpaaren vor den abgeschrägten Vierungsecken ruhende Pendentifkuppel war ursprünglich vom Meister als Kalottenkuppel geplant, wurde aber bei der Ausführung zu einem halben stehenden Rotationsellipsoid verändert, wobei die Pendentifs als Kreiszylinderrestflächen erscheinen. Die übrige Einwölbung erfolgte mittels einer gegurteten Stichkappentonne, die auf kurzen Wandpfeilern ruhte; diese im Langhaus sowie Chor von schmalen Emporengängen durchlaufen.«
Lit.: P. Sales Hess, Balthasar Neumanns Kirchenbau in Münsterschwarzach, in: Abtei Münsterschwarzach, Festgabe zur Weihe der Kirche 1938, München 1938, S. 5-76, Abb. 1-22; Klaus Güthlein, Der österreichische Barockbaumeister Franz Munggenast, phil. Diss. Heidelberg 1973, Abb. 56; Reuther, B. Neumann, 1983, S. 161, 204, Abb. 40, 41; Erich Schneider, Die barocke Benediktinerabteikirche Münsterschwarzach, Neustadt/Aisch 1984, S. 58f., 83f., 99, Abb. 13-33

–

Neheim-Hüsten (Arnsberg) siehe Karlsbad = Nr. 198

262 Neresheim, Kreis Aalen/Württemberg, Modell des Dachstuhls über der Vierung und der Hauptkuppel der Benediktinerabteikirche Heiligkreuz, angefertigt 1757 von Hans Georg Neumayr (Zimmermeister in Wallerstein, mit dem am 29.10.1757 ein Kontakt geschlossen wurde, für 30 Gulden Bezahlung ein Holzmodell zum Kirchendachstuhl zu machen); in der Benediktinerabtei Neresheim.
Nachdem Balthasar Neumann, seit 1745 mit der Bauplanug beauftragt im Februar 1749 zur Fertigstellung der Ausführungspläne gelangt war – inzwischen hatte man mit dem Bau 1747 begonnen –, legte sein Sohn Franz Ignaz Michael Neumann (1733-85) am 1. August 1755 einen Konstruktionsriß für die von Balthasar genial geplante, massive Einwölbung der Kirche vor. Er blieb ohne Baufolgen; denn der Konvent der Abtei entschied sich 1759 für eine auf Dachwerk aufgehängte hölzerne Attrappe. So zeigt das Modell die Normalbinder des Kehlbalkendachstuhls mit liegenden Stühlen in drei Geschossen und dreifachem Hängewerk sowie die offene Konstruktion der Fehlbilder über der Hauptkuppel. Die Kuppel selbst ist in einer Bohlenlamellenkonstruktion ausgeführt. Als Bauleiter wirkte Johann Baptist Wiedemann.
Lit.: Kat. d. Ausstellung Balthasar Neumann in Baden-Württemberg ... Neresheim, Staatsgalerie Stuttgart 1975, Nr. 29 mit 2 Abb./S. 112; H. Reuther, Balthasar Neumann, 1983, S. 209f.

–

Neuburg siehe Wien = Nr. 404

263 Neudeck in der Au bei München, 1671 erhält der Bildhauer Balthasar Ableithner 19 Gulden 20 Kreuzer Bezahlung »um ein zum neuen Gebäu nach Neydeck gemachtes Modell« (gemeint ist wohl das kurfürstliche Jagdschlößchen rechts der Isar – in dem Kurfürst Max III. Joseph die erste bayerische Porzellanmanufaktur 1747 einrichtete, welche 1761 nach Nymphenburg verlegt wurde); München, Staatsarchiv für Oberbayern: Hofzahlamtsrechnung 1671, Bl. 507

264 Neuhaus/Oberösterreich, im Schloß befanden sich Burgmodelle vom Baumeister Dominikus, Graz, und Bartolomä v. Belemy, 1553
Lit.: Dehio, Österreich II, S. 531; Heydenreich, Architekturmodell, 1937, Sp. 928, 939 Anm. 55

265 Neustift bei Brixen/Südtirol, Modell der Klosteranlage des Augustiner-Chorherrenstifts: »Anton Rubatscher geb. 3. März 1752 zu Neustift gest. 17. Dez. 1834 fertigte dieses Relief im Jahre 1830 im Alter von 78 Jahren«; im Chorherrenstift Neustift
Das polychromierte Holzmodell ist 66,5 cm lang, 66,5 cm breit und mit Grundplatte etwa 12,5 cm hoch.
Lit.: Martin Peintner, Chorherrenstift Neustift, Moosburg 1973 (mit Abb.)

266 a Nördlingen, Modell der ev. Pfarrkirche St. Georg, angefertigt angeblich 1934; im Stadtmuseum Nördlingen

262

267 A

267 B

In dem 96 cm langen, max. 41 cm breiten und mit Grundplatte 92 cm turmhohen Holzmodell ist eine der größten und bedeutendsten, dreischiffigen deutschen Hallenkirchen wiedergegeben. Nach Plänen wohl von Hans Kuhn 1427 begonnen und 1505 vollendet, war daran auch Wilhelm Kreglinger 1466/80 am Werke; 1472 lieferte Moritz Ensingen zum bereits angefangenen Turm ein Gutachten; der Turm hatte 1490 dann mit 89 m seine endgültige Höhe erreicht.

266 b Nördlingen, Modell des Rathauses, angeblich 1934 hergestellt; im Stadtmuseum Nördlingen

Das ursprüngliche Haus der Grafen von Öttingen wurde 1382 als Rathaus eingerichtet, 1499/1500 um ein Geschoß erhöht und der Erker an der Südseite hinzugefügt; 1509 entstanden die quadratische Ostturm und die Erker an Ost- und Westseiten sowie 1563 der achteckige Turmaufsatz; 1618 erfolgte dann noch der Bau der repräsentativen Steintreppe an der Ostfront durch Wolfgang Walberger, 1862 die »Gotisierung« von Giebeln u. and. sowie ab 1983 eine durchgreifende Restaurierung. – Das auf 99 x 50 cm großer Grundplatte stehende Holzmodell ist 80 cm hoch (bis zu den Treppengiebeln 58 cm) und zeigt rotbraun bemalte Dachflächen, graues Mauerwerk, polychrome Fresken und grüne Blecheindeckungen.

267 A Nördlingen, Modell des (von Wolfgang Walberger 1593/94 erbauten) Löpsinger Tors, dessen äußerer Torbau zwar W. Walbergers Initialen, aber die Jahreszahl 1610 trägt, freilich (im Turmaufsatz?) aus dem 18. Jh. stammt; im Stadtmuseum Nördlingen

Das in tischlermäßiger Verarbeitung (Schwalbenschwanzverzapfung) entstandene, ursprünglich vielleicht zerlegbare Holzmodell mit je 35 cm Länge und Breite, bei 72,5 cm Höhe zeigt in erneuerter Bemalung graue Architekturgliederungen, gelbgraues Mauerwerk und rote Dächer mit angedeuteten Biberschwänzen.

Nördlingens Ummauerung entstand (in heutiger Ausdehnung) im 1. Viertel d. 14. Jhs. und erhielt im ausgehenden 16. Jh. bastionäre Verstärkungen durch den örtlichen Baumeister Wolfgang Walberger. Ob er 1610 das Vorwerk am Löpsinger Turm, der im Modell kleiner erscheint als im ausgeführten 7geschossigen Bauwerk, verändert oder überhaupt erst so geschaffen hat (wie es das Modell vorführt) ist urkundlich anscheinend nicht nachweisbar. Doch bekannt ist dafür, daß 1770 am »Löpsingertorturm die obere Kuppel und der ganze Dachstuhl ruinös« waren, was zu einer Erneuerung führte, bei der erst jener zwischen Wulst und Haube eingeschobene Tambour mit den 12 Rundbogenöffnungen entstand; am Modell erscheinen diese in rechteckiger Form.
Lit.: Gustav Wulz, Beiträge zur Nördlinger Baugeschichte 4. Der Löpsingertorturm, in: Rieser Heimatverein e.V. 20. Jahrbuch, Nördlingen 1938, S. 78-86, Taf. XIV-XVI; Kunstdenkmäler von Bayern, Stadt Nördlingen, S. 162ff. mit Abb. (die Abb. 143 und 144 des Reimlinger Tors belegen über dem Vortum ein – dem Modell – ähnliches dreiseitiges Dach über einer vergleichbaren Geschützbrüstung)

267 B Nördlingen, Gem. Möttingen/Krs. Donau-Ries, Modell des 1596 datierten Tores am Schoß Lierheim bei Nördlingen; im Stadtmuseum Nördlingen

Das urkundlich 1140 erstmalig erwähnte Schloß kam 1541 durch Verkauf an die Reichsstadt Nördlingen und erfuhr 1579-84 eine weitgehende Erneuerung durch Wolfgang Walberger, der offenbar noch 1596 am Schloßtor wirksam wurde, worauf die Geschützbrüstung hindeutet. Matthias Binder unternahm 1758-62 eine weitere entscheidende Umgestaltung, so daß ein dreigeschossiger Mansardwalmdachbau bis heute die Hügellage bestimmt.

In der Größe 42 x 26 cm, bei 35 cm Höhe, zeigt das Holzmodell weiß gemaltes Mauerwerk, graue Architekturgliederungen und rotbraune Dacheindeckung

268 a und b Nürnberg, Stadtmodell von Nürnberg, 1613/14 angefertigt von Hans Wilhelm Behaim; je eines im Bayer. Nationalmuseum zu München und im German. Nationalmuseum zu Nürnberg
Lit.: Heydenreich, Architekturmodell, 1937, Sp. 933 Abb. 10

269 Nürnberg, Modell der Rialtobrücke (Ponte di Rialto), das, vielleicht von Antonio da Ponte 1587/88 zum venezianischen Wettbewerb eingereicht, jedenfalls gelegentlich der Auslobung zum Bau der Fleischbrücke in Nürnberg 1595 in den Besitz des Nürnberger Ratsbaumeisters Wolf Jacob Stromer (1561-1614) gelangte; im Eigentum der freiherrlich von Stromerschen Familie, Schloß Grünsberg, Ldkrs. Nürnberg Land, zeitweilig als Leihgabe im German. Nationalmuseum Nürnberg

Das Holzmodell (mit zugehörigem Holzkasten) besteht aus 15 Teilen (ursprünglich im Fundamentbereich offenbar noch weiter zerlegbar), es steht auf 27,2 x 69,5 cm großer Grundplatte, darin eingepaßt und abgedeckt ein metallener Stechzirkel, außerdem an der Vorderseite Maßlatte mit Ziffereinheiten 1-100, an der Rückseite Kerben ohne Ziffern. Bauwerks-Länge 65,5 cm, Breite 23,4 cm und Höhe 29,1 cm; polychrome Bemalung, besonders detailliert der Steinschnitt beider Widerlager samt Pilotierung (der Bogen jedoch ohne Schnitt der Quader). Die Farben: weißgraues Mauerwerk, braunrote Pilotierung, schwarzgraue Dächer, daran Fugen schwarz. Aus dem Modell herausnehmbar ein Lehrgerüst, 3 Bogen, einer erneuert (2 Sprenghölzer je Bogen zu den Widerlagern fehlen).

Brieflich teilte Prof. Dr. Wolfgang Frhr. v. Stromer am 24.3.1974 folgende Meinung mit: »Nach eingehender Prüfung ist kaum ein Zweifel mehr, daß das Modell der Rialtobrücke eben jenes ist, das Antonio

269

da Ponte im Wettbewerb (gegen Scamozzi u. a.) einreichte und wonach – mit geringfügigen Änderungen – dann die berühmte Brücke (1587-92) gebaut wurde. Durchkonstruiert und zerlegbar sind nämlich vor allem die Unterwasserbauten, die von der Fertigstellung an im Canal und Fango versenkt den Blicken entzogen waren, dazu die Baurüstung – so daß etwa ein Reiseandenken oder ein Präsent für einen fürstlichen Besucher Venedigs ausscheidet (was angesichts der strategischen Schlüsselstellung dieses Engpasses im Canal Grande und der hysterischen Spionitis der Serenissima ohnehin undenkbar wäre). Hier ging es vielmehr um das Hauptproblem des Baus, nämlich in grundlosem Sumpf die Brücke zu fundieren, die in einem einzigen flachen Bogen ein nicht ableitbares Gewässer überspannen mußte. Die gleichen drei Hauptprobleme traten wenig später an der Pegnitz auf (die 86 Schuh gegenüber dem Canal Grande mit 150 Schuh an jener Engstelle breit war), auch sie nicht abzuleiten wegen der dichten Häuserreihen beider Ufer, die ebenso grundloser Morast waren, und selbst hier wegen des zu engen Flußbetts kein Mittelpfeiler möglich. Auch in Nürnberg fand ein Wettbewerb statt, wozu offenbar jenes Modell nach Nürnberg gelangte, wie Entwürfe aus Florenz (der Ponte S. Trinità und ein einzelner Bogen daraus), Prag, Regensburg, Bamberg, Ulm u. a. mehr. Beide Brücken stellen statisch nahezu optimale Lösungen dar. Beide überstanden bis heute extreme Beanspruchung; denn die beiden Schollen der Rialto- und S. Crisostomo-Seite bewegen sich unterschiedlich, während die 1596-99 errichtete Fleischbrücke auf ihr Südfundament einen Bombenvolltreffer ... des letzten Krieges überstand ...«. – 1984 erhielt Prof. v. Stromer Mittel aus der VW-Stiftung für sein Forschungsprojekt »Rialtobrücke in Venedig – Fleischbrücke in Nürnberg«.
Im »Baumeisterbuch I« des Wolf Jacob Stromer, Ratsbaumeister von Nürnberg 1589-1614 und erfolgreicher Brückenbauer, das zwischen 1598 und 1603 angelegt und mit Nachträgen bis 1614 fortgeführt wurde, sind 302 Handzeichnungen auf 254 (alten und 2 neuen) Blättern enthalten, darunter perspektivische Zeichnungen von zwei Modellen für die Lehrgerüste der Fleischbrücke, eines mit dem dann tatsächlich gebauten flachen Bogen, das andere für eine starke Wölbung (im Codex graph. 1, fol. 42 v. und r., des Stromerschen Familienarchivs auf Schloß Grünsberg).
Lit.: Klaus Pechstein, Allerlei Visierungen und Abriß wegen der Fleischbrücke 1595, in: Anzeiger des German. Nationalmuseums 1975, S. 72-89

270 Nürnberg, zerlegbares Holzmodell für das Praun'sche Schlößchen in Almoshof bei Nürnberg, um 1600 veranlaßt von Wolf Jacob Stromer (1561-1614); im Stadtmuseum Nürnberg (Fembohaus)
Das 1945 zerstörte Schlößchen ist in einer Federzeichnung in W. J. Stromers Baumeisterbuch IV (1613/14), fol. 27 (Frhrl. v. Haller'sche Sammlungen, Schloß Großgründlach bei Nürnberg) festgehalten.

271 Nürnberg, Modell der Barfüßerkirche mit Friedhof, angefertigt 1681 von Johann Trost; in den Stadtgeschichtlichen Museen Nürnberg, Inv.-Nr. A 2997
Das bemalte Holzmodell mit abhebbarem Dach und zu öffnender Fassade mißt 82,3 x 38,5 cm, bei 67 cm Höhe; es enthält Altäre und Gestühl sowie wandgebundene Architekturgliederung.

272 Nürnberg, Modell eines Lehrgerüstes für ein spätgotisches Netzgewölbe, Steinmetzmeisterstück des Hans Heiß 1659; im Germanischen Nationalmuseum Nürnberg, Inv.-Nr. A 110
Auf dem Boden des restaurierten Holzmodells sind der Grundriß von Außenmauern und Strebepfeilern eingeritzt; es »sollte wohl nur die geometrischen Bezüge des Rippensystems darstellen, jedenfalls handelt es sich um kein maßstäbliches Modell der Lehrbögen im heutigen Sinne, dazu sind beispielsweise die Ständer zu plump gearbeitet«, meint Werner Müller (Das Sterngewölbe des Lorenzer Hallenchores, in: Nürnberger Forschungen, Band 20, Nürnberg 1977, S. 179 f., Abb. 6)
Lit.: Reuther, Daidalos, 1981, Abb. S. 101

273 Nürnberg, modellartiges Puppenhaus der Nürnberger Patrizierfamilie Stromer, am Giebel datiert 1639; im Germanischen Nationalmuseum Nürnberg
Herzog Albrecht V. von Bayern ließ 1557 das erste (leider nicht erhaltene) Puppenhaus, von dem wir Kunde haben[221], erbauen. Sicherlich war es nicht für die herzoglichen Kinder vorgesehen, sondern diente reiner Repräsentation, war – im besten Wortsinn – ein Modell! Ein derartiges Schaumodell dürfte auch das »Stromersche Puppenhaus« gewesen sein. Vielleicht war es sogar des Nürnberger Ratsbaumeisters Wolf Jacob Stromers (1561-1614) eigenes Haus, mutmaßt dessen Nachfahr (Prof. Dr. Wolfgang Freiherr Stromer von Reichenbach in einem Brief vom 18.7.1984) und argumentiert dabei zurecht: »Im Jahr 1639 war nämlich die

270

271

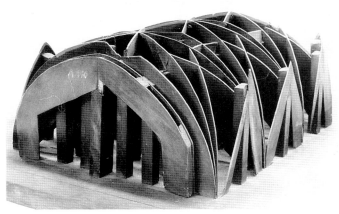
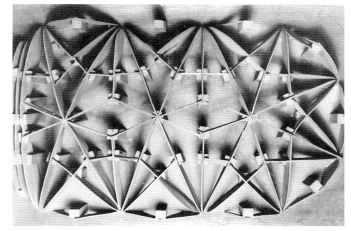

272

272

Stadt Nürnberg und ihre Bürgerschaft am tiefsten Punkt wirtschaftlicher Not und niemand hätte ein solches Haus entwerfen oder sich ein derartig luxuriöses Schaustück oder Spielzeug geleistet (jedenfalls nicht neu herstellen lassen). Stilistisch gehört das ›Puppenhaus‹ in die Spätrenaissance, d.h. die Zeit vor dem großen Krieg und eher etwas vor 1600 als nach 1610. Zu den 1200 Inventarstücken gehören auch 8 Landschaftsbildchen, von denen 7 Brücken oder Uferbauten, Häfen, Schleusen o. ä. zeigen. Darunter sind ganz schlichte Holzbrücken und nicht solche Schaustücke wie etwa der Ponte di Rialto, den sich vielleicht jemand als Andenken einer Venedigreise mitbrachte. Nur ein Brückenbauer – wie z.b. Stromer [siehe hier Nr. 269] – war motiviert, sich so eine derartige Sammlung von Brückenbildern an die Wand zu hängen.«

Lit.: Kat. d. Ausstellung Deutsche Kunst und Kultur im German. Nationalmuseum, Nürnberg 1952, S. 231, Abb. S. 173

274 Nymphenburg, 1757 erhält Johann Harrer, Müller und Zimmermann zu Nymphenburg, Zahlungen für ein auf Kurfürstliche Anbefehlung zu verfertigen gehabtes Modell (einer Wassermaschine); München, Staatsarchiv für Oberbayern: Hofzahlamtsrechnung 1757, Bl. 219

275 Oberelchingen über Neu-Ulm, Modell der ehem. Benediktiner-Reichsabtei mit der Klosterkirche S.S. Peter und Paul (jetzt kathol. Pfarrkirche), 1793 – als Bestandsaufnahme – angefertigt von Pater Ulrich Baumgärtner; im Besitz der kathol. Kirchenstiftung Oberelchingen

Das auf 200 x 273 cm großem Tisch in der Sakristei bewahrte Modell der Klosteranlage besteht aus Pappe, die mit Papier überzogen und bemalt ist. – Vor 1120 gegründet, erfolgte nach Brand 1146 ein Neubau der romanischen Kirche; brandbedingte Erneuerungen dann im 15. bis 17. Jh.; unter Abt Amandus Schindele setzten seit 1746 den heutigen Eindruck prägende Umbaumaßnahmen ein. Nach den Brandzerstörungen 1773 schloß sich

275

276

ein Wiederaufbau und 1782-84 noch eine Langhausveränderung der Kirche an.
Lit.: Anton H. Konrad, die Reichsabtei Elchingen, Weißenhorn 1965, S. 30, Kat.-Nr. 15, Abb. S. 26

276 Öttingen, Krs. Nördlingen/Bayer. Schwaben, Modell des Öttingenschen Unteren Schlosses, angefertigt um 1851 durch Rechtspraktikant Gloning; im Fürstl. Öttingenschen Schloß Öttingen

Dieses in polychrom bemalter Pappe, auf 43 x 43,2 cm großer Geländeplatte stehende, 18 cm hohe Modell ist ein »Abbild des ehemals in Öttingen gestandenen fürstlichen alten Schlosses, abgebrochen im Jahre 1851«; dargestellt sind darauf: »A erbaut 1522, abgebrochen 1536 und in diesem Jahr wieder erbaut, B Galeriebau 1596 und C Saalbau erbaut 1692« (1670 sic)
Lit.: Elisabeth Grünenwald, Öttingen, in: Kunstdenkmäler von Bayern (Schwaben), Bez.-Amt Nördlingen, Öttingen/Bayern 1962, Abb. 21, S. 57-59

277 Offenburg/Baden, Modell der Eisenbahnbrücke über die Kinzig bei Offenburg, konstruiert 1852-53 durch von Ruppert; aus der Modellsammlung der TH Karlsruhe 1906 dem Deutschen Museum in München zugegangen, Inv.-Nr. 4415

Das im Maßstab 1:20 angefertigte, 42,4 x 8 x 8,4 cm große Modell stellt die bis dahin größte bekannte Spannweite einer Gitterbrücke dar, bei der die Gurtungen und Gitterstäbe über die ganze Brückenlänge die gleiche Stärke haben.

—

Oggersheim siehe Ludwigshafen = Nr. 232

278 Oranienburg bei Berlin, erschlossenes Modell des 1651-55 von Johann Gregor Memhard (um 1615-um 1678) für Friedrich Wilhelm den Großen Kurfürsten von Brandenburg und seine oranische Gemahlin Luise Henriette errichteten, von Havelwasser umgebenen Schlosses Oranienburg

Dieser in Anlehnung an modische holländische Vorbilder großzügig entwickelte Neubau, bestehend aus einem viergeschossigen Hauptgebäude, das von einer flachen Galerie umgeben war, an die sich drei zweigeschossige Pavillons anlehnten, wurde im Südwesten durch Lust- und Baumgärten flankiert. Von Anlage und Eigenart der beliebten kurfürstlichen Residenz zeugt der nach J. G. Memhards Projekt angefertigte Kupferstich in Merians ›Topographia Electoratus Brandenburgici‹ 1652 (siehe Berckenhagen, Deutsche Gärten vor 1800, 1962, Abb. S. 29): eine Vogelschau, in der das Schloß wie ein Modell wirkt was fast noch stärker ins Auge fällt bei jener exemplarischen Buchillustrations-Initiale ›T‹ (hier nebenstehend reproduziert), dem Kupferstich von Samuel Blesendorf (1633-99) in Lorenz Begers ›Thesaurus Brandenburgicus Selectus: Sive Gemmarum Et Numismatum …, In Cimeliarchio Electorali … Series …‹, Coloniae Marchicae … Excudit Ulricus Liebpert … 1696 (siehe Kat. Ornamentstich-Sammlung, 1939, Nr. 4261; Kat. Zierschrift und Initiale, Kunstbibliothek Berlin 1965, Nr. 146, Abb. S. 36). Hinter dem T erscheint die Südfront des Oranienburger Schlosses.
Memhard[23, 170], ausgebildet in den Niederlanden und seit 1640 in brandenburgischen Diensten, wurde zunächst in Pillau und erst von 1650 an in Berlin tätig. Er war dort über zwei Jahrzehnte maßgeblich mit der Berliner Stadtbefestigung, also voran militärischen und damit geheimgehaltenen Aufgaben beschäftigt. Es läßt darauf schließen, daß Memhard – wie sein berühmter französischer Kollege Vauban[45, 71, 147, 154, 163] und die venezianischen Ingenieure (siehe deren Festungsmodelle in Venedigs Arsenal-Museum) – sich dabei selbstverständlich vielfältiger ›plans-reliefs‹ bediente und so – unumgänglich daran – gewöhnt scheint, Modelle angefertigt haben zu lassen (siehe dazu auch hier Berlin = Nr. 94 B und Potsdam = Nr. 285)
Lit.: Wilhelm Boeck, Oranienburg. Geschichte eines preuß. Königsschlosses, Berlin 1938, Abb. S. 14, Tafelabb. 3

—

Otterberg (Klosterkirche) siehe hier Nr. 368 G

279 Paderborn, Modell der ehem. Jesuitenkirche St. Franz Xaver; verschollen
Nachdem das Projekt von Antonio Petrini (aus Würzburg) für den Neubau der Jesuitenkirche 1682 abgelehnt war, erfolgte am 12. Mai 1682 die Anfertigung eines Holz-

276

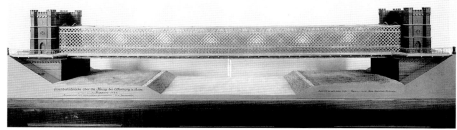

277

278

modells nach den Plänen des Jesuitenfraters Anton Hülse. Der entsprechende Rohbau ging 1686 zu Ende, und die Weihe der Jesuitenkirche erfolgte 1692.
Lit.: Jürgen Schmitt, Der Einfluß der Kölner Jesuitenkirche auf die Kollegskirchen im Rheinland und in Westfalen, Diss TU Berlin 1979, S. 61; Kat. d. Ausstellung Monastisches Westfalen. Klöster u. Stifte 800 bis 1800, Münster 1982, S. 416, 478 (Abb. der verworfenen Entwürfe Petrinis)

280 Peine, Modell des alten Rathauses, kurz vor dessen Abbruch gefertigt 1827
Lit.: Die Kunstdenkmäler der Provinz Hannover II. Reg.-Bez. Hildesheim, 8. Heft: Landkreis Peine, 1938, S. 145 f., Taf. 52 d

281 Polling, 30. Juni 1608, Bericht der herzoglichen Hofkammer an Herzog Maximilian I. von Bayern: Der Propst des Stiftes Polling hat einen Glockenturmbau begonnen (ca. 1603/04). Der Bau wird von Hans Krumpper geleitet, »so ein Modell dieses Turms gemacht«. Dieses Modell soll sich noch beim Herzog oder bei Krumpper befinden; München, Staatsarchiv für Oberbayern: Kl. Lit. 590/14; dort auch folgende Nachrichten:
Dazu mündliche Aussage des Kastners zu Polling: Hans Krumpper, Herzog Wilhelms (V.) Baumeister, habe eine hilzene Fisier, so noch beim Kloster, heraufgeschickt (aus München nach Polling).
Entsprechende Aussage des die Ausführung leitenden Maurermeisters Jakob Pader aus München: Baumeister Hans Krumpper hat ein Visier herausgeschickt und auch den ersten Stein gelegt.

282 Pommersfelden, im Schloßbereich, Modell zu einer Wassermaschine von Germain Boffrand (1667-1754); darüber ist die Rede in einem Schreiben des Kurfürsten-Erzbischofs Lothar Franz von Schönborn an den Bamberger Statthalter vom 9. August 1698.
Lit.: Weigmann, Eine Bamberger Baumeisterfamilie, Straßburg/Elsaß 1902, S. 34

283 Pommersfelden, Schloß Weissenstein: 1712 ist von der Aufstellung des Treppenhaus-Modells die Rede; es ist verschollen
Lit.: Heinrich Kreisel, Das Schloß zu Pommersfelden, München 1953, S. 19 Anm. 36; Walter Jürgen Hofmann, Schloß Pommersfelden. Geschichte seiner Entstehung, Nürnberg 1968, S. 62, 148, Anm. 375, 376

284 Posen (Poznań), ein farbiges, ca. 60 cm hohes Modell einer Kirchenfassade (Jesuitenkirche ?) aus der 2. Hälfte des 18. Jhs. (?); im Museum der Geschichte der Stadt Posen (Abt. d. Nationalmuseums)

285 Potsdam, erschlossenes Modell des für den Großen Kurfürsten von Brandenburg erbauten Stadtschlosses, nach dem 1660/61 datierbaren Projekt Johann Gregor Memhards (um 1615-um 1678) entstanden und in Kupferstich von Samuel Blesendorf (1633-99), einer Vignette in Lorenz Begers ›Thesaurus Brandenburgi-

285

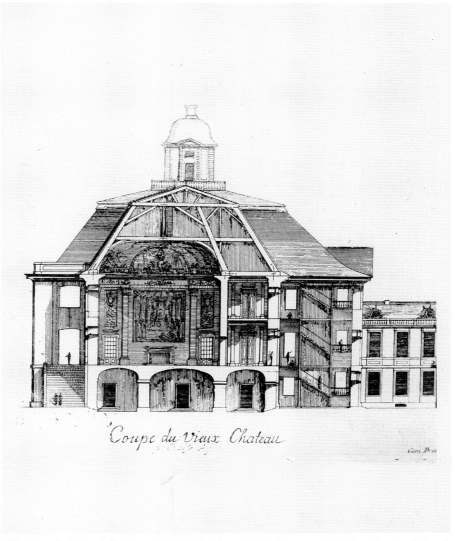

285 Querschnitt durch den Haupttrakt des Potsdamer Stadtschlosses mit Wiedergabe einer Schmalwand des Großen Saals, anscheinend nach einem zerlegbaren, Einblicke gewährenden und selbst die Dachkonstruktion zeigenden Modell, Radierung von Jean-Baptiste Broebes (1733)

cus Selectus …‹ 1696 (siehe Kat. Ornamentstich-Sammlung, 1939, Nr. 4261), festgehalten

Das bis 1670/73 baulich vollendete, von einem Wassergraben umzogene Stadtschloß, eine rechteckige Vierflügelanlage mit besonderer Klarheit in ihrer kubischen Gliederung, machte sein Bauherr sofort zum Mittelpunkt eines umweltgestalterischen Programms, das – wie es Friedrich Mielke (Potsdam wie es war. Ein Bildwerk von Max Baur, Berlin 1963, S. 8 f.) betonte: »… die ganze ihm zu Gebote stehende [Potsdamer] Landschaft umfaßte«. Kleine trabentenhafte Neubauten (wie 1662 in Caputh, 1664 in Bornim, 1680 in Kleinglienicke) setzten architektonische Akzente, und neu gezogene breite Alleen lieferten »lange Perspektiven und eindrucksvolle Prospekte … Der Kurfürst folgte hierin Anregungen aus Cleve, wo Fürst Moritz von Nassau-Siegen die ersten deutschen Anlagen dieser Art« schuf. An der Vermittlung und Realisierung solcher Ideen hatte auch Memhard, des Großen Kurfürsten bevorzugter, in Oranienburg [hier Nr. 278], in Berlin [hier Nr. 94] und anderenorts erprobter Architekt, Militäringenieur und Wasserbauspezialist seinen gewichtigen Anteil. Daß für ihn seit seiner Ausbildung in Holland [siehe hier Weimar = Nr. 400] Baumodelle naheliegende und fast selbstverständliche Planungshilfen waren, wurde bereits in Nr. 94 und Nr. 278 erläutert.
Lit.: Berckenhagen, Residenzen, 1966, Nr. 92 mit Abb. S. 70

286 Potsdam, Haus Am Kanal 41 (kriegszerstört): 1:1-Modell – in der 1756 entstandenen Fassade – zu dem seit 1755 geplanten Neuen Palais zu Potsdam. »1755 hatte Friedrich d. Gr. eine Reise nach Amsterdam unternommen. Es ist wahrscheinlich, daß er dort das Haus Trip gesehen hat; denn er ließ es in Potsdam von Manger nachahmen.«
Lit.: Friedrich Mielke, Das Bürgerhaus in Potsdam, Tübingen 1972, Text S. 312-315, Taf.-Teil: Tafel 22 a

287 Prag, Reliefmodell von zwei Brückenjochen am Altstädter Brückenturm (Karlsbrücke), und zwar im 2. Geschoß der Stadtseite; über dem mittleren Pfeiler erscheint zudem die Statue von St. Veit.
Lit.: Karl M. Swoboda, Peter Parler. Der Baukünstler und Bildhauer, Wien 1940, S. 23, Abb. 74

288 Prag, Modell des Palais Clam-Gallas zu Prag, angefertigt um 1825 (?); im Schloß Friedland/Böhmen (= Frydlant; siehe hier Nr. 139), Inv.-Nr. 254/121
Das in Pappe mit kolorierter Zeichnung hergestellte Modell entspricht annähernd jenem Palast im Prager Stadtmodell von 1830 [siehe hier Nr. 289]. Festgehalten wurde darin das damalige Aussehen des spätestens 1712 von Johann Bernhard Fischer von Erlach entworfenen und nach seinen Plänen 1713-19 für Wenzel Graf Gallas, den Vizekönig von Neapel, errichteten Palais (Husova ulice NC 158). Es

291

gilt als »das bedeutendste Denkmal der hochbarocken Profanarchitektur in Prag«.
Lit.: Hans Sedlmayr, Johann Bernhard Fischer von Erlach, Wien-München 1956, S. 203 f., 267, Abb. 156 und 328

289 Prag, Stadtmodell der Prager Altstadt mit Ghetto, der Kleinseite und großer Teile des Hradschins, angefertigt 1830 von Anton Langweil (1791-1837); im Museum der Hauptstadt Prag
Auf einer Grundfläche von 18,66 qm schuf Langweil, der zeitweilig Besitzer einer lithographischen Anstalt in Prag und dann von 1826-35 Diener an der Universitätsbibliothek war, das aus Karton, bedeckt mit kolorierten Zeichnungen, bestehende Stadtmodell. Er benutzte als Vorlage dazu Jüttners Prag-Plan von 1815 und ließ sich inspirieren durch jenes 1826 in Prag ausgestellte Pariser Stadtmodell des Symphorien Caron. Infolge Krankheit und finanzieller Schwierigkeiten un-

terblieb Langweils Projekt einer Herstellung des Modells der Prager Neustadt.
Lit.: Alois Kubiček, Praha 1830. Modell Antonina Langweila, Praha 1961 (darin S. 9 Abb. des Modells Palais Clam-Gallas); Pavel Scheufler, Langweiluv Model Prahy, Prag o. J. (um 1982)

290 Reichenhall, 1624 Zahlung an Hans Schön, Kistler, für ein zum Salzbrunnen nach Reichenhall verfertigtes Modell; München, Staatsarchiv für Oberbayern, Hofzahlamtsrechnung 1624, Bl. 615 b

291 Regensburg, Modell zum Projekt der Wallfahrtskirche zur Schönen Maria, von Hans Hieber um 1520/21; im Museum der Stadt Regensburg
»Das Holzmodell … ist das früheste erhaltene Gesamtmodell in Deutschland, das eine sorgfältige Bearbeitung von Außen- und Innenbau gibt. An der Ostwand des Chores befindet sich in dem Wandfeld un-

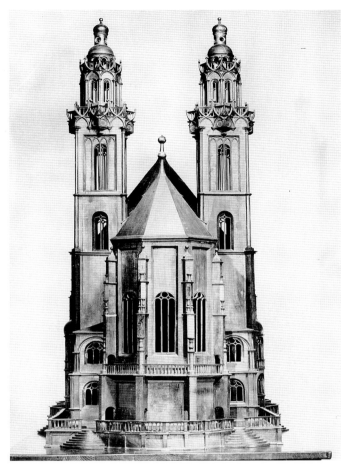

291

291

ter dem Laufgang die Jahreszahl 1523 und daneben das Steinmetzzeichen Hans Hiebers, mit schwarzer Farbe aufgemalt ... Die Jahreszahl 1523 am Modell steht in merkwürdiger Diskrepanz zu den Angaben über das Modell in den Baurechnungen. Hans Hieber starb schon im Frühjahr 1522. Sollte die Jahreszahl stimmen, so wäre damit gesagt, daß das Modell erst nach seinem Tode fertig wurde. Diese allgemein verbreitete Ansicht ist aber irrig«, schreibt Irmgard Büchner-Suchland[47] (S. 15 ff.) und meint: »daß das Modell in den Jahren 1520/21 entstanden ist, also unter der Aufsicht des Meisters. Die Jahreszahl 1523 am Chor muß eine spätere Zufügung sein, vermutlich angebracht, als man den Bau wegen Geldmangel einstellen mußte (Ende der Baurechnungen). Die viel breitere Pinselführung der Zahl im Vergleich zu den übrigen Malereien[155] am Modell erhärtet die Annahme, daß jene nicht zugleich mit den Malereien Ostendorfers entstanden sein kann ... Unser Modell wird, trotz der genauen Ausarbeitung selbst des Innern, nur als Schaustück für die Bauherren, die Stadträte, für die Bürger und die Wallfahrer gedient haben. In der Bauhütte hat man wohl wesentlich mit Rissen, vielleicht auch mit einigen plastischen Teilmodellen, gearbeitet. Erhalten ist davon freilich nichts, doch führen die Baurechnungen Bezahlungen für Richtscheite und Kupfer zu Meßbrettern auf.«

Dieselbe Autorin gibt (S. 20ff.) eine detaillierte Beschreibung des Modells, mit dem sich auch Wolfgang Pfeiffer (1962, S. 236ff.) eingehend auseinandersetzte: »Um einen genauen Einblick in das Innere zu ermöglichen, läßt sich der ganze Baukörper mehrfach zerlegen. Durch seine Außen- und Innenbemalung wird der Betrachter über die beabsichtigte Wandgliederung und Dekoration informiert. Die auf den Strebepfeilern aufgemalten Skizzen für die vorgesehenen Statuen wurden ... freigelegt ... Von den ehemals 44 Heiligenfiguren sind noch 29 erhalten. Wir gewinnen durch sie eine genauere Vorstellung von der Ikonologie der Wallfahrtskirche[155] ... Wäre sie nach Hiebers Plan vollendet worden, so dürften wir sie zweifellos zu den phantasievollsten Werken der deutschen Baukunst im 16. Jh. zählen. Imposant in seinen Ausmaßen, wie ein Monumet auf einem Sockel erhöht, überrascht es durch seine kühne Vereinigung des mächtigen [nicht zustande gekommenen, sechseckigen] Zentralbaues mit dem von Doppeltürmen flankierten Langchor ebensosehr wie durch seine glückliche Verschmelzung traditioneller Baugedanken und Elemente mit solchen neuer oberitalienisch-venezianischer Herkunft.«

Außen lasierender farbloser Anstrich bestimmt den Eindruck des Holzmodells, das in der Mittelachse einschließlich Treppen 190,5 cm lang ist; die Breiten des Langhauses einschließlich Galerie sind 84 cm und ohne Galerie 71 cm, die des Sechsecks 90 cm. Die Höhenmaße ergeben für die Türme 182,7 cm – einschließlich Balustrade, ohne diese für die Sechseckspitze 139,5 cm, für den Langhausfirst 105 cm, dann für die Balustrade ohne Brüstung 7 cm.

Ausgeführt wurden im Vergleich zu Hiebers Modell nur der Chor und die Untergeschosse der Türme. Zur nachfolgenden Bauentwicklung siehe hier Nr. 292 A und B

Lit.: Kat.OS[95], Nr. 1931; Irmgard Büchner-Suchland, Hans Hieber. Ein Augsburger Baumeister der Renaissance, München-Berlin 1962, S. 14-24, Anm. 37, 52, 95, 100, 101, 103 sowie Abb.; Wolfgang Pfeiffer, Notizen zu I. Büchner-Suchland, Hans Hieber, 1962 in: Verhandlungen d. Histor. Ver. f. Oberpfalz u. Regensburg, Bd. 104, Regensburg 1964, S. 235-245 mit Abb.; W. Pfeiffer, Die Zeichnungen Michael Ostendorfers am Kirchenmodell der Schönen Maria zu Regensburg, in: Pantheon 44, 1966, S. 378-387 m. Abb.; Georg Kaufmann, Die Kunst des 16. Jhs. (= Propyläen Kunstgeschichte Bd. 8), Berlin 1970, S. 384f., Abb. 397; Regensburg in Bilddokumenten, hrsg. v. Andreas Kraus & W. Pfeiffer, München 1979, Abb. 232; Reuther, Daidalos, 1981, Abb. S. 100; siehe hier S. 7, 11

292 A

292 B

293

292 A und B Regensburg, zwei Modelle der Neupfarrkirche (wie die Wallfahrtskirche zur Schönen Maria seit 1542, der Einführung der Reformation, heißt), die ihren Bauzustand im 18. Jh. sowie seit 1860 darstellen; im Museum der Stadt Regensburg:
A: Nachdem 1540 die ursprüngliche hölzerne Kapelle abgetragen und die neue steinerne Kirche geweiht war, wurde der Nordturm erst 1594/95 bis zu seiner endgültigen Höhe emporgeführt. – »Das Holzmodell dürfte aus dem 18. Jh. stammen. Es ist einerseits an dem damals bestehenden Bau orientiert und gibt Altar, Taufstein, Emporen und sogar die Bestuhlung durch Ritzung im Boden im Innern wieder – das Modell ist zwischen Apsis und Schiff auseinanderzunehmen, auch die Seitenkapellen, von denen die südliche verloren gegangen ist, sind abnehmbar und an Süd- und Nordwand ist ein großes rundbogiges Feld auszuheben, das die beiden Obergadenfenster und die darunter befindlichen Emporenöffnungen umfaßt – andererseits zeigt es aber einige Veränderungen, die auf Umbautendenzen deuten, die aber nicht ausgeführt wurden. So hat man über den Chorfenstern liegende Ovale als Oculi angebracht, die zwischen den Gewölberippen sitzen, und hat an der Nordseite einen Vorschlag für ein zweites Kapellengeschoß gegeben mit einem barocken Dachaufsatz, der wohl ein Türmerzimmer o. ä. enthalten sollte ... Die Gewölbe sind vereinfacht ... in den oberen Kapellengeschossen fehlt jegliche Wölbung. An den Türmen sind Malereien noch schwach erkennbar, die Schlag- und Sonnenuhren darstellen und einige Spruchbänder«, schreibt I. Büchner-Suchland. Das Modell mit seinen aus massivem Holz geschnitzten Gewölben mißt in der Länge 47,5 cm, in der Breite 39,2 cm; es hat eine Firsthöhe von 45,5 cm und 65,5 cm hohe Türme.
B: Im 2. Modell spiegeln sich jene 1860 nach Plänen von Ludwig (II.) Foltz (1809-67) durchgeführten Baumaßnahmen wider, mit denen das Ansetzen des Westchores und die Turmhöhen-Angleichung erreicht wurden. – Foltz begann seine berufliche Ausbildung übrigens in der Straßburger Dombauhütte; dann tätig und ansässig in Regensburg, ist er seit 1852 Professor an der dortigen Polytechnischen Schule.
Das bemalte Holzmodell (mit gelben Fassaden und roten Dachflächen) mißt 73,5 × 49,5 cm, die Höhen vom First 58 cm und der Türme 90 cm. Abhebbar ist das Dach über dem Langhaus, wodurch die Innenausstattung mit Barockaltar sichtbar wird. Zwei Turmglocken bestehen aus Bronze und die Uhrzeiger aus Eisenblech.
Lit.: Die Kunstdenkmäler der Oberpfalz, XXII. Stadt Regensburg, II. Die Kirchen der Stadt, bearbeitet v. Felix Mader, München 1933, S. 194-208. Abb. 146; Kat. d. Ausstellung 400 Jahre Evangel. Kirche in Regensburg, Regensburg 1958, Nr. 329-337; I. Büchner-Suchland, Hans Hieber, 1962, S. 31 f.

293 Regensburg, Bauausführungs- bzw. Schaumodell zur ev.-luth. Dreieinigkeitskirche, von dem Nürnberger Zeugmeister und Ingenieur Johann Carl (1587-1665)

1627; im Museum der Stadt Regensburg
Mit östlichem Turmpaar 1627-33 hochgeführter Bau wurde – wie der Merian-Stich von 1627 zeigt – am 4. Juli 1627 grundsteingelegt, und zwar in Anwesenheit des auf einem Tisch (D) repräsentierten Schaumodells. Bereits darin »konzipierte Johann Carl – vielleicht von niederländischen Vorbildern angeregt – einen rechteckigen, an drei Seiten von Emporen umgebenen Gemeindesaal mit abgesetztem Altarraum. Der übersichtliche, von einer Flachtonne einheitlich überwölbte Raum entspricht so dem evangelischen Predigtgottesdienst in hohem Maße, ohne doch andererseits mit dem gesonderten Chor für den Altar auf alte Bautradition zu verzichten.« Wolfgang Pfeiffer bemerkt außerdem, daß zur Bauausführung »mit Joh. Carl der Zimmerer Lorenz Friedrich († 1667) aus Nürnberg kam, der nach seinem Modell den kunstvollen Dachstuhl errichtete; 1633 wird er hier [d. h. in Regensburg] als Bürger und Ratszimmermeister angenommen.«

Das naturfarbige Holzmodell ist z. T. geschnitzt; Gewände der Fenster und Eckquaderung sind aufgenagelt und die Portale unterschiedlich ausgebildet; im Innenraum resedagrün gestrichene Wände. Die Turmaufsätze über dem Hauptgesims sind abhebbar (rechteckige Zapfenverbindung), desgleichen der Giebel zwischen den Türmen sowie beide Dachwerke über Langhaus und Chor. Eckquaderkonturierung zeigen die achteckigen Turmobergeschosse. Über Langhaus und Altarraum Dachstuhl mit aufgehängter Segmentbogentonne; bei den Bindern Schwertstreben, Kehlbalkendach. An Innenraumausstattung ist nichts dargestellt; im Dachwerk wurden Nägel aus Eisen zur Verbindung benutzt; vereinzelt Risse im Holz und Wurmlöcher. An Maßen ergeben sich in der Mittelachse des Baus 139 cm Länge, an Breiten des Langhauses, außen, 62,6 cm, in der Turmquerachse 66,6 cm, des Altarraums, außen, 35,8 cm und in der Achse der Seitenportale 68,5 cm. Die Türme erreichen eine Höhe von 122,3 cm, der First des Langhauses (mit Bekrönung) 87 cm und (ohne) 76,5 cm.

Lit.: Sebastian Hemminger, Kurtzer Summarischer Bericht Was ... Belegung der ersten Stein zu dem vorhandenen Gebäw einer newen Kirchen zu den Evangelischen Predigten für Caeremonien und Solennien den 4. Julij An. 1627. fürgangen, Regensburg, Euphrosina Mueller, 1627 (mit 2 Kupferfalttafeln, gestochen von Matthäus Merian d. Ä. nach J. B. Schwenter); Kat. d. Ausstellung 400 Jahre Evangel. Kirche in Regensburg, Regensburg 1958, Nr. 338-363, Abb. 10, 11, 19; Wolfgang Pfeiffer, Evangelische Dreieinigkeitskirche Regensburg (= Schnell & Steiner-Führer Nr. 874), München-Zürich 1967; Wolfgang Pfeiffer, Addenda zur Ausstattung der Dreieinigkeitskirche in Regensburg, in: Verhandlungen d. Histor. Ver. f. Oberpfalz u. Regensburg, Bd. 107, Regensburg 1967, S. 93-101 m. Abb.; Kat. d. Ausst. Architekt und Ingenieur, Wolfenbüttel Herzog-August-Bibliothek 1984, Nr. 61

293

294 Regensburg-Prüfening, Erinnerungsmodell der Klosteranlage, nach der Säkularisation 1803 von Lehrer Proebstl angefertigt; im Museum der Stadt Regensburg
Westlich, außerhalb der Altstadt entstand im frühen 12. Jh. jene den gesamten Baukomplex bestimmende dreischiffige Basilika, der 1718 eine Barockfassade vorgeblendet wurde. Nicht in allen Punkten stimmt das polychromierte, 20 cm hohe Holzmodell auf 41,5 x 36,7 c großer Grundplatte mit dem dargestellten Objekt überein.

295 Regensburg, Modell zum Ausbau der Westfassade des Domes St. Peter, angefertigt vermutlich nach Angaben Franz Josephs von Denzinger um 1860; im Domschatz zu Regensburg

Als endlich 1859-69 die Vollendung der Domturmabschlüsse (nach Freiburger Muster) durch Fr. J. v. Denzinger erfolgte, lag eine lange Bauentwicklung hinter dem ehrwürdigen Dom. Erstmalig 778 erwähnt, entwickelte sich seit Mitte des 13. Jhs. jene Umwandlung zur gotischen Kathedrale, deren Fundamente zum Südturm um 1340/50 gelegt wurden; damals war dort Heinrich der Zehenter Bauhüttenleiter. Ende des 14. Jhs. begann man mit dem Nordturm, und 1395 ist die Rede vom »Tummeister« Liebhart Roritzer, dem 1411 Wenzel Roritzer in ähnlicher Funktion folgte. Nach dem Baustillstand um 1525 blieben die Türme unvollendet liegen, bis in den 1850er Jahren (1858 Gründung des Dombauvereins) – im Zuge einer nationalen Begeisterung für die Vollen-

121

295

296 A + C

dung deutscher Dome, wie Köln und Ulm – auch in Regensburg das entsprechende Projekt realisiert werden konnte. Dazu entstand das »Modell für den Ausbau der Westfassade nach einem bereits genehmigten Plane von A. v. Voit« (Zahn). Dieser Schüler des berühmten Johann Friedrich von Gärtner (1792-1847)[23] übernahm nicht nur 1841 dessen Münchner Akademie-Inspektorenposten, sondern auch 1847 den Vorstand der Obersten Baubehörde in Bayern; zu seinen Werken zählt die Neue Pinakothek in München (1846/53) ebenso wie der 1854 errichtete (1931 abgebrannte) Münchner Glaspalast (siehe hier Nr. 256).

Aus drei Teilen besteht das Modell: dem Unterteil aus hellbraun getöntem Gips mit 50 cm Breite, 29 cm Tiefe und einer Höhe von 55,5 cm; die beiden Turmhelme, jeweils aus naturfarbigem Holz, sind 58 cm hoch.

Lit.: Karl Zahn, Der Dom zu Regensburg (= Deutsche Kunstführer, Bd. 39), Augsburg 1929, S. 100; Kat. d. Ausstellung Kirchliche Kunstschätze aus Regensburg, Museum der Stadt Regensburg 1962, S. 5 (2 Entwürfe – zweitürmiger Plan und eintürmiger Plan – für die Westfassade des Regensburger Domes, nach 1400, Federzeichnungen auf Pergament, 284 x 122 bzw. 440 x 135 cm); Kat. d. Ausstellung Bayern Kunst und Kultur, 1972, S. 329, Nr. 175; Knorre[122]

295 M Regensburg, Modell des Regensburger Doms, angefertigt von Karl Schropp (angebl. vor 1891; in bronziertem Gips 50,5 x 15,5 und 32 cm hoch); im Histor. Museum zu Bamberg, Inv.-Nr. Pl. 4/65

296 A und B sowie C Regensburg, drei Modelle der Rathaustürme bzw. Projekte; im Museum der Stadt Regensburg

A: Modell des 1706 zerstörten Marktturmes neben dem Rathaus zu Regensburg aus polychromiertem Holz mit Freskenwiedergabe, zwei Uhren mit Blechzeigern, das Dach inform einer Stumpfpyramide. Es fehlen die beiden Gurtgesimse. Grundflächenmaße 13,5 x 13,8 cm bei 80,7 cm Höhe

B: Holzmodell eines Rathausturmes mit Zinnenkranz und massiv gedrechseltem Zwiebelhelm; die Bemalung in grau bzw. verblichenem weißgrau; Maße 15,8 x 12,5 cm, 70,8 cm hoch

C: Modell des Rathauses mit Turm besteht aus drei Teilen: dem Rathaus mit angrenzender Turmwand, den drei zusammengefügten Turmwänden, sowie dem achtseitigen Turmobergeschoß mit Zwiebelhelm. Bis ins 5. Turmgeschoß führt eine Wendeltreppe mit fester Spindel, und zwar in die rathausseitige Wand greifend. Vom 5. bis zum 8. Turmgeschoß und zur Balustrade laufen einarmige Treppen an der rathausseitigen Wand (eine Geschoßdecke übrigens fehlt). Die Turmgesamthöhe 94 cm, die Quadratseite 13,8 cm. Das Rathaus mißt 50 x 13,8 cm, bei 41 cm Firsthöhe. Teils freskoartige Polychromierung kennzeichnet die Turmaußenfronten, wo die Vorderuhr fehlt; die Zeiger der zwei anderen Uhren sind – wie die Balustrade – aus Blech gefertigt.

Als Altes Regensburger Rathaus gilt der westliche, aus der Neuen Waggasse zurückspringende, aus der Mitte des 14. Jhs. herrührende Teil des gesamten Rathauskomplexes, in dem der Reichssaal zum Ort des »Immerwährenden Reichstages« von 1663 bis 1806 wurde. Östlich folgt als ältestes erhaltenes, aus der Mitte des 13. Jhs. stammendes Bauglied der Ratsturm, dem sich die Vierflügelanlage mit Hofarkaden des Neuen Rathauses von 1661 anschließt. Daran das 1723 besonders mit Schmuck ausgezeichnete Portal.

Lit.: Die Kunstdenkmäler der Oberpfalz, XXII. Stadt Regensburg, III. Profanierte Sakralbauten und Profangebäude, bearbeitet v. Felix Mader, München 1933, S. 83-109 mit Abb.; Walter Boll, Regensburg, München-Berlin 3. Aufl. 1969, S. 33

296 D und E Regensburg, ehedem im Rathaus befindliche Modellsammlung; dazu bemerkt Heinisch (Zur Baugeschichte des Regensburger Rathauses, 1905, S. 8 und 9): »Zur Zeit sind hier (im ehem. Fürstenkollegium) auch die Modelle des hiesigen Domes [siehe hier Nr. 295],

D: der Walhalla [1830-42 von Leo v. Klenze unweit von Regensburg errichtet] und

E: der Befreiungshalle [von Kelheim, die Leo v. Klenze 1849-64 erbaute] ausgestellt.

Hier (im ehem. reichsstädtischen Kollegium) findet man eine beträchtliche Sammlung von Modellen zu hiesigen

297

297

Bauten und Nachbildungen bemerkenswerter Gebäude und Denkmale.« (Jetzt im Museum der Stadt)
Lit.: Oswald Hederer, Leo v. Klenze, München 1964, S. 300 ff., 348 ff.; Die Walhalla. Idee Architektur Landschaft, hrsg. v. Jörg Träger, Regensburg 1979

297 Regensburg, Modell zum Neubau des ehem. Gymnasium Poeticum, 1728 von Philipp Marcus Österlin; im Museum der Stadt Regensburg
Österlins Name erscheint unten rechts in jenem ebenfalls dem Museum gehörenden »Aufriß eines Gymnasij nach dem Modell«, und zwar der »Fronte gegen Mitternacht« (= Blatt N°. I). Im übrigen geht aus der Baugeschichte hervor, daß seit 1537 das Gymnasium Poeticum besteht und 1728 eine entscheidende Neubau-Erweiterung erfuhr, der sich in den 1840er Jahren erneute Baumaßnahmen anschlossen – bis 1875 im Gebäude die Kgl. Kreisbibliothek unterkam.
Aus vier Teilen setzt sich das in grauen Tönen bemalte Holzmodell zusammen: 1. der Grundplatte mit Erdgeschoß, in dem mehrere Trennwände fehlen. Erwähnenswert sind darin jener Raum, den an die Wände gemalte Bäume schmücken, welche gleichsam zum Innenhof überleiten, an dessen beiden Seiten doppelläufige Treppen mit querrechteckigen Wendepodesten und Arkaden liegen; 2. dem 1. Obergeschoß, wo, wie in allen Etagen, Öfen und Sanitäranlagen vorkommen; 3. dem 2. Obergeschoß und 4. dem Mansarddach. Für die jeweiligen Raumlegenden sind Reste von Zetteln auf den Fußböden erkennbar. Die Maße des Modells (ohne Grundplatte) sind: 65 cm Länge der Hauptfassade, Breite 44,5 cm, Länge des Innenhofes 17 cm und Länge des Außenhofes (in der Gebäuderückfront) 18,5 cm, bei jeweils 11,5 cm Tiefe; Höhen 31 cm bis Weltkugel über dem Dreiecksgiebel und 29,5 cm bis Oberkante der Firste beider Mansarddächer.

298 Regensburg, Modell eines Speichers mit Dachstuhl, an der einen Längswand bezeichnet »M. Hanns Lipp: f/.1628.«; im Museum der Stadt Regensburg
Das Holzmodell zeigt weißlich-grauen Anstrich, die Gebäudekanten dunkelrot abgesetzt sowie Fenster und Portalgewände dunkelgrau gehalten; die Dachkonstruktion mit zwei Zwischenböden ist dagegen unbemalt. Am Modell mit den Maßen 65,6 x 54,5 cm bei 48,5 cm Höhe ist eine tischlermäßige Verarbeitung mit Schwalbenschwanzverzahnung erkennbar.

299 Regensburg, Modell des »Mangkastens« von Lukas Moser, um 1760; im Museum der Stadt Regensburg
Als Getreidemagazin und städtischer Marstall 1569 erbaut, stand der »Mangkasten« seit 1765 der Thurn und Taxis'schen Stallung zur Verfügung und wurde 1805 für den Neubau des Präsidialgebäudes abgebrochen, das zunächst der französische Gesandte von Bacher nutzte. Aus drei Teilen bestehend – dem Erdgeschoß mit Kreuzgewölben, dem 1. Obergeschoß mit Öfen in den Räumen sowie dem 2. Obergeschoß mit Dachkomplex – ist das tischlermäßig gearbeitete Holzmodell weißgrau bemalt; Fenster- und Portalgewände erscheinen weißgrau/blau diagonal gestreift, Dächer weinrot, Schornsteine gelb-naturfarbig und die säulenartigen Aufsätze dunkelbraun. An Maßen ergeben sich bei dem unregelmäßigen Baugrundriß Frontlängen von 111 cm, 55,9 cm, 87,5 cm, 36,7 cm und 24,3 cm sowie im Binnenhof 60 x 24 cm lichte Weiten. Die Höhen bis Dachfirst sind 32,5 cm bzw. bis einschließlich Schornsteinaufsätze 36,5 cm. Bemerkenswert ist noch, daß die Eckbauten im Hof und der einflügelige Flügelbau im Erdgeschoß ohne Wölbungen sind; außerdem stehen im Hof vor den Mauern drei einläufige Treppen mit quadratischem Podest.
Lit.: H. Graf Waldersdorff, Regensburg ..., 1896 (Reprint 1973), S. 548

300 Regensburg, Modell eines dreigeschossigen Nutzgebäudes mit Mansarddach und mit kurzem Stutzflügel an der Mitte einer Längsseite, 18. Jh.; im Museum der Stadt Regensburg
Das unbemalte Holzmodell besteht aus Erdgeschoß, 1. Obergeschoß, 2. OG. und

298

299

300   301

3. OG. mit Unterdach, dem Oberdach und dem Walmdach über dem Stutzflügel; zwischen den Geschossen bestehen Rundzapfenverbindungen, außerdem sind Öfen, Rauchfänger, Rauchröhren, WC, eine zweiarmige Treppe mit Wendelung zu bemerken, jedoch in keinem Stockwerk ein Gewölbe. In den Räumen meist unleserliche Zettel mit Bezeichnungen. Gebäudemaße 89 x 33,2 cm und des Stutzflügels 18 x 16 cm, bei Höhen bis First 45 cm und bis Oberkante Kamine 48,2 cm.

301 bis 311 Regensburg, elf Modelle von Wohnhäusern, Meisterstücke von Regensburger Maurergesellen aus dem Zeitraum 1700/1800; im Museum der Stadt Regensburg (aus der Modellkammer der Reichsstadt):

301: Modell eines Segmentgiebelhauses mit Binnenhof, aus Holz, tischlermäßig mit Schwalbenschwanzverzapfung verarbeitet, unbemalt und 51,2 x 38,5 cm groß mit 39,5 cm Giebelhöhe. Aus vier Teilen bestehend und geschoßweise abhebbar; im Erdgeschoß in allen größeren Räumen Rippen von Netzgewölben (Sternmotive auf den Fußboden gesetzt und Kreuzgewölbe) auf abhebbaren Platten, desgleichen wandfeste Ausstattung (Kamin mit Rauchfang, Treppenlauf); kein Dachwerk, nur Vorder- und Rückseite mit Fassadenausbildung, dazu Binnenhof.

302: Modell eines Winkelhakenhauses mit Mansard-Dachwerk, in unbemaltem Holz, tischlermäßig verarbeitet, mit Wandlängen von 60,5 cm, 43,5 cm, 39,7 cm, 11,5 cm, 22,5 cm und 32,2 cm bei 37 cm Firsthöhe. In zwei Teilen geschoßweise abhebbar, mit Zapfenverbindung ohne Nut u. Feder; im Erdgeschoß Kamine, WC und einläufige Treppe mit einer Viertel-Wendung. Im Oberdach stehender Stuhl; das Unterdach an der Seite senkrecht, an der auch nebenstehend die Aufzugluke im Dach mit Metallrolle erscheint.

303: Modell eines doppelgeschossigen Mansarddachhauses mit Portal (darin gesprengter Giebel), in unbemaltem Holz, tischlermäßig verarbeitet, auf vier gedrechselten Knöpfen (diese 2,1 cm hoch, dazu 1,4 cm Grundplattendicke, welche zusammen nicht in den Maßen enthalten sind); Höhen bis Schornsteinoberkante 45 cm und bis Dachfirst der Straßenfront 41,2 cm, Breite derselben 40 cm, Länge 46,8 cm; aus drei Teilen bestehend, geschoßweise abhebbar, Zapfenverbindung zwischen EG. und 1. OG. sowie Versatz zwischen 1. OG. u. Dach. Der ehrenhofartige Binnenhof zur Rückwand überwiegend mit Arkadenöffnungen; doppelarmige Treppe mit Wendelung bis zum Dach, darin kein Dachwerk; Straßenfront und eine Langseite mit Architekturgliederung der Fassaden; im Erdgeschoß urspr. wohl Gewölbe.

304: Modell eines doppelgeschossigen Winkelhakenhauses mit Mansarddach und Hofgärtchen, darin Brunnentrog,

302

303

304

305

nach 1750?; aus unbemaltem Holz, tischlermäßig verarbeitet; bestehend aus vier Teilen einschließlich Grundplatte (darauf Maßangaben), untereinander verzapft (bis auf's Dach). Fassadenbreite und -tiefe 56,3 x 37,4 cm am Hofgärtchen 27 x 15,8 cm; Höhen bis Oberkante Schornstein 40,8 cm, bis Dachfirst Straßenfront 35,7 cm (abzüglich jeweils von 2,2 cm Knopfhöhe und 1,8 cm Grundplattendicke). Im Erdgeschoß Kreuzgewölbe und Sternnetzgewölbe, in Rippen dargestellt auf abhebbaren Platten (ein Raum ohne Gewölbe); zweiarmige Treppe mit rechteckigem Wendepodest bis zum Mansarddach, Andeutung von Kaminzügen, Herd und WC; Längsseite und Schmalseite zum Gärtchen mit ungegliederten Fassaden; Straßenfront neun Achsen, Risalit davon fünf Achsen, Mittelachse mit Segmentbogenportal, verkröpft und nochmals vorgezogen. Zwei Schornsteine sind balusterartig geformt.

305: Modell eines doppelgeschossigen Winkelhakenhauses mit Mansarde und Gärtchen hinten links, spätes 18. Jh.?; in unbemaltem Holz tischlermäßig verarbeitet, auf vier gedrehten Knöpfen und Grundplatte (zusammen 4 cm hoch); Vorderfront 53 cm breite, Gebäudetiefe 36 cm, Rückfrontbreite 49 cm, Gärtchenmaße 33 x 15 cm; Höhen bis Oberkante Schornsteine 36,2 cm, bis Dachfirst Straßenfront 32,5 cm; im Erdgeschoß Kreuz-, Stern- und Sternnetzgewölbe auf abhebbaren Platten und in Rippen dargestellt dort auch Herd mit Rauchfang; zweiarmige Treppe mit rechteckigem Wendepodest vom EG. zum 1. OG. und zum Dach Läufe auf ansteigenden Bögen. Straßenfassade mit Lisenengliederung, sieben Achsen; ohne Fassadengliederung Seitenfront zum Gärtchen und Rückfront.

306: Modell eines zweigeschossigen Winkelhakenhauses mit Mansarddach und Gärtchen, darin mit Pultdach versehener Brunnentrog, Mitte des 18. Jhs.?; in unbemaltem Holz, tischlermäßig verarbeitet, auf vier gedrechselten Knöpfen mit Grundplatte und Leisten neben den Knöpfen. Mit der Grundplatte aus vier Teilen bestehend. Ohne architektonische Fassadengliederung die Seitenfront zum Gärtchen und die Rückseite; Rippen von Sternnetz-, Kreuz- und Tonnengewölben auf Grundplatten, ein Gewölbe fehlt; Rauchröhren; Treppe von EG. zum 1. OG. zweiarmig mit rechteckigem Wendepodest auf ansteigendem Bogen, Treppe vom 1. OG. zum Dachgeschoß zweiarmig mit quadratischem Wendepodest und einer Viertelwendung; Zapfenverbindungen zwischen EG. und 1. OG. sowie Randleisten zwischen 1. OG. und Dach. Maße Breite 54,8 cm, Tiefe 36,5 cm, links bis zur Gärtchengrenze 37,5 cm, Gärtchenbreite 31,6 cm und -tiefe 10,8 cm, Breite der Rückfront mit Garten 56,1 cm, Höhen

306

307

308

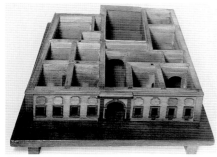

308

bis Schornsteinoberkante 40 cm und bis First der Straßenfront 37,2 cm.

307: Modell eines unregelmäßigen U-förmigen Hauses mit Mansardendach, 1799; in unbemaltem Holz, tischlermäßig verarbeitet, auf vier gedrechselten Knöpfen mit Grundplatte. Nur Vorder- und Rückseite mit architektonischer Fassadengliederung; vom Hauptfrontportal mit »1799« Zugang zum Hof, daran zweiseitig Arkaden, im 1. OG. einseitig Brüstung mit Rauchröhren; im Erdgeschoß Rippen von Sternnetz-, Netz-, Tonnen- und Klostergewölben auf Holzplatten (Gewölbe in vier Räumen fehlen); Maße: Frontbreite 38,7 cm, Rückfront 29,7 cm, linksseitige Tiefe 48 cm, rechtsseitige bis zum Rücksprung 15,8 cm, Hoftiefe 12,9 cm, Höhe bis Schornsteinoberkante 33,5 cm, bis First Straßenfront 30 cm. – Siehe Umschlag

308 Modell eines U-förmigen Hauses mit Mansarddach und rückseitigem Hof; in unbemaltem Holz, tischlermäßig verarbeitet, auf Grundplatte mit Leisten; rechte Längsseite und Rückfront ohne Architekturgliederungen; im Erdgeschoß wohl keine Wölbung, denn sämtliche Gewölbe fehlen, nur Ansatz zur Kellertreppe, WC, Rauchröhren; im 1. OG. zwei Öfen, vom OG. zum Dach zweiarmige Treppe mit längsrechteckigen Wendepodest; Maße: Straßenfrontbreite 45,3 cm; linksseitige Gebäude-Tiefe 36,2 cm, rechtsseitige 41 cm; Hofbreite 13 cm, -tiefe 21,1/20,5 cm; Höhen bis Oberkante Schornstein 36 cm und bis First Straßenfront 34 cm.

309: Modell eines U-förmigen Hauses mit Mittelgiebel (»Augsburger Rathausvariante«), bezeichnet am Portal »JH 1800«; tischlermäßig verarbeitetes, unbemaltes, aus drei Teilen und Grundplatte mit Leisten und Knöpfen bestehendes Holzmodell mit rückseitigem Hof; linke Seitenwand und Rückfront ohne architektonische Gliederungen; im EG Kreuzgewölbe und ein Klostergewölbe, während über 5 Räumen die einzelnen Gewölbe mit Grundplatten fehlen; zwischen EG. und Grundplatte runde Verzapfung, dafür sowohl zwische EG. und 1. OG. als auch zwischen 1. OG. und Giebelgeschoß Leisteneinfassung; Rauchröhren, Herd mit Rauchfang sowie im 1. OG. 2 Öfen u. 1

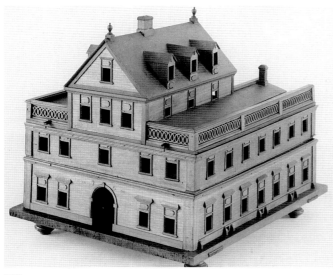

309

309

310

311

312

bindungen; Rückseite und hintere Längsseite ohne Architektur; Maße: Hausbreite 34 cm, -tiefe 45 cm, Hofgröße 15 x 23 cm, Höhen bis Giebelbekrönung 42,8 cm, einschl. Dachfirst 38,2 cm.

311: Modell eines Winkelhakenhauses mit Binnenhof im rückwärtigen Flügelbau, am dortigen Schornstein Papierschild mit »1706«; in unbemaltem, tischlermäßig gearbeitetem Holz aus drei Teilen bestehend; 1. Teil EG. mit Kreuzgrat- und Sternnetzgewölben (4 Räume ohne Wölbung), Rauchfang und einläufige Treppe, am Anfang und Ende je ein Viertelwendung; zum 2. Teil Versatz, im 1. OG. 2 Rauchfänge; zum 3. Teil Dach runde Zapfenverbindung; Fassaden insgesamt mit Quaderteilung in Furnier und weißen Fugen; an der Rückseite keine Fenster, aber Gurtgesims und Eckquaderung; im 1. OG. des Hofes vorderseitig drei Säulenarkaden; Hofgröße 14 x 10,8 cm; Giebelfrontbreite 26,5 cm, Portalfrontbreite 63,3 cm, Flügellängsfront 51 cm, -kurzfront 24,5 cm und Flügelbreite 24 cm; Höhen bis Oberkante Schornsteine 38,5 cm, bis Oberkante First 33,5 cm.

312 und 313 Regensburg, zwei Modelle, eingeschossiger Winkelhakenhäuser mit Mansarddach, Meisterstücke des 18. Jhs.; im Museum der Stadt Regensburg (aus der Modellkammer der Reichsstadt):

312: Modell in dessen großem Raum ein Klebezettel mit »Johan Daber Ao. 1788«; in Holz unbemalt, aus 2 Teilen bestehend: EG. u. Dachwerk ohne Gewölbe, aber mit Rauchrohren, Rauchfängen und einläufiger Treppe mit ein Viertelwendung; Maße 59,3 cm Hausbreite, linke Seitenfront 42,5 cm tief und rechte 30,6 cm; hintere Breite linksseitig 40 cm und rechts 21,5 cm bei einem Rücksprung von 11,7 cm; daran im Dach. Ladeluke; Dachhöhe 33 cm.

313: Modell mit großem saalartigem Raum; aus unbemaltem Holz aus zwei Teilen bestehend: EG. u. Mansarddach; einläufige Treppe mit je einer Viertelwendung an Anfang und Ende mit Balustergeländer; Maße: Seitenlängen (im Uhrzeigersinn) 60 cm, 42,5 cm, 38,5 cm, 11,6 cm (= Rücksprung), 23,5 cm und 31 cm.

314 bis 322 Regensburg, neun Modelle zweigeschossiger Fachwerkwohnhäuser mit Giebeln, Meisterstücke Regensburger Zimmerleute 1645-85 und später; jeweils aus Holz, unbemalt, Maßangaben ohne Grundplatte; im Museum der Stadt Regensburg (aus der Modellkammer der Reichsstadt):

Herd mit Rauchfang; Treppen vom EG. zum Keller, zum 1. OG. einläufige und vom 1. OG. zum Giebelgeschoß zweiläufige Treppe mit quadratischem Wendepodest; Grabendächer flankieren das Giebelgeschoß; an Maßen ergeben sich für die Breite der Giebel- und Portalfront 40 cm für die Hof-Rückfront 41,5 cm, bei einer Hofbreite von 14 cm; Haustiefen links 47,5 cm, rechts 48,6 cm sowie Höhen bis Schonsteinoberkante 38,1 cm und bis Firstkante 35,5 cm.

310: Modell eines Hauses mit Volutengiebel und Hof in der Ecke (hinten links); in tischlermäßig verarbeitetem Holz, unbemalt, auf vier Knöpfen stehend und aus drei Teilen bestehend; 1. Teil Erdgeschoß mit Kreuz-, Kloster- und Sternnetzgewölben auf Holzplatten (3 Gewölbe fehlen), doppelarmige Treppe ins 1. OG. mit querrechteckigem Podest. Rauchrohre; Versatz mit Leiste, zwischen 2. Teil 1. OG. und 3. Teil Dach rechteckige Zapfenver-

316

317

318

323

314: Modell aus 2 Teilen bestehend: EG. und 1. OG. mit Dachwerk; liegender Dachstuhl mit Windverband und Rähm; an einer Giebelseite Einfahrtsportal, an einer Längsseite Eingang mit der Supraporte »J. M. B. 1645«; Maße: H 43,2 cm, B 31,7 cm, L 40,2 cm.

315: Modell mit »1678« am Sturz des Einfahrtsportals der Giebelseite; am Eingang an der Längsseite »G M« (in der Supraporte); sonst wie 314; Maße: H 43 cm, B 33,8 cm, L 42,4 cm.

316: Modell mit »1678/H. M.« in der Supraporte über dem Eingang an der Längsseite; kräftiges Gurt- und Hauptgesims, dieselbe Profilierung als Fensterverdachung horizontal angeordnet; Bögen über den Fenstern beider Geschosse, gegenläufig gebogene Brüstungshölzer; Maße: H 43 cm, L 42,5 cm, B 33,7 cm. – Siehe Kat. Bayern Kunst u. Kultur, 1972, Nr. 1097 m. Abb.

317: Modell ohne Bezeichnung (Meisterstück ?), innen Treppe; Maße: H 43,8 cm, L 30,7 cm, B 40,5 cm.

318: Modell mit »B.D./1685« in der Supraporte der Eingangslängsseite; in den Brüstungen der Giebelrückseite Rautengliederung; Maße: H 41,7 cm, L 42,5 cm, B 31 cm.

319: Modell, das schmucklos und nur dessen Portalgewände profiliert ist; Maße: H 41 cm, B 29,5 cm, L 38,8 cm.

320: Modell mit »16 [?] IGD 52« im Portalsturz an der Längsseite; schmucklos, verwandt mit 319, auch in konstruktiver Besonderheit einiger Felder; Maße: H 41,5 cm, B 29,5 cm, L 38,3 cm.

321: Modell mit »17 IPD 66« im Portalsturz an der Längsseite; sonst schmucklos, konstruktiv wie 319/320; Maße: H 38,9 cm, B 28,9 cm, L 38,8 cm.

322: Modell mit »17 J. S. 53« im Portalsturz an der Längsseite, sonst schmucklos; Maße: H 43,6 cm, B 31 cm, L 41 cm.

323 Regensburg, Modell einer Schleif-, Mahl- und Stampfmühle, Meisterstück, um 1650; im Museum der Stadt Regensburg
Aus Holz, unbemalt, mit eisernen Beschlägen; Breite einschließlich der Mühlenräder-Ausleger 65 cm, Länge 63 cm, Höhe 57 cm.

324 a bis o Regensburg, Modelle von Mühlen und sonstigem technischen Gerät des 18./19. Jhs.; im Museum der Stadt Regensburg:
a: Modell einer dreigängigen Mühle mit Wasser- und Pferdeantrieb, um 1700, aus Holz,
b: Modell einer Fourniermühle, um 1720, aus Holz,
c: Modell einer Schleif- und Poliermühle von Johann Götz, Schwertschleifer, 1714, aus Holz,
d bis h: jeweils technisches Modell einer Mühle, aus Holz
i: Modell einer Kranhaspel, aus Holz, unbemalt,
j und k: zwei Modelle von Schlagwerken zum Einrammen von Pfählen bei Brücken und Uferbauten, aus Holz, unbemalt, 18. Jh. (eins davon mit Haspel-, eins mit Rollenantrieb),
l: Modell eines Schlagwerks mit 2 Treträdern, diese mit Pergament bezogen und bezeichnet »Schlagwerk gefertigt vom städtischen Bau-Inspektor Michael Pürghamer 1824«,
m: Modell eines Schlagwerks mit einem Tretrad,
n: Modell eines Schlagwerks mit Hebelantrieb,
o: Modell eines Schiffsschlagwerkes: zwei Schlagwerke mit gemeinsamem Haspelantrieb, auf zwei Kähnen montiert, in gelbschwarzen Streifen bemalt.

325 bis 331 Regensburg, sieben Modelle von doppelgeschossigen Fachwerk-Häusern (mit Giebeldach) des 18. Jhs., Meisterstücke Regensburger Zimmerleute; im Museum der Stadt Regensburg (aus der Modellkammer der Reichsstadt):

325: Modell, aus zwei Teilen bestehend: EG. und 1. OG. mit Dach; am Sturz über dem Portal an der Längsseite: »17 C. W. 76« (sehr undeutlich); Maße: H 40 cm, B 30,1 cm, L 39,2 cm; sonst Konstruktion wie Nr. 314/322.

326: Modell, aus zwei Teilen wie bei Nr. 325, entsprechend die Inschrift angeordnet »17 G. W. 35«; Maße: H 40,5 cm, B 29,5 cm, L 38,2 cm.

327: Modell, aus zwei Teilen wie Nr. 325, entsprechend bezeichnet »17 ICS 47«; Maße: H 41 cm, B 29,2 cm, L 37,4 cm.

328: Modell, aus zwei Teilen wie Nr. 325, entsprechend Inschrift »Seb.Grampl/17..« (unleserlich); Maße: H 41 cm, B 29,8 cm, L 37,8 cm.

329: Modell, aus zwei Teilen bestehend und Konstruktion wie Nr. 325: Inschrifttafel über dem Portal fehlt; an den Eckstielen beider Geschosse Quaderung, waagerechtes profiliertes Dachbrett über jedem Fenster; Maße: H 41 cm, B 29,5 cm, L 45,1 cm.

330: Modell, aus zwei Teilen wie Nr. 325; ohne Inschrift, an einer Seite fehlt das Gurtgesims; Maße: H 40,2 cm, B. 30,3 cm, L 39,5 cm.

331: Modell, wie Nr. 325 bzw. 330, ohne Inschrift; Maße: H 40,8 cm, B 29,8 cm, L 38,9 cm.

332 A bis C Regensburg, drei Modelle (F 70, F 74, F 62); im Museum der Stadt Regensburg:
A: »Modell zum ehemal. Militärlazarett jetzt Schreinermeister Kais'Gebäudeecke mit 5 und 3 Fensterachsen, viergeschossig mit Steildach, Dachreiter an der Ecke über der Traufbank, ansetzend auf dem Grat; Maße: 45,8 x 29,2 cm, Höhe Dachreiterspitze 51 cm, Dachfirst 52 cm; Holz, bemalt.
B: Modell eines Fachwerkbaus, zweigeschossig mit Giebeldach, aus Holz, unbemalt; Maße: H 100 cm, L 116 cm, B 63 cm; sehr ruinös.
C: Modell einer Turmendigung, aus Holz, polychrom bemalt, Spitze fehlt, Profil des Helmansatzes leitet über ins Oktogon; Grundfläche 9,5 x 9,5 cm, Höhe 17,1 cm.

333 Regensburg, Modell eines Krans am Donauufer; im Museum der Stadt Regensburg
Aus unbemaltem Holz; in einem quadratischen Bock montiert; Kranpfosten gedrechselt, Verbindungsbohlen zum Ausleger balusterartig konturiert, im Ausleger 2 Rollen aus Holz, an der Haspel eiserne Schrauben und Muttern; konstruktives Gefüge mit Zapfen und Keilverbindung; Grundfläche 35 x 33 cm, Höhe 83,5 cm, Ausleger-Höhe 84,2 cm und -Länge 31 cm.

334 Regensburg, Modell des (1853 abgebrochenen) hölzernen Steges zum Unteren

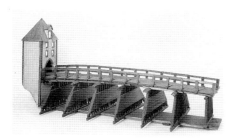

334

Wöhrd, mit der Auffahrt vom Georgenplatz aus; im Museum der Stadt Regensburg
Aus Holz, Brückenturm grau bemalt, mit rotem Dach und verglasten Fenstern (Spiegelglas); Zettel am Turm »F 13/Hölzerne Brücke/zum Unteren Wöhrd/verf. 1784 od. 85«; Maße: H 45,5 cm, B 40,5 cm, L 91,5 cm

335 A bis H Regensburg, acht Modelle, offenbar allesamt verfertigt von A. Gottfried; im Museum der Stadt Regensburg:
A: Modell der (1874 abgebrochenen) Roten Stiege am Klaren-Anger, aus Holz, polychrom bemalt, auf Grundplatte 22,5 x 9 cm, Höhe 9,5 cm; F 14.
B: Modell des Jakobstors, 1874; aus Gips, bemalt, auf Grundplatte 29,5 x 14,5 cm, Höhe 14,7 cm.
C: Modell des Ostertors, aus Holz, bemalt, auf Grundplatte 20 x 28,5 cm, Höhe 34 cm.
D: Modell des Emmeraner Tors, aus Holz, bemalt, auf Grundplatte 23 x 17 cm, Höhe 23,5 cm; F 16.
E: Modell eines Rundtempels, als »Keplerdenkmal verf. von A. Gottfried«, achtsäuliger Rundbau in dorischer Ordnung, in der Mitte mehrstufiges quadratisches Postament mit Büste, zwischen zwei Säulen vierstufige Treppenanlage mit Wange, Stufendach mit zwei Meridianen; aus Holz, grau bemalt, Denkmal rotbraun, Büste weiß, DM. des Sockels 11,6 cm, Höhe 19,8 cm; F 23.
F: Modell »Der Obelisk in den Anlagen verf. von A. Gottfried«, Grabmal mit der Inschrifttafel (Zettel): »Dem ersten Stifter der/Anlagen Carl Anselm/Fürst von Thurn und Taxis MDCCCVI«; Holz, grau gestrichen, auf Grundfläche 7,2 x 7,2 cm, Höhe 19,5 cm; F 19.
G: Modell vom Denkmal des Polizeidirektors Gruber, verfertigt von A. Gottfried, Grabstele mit der Inschrift (Zettel): »Treu dem Könige/rastlos thätig für Bürger,/wohl ein Vater der Armen,/wirkte nur kurze Zeit,/aber uns imer [sic] unvergeßlich«, Maße 7 x 4,6 cm, Höhe 14 cm; F 20.
H: Modell des Grabdenkmals von Gleichen, Postament mit liegender Sphinx, darunter Lorbeerkranz, mit Inschrift (Zettel): »Zur Erinnerung an Heinrich Carl Freiherr von Gleichen MDCCCVII«; Maße: 7 x 4,5 cm, Höhe 9 cm.

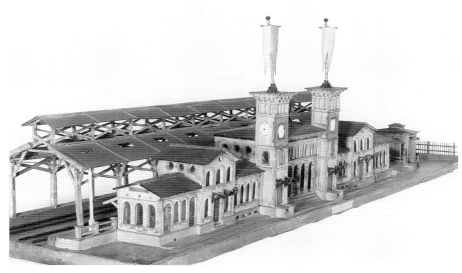

336

336 Regensburg, Modell des ersten Regensburger Bahnhofs, 1859; im Museum der Stadt Regensburg
In Holz ausgeführt, auf 165,5 x 47 cm großer Grundplatte erscheinen: vorn das mit 5 Arkaden geöffnete Empfangsgebäude, das von zwei Türmen sowie zwei Flügelbauten flankiert wird, dahinter die Bahnsteighalle, eine Holzkonstruktion zwei Gleise umfassend, mit Lichtraupe. Eiserne Verankerungen aus Draht; rechts das WC-Gebäude; Wandflächen allgemein roséfarben bemalt, Architekturgliederungen dunkelrot abgesetzt, Zifferblätter an den Türmen (aus Taschenuhren, in weißem Email, stammend), Glasfenster; innere Raumgliederung mit polychromen Wänden, Turmfenster aus Spiegelglas; Höhen der Türme ohne Fahnenmaste 30,8 cm, des Hallendachs 26,3 cm.
Lit.: Regensburg in Bilddokumenten, hrsg. v. Andreas Kraus & W. Pfeiffer, München 1979, Abb. 388 (Ansicht des Alten Bahnhofs um 1859 auf zeitgenössischem Stahlstich)

337 Regensburg, Modell des 1886-91 erbauten neuen Regensburger Hauptbahnhofs; im Museum der Stadt Regensburg
Dargestellt ist der noch bestehende, von Kriegsschäden und vereinfachendem Wiederaufbau inzwischen betroffene Bahnhof, und zwar das Empfangsgebäude mit nachgebildetem »gußeisernen« Bahnsteigdach, dazu stadtseitig zwei Kandelaber; in Holz angefertigt, farbig, vorwiegend rot bemalt, auf Grundplatte 42,5 x 225 cm, Höhe 35 cm.

338 a bis e Regensburg, fünf Modelle von Stadtbaumeister Hugo Wagner, frühes 20. Jh.; im Museum der Stadt Regensburg:
a: Ostseite des Neupfarrplatzes mit Gasthof »Zu den drei Helmen«, der alten

337

337

339

Hauptwache und dem Eckhaus E 68, dahinter der Rohrer Hof und die Weinwirtschaft »Zum Pfau«, im Zustand um 1820; Modell von 1910,
b: Regensburger Jakobstor um 1700; Modell um 1910,
c: Regensburgs Steinerne Brücke, im Zustand vor 1783,
d: Brückentor mit Umgebung, im Zustand vor der Erweiterung 1902/03 Modell in der Art von H. Wagner,
e: Modell des Stadtteils mit Neuer Waggasse – Rathausplatz – Untere Bachgasse – Hinter der Trieb – Roter Hahngasse – Haidplatz; angefertigt von Hugo Wagner 8.8.1920, in Holz, bemalt, auf Grundplatte 42 x 30,2 cm, Höhe 6,2 cm.

–

Regensburg siehe Frankfurt/Main = Nr. 133

339 Rosenheim, Modell der Bogensprengwerkbrücke über den Inn bei Rosenheim, erbaut 1812 von Wiebeking; im Deutschen Museum zu München

340 Salem, Bodenseekreis, Modell für den Dachreiter der ehem. Zisterzienserklosterkirche, ausgeführt nach dem Entwurf von Johann Caspar Bagnato (1696-1757) 1753/54; in der Bibliothek der Markgräflich Badischen Hauptverwaltung Schloß Salem

Das aus braunlasiertem Kiefernholz gefertigte Modell ist ein offenes Balkengerüst über 76 x 76 cm Grundfläche mit einer Gesamthöhe einschließlich Kreuz von 352 cm. Zur Baugeschichte siehe hier Nr. 341.
Lit.: Hans Martin Gubler, Johann Caspar Bagnato 1696-1757 und das Bauwesen des Deutschen Ordens in der Ballei Elsaß-Burgund im 18. Jh., Sigmaringen 1985, S. 133 f., Abb. 116

341 Salem, Bodenseekreis, Modell von Schloß und Münster Salem (der 1802 säkularisierten, ehemaligen, 1137 gegründeten Zisterzienserabtei bzw. des Reichs- und Konsistorialstifts), vor 1887 angefertigt; in der Bibliothek Schloß Salem
Nach der Weihe des Münster-Gründungsbaus 1179, der ab 1297/99 durch eine Neuanlage ersetzt wurde und seine Schlußweihe 1414 empfing, erfolgte (nach dem Brand von 1697) unter Abt Stephan I. die Errichtung der noch erhaltenen ehem. Klosteranlage um 1700 durch den Vorarlberger Baumeister Franz Beer d. Ä., und zwar inform eines regelmäßig um drei Höfe gruppierten Gebäudekomplexes, der sich an das bestehende Münster lehnt. In teils barockem, teils gotisierendem Stil führte darin seit 1751 der Deutschordensbaumeister Johann Caspar Bagnato Veränderungen durch; dazu zählte der von ihm über der Vierung 1753/54 errichtete, 65 m hohe, mit Bleiplatten verkleidete und mit vergoldetem Zierat geschmückte Turm (dessen Dachreiter im Modell = Nr. 340 projektiert ist). Wegen Baufälligkeit mußte der Turm 1807 abgerissen werden, man ersetzte ihn durch den plumpen gegenwärtig erscheinenden Dachreiter. – Im Modell deutlich erkennbar sind Bagnatos Turm samt Dachreiter. Aus Lindenholz gefertigt, ist das Modell traktweise in seinen Stockwerken abhebbar; innen schlichte, glatte Raumaufteilung mit Fluren und Treppen; während das Münster sandsteinfarbig mit weißen Fugen charakterisiert ist, zeigen die Klostergebäude alt weißen Anstrich mit grau gefaßten Fen-

340

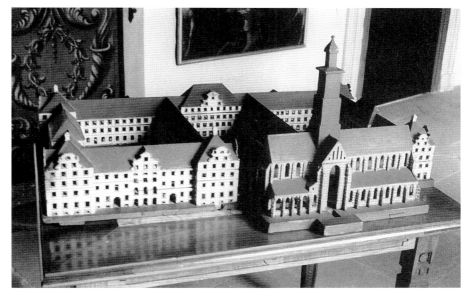

341

ster- und Türrahmen; Grundfläche der Klosteranlage 105 x 50 cm, mit Münster 105 x 72, die Höhen des Klosters 17 cm, des Münsters 19 cm und des Münsterturms 43 cm.
Lit.: Die Kunstdenkmäler des Kreises Konstanz, bearbeitet von Franz Xaver Kraus, 1887, S. 581; Wend Graf Kalnein, Schloß und Münster Salem, Große Baudenkmäler Heft 152, München-Berlin 1958; Kat. d. Ausstellung Süddeutsche Entwurfszeichnungen zur Dekorationskunst in Residenzen und Kirchen des 18. Jhs., Kunstbibliothek Berlin 1976, Nr. 45, 104, 110 m. Abb.; Hans Martin Gruber, Johann Caspar Bagnato ..., Sigmaringen 1985

342 Salzburg, Modell des romanischen, 1598 abgebrannten Salzburger Rupertimünsters. »Die unbearbeitete eine Langseite, der leicht verzerrte perspektivische Grundriß deuten darauf hin, daß ursprünglich dieses Modell ein Heiliger (wahrscheinlich Virgil) in seiner linken Hand getragen hat. Gotische Arbeit« (Tietze); wohl aus dem 16. Jh.; im Museum Carolino Augusteum zu Salzburg, Inv.-Nr. 4456/49
Salzburgs Dom, den Heiligen Rupert und Virgil geweiht, ist 774 bereits in einer Weiheurkunde erwähnt; er erfuhr diverse mittelalterliche Umgestaltungen, so 1270, 1312, 1383 usw. Als er 1598 abbrannte und die Mittelschiffsgewölbe einstürzten, begannen Planungen für einen Neubau (1601 1. Projekt, 2. Projekt 1606/07 von Vincenzo Scamozzi); dessen Grundsteinlegung erfolgte 1611 nach einem reduzierten Projekt, doch die Bauausführung ging ab 1614 nach Plänen von Santino Solari vor sich; 1628 Domweihe und 1652/55 Vollendung der Türme. Notwendige Renovierungen wurden 1859/60 und 1875/80 sowie (bis) 1959 vorgenommen.
Das aus massivem Holz gearbeitete, polimentvergoldete Modell mißt in der Mittelachse 28 cm, bei einer Breite (Querhaus mit Turm vor jeder Stirnseite) 16,5 cm, und Höhen von 25,5 cm (der Doppeltürme) sowie 27 cm (des Vierungsturms).
Lit.: ÖKT, Bd. XVI Die Kunstsammlungen der Stadt Salzburg, XI Varia u. Gesamteinrichtungen, bearbeitet v. Hans Tietze, Wien 1919, Nr. 16, S. 293, 295, Fig. 382; Hermann Vetters, Die mittelalterl. Dome zu Salzburg, in: Beiträge zur Kunstgeschichte u. Archäologie des Frühmittelalters. Akten zum VII. Internat. Kongreß für Frühmittelalterforschung hrsg. v. Hermann Fillitz, 1962, S. 219 f.;

342

Hermann Vetters, Der Dombau des hl. Virgil in Salzburg. In: Slavistische Forschungen, Bd. 6, Cyrillo-Methodiana: Zur Frühgeschichte des Christentums bei den Slaven 863-1963, hrsg. v. d. Görres-Gesellschaft 1964, S. 226 f.; Franz Pagitz, Virgil als Bauherr der Salzburger Dome. In. Mitt. d. Ges. f. Salzburger Landeskunde, 109. Vereinsjahr 1969 (= Festschrift zum 70. Geb.-Tag v. Herbert Klein), Salzburg 1970, S. 15-40 (mit Stiftermodellen)

343 Salzburg, Modell des barocken Domes zu Salzburg, angefertigt von Georg Laymann vor 1859; im Museum Carolino Augusteum zu Salzburg, Inv.-Nr. 4558/49
Im »Jahresbericht des vaterländischen Museums Carolino-Augusteum der Landeshauptstadt Salzburg für das Jahr 1865« (S. 37, Nr. 17) heißt es: »Herr Georg Baldi, Inhaber einer photographischen Kunstanstalt und Raritäten-Besitzer, machte uns zum Geschenk: ›Die Domkirche zu Salzburg‹, ein ganz getreues kleines Modell derselben, dergestalt zum Zerlegen, daß man die Einrichtung und den Bau derselben bis in das kleinste Detail eben so gut von Innen wie von Außen sehen kann. Eine Arbeit des berühmten nun verstorbenen Plastikers Georg Laymann in Hallein. Noch vor der Restauration und dem Brande 1859 verfertigt, daher um so interessanter.«
Das Modell, auf einer Grundplatte aus Holz, ist aus Pappe gestaltet, polychromiert und abnehmbar, und zwar in: 1. Doppelturmfront mit Orgelempore, 2. Vierungskuppel mit Tambour, 3. Gesamtaußenhaut (einschließlich Wölbung und Dächer) und 4. nördliches Emporengeschoß. Bemerkenswert ist in der vollständigen Innenausstattung das Vorkommen von je einer Orgel mit Empore an den Vierungspfeilern. Maße: Länge in der Mittelachse 38,2 cm, Breite von Langhaus 17,1 cm und Querhaus 25 cm, sowie der Doppelturmfront 19,2 cm, Höhe derselben 27,3 cm und der Vierungskuppel 26,5 cm.

Zur Baugeschichte und Literatur siehe Nr. 342

344 Salzburg, Modell einer unausgeführten Mariensäule für den Universitätsplatz in Salzburg, nach einem verschollenen Entwurf von Johann Lucas von Hildebrandt für den Salzburger Erzbischof Franz A. Graf Harrach (1665-1727), 1711/12, Holz polychromiert, die Figuren in Wachs; im Museum Carolino Augusteum zu Salzburg
Lit.: Günther G. Bauer, Divae Virgini Sine Labe Conceptae, das Kunstwerk des Monats August 1988, Salzburg Museum Carolino Augusteum 1988 (4 Seiten mit 10 Abb.)

345 A bis F Salzburg, Modelle salzburgischer Städte, angefertigt von Rupert Fontaine (1739-1803), jeweils aus Holz bzw. Moos die Waldflächen; Depositum des Erzstifts St. Peter im Museum Carolino Augusteum zu Salzburg:
A: Modell der Stadt Laufen an der Salzach (mit Oberndorf), 90, 8 x 59 cm,
B: Modell Hallein, 62 x 77,5 cm,
C: Modell Titmoning, 72 x 56,5 cm,
D: Modell Radstadt, 59 x 74,2 cm,
E: Modell Salzburg, 93 x 74 cm,
F: Modell des Holzrechens von Hallein, 83 x 63 cm (Detail aus Nr. 345 B)

346 Salzdahlum, nordöstlich von Wolfenbüttel, (aus Zeichnungen erschlossenes) Modell des 1689 grundsteingelegten (seit 1813 abgebrochenen) herzoglichen Schlosses, nach Plänen von Landbaumeister Johann Balthasar Lauterbach († 1694); die Zeitgenössischen Zeichnungen (vielleicht von Johann Oswald Harms) in der Herzog August-Bibliothek zu Wolfenbüttel
Friedrich Thöne hat diese auf ein Holzmodell zurückgehenden Zeichnungen (in: Wolfenbüttel – Geist und Glanz einer Residenz, München 1963, Abb. 237, 238) publiziert.
Herzog Anton Ulrich, seit 1685 Mitregent seines Bruders Rudolf August Herzog von Braunschweig-Wolfenbüttel (1666-1704) und ab 1704 bis zu seinem Tode 1714 alleiniger Herrscher, ließ sich in Salzdahlum sein Lustschloß bauen, dessen Einweihung 1694 stattfand, doch gingen die Arbeiten an der Ausstattung und am Garten bis 1714 weiter. Daran wirkte bis zum Tode Lauterbachs dessen Bauvogt Hermann Korb (1656-1735) mit, der danach als sein Nachfolger, auch selbständig entwerfend, tätig war.
Als »deutsches Versailles« gerühmt, wurde das »Zauberschloß« Salzdahlum für die geistvolle Kurfürstin Sophie von Hannover ein »Paradies auf Erden«. Leonhard Christoph Sturm zeichnete den Grundriß von Salzdahlum und lieferte darüber hinaus in seinen 1719 zu Augsburg erschienenen »Architektonische Reise-Anmerkungen« eine detaillierte Schloß-Beschreibung; er spricht zudem sogar (S. 7f.) von dem Modellcharakter der Holzkonstruktion des Salzdahlumer Schlosses.
Lit.: Friedrich Thöne, Der Wolfenbütteler Barockbaumeister Johann Balthasar Lau-

343

343

346

terbach, in: Zs. f. Kunstwissenschaft 4, 1950, S. 197-202 m. Abb.; August Fink, Die Baumeister von Schloß Salzdahlum, in: Zs. f. Kunstwissenschaft 4, 1950, S. 183-196 m. Abb.; Berckenhagen, Residenzen, 1966, S. 127 ff. m. Abb.; W. J. Hofmann, Schloß Pommersfelden, Nürnberg 1968, S. 50, Abb. 26; H. Reuther, Das Treppenhaus im Lustschloß Salzdahlum, in: Niederdeutsche Beiträge zur Kunstgesch. 16, 1977, S. 53-68 m. Abb.; H. Reuther, Hermann Korb, in: Neue Deutsche Biographie 12. Bd., 1980; Hans Reuther, Baukunst von der Renaissance bis zum Anfang des Klassizismus, in: Geschichte Niedersachsens, Band 3, 2, Hildesheim 1983, S. 713 f. m. Abb.; H. Reuther, Zur Entwicklung des Barockgiebels im Herzogtum Braunschweig-Wolfenbüttel, in: Martin Gosebruch zu Ehren, Festschrift, hrsg. v. F. N. Steigerwald, München 1984, S. 149-156 m. Abb.

346 a Salzdahlum, Rekonstruktionsmodell des Schlosses, 1909 von dem Braunschweiger Lehrer Hermann Meyer angefertigt nach Vorlagen von Karl Steinacker; im Braunschweiger Landesmuseum (am 29.10.1909 von H. Meyer für 800 Mark erworben), seit 1944 durch Kriegsfolgen teilzerstört
Lit.: Karl Steinacker, Das Fürstliche Lustschloß in Salzdahlum, in: Braunschweiger Jb. 1904 bzw. Wolfenbüttel (Zwissler) 1905 (mit Abb.)

347 Sankt Blasien/Schwarzwald, Modelle wohl zur Kuppel der ehem. Benediktiner-Abteikirche, von Carlo Luca Pozzi (1735-1805) und Giuseppe Pozzi (1732-1811); ehem. in St. Blasien, doch nicht erhalten
Lit.: Ludwig Schmieder, Das Benediktinerkloster St. Blasien, Augsburg 1929, S. 182-186; Franz Hilger, St. Blasien/Schwarzwald (= Schnell Kl. Kunstführer Nr. 555 von 1951), München-Zürich 22. Aufl. 1977

348 Sankt Gallen/Schweiz, Modell für den Neubau der zweitürmigen Stiftskirche, 1751 bzw. vor April 1752 angefertigt durch Pater Gabriel Looser, Konventuale von St. Gallen, aber nicht baulich realisiert; in der Stiftsbibliothek St. Gallen
Zur barocken Neubauplanung innerhalb der berühmten Benediktinerabtei war bereits 1720 Pater Caspar Moosbrugger aus Einsideln berufen worden. Seinen zwei gesicherten Entwürfen folgten 1725/26 weitere Umbaupläne des Paters Gabriel Hecht, und ungesichert blieb bis heute – trotz sieben zur Diskussion stehender Architekten und 13 vorliegender Projekte –, auf wen der emporgeführte Neubau zurückgeht; dessen Bauleitung übernahm 1755 – nach Abbruch des alten Schiffes – Peter Thumb (1681-1766), während Christian Wenzinger seither für die Gesamtausstattung des Inneren verantwortlich zeichnete. Fertigstellung und Weihe der Kirche fanden 1760 statt; 1764 waren danach der neue Chor im Rohbau und 1766 die Türme vollendet.
Das in 11 Teile zerlegbare Loosersche Holzmodell ist 176,5 cm lang, 76 cm breit,

348

348

348

348

bei einer Höhe der Türme von 128,5 cm.
Lit.: Kat. d. Ausstellung Barocke Kunst der Schweiz, Kunsthaus Luzern 1956, Nr. 11, Bild 2; Die Kunstdenkmäler der Schweiz, Bd. 45 … des Kantons St. Gallen, Bd. III Die Stadt St. Gallen: zweiter Teil Das Stift, bearbeitet von Erwin Poeschel, Basel 1961, S. 108, Abb. 43-45; Paul-Henry Boerlin, Die Stiftskirche St. Gallen. Ein Beitrag zur Gesch. d. dt. Barockarchitektur, Bern 1964, S. 41, 57-61, 194, Abb. 36, 37, 39-42

349 Sankt Gallen/Schweiz, Modell der Kuppelrotunde in der Stiftskirche, um 1757 angefertigt wohl nach dem Rotundenbau, und zwar zum Studium des Gerüstes für den Freskanten; auf der Innenseite der Kuppel flüchtige Bleistiftskizze zum Fresko des Heiligenhimmels (Paradieses) anscheinend von Christian Wenzinger (1710-97); in der Kathol. Administration St. Gallen
Zur Baugeschichte siehe Nr. 348; von Wenzinger ist bekannt, daß er 1757/60 Deckenfresken in St. Gallen schuf. Über das 238 cm hohe Holzmodell mit einem DM. von 253 cm schreibt Poeschel: »In der Kuppel sind mit dünnen, flüchtigen Strichen die Hauptlinien der Komposition skizziert, das Gerüst aber ist eine kunstvolle Brückenkonstruktion, die nicht auf Stützen ruht, sondern auf den Gesimsen gelagert ist. Das spricht dafür, daß wir es hier nicht mit dem ersten Baugerüst zu tun haben, sondern einem späteren Einbau, der Bedacht darauf zu nehmen hatte, daß der Gottesdienst nicht gestört wurde. Zu diesem Tatbestand paßt auch ein Ausgabenposten dieser Zeit: ›viel Saihler zum Kirchengerüst … erkauft‹.«
Lit.: Kat. d. Ausstellung Barocke Kunst der Schweiz, Kunstmuseum Luzern 1956, Nr. 12; Erwin Poeschel, Die Kunstdenkmäler des Kantons St. Gallen, Bd. III: Die Stadt St. Gallen, 2. Teil: Das Stift, Basel 1961, S. 125

349 m und n Sankt Gallen/Schweiz, Rekonstruktionsmodell nach dem St. Gallener Klosterplan (in der Stiftsbibliothek St. Gallen, Ms. 1092); angefertigt von Walter Horn & Ernst Born in Zusammenarbeit mit der University of California (Berkeley) für die Aachener Ausstellung 1965, und zwar in der vierfachen Größe des Plans (= 77 x 112 cm); siehe Kat. d. Ausstellung Karl der Große …, Aachen 1965, S. 402 ff., Nr. 570, Abb. 124, 125. – Vgl. dazu auch Ferdinand Keller, Bauriß des Klosters St. Gallen …, Zürich 1844; Hans Reinhardt, Der St. Galler Klosterplan. 92. Neujahrsblatt, hrsg. v. Histor. Verein d. Kantons St. Gallen, 1952; Wolfgang Sörrensen, Gärten und Pflanzen im Klosterplan. Studien zum St. Galler Klosterplan, in: Mitt. zur vaterländ. Gesch. Hrsg. v. Histor. Ver. d. Kantons St. Gallen 42, 1962, S. 240 (darauf eine Abb. des 1877 von Jules Leemann angefertigten Rekonstruktionsmodells nach dem St. Galler Klosterplan, im Histor. Museum St. Gallen)

350 Sankt Lambrecht/Steiermark, Modell des ehem. Schlosses, 17. Jh.; im Benediktinerabtei-Museum St. Lambrecht
Westlich des Stiftes stand auf dem Hügelplateau das bereits um 1400 ausgebaute Schloß, an dem größere Veränderungen und Erweiterungen die Äbte Johann Sachs (1478-1518) sowie Valentin Pierer (1518-41) bewirkten; seit 1786 Verfall der Anklage, von der nur Reste erhalten blieben, wie die Schloßkapelle und der nun sechsgeschossige Bergfried, am Portal Erneuerungsinschrift von 1843. – Das aus Pappe gebildete und bemalte Modell steht auf hölzerner Bodenplatte.
Lit.: Österr. Kunsttopographie, Bd. XXXI Die Kunstdenkmäler des Benediktinerstiftes St. Lambrecht, bearbeitet v. P. Othmar Wonisch, Wien 1951, S. 39, 136 f., Abb. 8, 10

351 Sayner Hütte bei Koblenz, Konstruktionsteilmodell der Gieß- bzw. Maschinenhalle, 19. Jh.; in der Sammlung Stahlbau der Fachhochschule München
Vom letzten Trierer Kurfürsten Clemens

Wenzeslaus 1769/70 gegründet, wurde die Sayner Hütte 1815 dem preußischen Bergamt in Bonn unterstellt (und zwar als drittgrößte Hütte nach Berlin und Gleiwitz/Oberschlesien), dort 1821 ein neuer Hochofen errichtet, 1828/30 die anschließende neue Gießhalle erbaut (nach Plänen von Carl Ludwig Althans [1788-1864]); »die von sechs Jochen überspannte Gießhalle mit einer Fläche von 27 x 29 m ... wurde mit korbbogenförmigen Bindern über 6,50 m hohen, hohlen Rundstützen überspannt (Spannweiten 7,30-7,60-7,30 m).« Eine Verlängerung dieser Halle um vier Joche erfolgte 1844. Nach der Übernahme 1865 durch Krupp fanden 1874 Erweiterungen statt. Der Stillegung der ganzen Hütte 1926 folgte eine 50 Jahre danach einsetzende Restaurierung; denn jene 1828-30 entstandene Gießhalle ist – als erste gußeiserne Hallenkonstruktion in Europa – ein besonderes technisches Kulturdenkmal.
Lit.: G. Dehio, Handbuch der Deutschen Kunstdenkmäler Rheinland-Pfalz Saarland, 1984, S. 93 ff.; Kurt Ackermann u. a., Industriebau ..., Stuttgart 1984, S. 21-23 m. Abb.; Rudolf Zeitler, Die Kunst des 19. Jahrhunderts, Propyläen Kunstgeschichte, Sonderausgabe Frankfurt/M.-Berlin 1990, S. 353, Abb. 423 a

352 Schaffhausen/Schweiz, Modell der hölzernen Rheinbrücke, um 1755/56 von Johann Ulrich Grubenmann (1709-83); im Museum Allerheiligen zu Schaffhausen, Inv.-Nr. 5169

Die Grubenmannsche Brücke wurde – wie es Reinhard Frauenfelder bemerkt – »1756 bis 1759 ... mit Holz aus dem Bregenzerwald erbaut ... hatte eine Tragkraft von 980 Zentnern. 1764 wurde der Boden mit neuen Brettern belegt. Am 13. April 1799 zerstörten die abziehenden Franzosen das Werk durch Feuer.

In einem ersten Entwurf sah Grubenmann eine Brücke ohne Pfeiler vor, führte aber auf Wunsch des Rates eine zweijochige in der Gesamtlänge von 110 m aus. Es wurden zwei Sprengwerke zwischen den Widerlagern und dem steinernen, etwas näher Schaffhausen zustehenden Pfeiler der vormaligen Brücke eingebaut. Die Fahrbahn bildete eine im Pfeiler flußabwärts gebrochene Linie. Grubenmann fügte noch ein drittes Hängewerk ein, in der Absicht, die Brücke auch ohne Pfeiler tragfähig zu machen. Das Mansarden-Schindeldach und andere Werkteile wurden aus dem ersten Entwurf übernommen. Auf der Ostseite befand sich über dem Pfeiler ein Erker mit Pumpe und Spritze. Das Dach zierte ein kleiner Reiter.«

Aus Tannen- und Nußbaumholz bestehend, ist das Originalmodell 457 cm lang und 54 cm hoch.
Lit.: Reinhard Frauenfelder, Die Kunstdenkmäler des Kantons Schaffhausen, Bd. I Die Stadt Schaffhausen, Basel 1951, S. 61, Abb. 59; Jos. Killer, die Werke der Baumeister Grubenmann, Zürich 1959, S. 40, 162; Kat. d. Ausstellung alter Zimmermannskunst, Die Werke der Baumeister Grubenmann, ETH Zürich 1960, S. 11

350

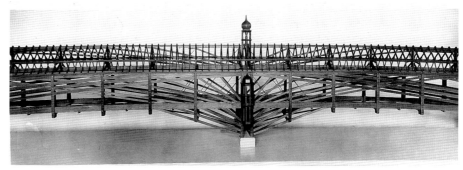

352

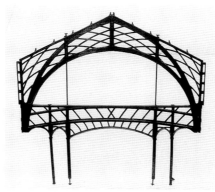

351

354

352 m Schaffhausen, Rekonstruktionsmodell nach dem ersten Entwurf J. U. Grubenmanns zur einjochigen Rheinbrücke, 1913 angefertigt; im Deutschen Museum zu München
Zu Baugeschichte und Lit. siehe Nr. 352

353 A bis D Grubenmannsche Brückenmodelle (Originale):
A: Modell für eine Holzbrücke von ca. 30 m, um 1745/55; in der Kantonsschule Trogen
B: Modell einer Holzbrücke von 60-70 m, Mitte d. 18. Jhs.; in der Realschule Herisau

C: Modell der Holzbrücke von Wettingen, 1764, im Maßstab 1:40; beim Kantonsingenieur in Aarau
D: Modell einer Holzbrücke von ca. 30 m, um 1760; in der Realschule zu Stein
Lit.: Jos. Killer, Die Werke der Baumeister Grubenmann, Zürich 1959, S. 162, Fig. 10, 14, 18-20; Kat. d. Ausstellung alter Zimmermannskunst, Die Werke der Baumeister Grubenmann, Zürich 1959/60

354 Schaffhausen, Modell des Jezlerschen Waisenhauses, angefertigt von J. C. Vogler 1780; im Museum zu Allerheiligen in Schaffhausen, Inv.-Nr. 19873 (6210)

355

In der Rheinstraße 25 zu Schaffhausen 1782/88 von Christoph Jezler errichtet, befindet sich heute darin das Rheinschulhaus. Das Holzmodell entstand im Maßstab 1:25.
Lit.: Die Kunstdenkmäler des Kantons Schaffhausen, Bd. 1, 1951, S. 15, 232

355 Schaffhausen, Modell der Kaufleutestuben, 1781 angefertigt von J. C. Vogler; im Museum zu Allerheiligen in Schaffhausen, Inv.-Nr. 19875
Das viergeschossige und vierachsige Haus wurde 1784 in der Vordergasse 58 zu Schaffhausen errichtet.
Lit.: Die Kunstdenkmäler des Kantons Schaffhausen, Bd. 1, 1951, S. 255, 258, Abb. 347

356 Schaffhausen, Modell des ehem. Benediktinerinnenklosters St. Agnes, 1861 angefertigt von Hans Wilhelm Harder (1810-72); im Museum zu Allerheiligen in Schaffhausen, Inv.-Nr. 19778 (Depositum der Stiftung Harder)
Das im Maßstab 1:300 entstandene Modell veranschaulicht die Gestalt des 1080 gestifteten, 1529 säkularisierten und dann als Armen-, Waisen- und Zuchthaus benutzten Klosterkomplexes, der eine entscheidende Umgestaltung 1822/25 für Spital-Zwecke erfuhr.
Lit.: Die Kunstdenkmäler des Kantons Schaffhausen, Bd. 1, 1951, S. 157 ff., 165

–

Schleißheim siehe München = Nr. 251 D

357 Schleißheim, 1696 bewilligt Kurfürst Max Emanuel dem »Oberarchitekt« Enrico Zuccalli eine Entschädigung von 40 Gulden »für das zu den Visier- und Modellen hergebende Zimmer« (im Zusammenhang mit dem Schleißheimer Schloßbau); München, Staatsarchiv für Oberbayern: Verlassenschaftsakt 56/118 (E. Zuccalli, 1652-1724)

358 Schleißheim, am 13. Januar 1714 wird bei der Inventur des Nachlasses von Giovanni Antonio Viscardi aufgenommen: »ein neues, vom Hofkistler Hans Georg Simmerl auf des [Hof-]Bauamts Unkosten verfertigtes Modell über den neuen Schleißheimer Bau«; München, Staatsarchiv für Oberbayern: Verlassenschaftsakt 96/25 (G. A. Viscardi)

359 Schleißheim, Modell der Schleißheimer Schloßanlage, um 1720/25 angefertigt vom Hofmaler Nikolaus Gottfried Stuber (1688-1749) nach dem endgültigen Projekt Joseph Effners; im Neuen Schloß zu Schleißheim (Bayer. Verwaltung d. staatl. Schlösser, Gärten u. Seen)
Gründer der Schleißheimer Schloßanlage war Herzog Wilhelm V. von Bayern (1579-97). Eine erste 1598 errichtete, 1600 unter Dach befindliche fürstliche Eremitage umgaben bereits 1611 nach Westen sich erstreckende Wirtschaftshöfe. Unter Maximilian I. (1597-1623/51) begann man 1617 mit dem Neubau des sogen. Alten (im Modell gut erkennbaren)

359

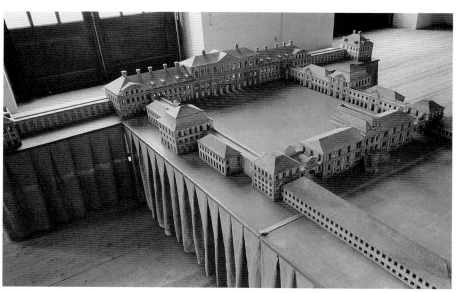

359

359

Schlosses, dessen Innenausstattung gegen 1623 vollendet war. Dieser langgestreckte zweigeschossige Bau erhielt 1684/85 in jenem nach den Plänen des Graubündener Architekten Enrico Zuccalli errichteten »Gartenhauses« Lustheim einen an den Grenzen des weitläufigen Gartens[15] andeutenden Widerpart, welcher im Modell aber nicht erscheint. Hinsichtlich des Neuen Schlosses verliefen seine Planungs- und Baugeschichte – wie es Luisa Hager anmerkt – »abenteuerlich, teils wegen der wechselnden Geschicke und Wünsche des Kurfürsten Max Emanuel (1679-1726), teils wegen der Beteiligung von Architekten so verschiedener Stilprägung wie Zuccalli und Effner, teils wegen unvorgesehener Mißgeschicke beim Bau selbst. Schon drei Monate nach der Grundsteinlegung, am 7. Juli 1702, stürzte die gegen den Park gelegene allzu hastig erbaute Ostmauer wegen ungenügender Fundamentierung ein.«

Nachdem dann infolge politischer Umstände das Neue Schloß ab 1704 15 Jahre über im Rohbau stehen geblieben war, widmete man sich erst seit 1719 unter der Leitung Joseph Effners (1687-1745) wieder dem Weiter- und Ausbau. Stubers wohl 1725 vollendetes Modell vermittelt das Aussehen des nach Entwürfen Zuccallis und vor allem Effners im Entstehen begriffenen Bauensembles, in dem jedoch die beiden Verbindungstrakte zwischen Altem und Neuem Schloß nicht zustande kamen wie die halbkreisförmige Triumphbogenarchitektur samt flankierenden Torpavillons im Wirtschaftshof. Unverkennbar ist daran das Eindringen französischer Stilprinzipien, die Effner – als Schüler Germain Boffrands – empfing.

Das auf 600 x 370 cm großer Holzplatte fest montierte, im Maßstab 1:100 aus Holz gefertigte, ehedem zerlegbare Modell zeigt im Inneren keine Geschoßeinteilung und räumlichen Trennwände. Alle Portal- und Fensteröffnungen erscheinen als offene Höhlen. Bei der Farbgebung ist charakteristisch, daß alle Fassaden weiß mit polychromer Gliederung (gelb, grau, braunrot für Marmorwiedergabe) gehalten sind, die Dächer verwaschen rot und die Freskierung polychrom. Fehlstellen ergeben sich durch den Verlust der meisten Säulenschäfte bei den Fassadengliederungen. Modell-Abmessungen: max. Länge 506,5 cm, Breite des Neuen Schlosses 346 cm, Höhe des Corps de Logis 31,5 bis Dachfirst und 36 cm bis Schornsteinoberkante.

Lit.: Max Hauttmann, Der kurbayerische Hofbaumeister Joseph Effner, Straßburg 1913; Ders., Die Entwürfe Robert de Cottes für Schloß Schleißheim, in: Münchner Jb. 6, 1911, S. 256 ff.; Erich Hubala, Henrico Zuccallis Schloßbau in Schleißheim, in: Münchner Jb. 3. F., XVII, 1966, S. 161 ff.; Berckenhagen, Residenzen, 1966, Nr. 339, Abb. S. 216 (Modellteil des Neuen Schlosses); Amtl. Führer Schleißheim Neues Schloß und Garten, bearbeitet von Luisa Hager u. Gerhard Hojer, München 2. Aufl. 1970; Kat. Bayern Kunst u. Kultur, 1972, Nr. 930 m. Abb. (darin unter Nr. 854 ist ein Silbermodell des Alten Schlosses von Schleißheim, das sich in der Schatzkammer in Altötting befindet, verzeichnet); Reuther, Burgen, 1974, S. 110 f., Abb. 6, 7; Kat. d. Ausstellung Kurfürst Max Emanuel, Bd. 2, München 1976, Nr. 667 (darin unter Nr. 673 ist aufgeführt ein Modell zum Westgiebel des Neuen Schlosses, aus Ton); Reuther, Daidalos, 1981, Abb. S. 105; siehe hier Abb. S. 7

360 Schöntal (Württ. Jagst-Krs.). Treppenmodell zum ehem. (1157 gegründeten) Zisterzienserkloster, das Anfang d. 19 Jhs. aufgelöst wurde, nachdem Joh. Leonh. Dientzenhofer für den baufreudigen Abt Knittel von Lauda (1683-1732) Neubaupläne geliefert hatte. 1708 grundsteingelegt, stand der Rohbau 1712, erfolgten 1717 Langhausweihe und 1727 Chorvollendung; auch die Neue Abtei entstand nach L. Dientzenhofers Entwürfen ab 1700 im rückwärtigen Teil, während der westl. vordere Teil 1738 begonnen und um 1750 beendet war.

Über das nicht erhaltene Modell schreibt Mielke: »Eine ganz in Holz konstruierte Treppe hat die Neue Abtei ... 1738-50 bekommen. Das Modell zu der Treppe fertigte J. Lorenz Deisinger, für die Ausführung ist der Zimmermeister Caspar Bayerschmitt verantwortlich.«

Lit.: Friedrich Mielke, Geschichte der deutschen Treppen, Berlin-München 1966, S. 226

361 Schussenried (Württ. Do.-Krs.), Holzmodell für den Neubau des (1183 begründeten) Prämonstratenserklosters, von Dominikus Zimmermann 1748; im Bibliothekssaal des ehem. Prämonstratenserklosters Dominikus Zimmermann (1685-1766), Baumeister so bedeutender Barock- bzw. Rokoko-Werke, wie der Wallfahrtskirche

361

Steinhausen (1727/33), der Frauenkirche zu Günzburg (1733/40) und der Wallfahrtskirche Wies in Oberbayern (1746/54), hinterließ mit seinem Schussenrieder Modell ein sakrales Neubauprojekt, das, 1750 baubegonnen, und zwar durch Jak. Emele, nur teilweise realisiert werden konnte – darunter als kostbarster Teil der 1754-61 erfolgte Bibliothekssaalausbau; 1763 mußte schuldenhalber das ehrgeizige Gesamtvorhaben eingestellt werden.

Lit.: Alfons Kasper, Bau- u. Kunstgeschichte des Prämonstratenserstiftes Schussenried, Teil 2, Schussenried 1960, S. 60 ff., Abb. 3; Henry-Russell Hitchcock, German Rococo: The Zimmermann Brothers, London 1968, Abb. 45; Hermann u. Anna Bauer, Johann Baptist und Dominikus Zimmermann. Entstehung u. Vollendung d. bayer. Rokoko, Regensburg (1985), S. 248, Abb. S. 249

362 Skokloster/Uppland/Schweden, Ausführungsmodell des Schlosses, angefertigt von Barthel Volkland aus Pommern, vor 1654 begonnen und der Planänderung folgend bis 1657 vollendet; im Schloß Skokloster bei Upsala, Inv.-Nr. 7331

Skokloster, »das bedeutendste und größte Privatschloß Schwedens in jener Epoche als Großmacht ließ der Reichsadmiral und

362

137

362

363

-marschall Carl Gustav Wrangel von 1653 bis 1668 zu Skokloster an einem Nordarm des Mälarsees errichten«. Der 1613 dort geborene (in St. Marien zu Wismar 1676 begrabene) Bauherr gewann dafür als entwerfenden Baumeister den aus Erfurt stammenden, in Gotha u. a. tätigen Caspar Vogel; er arbeitete wohl seit Oktober 1653 am Entwurf für Schloß Skokloster. Nach eindeutiger Quellenlage fertigte dessen Schwiegersohn Barthel Volkland das Modell, in dem die Verbesserungsvorschläge des Stralsunder Architekten Nicodemus Tessin d. Ä. (1615-81) mitverarbeitet wurden.

Im Maßstab 1:110 entstanden, besteht das geschoßweise zerlegbare Modell aus Birkenholz und die Zwischenböden aus Kiefernholz; es ist unbemalt und zeigt sowohl Raumgliederung als auch wandfeste Innenausstattung; Maße: 58 cm lang, 58 cm breit, 41 cm hoch.

Lit.: Hans Reuther, Das Modell des Schlosses Skokloster, in: Niederdeutsche Beiträge z. Kunstgesch. 24, 1985, S. 171-184 mit Abb. und Lit.-Nachweisen; Reuther, Daidalos, 1981, Abb. S. 103; Lena Rangström u. a., Skokloster. The Castle and Collection, Udevalla 1980, Abb. S. 17; Harald Keller, Das alte Europa. Die hohe Kunst der Stadtvedute, Stuttgart 1983, S. 275, Abb. 350 (= die Vogelschau von Schloß und Garten Skokloster, ›nach einem Modell von Caspar Vogel‹, im Kupferstich von W. Swidde nach Eric Dahlbergs Zeichnung)

363 Skokloster/Schweden, Modell eines Lusthauses (für Skokloster?), angefertigt von Johan Crämer in der Mitte des 17. Jhs.; im Schloß Skokloster, Inv.-Nr. 6928

Ob das 39,8 x 21 cm große und 27 cm hohe Holzmodell, dessen Wandflächen weiß, Architekturgliederung grau und Dächer grün bemalt sind, im Zusammenhang mit Wrangels Schloß entstanden ist, wäre angesichts des auf dem Kupferstich von Jacob Miller 1685 wiedergegebenen Schlosses samt Gartenanlage und in den Mälarsee hineingebauten (projektierten) Pavillons denkbar, dürfte dann aber ein verworfener, einfacher gestalteter Vorentwurf dazu gewesen sein.

Lit.: Reuther, Skokloster, 1985, S. 171, Abb. 1

364 A bis C Soest, drei Turmmodellversionen für die Wiesenkirche (St. Maria zur Wiese), veranlaßt von Pfarrer Dr. Girkon um 1925; im Turmgeschoß der Evangel. Wiese-Georgs-Kirche zu Soest

St. Maria zur Wiese, wohl 1331 (oder »1343«) gegründet, 1376 wurden darin die Altäre der Seitenchöre geweiht und 1421 mit dem Bau der Türme begonnen, hatte erst 1850-80 neugotische Turmabschlüsse erhalten. Deren Gestalt empfand Pfarrer Dr. Girkon (nach der brieflichen Mitteilung vom 26.6.1975 durch Pfarrer H. G. Scholten in Soest) »für den spätgotischen Stil des Kirchenschiffes unpassend und störend. Er wollte die Türme abtragen lassen und sie durch eine andere Turmform ersetzen.« Ergänzend dazu teilte Pfarrer Scholten am 21.8.1975 mit: »Leider haben wir in den Akten keine Hinweise auf dieses Experiment von Pfr. Dr. Girkon gefunden.« Nach 1945 wurden die Turmobergeschosse, infolge starker Verwitterung, übrigens in vereinfachter Form erneuert.

Lit.: Martin Wackernagel, Soest (= Große Baudenkmäler Heft 97), Berlin 1947, S. 12

365 Solothurn/Schweiz, Bauausführungsmodell der St. Ursenkirche, angefertigt von den Schreinermeistern Jos. Bader (Vater und Sohn, in Rüttenen, einem Dorf nördl. Solothurns) nach den Plänen von Gaetano Matteo Pisoni (1713-82) um 1763/64; im Historischen Museum zu Solothurn

Das aus Tannenholz bestehende, zerlegbare Modell ist in zwei Längshälften unterteilt, von denen Kuppellaterne und vier Dachteile abhebbar sind, außerdem ist der Turm unterhalb der Schallöffnungen zum Trennen mit Holzzapfen versehen. Dunkelbraun gehaltene Ziegeldächer kontrastieren mit dem Weißgrau des sonstigen Baukörpers; dessen Maße: 170 cm Länge, 132 cm Breite, Höhen der Giebelfassade 90 cm und des Turms 175 cm. Offenbar zur Abklärung der Kuppelform und deren äußerer Schale – und gegenüber den 1763 datierten Rissen Pisonis leicht verändert – dürfte das Modell wohl erst während des Baufortganges entstanden sein. 1773 erfolgte die Weihe der vollendeten Kirche, die seit 1830 Kirche des Bischofs von Basel und Lugano ist.

Lit.: Kat. d. Ausstellung Barocke Kunst der Schweiz, Kunstmuseum Luzern 1956, Nr. 16, Bild 3; Kat. d. Ausstellung 200

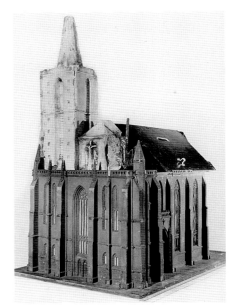

364 A

364 C

Jahre Pisonis St. Ursenkirche 1763-1963, Solothurn 1963; Hans-Rudolf Heyer, Gaetano Matteo Pisoni (= Basler Studien z. Kunstgesch. N. F. VIII), Bern 1967, Abb. 52, 54, 56 (Pisonis Pläne siehe Nr. 16, 17, 32); Heinz Horat, Die Baumeister Linger im schweizerischen Baubetrieb des 18. Jhs. (= Luzerner Histor. Veröffentlichungen, Bd. 10), Luzern-Stuttgart 1980, S. 99 (dort ist von einem Holz- oder Kartonmodell von Jakob Linger die Rede)

366 A bis J Speyer (Rheinland-Pfalz), Modelle zum/vom Dom St. Maria und St. Stephan

Der Speyrer Dom ist die »größte romanische Kirche diesseits der Alpen und unter den Kaiserdomen am Rhein der ehrwürdigste. 1030-61 Bau I, in Teilen erhalten, unter den Kaisern Konrad II. und Heinrich III. als Bischofs- und Grabkirche der salischen Kaiserfamilie errichtet. Um 1080-1106 Bau II unter Kaiser Heinrich IV.: Umgestaltung und Einwölbung aller Teile mit den ersten Kreuzgratgewölben – dies' eine epochale, gründende Leistung der deutschen Architekturgeschichte. – 1689 Brand und Einsturz großer Teile, vor allem der meisten Mittelschiffsgewölbe. Franz Ignaz Michael Neumann baute 1772-78 das Langhaus im romanischen Sinne wieder auf, sich also bewußt dem salischen Gefüge unterordnend, nicht ›zeitgemäß‹ gestaltend. Außerdem schuf er einen neuen Westbau, der 1854-58 dem noch heute bestehenden romanisierenden Westbau von Gottlieb Christian Heinrich Hübsch weichen mußte. Domrestaurierungen erfolgten bereits ab 1818; im 2. Weltkrieg nur geringe Schäden.« (Stemmler)

A: Die wohl drei 1765 vom Bildhauer-Architekten Peter Anton von Verschaffelt (1718-93; seit 1752 in Mannheim wirkend[17]) für den Speyrer Domumbau geschaffenen Holzmodelle sind nicht erhalten geblieben ((dafür Skizzen und Entwürfe dazu im Kurpfälzischen Museum Heidelberg; siehe Kat. d. Ausst. Ausklang d. Barock, Heidelberg 1959, Nr. 237 a/b; Kubach S. 82, 827, 1124)

B: Erinnerungs- bzw. Rekonstruktionsmodell nach Aufnahmen des von Franz Ignaz Michael Neumann (1733-85; Balthasar Neumanns Sohn) errichteten Westteils des Domes (entsprechend etwa dem 2. Projekt von 1775), angefertigt von Friedrich Berthold in Speyer 1890; bestehend aus Holz und Papier, farbig gefaßt, auf Grundplatte 29,7 x 20,5 cm, Modell-Breite 22 cm, Tiefe 13 cm und Höhe 28 cm; im Historischen Museum Speyer, Inv.-Nr. HM 0/2163 (Museumsführer 1924, S. 13; siehe dazu auch Hans Reuther, Franz Ignaz Michael von Neumanns Entwürfe für die Westfassade des Speyrer Domes, in: Bericht der Koldewey-Gesellschaft über die 25. Tagung vom 13.-18. Mai 1969 in Speyer, S. 136-145 m. Abb., bes. Abb. 3: Neumanns 2. Projekt, das H. Reuther so kommentiert: »Die Ausarbeitung eines zweiten Projektes gegen Jahresende 1775, als die Ausführung des ersten bis zur Höhe des Hauptgesimses beider Seitenschiffe des Domes gediehen war, ergab sich aus dem inzwischen eingetretenen Geldmangel. Das Hauptgesims der Seitenschiffe erscheint in diesem Projekt herumgezogen und mit einer Balustrade versehen. Ein Walmdach deckt die Vorhalle [= Paradies] ab, das in seiner Mitte von einer ellipsenförmigen Kuppel, orientiert mit ihrer großen Achse in die Längsachse des Domes, durchstoßen wird. In der Achse jedes der beiden Seiteneingänge und etwa in der westlichen Flucht der Kuppelbegrenzung erscheinen zwei steile Laternen mit glockenförmigen Helmen. Die Stümpfe der beiden Westtürme sind mit Pultdächern an den First des Mittelschiffsdaches geschleppt. Da der mittlere Kuppelbau, der von einer durchfensterten Laterne mit abschließendem glockenförmigen Helm bekrönt wird, auch als Glockenträger

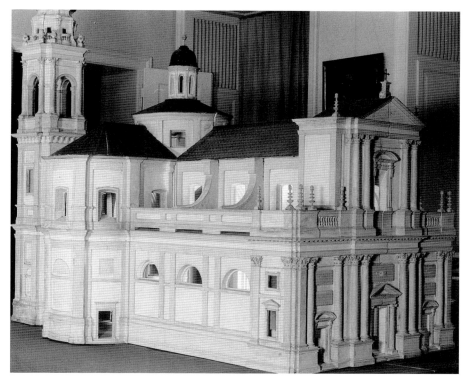

365

365

dient, weist in diesem zweiten Projekt das mittlere Vorhallengewölbe einer Scheitelöffnung zum Kuppelbau auf. Eine Zwerggalerie, die von einer Lisene an ihrer Westseite unterbrochen wird, umzieht den Kuppeltambour als oberen Abschluß. Ein Zifferblatt der Domuhr schließt giebelartig die Lisene ab. – Die Speyrer Entwürfe von F. I. M. v. Neumann zählen zu den frühesten neumittelalterlicher Dokumenten des 18. Jhs. auf dem Kontinent.«)

C: Dom mit Umgebung (Bischofshof, Kreuzgang usw.), Rekonstruktionsmodell des Zustandes vor 1689, angefertigt im Maßstab 1:100 vom Bildhauer O. Martin, gefaßt von R. Steinmetz in den Museumswerkstätten 1928/30; bestehend aus Holz, auf 270 x 195 cm großer Grundplatte; im Histor. Museum Speyer, Inv.-Nr. HM 1930/21 (siehe Kat. Pfälz. Museum 1930, S. 113 Abb. 1; Kat. Dom-Ausstellung 1930, S. 52, Nr. 112; Franz Klimm, Der Kaiserdom zu Speyer. Geschichte u. Führer, mittlere Ausgabe 1961, Abb. S. 12; H. E. Kubach & W. Haas, Der Dom zu Speyer [= Die Kunstdenkmäler von Rheinland-Pfalz], München-Berlin 1972, S. 1124, Nr. 1, wo Kubach anmerkt: »Das sehr anschauliche Modell ist in einigen Punkten unrichtig, Dächer im Zustand nach 1700, Giebel der Ostteile«)

D: Dom im Zustand vor 1957, Papiermodell im Maßstab 1:200; Modellbogen des Verlags Schwann, Düsseldorf; ein Exem-

366 B

367

368 B

plar mit Korrekturen im Denkmalamt Speyer, Zustand 1966 (Kubach, S. 1124, Nr. 2)
E: Holzmodell des Domes, Rekonstruktion des Zustandes im 13. Jh., jedoch ohne Kleines Paradies, angefertigt im Maßstab 1:100 von d. Fa. H. Jungnitsch in Karlsruhe, und zwar nach Angaben des Denkmalamts Speyer für die Deutsche Denkmalpflege-Ausstellung »Bewahren und Gestalten« 1965 (siehe deren von Dierk Stemmler bearbeiteten Katalog Nr. 25 g, Tafel 1; Kubach, S. 1124, Nr. 3)
F-J: Fünf Rekonstruktionsmodelle vom Königschor im Maßstab 1:50, angefertigt von Dipl.-Ing. H. Fenner für das Domkapitel Speyer nach Angaben des Denkmalamts; im Dom befindlich: dabei handelt es sich um: F. Vorkrypta, um 1040; G. Grablege, um 1050/56; H. 1. und 2. Erhöhung, vor 1090; I. 3. Erhöhung, um 1125 (Königschor); J. Verlängerung nach Westen, Zustand seit Ende des 12. Jhs. bis 1680 (siehe dazu Kubach, S. 1124, Nr. 4-8 und a-e)

367 Speyer, Modell der Gedächtniskirche der Protestation, als Konkurrenzprojekt angefertigt in Speyer 1872 vom Bildhauer Johann Höfner nach dem Entwurf des städtischen Baurates und nachmaligen Kgl. Oberbaudirektors v. Siebert; Depositum des 1859 gegründeten Bauvereins der Gedächtniskirche Speyer zeitweilig im Histor. Museum Speyer; nun in stark ruiniertem Zustand im Gewahrsam des Prot. Landeskirchenrats in Speyer
Aus Anlaß der am 19. April 1529 auf dem Reichstag zu Speyer stattgefundenen Protestation von sechs Fürsten und vierzehn Reichsstädten gegen den Mehrheitsbeschluß, mit dem die im Entstehen begriffene evangelisch-lutherische Kirche im Deutschen Reich wieder zum Erliegen gebracht werden sollte, plante man 1857 in Speyer, dem bedeutsamen Ereignis am Ort seines Geschehens ein Denkmal inform einer Kirche zu errichten. Doch bis der Bau begonnen werden konnte, vergingen noch Jahrzehnte; denn der erste Spatenstich erfolgte am 19. Sept. 1890, die Grundsteinlegung erst im Sommer 1893 und die Weihe der vollendeten Kirche am 31. August 1904. Ihre Architekten waren jene aus der Konkurrenz erfolgreich hervorgegangenen Flügge und Nordmann.
Im Kat. d. histor. Abteilung des Museums in Speyer (1888, S. 106) heißt es ergänzend: »Modell für die zum Gedächtnis der Speyerer Protesta von 1529 zu erbauende monumentale Kirche nach dem Entwurfe des … Oberbaudirektors v. Siebert ausgeführt von … Johann Höfner … 1872. Dem Entwurf lag der jetzt aufgegebene Gedanke zugrunde, die in unmittelbarer Nähe des Retscherhofes, in welchem jene Reichsversammlung stattfand, stehende Dreifaltigkeitskirche umzubauen und ihr gewissermaßen einen gothischen Mantel umzuhängen.« Das (nach alten Fotonegativen wiedergegebene) Modell, ursprünglich sehr sorgfältig aus Lindenholz gefertigt und geschnitzt sowie teilweise gefaßt, mißt 166 cm Länge, 79 cm Breite und 210 cm Turmhöhe.
Lit.: Führer des Museums Speier, 1914, S. 59; Carl Schäfer, Die Preisbewerbung um Entwürfe zur Gedächtniskirche in Speier. In: Zentralblatt der Bauverwaltung 1884, S. 551 ff.; Carl Schäfer, Von deutscher Kunst. Gesammelte Aufsätze u. nachgelassene Schriften, hrsg. v. H. A. Schäfer, Berlin 1910, S. 279-284; Herbert Dellwing, Die Gedächtniskirche in Speyer und ihre Restaurierung. In: Denkmalpflege in Rheinland-Pfalz Jahresbericht 1974-75, Jg. 29-30, Mainz 1976, S. 117-130, Abb. 54-58

368 A bis G Speyer, sieben Rekonstruktionsmodelle des ausgehenden 19. und 20. Jhs.: im Historischen Museum der Pfalz zu Speyer am Rhein
A: Stadtmodell der Reichsstadt Speyer um 1630, angefertigt im Maßstab 1:1000 vom Bildhauer Heinrich Scherpf in Speyer 1886; in Holz, farbig gefaßt, auf einer Grundfläche von 146 x 200 cm; Inv.-Nr. HM 0/1102 (HM I/810)
Lit.: Museumsführer 1924, S. 22; 1926, S. 18
B: Modell der Rheinschanze um 1816 – »zur Zeit als solche an Bayern übergegangen ist, auf welcher die Stadt Ludwigshafen erbauet« (wie es auf dem Zettel unter dem Boden heißt), angefertigt vor 1880 von Jos. Uebelacker in Mundenheim; in Holz, Papier, Sägemehl, farbig gefaßt, auf Grundfläche von 31,7 x 54 cm und einer Bodenplatte von 35,8 x 57,7cm; Inv.-Nr. HM 529
Lit.: Kat. d. histor. Abt. d. Museums in Speier, 1888, S. 107; Museumsführer 1910, S. 28; 1912, S. 31; 1914, S. 42
C: Modell des ehem. Judenbades in Speyer, Gipsabguß nach einem Holzmodell des Bildhauers O. Martin in Speyer um 1930 angefertigt; Gips, farbig gefaßt, Länge 104,5 cm, Tiefe 19 cm, Höhe 46,5 cm; Das Modell ist in Längsrichtung von Nord nach Süd geschnitten und nach Osten geöffnet; Inv.-Nr. HM 0/1034
Lit.: Kunstdenkmäler von Bayern, Pfalz

368 C

III. Speyer, bearb. v. Röttger, München 1934, S. 497, Abb. 357; Pfälzer Heimat 1954, S. 16; Monumenta Judaica, Köln 1963/64, Kat-Nr. B 62; Lebendiges Rheinland-Pfalz V, 5, 1968 S. 177; Festschrift zur Wiedereinweihung der Alten Synagoge Worms, Frankfurt 1961, Abb. 25; H. Arnold, Von den Juden in der Pfalz, Speyer 1967, Abb. 2; W. Keller, Und werden zerstreut unter alle Völker, München-Zürich 1966, nach S. 128; Ärzteblatt Rheinland-Pfalz 21, 9, 1968, S. 590
D: Modell der Klosterkirche Limburg a. d. Haardt, im Zustand des 11. Jhs. (nach Franz Klimm), angefertigt vom Museumsrestaurator Heinrich Urschel in Speyer nach 1939 (als Umarbeitung eines 1939 entstandenen Modells mit Zweiturmfassade [nach Manchot]); Holz, farbig gefaßt, auf Sockel 60 x 152 cm, im Maßstab 1:100; Inv.-Nr. HM 0/1035.
Lit.: Unsere Heimat. Bll. f. saarpfälz. Volkstum 1938/39, 12, S. 356 ff.; Wegweiser durch d. Slgen. d. Histor. Museums Speyer, 1969, Raum 17
E: Modell der Reichsburg Trifels, Zustand der Ruine vor dem Wiederaufbau, angefertigt vom Museumsrestaurator Heinrich Urschel in Speyer 1938; Holz, gefaßt, 115 cm lang, 95 cm breit und ca. 35 cm hoch; Inv.-Nr. HM 0/1131
Lit.: F. Sprater & G. Stein, Der Trifels, Speyer 9. Aufl. 1971, Fig. 19
F: Modell des Rheinkrans von Andernach, angefertigt von O. Adlhoch und H. Urschel (nach einem größeren entsprechenden Modell von Dr.-Ing. Anton Hamloch in Andernach) um 1950; Holz, ungefaßt, Sockel 41,2 x 72,5 cm, Turm-Dm. 36,5 cm, Turm-Höhe 27 cm
Lit.: Pfälz. Museum 32, 1915, S. 85ff.; Museumsführer 1914, S. 44; 1924, S. 16; 1926, S. 16
G: Modell der Klosterkirche Otterberg, angefertigt in Gips, farbig gefaßt, Sockel 50 x 31 cm, Kirchenbau 41 cm lang, 22,8 cm breit, 13,4 cm hoch, Gips-Sammlung Nr. 576

369 A und B Spittal an der Drau/Kärnten, jeweils Baumodell-Nachweis zu:
A: dem von Gabriel von Salamanca (1489/90-1539) veranlaßten, ab 1533 baubegonnenen Schloß Porcia (= Salamanca-Schloß) und
B: zur um 1530 unter demselben Bauherrn einsetzenden Erneuerung der Spitalskirche (= Lieserkaserne)
Lit.: Renate Wagner-Rieger, Das Schloß zu Spittal an der Drau in Kärnten, Wien 1962, S. 33, 35, 38 f., 54 f., 62 f., 70-73, 104 f., 107; Dehio-Handbuch Kärnten, 1976, S. 657

370 Stade, Modell des Turmhelmes der ev. Pfarrkirche Wilhadi, an der Westseite datiert »Anno 1667«, als Andreas Henne der Neubau des Helmes übertragen wurde; in der Wilhadi-Pfarrkirche
Stades älteste, vor 1132 gegründete Pfarrkirche trägt den Namen des 1. Bremer Bischofs Willehad; ihr Ende d. 13. Jhs. auf Granitsockel in Backstein errichteter Westturm verlor durch Blitzschlag 1724 den im 195 cm hohen Holzmodell wiedergegebenen reichen Barockhelm des Baumeisters Henne. Nachdem das oberste Turmgeschoß abgetragen war, wurde 1765 ein kupfergedecktes Pyramidendach aufgebracht.
Lit.: Die Kunstdenkmale der Stadt Stade, Text- u. Bildband 1960, S. 68, Nr. 70, Abb. 67; Reclams Kunstführer Bd. IV, 1960, S. 700

371 Stadthagen, ein Holzmodell für das projektierte Mausoleum zu Stadthagen lieferte am 8. Juli 1609 Giovanni Maria Nosseni; nicht erhalten; siehe Rosalba Tardito-Amerio, Italienische Architekten, Stukkatoren und Bauhandwerker der Barockzeit in den Welfischen Ländern und im Bistum Hildesheim, Göttingen 1968, S. 45

372 Stams/Tirol, projektgebliebenes Umbaumodell der Kirche des Zisterzienserstifts,

370

372

von dem Stamser Konventualen Jakob Greil (1653-1701) um 1680/90; ursprünglich im Zisterzienserstift Stams, Kriegsverlust.
Über das 53 cm lange, 42 cm hohe, aus Holz gefertigte, zum ersten Umbauvorhaben Ende des 17. Jhs. im Stams gehörende Modell schreibt Heinrich Hammer: ein kleines »Wunderwerk mönchischen Fleißes, das alle Einzelheiten nicht nur des

Äußeren, sondern auch im Inneren (Altäre, Fürstengrab) wiedergibt. Architektonisch ist es allerdings ... mehr ein Kuriosum. In kühnem Stilgemisch sucht es mittelalterlichen Aufbau mit barocken Einzelformen zu vereinigen; das Langhaus mit vier (allerdings nur scheinbaren) Kreuzarmen, Vierungskuppel und Chordachreiter weckt die Gotik aus dem Schlafe, in den zwei Fassadentürmen aber mit ihren barocken Balustraden und Kuppelhauben schafft Greil seinem ähnlich phantastischen Eckturm am ›Hofbau‹ ein Seitenstück. Kunstgeschichtlich könnte man diese Gebilde allenfalls unter dem Kapitel der ›Gotik in der Barockzeit‹ buchen. Den ›Hofbau‹ verwirklichte Johann Martin Gumpp d. Ä. nach 1690 und« – wie es Hammer anmerkt – »erst im Jahre 1729 veranlaßten Schäden im Gewölbe den Abt Augustin II., an die völlige Erneuerung des alten [romanischen] Gotteshauses zu schreiten.«

Lit.: Heinrich Hammer, Zur Baugeschichte des Zisterzienserstiftes Stams, in: Wiener Jb. f. Kunstgesch. Bd. X, 1935, S. 24-42, S. 37f. über das Modell, mit Abb.; Festschrift 700 Jahre Stift Stams 1273-1973, 1973; Kat. d. Ausstellung Die Baumeister Gumpp. Eine Künstlerdynastie des Barock in Tirol, Österr. Gal. im Ob. Belvedere Wien 1980

373 Stein über Baden, Silbermodell der Burgruine Stein, als Tafelaufsatzbekrönung angefertigt von Jean Baltensperger (1855-1908) 1881; im Historischen Museum der Stadt Baden bei Zürich (Landvogteischloß)

Anläßlich der Hochzeit Lang-Schleuniger, deren Allianzwappen an der Aufsatzschmalseite erscheinen, 1881 vom Inhaber der noch in Zürich bestehenden Goldschmiedefirma kunstvoll in Silber mit Emaileinlagen geschaffen, ist das 64 cm lange, 36 cm breite und ca. 40 cm hohe Modell keine ganz naturgetreue Kopie der Burgruine, zumal der westliche Teil der Anlage stark verkürzt dargestellt wurde.

Lit.: Festschrift Juwelen und Goldschmiedearbeiten. Beispiele verschiedener Stilarten und Arbeiten aus den Werkstätten von Walter Baltensperger Goldschmied in Zürich. Zum fünfzigjährigen Geschäftsjubiläum 1878-1928, Zürich 1928, Taf. II.

373 m Steinbach bei Michelstadt, Rekonstruktionsmodell der Einhardsbasilika SS. Petrus und Marcellinus (Weihe 827) von 1935; im Römisch-German. Zentralmuseum zu Mainz

Lit.: Kat. d. Ausstellung Karl d. Gr. ..., Aachen 1965, S. 416, Nr. 575 a

374 Stockholm/Schweden, Teilmodell einer Mansarddach-Konstruktion (Spitzbogendach) des späten 18. Jhs.; im Tekniska Museet Stockholm, Inv.-Nr. 1381

Aus Holz gefertigt, ist das Modell 42 cm lang, 29 cm breit und 24 cm hoch

375 Stockholm/Schweden, Modell eines Silomagazins, nach dem Konstruktionsentwurf von A. N. Adelcrantz um 1809 angefertigt von Gösta Berg im Tekniska Museet zu Stockholm, Inv.-Nr. 1784

Das 59 cm lange, 58 cm breite und 77 cm hohe, zu öffnende Holzmodell veranschaulicht Form und Funktion eines Silomagazins zur Trockenlagerung von Getreide-Mehl.

Lit.: Georg Scheutz, Stockholm, Stockholm 1860; T. Althin, Silomagazin från 1790-talet, in: Teknisk Tidskrift, 1935, Heft 44

376 Stockholm/Schweden, Modell der zimmermannsmäßigen Helmkonstruktion eines Kirchturmabschlusses mit vier Wichhäuschen von August Hoffmann 1838; im Tekniska Museet Stockholm, Inv.-Nr. 1816

Bestehend aus Holz, 61 cm lang, 61 cm breit, 305 cm hoch

Lit.: Arvid Baeckström, Kongl. Modellkammaren, in: Daedalus 1959 S. 55ff.

377 Stolzenfels, Krs. Koblenz (Rheinland-Pfalz), Korkmodell der Burgruine Stolzenfels am Rhein, vor 1825 (?) angefertigt möglicherweise von Friedrich Castan[212]; auf der Burg Stolzenfels

Mitte des 13. Jhs. erbaut, war die Burg Stolzenfels Zollstätte der Trierer Kurfürsten. Sie wurde 1689 geschleift und für Friedrich Wilhelm IV. von Preußen nach Entwürfen Karl Friedrich Schinkels 1825-45 restauriert. Das angeblich vor dem Wiederaufbau entstandene Korkmodell der Ruine soll »als Substanz für eine genaue Rekonstruktion« gedient haben,

376

375

377

während »das Ergänzte jedoch Neuschöpfung in romantischem Geist mit klassizistischen Elementen wie auch englischen Einflüssen« ist.
Lit.: Denkmalpflege in Rheinland-Pfalz Jg. I-III, 1945-49, S. 138 f.; Jahresber. d. Denkmalpflege in Rheinland-Pfalz Jg. XII/XIII, 1957-58, S. 140; Werner Bornheim gen. Schilling, Stolzenfels u. Marienburg, in: Bewahren und Gestalten, Festschrift f. Günther Grundmann, Hamburg 1962, S. 35-42; Kat. d. Ausstellung Bewahren und Gestalten. Deutsche Denkmalpflege, bearbeitet v. Dierk Stemmler, 1965, Nr. 108, Taf. 32 a und b (Zustandsabb. v. Burg und Korkmodell); Reuther, Burgen, 1974, S. 113

—

Straubing (Sandtners Stadtmodell) siehe München = Nr. 243 E

378 Straubing, 1614 Baurechnung und Zahlung an den Maler Martin Berger in Straubing »vom Model und Visier zum Kloster der Kapuziner von Holzwerk zu machen«; München, Staatsarchiv für Oberbayern: Kl. Lit. 724/1, Baurechnung Bl. 133. – Dort ebenso: Martin Berger quittiert am 24. Juli 1615 17 Gulden 30 Kreuzer für »Modell und Visier« zum Bau des Kapuzinerklosters und für andere Arbeit; dabei heißt es ausdrücklich: »ist solche Visier von Holz gemacht worden«.

379 Straubing, Modell der Donaubrücke, die 1855/56 als überdachtes Holzfachwerk nach Bauart Town errichtet wurde; 1905 vom Straßen- und Flußbauamt Straubing überwiesen an das Deutsche Museum in München, Inv.-Nr. 2926
Am 29. Juli 1934 abgebrochen, hatte die Brücke eine Länge von 133 m, ursprünglich zwei Werksteinpfeiler (die nachmals von drei Betonpfeilern ergänzt wurden). Das Modell mißt 173 x 30 x 30 cm.

380 Stuttgart, Modell des großen, im Mai 1768 baulich fortgeschrittenen Reithauses im Park des Schlosses Solitude bei Stuttgart; ursprünglich im Kavaliersbau ausgestellt, wahrscheinlich 1796 bei der Verwüstung der Parkgebäude zerstört.
Als damals am Bau der Solitude wirkende Baumeister kommen für 1767/68 Johann Friedrich Weyhing (1716-84), Philippe de La Guêpière (um 1715-73) und Reinhard Ferdinand Heinrich Fischer (1746-1812)[23] in Betracht.
Lit.: Hans Andreas Klaiber, Philippe de la Guêpière, Stuttgart 1959; H. A. Klaiber, Schloß Solitude. Amtl. Führer, Stuttgart 1961, S. 28, Abb. 1 (= Plan der Gartenanlage, darin als Nr. 27 das Reithaus, 1771)

381 Stuttgart, Modell zu einem Neubau des Königlichen Hoftheaters an der Stelle des Königsbaus, am Schloßplatz, 1835 veranlaßt von Nikolaus Friedrich von Thouret (1767-1845); im Württembergischen Landesmuseum Stuttgart
N. F. v. Thouret[23], Carlsschüler und später Lehrer an der Stuttgarter Kunstschule, wurde 1797 von Goethe nach Weimar zum dortigen Theater- und Schloßbau berufen, war dann seit 1799 an Erneuerungen im Ludwigsburger Schloß und 1812 an dessen Schloßtheater-Umgestaltung entscheidend beteiligt und zuvor mit ähnlichen Aufgaben in Stuttgart betraut. Sein – im Wettbewerb mit Salucci und Zanth – entstandenes für 1835 in altertümlichem Stil gehaltenes blockhaftes Hoftheater-Neubaumodell blieb Projekt. Aus Holz gefertigt (und mit entsprechenden Erneuerungen), mißt es 86 x 46 cm, bei 39 cm Höhe. – Hier Seite 160 abgebildet
Lit.: Paul Faerber, Nikolaus Friedrich von Thouret, Stuttgart 1949, S. 263 ff., Tafel 86 und 87; H. A. Klaiber, Der Übergang vom Spätbarock zum Klassizismus in der württembergischen Architektur, in: Zs. f. Württemberg. Landesgeschichte 19, 1960, S. 161, Abb. 7

382 A bis C Stuttgart, drei nachweisbare, jedoch vernichtete Modelle, und zwar:
A: Projekt des Nikolaus Friedrich von Thouret (1767-1845) 1811 zum Umbau jenes Alten Stuttgarter Lusthauses, das 1584-93 von Georg Beer, dem Baumeister Herzog Ludwigs I. (1568-93), vielbewundert geschaffen[15], seit 1750 durch Leopoldo Rettis Maßnahmen Hoftheater und danach mehrfach um- und ausgebaut worden war. Am 20. Jan. 1902 restlos niedergebrannt, errichtete dort Max Littmann 1910-12 das Kleine Haus des Staatstheaters.
B: Thourets Modell zum Prinzessinnenpalais von 1832; baurealisiert brannte es 1840 aus.
C: Modell für eine Grabkapelle auf dem Rotenberg, 1819 von Giovanni Salucci (1769-1845) 1819; »im Januar 1819 war die junge, sehr beliebte Königin Katharina plötzlich verstorben. Sie sollte, ihrem Wunsche gemäß, auf dem Hügel des Stammschlosses Württemberg ihre letzte Ruhestätte finden. Schon im August legte Salucci für eine Grabkapelle anstelle der Burg Entwürfe vor, die im (nun zerstörten) Modell auf uns gekommen sind: eine großzügig gelöste, ideale Bekrönung des Rotenbergs durch eine ionische Säulenrotunde mit flacher Kuppel auf einem achteckigen Unterbau mit vier großen Freitreppen und einem dorischen Portikus zur Gruft gegen Süden. Ein feierlicher verklärter Bau, dessen ionische Hauptordnung auf die edle Weiblichkeit der verewigten Königin anspielen mochte«, schreibt H. A. Klaiber und fährt fort: »Glücklicherweise hatte sich ... der König für Saluccis Projekt entschieden, das jedoch für die Ausführung stark vereinfacht werden mußte. Die ausgeführte Kapelle auf dem Grundriß eines griechischen Kreuzes (die Königin war orthodox) mit seinen vier Säulenvorhallen wurde trotzdem eine selten glückliche und würdige Lösung, nicht zuletzt auch hinsichtlich ihrer landschaftlichen Lage hoch oben in den Weinbergen des Neckartals.«
Lit.: Paul Faerber, Nikolaus Friedrich v. Thouret, ein Baumeister des Klassizismus, Stuttgart 1949, S. 242 ff., 253, Tafel 90 (Lusthaus-Projekt) 100 (Prinzessinnenpalais); Hans Andreas Klaiber, Der Übergang vom Spätbarock zum Klassizismus in der württembergischen Architektur, in: Zs. f. Württemberg. Landesgeschichte 19, 1960, S. 162 f., Abb. 8 (Grabkapelle auf dem Rotenberg, Modell von 1819). – Hier S. 160 Abb. v. 382 C

383 Teisbach bei Dingolfing, Erinnerungsmodell der 1849 abgebrochenen, barock überbauten Kirche St. Vitus zu Teisbach (wo bereits 1241 von einem »plebanus« = Leutpriester die Rede ist); im Besitz der Kirche St. Vitus zu Teisbach
Das einfache hölzerne Schreinermodell mit den Maßen ca. 70 x 45 cm, bei 65 cm bis zum Kirchenfirst und ca. 115 cm Turmhöhe, gibt den plastisch ungegliederten Baukörper des rechteckigen Langhauses (ohne Chorandeutung) mit steilem Satteldach und einem an die Südwestecke angelehnten quadratischen Turm mit Zwiebelhaube wieder.
Lit.: Fritz Markmiller, Die alte Kirche St. Vitus in Teisbach, in: Der Storchenturm. Geschichtsblätter f. Stadt u. Ldkrs. Dingolfing 1971, Heft 12, S. 55-68 mit Abb. S. 59 (schematischer Zeichnung des Modells)

384 Traunstein, Stadtmodell mit Saline und Holzfeldern, 1889 angefertigt vom Vermessungsassistent Beck; im Heimatmuseum Traunstein
Lit.: Heinrich Kurtz, Die Soleleitung von Reichenhall nach Traunstein 1617-1619. Ein Beitrag zur Technikgeschichte Bayerns, München-Düsseldorf 1978, Abb. 48

385 Trier an der Mosel, Kurfürstliches Palais (Residenz)[23], dazu heißt es im Kostenvoranschlag des Trierer Hofbaumeisters Johannes Seitz (1717-79) vom 31. Jan. 1758: »die Haubtstiegen vollkommen nach dem Modell undt riß im rauhen aufzuführen«; dieses Treppenmodell blieb nicht erhalten; es wäre insofern interessant gewesen, als das Seitzsche Treppenhaus wegen seines bildhauerischen, von Ferdinand Dietz (1709-77) samt Werkstatt ausgeführten Schmucks zu den besten in Deutschland zählte.
Lit.: Eberhard Zahn, in: Trierer Zeitschrift 32, 1969, S. 378

—

Trifels siehe hier Nr. 368 E

386 A

385 M Trogen/Schweiz, Erinnerungsmodell des 1598 erbauten Rathauses, und zwar in dessen Zustand nach 1831/32, angefertigt von dem Schreiner Schläpfer in Herisau »um 175 Gulden« um 1842, aus Holz, zerlegbar und mit Einrichtung des Inneren; in der Kantonsbibliothek zu Trogen
Lit.: Die Kunstdenkmäler des Kantons Appenzell Ausserrhoden, Bd. II, Der Bezirk Mittelland, von Eugen Steinmann, Basel 1980, S. 106 f., Abb. 110

386 A und B Ulm, zwei Grundsteinlegungsreliefs des Ulmer Münsters, 1377 (zur Erinnerung an die feierliche Grundsteinlegung durch den Ulmer Bürgermeister Lutz [Ludwig] Krafft am 30. Juni 1377):
A: Das Modell des Ulmer Münsters in der ursprünglichen Planungsform, dargereicht der links thronenden Muttergottes durch den zentral knienden Bürgermeister Krafft, rechts hinter ihm wohl die Personifikation der städtischen Geistlichkeit; im rechten Viertel des grünen, ehedem farbig gefaßten Sandsteinreliefs elfzeilige gotische Inschrift; auf der Rückseite der zunächst als Grabstein genutzten, 165,5 cm langen, 79 cm hohen und 22,5 cm dicken Platte hebräische Schriftzeichen. Sie war ursprünglich am östlichen, sogen. Gerichtsportal der Südseite des Münsters eingemauert, nun als Leihgabe der Ev. Gesamtkirchengemeinde Ulm im Ulmer Museum. Verwitterungsschäden charakterisieren das Relief, an dessen Münstermodell der Helm des vorderen Chorturms ebenso fehlt wie der des Fassadenturms.

386 B

B: Münstermodell im zweiten Grundsteinlegungsrelief, das, von Fialen eingefaßt, im oberen Teil von einer Kreuzgruppe (Ende d. 19. Jhs.) überragt wird und sich am 3. Langhauspfeiler (von Osten) der Südseite des Münsterhochschiffes befindet – mit den Gesamtmaßen 347 cm Höhe und 114 cm Breite; Modell-Maße: 33 cm lang, 14 cm tief, Höhen der Osttürme 49 cm, des Westturms 51 cm; es besteht aus feinem Sandstein mit Farbfassung, vorwiegend in Rot, Grün und Blattgold. Als Tragefiguren fungieren in repräsentativer Weise Bürgermeister Krafft mit Frau, die das Modell der geplanten Parler-Kirche halten: eine offenbar dreischiffige Halle mit ausgeschiedenem Chor, östlichen Flankentürmen und einem westlichen Frontturm.

Lit.: R. Pfleiderer, Das Ulmer Münster in Vergangenheit und Gegenwart, Ulm 1907, S. 51; I. F. Schultz, Die Parler-Plastik am Ulmer Münster, phil. Diss. Freiburg/Br. 1954 (ungedruckt); I. F. Schultz, Beiträge zur Baugeschichte und zu den wichtigsten Skulpturen der Parlerzeit am Ulmer Münster, in: Ulm und Oberschwaben 34, 1955, S. 7-38; Hans Seifert, Das Ulmer Münster, Königstein/Taunus 1957, Abb. S. 1; K. Gerstenberg, Die deutschen Baumeisterbildnisse des Mittelalters, Berlin 1966 S. 50 f.; Reinhard Wortmann, Die Parlerkonsolen im Ulmer Münster, ein Beitrag zur Baugeschichte des Langhauses, in: Bonner Jahrbücher 170, 1970, S. 289-311

387 Ulm, Modell des Ulmer Münsters im Bauzustand von 1813, vollendet 1813 von Joh. Konrad Metzger in Ulm; Depositum der Ev. Gesamtkirchengemeinde Ulm im Museum zu Ulm

Das bemalte Holzmodell mit einer max. Länge von 189,5 cm, max. Breite von 78 cm, einer Firsthöhe (Mittelschiffsdach) von 78 cm und einer Turmhöhe von 142 cm, besteht aus mehreren Teilen, die z. T. später mit Winkeleisen auf der Grundplatte verschraubt wurden. Feststellbare Einzelteile sind: 1. der Chor, 2. der Westturm mit beidseits zwei Seitenschiffsjochen und 3. das Dach des Mittelschiffs, 4. der Fußboden des Chores sowie 5. der Turmhelm. Vollständig wiedergegeben sind Innenarchitektur und Ausstattungsstücke, wie die Altarmensen, der »Westlettner«, der Glockenstuhl im Westturm. War der 1. Münsterbau-Abschnitt 1377-91 geprägt von den Architekturvorstellungen der Parler-Familie, des Meisters Heinrich d. Ä. und denen seiner Söhne Michael und Heinrich d. J., und zwar als größter Hallenbau Deutschlands mit einschiffigem Chor und flankierenden Osttürmen sowie einem Westturm, so begann 1392 die 2. Bau-Phase mit der Umplanung zur hochgotischen Basilika durch Ulrich von Ensingen. Dessen Langhaus wurde 1405 bereits geweiht, und weitere Weihen der Einwölbung von Chor, Mittel- und Seitenschiffen erfolgten 1449/70. Inzwischen war die Einturmanlage von Hans und Kaspar Kun begonnen und seit 1474 durch Matthäus Böblinger bis 1492/94 fortgeführt, danach von Burkhard Engelberg verstärkt worden; 1528 endete die vorläufige Bauhüttentätigkeit, die man erst 1844-90 mit der Münsterrestaurierung und Turmvollendung fortsetzte.

388 Ulm, Befestigungsmodell der Stadt, von Carl Felician Frhr. v. Welser 1717, auf re-

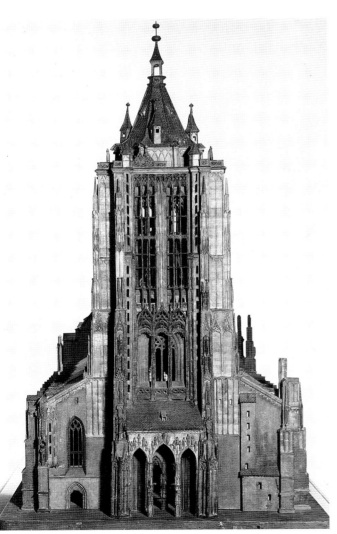

387

387

387

393

lieferter Holzplatte (einem Brett mit zwei Schwalbenschwänzen) 161,5 x 112,5 cm, bis zu 12 cm hoch; der Stadtgrundriß ist aufgemalt; während die Fortifikationen sowohl des Mittelalters, als auch die des Barocks (1605-11 von Gideon Bacher, 1617-23 von Jan van Valckenburgh und danach von Johann Faulhaber) plastisch wiedergegeben sind. Ein Maßstab von 100 rheinländischen Ruthen 10 schu ist zudem angebracht. Im Ulmer Museum

389 Ulm, Modell der »Fortifikation von Ulm«, angefertigt vom Feuerwerker Nikolaus Kräutter 1745, aus bemaltem Holz 144,5 x 128,5 cm, 5-5,5 cm dick, in Nut-Feder-Rahmen, z. T. desolat; denn Türme fehlen. Im Ulmer Museum.

390 Ulm, Modell der Wilhelmsfeste, angefertigt um 1850, aus bemaltem Holz mit massiven Blöcken 223 x 228 cm und 14,5 cm Höhe, in desolatem Zustand; zugehörig ist ein Ravelin-Modell 97 x 65 cm, 12 cm hoch. Beide im Ulmer Museum

391 A bis G Ulm, sieben Modelle aus Holz, Lufa oder Moos für Bäume, Korkmehl, Glas (für Flußläufe) auf leinewandbezogener Grundplatte, mit Öl- bzw. Leinfarbenanstrich, lediglich G aus Holz, Gips und Ölfarbe, wohl alle von einer Hand nach 1880; im Ulmer Museum:
A: Das Frauentor (abgebrochen 1837), 44 x 66 cm, 45 cm hoch,
B: Das Neutor (abgebr. 1860), 51,5 x 56,5 cm, 46,5 cm hoch,
C: Das Glöcklertor (abgebr. 1837), 41 x 35 cm, 56 cm hoch,
D: Das Herdbruckertor an der Donau (abgebr. 1827) und das Ehingerhaus sowie der Diebsturm (abgebr. 1807), 134 x 83 cm, 53,5 cm hoch,
E: Der Gänsturm (abgebr. 1796 und 1944) sowie die angrenzenden Häuser (vor 1796), 64 x 59,5 cm, 65 cm hoch,
F: Die Stadtmauer an der Donau (erbaut 1480), um 1880, von links: Fischerplätzle, Einlaßturm (abgebr. 1843), große und kleine Blau sowie Dicker Turm (abgebr. 1800), 156,5 x 48 cm, 45 cm hoch,
G: Das ehem. Henkershaus am Henkergraben (abgebr. um 1880), 42 x 23 cm, 26 cm hoch.

392 A bis D Ulm, vier Modelle; im Ulmer Museum:
A: Der westliche Münsterplatz um 1800, Modell von Wilhelm Schall in Ulm 1933, aus Holz, polychrom bemalt, 188,5 x 145 cm, 99 cm hoch,
B: Das Schuhhaus samt angrenzenden Bürgerhäusern zwischen Kramgasse und Apothekengasse, Plätzle und Langer Straße, um 1822; angefertigt nach 1900 (vielleicht erst um 1930), aus Holz, bemalt, 125 x 55 cm, 64 cm hoch,
C: Die Gastwirtschaft »Zu den drei Kannen« (1671 erbaut, 1944 weitgehend zerstört), aus naturfarbigem Holz, Fachwerk in Intarsien, Fensterflächen und Ornamente bemalt, Gartenparterre aus bemaltem Gips, 70 x 110 cm, 75 cm hoch,
D: Der Weinhof um 1910, angefertigt von

393

393

Heinrich Mayer um 1910, erweitert 1955/56 von Adolf Albus in Ulm, aus Holz, bemalt, 202 x 183 cm, 65 cm hoch.

392 m Veitshöchheim, Kreis Würzburg, Modell des ehem. Sommerschlosses der Würzburger Fürstbischöfe; moderne Anfertigung; im Schloß Veitshöchheim

Unter Fürstbischof Peter Philipp von Dernbach 1680-82 vielleicht nach Entwürfen Antonio Petrinis von Heinrich Zimmer errichtetes »Sommerhaus« mit vier eckbetonenden Türmen – in einem seit 1682 angelegten Lust- und Tiergarten, der 1702/03 entscheidende Vergrößerung durch Johann Philipp von Greifenklau erfuhr. Balthasar Neumann entsumpfte 1726 das südliche Gelände, legte darin im Rahmen der Lustgartenumgestaltung den Kleinen See an und erweiterte 1749-53 das doppelgeschossige Gebäude durch Querbauten an den Schmalseiten und legte vor dem nördlichen Querbau eine einläufige steinerne Treppe mit Wendepodesten an.

Lit.: Reuther, Balthasar Neumann, 1983, S. 215 f.

393 Vierzehnheiligen, Gemeinde Grundfeld, Kreis Lichtenfels, Ausführungsmodell der Kath. Pfarr- und Wallfahrtskirche Mariä Himmelfahrt, angefertigt von Balthasar Neumann im Januar 1744; im Histor. Museum zu Bamberg (ursprünglich wohl aus Kloster Langheim stammend)

Am 19. Januar 1744 schreibt Balthasar Neumann an Fürstbischof Friedrich Carl von Schönborn: »Vnter der zeit habe die Vierzehn Hayligen Kirchen bereits außgearbeitet, die anjetzo ein vollkommenes werck werdten solle, vndt wirckl. ahn den modell dieße Wochen anfange, vndt solle dieße kirchen ein meisterhaftes werck werdten, daß Ewer Hochfürstl. Gnaden [= Friedrich Carl von Schönborn, Fürstbischof von Bamberg und Würzburg] gewiß gnädigstes vergnügen daran haben sollen.« An denselben Adressaten sendet Balthasar Neumann, wiederum aus Würzburg, am 11. Februar 1744 folgendes Schreiben: »Es hat mich die Kirchen zu 14 hayl. sehr aufgehalten, nun aber bereiths biß auf 8 tag werdten außgearbeit sein zu den Modell, welches in der holtzarbeit ist begriffen, hat auch seine besondere grosse riss verlanget, dann seindt 2 grundriss, 3 profill [= Schnitte], vorderer vndt seiten auftrag, so dann die von Mainunger baumeister Kronen [= Gottfried Heinrich Krohne, 1703-56] copiret vndt den herrn praelaten [= Abt Stephan Mösinger O. Cist. von Langheim] zugeschickt alß die letztere.«

Welche Bedeutung dem Modell im Planungs- und Bauprozeß der 1743-72 im Auftrag des Bauherrn – dem Zisterzienserabt Stephan Mösinger aus Klosterlangheim – errichteten Wallfahrtskirche Vierzehnheiligen zukommt, erläutert Hans Reuther (1983, S. 217 f.) so: »Nach vorangegangener Planung von Gottfried Heinrich Krohne, dem Baumeister von Kloster Langheim (1739), und Johann Jacob Michael Küchel (1742), die von Fürstbi-

147

schof Friedrich Carl von Schönborn als Fürstbischof von Bamberg abgelehnt wurden (das Hochstift Bamberg seit 1450 an der Wallfahrt beteiligt), fertigte Balthasar Neumann (1687-1753) aus mehreren Varianten den ursprünglichen Ausführungsentwurf.
Grundsteinlegung: 23. April 1743. Durch eigenmächtige Planänderung G. H. Krohnes, der die Bauleitung innehatte, verschob sich der Chor 'gen Osten; daher konnte der Gnadenaltar über die Stelle des Wallfahrtsgeschehens um 1445 und 1446 nicht mehr für die Vierung vorgesehen werden. Neue Pläne mit Modell B. Neumanns von Anfang 1744 gaben die Grundlage zum Weiterbau. Weihe erst 1772.
Die äußere Erscheinung zeigt eine dreischiffige Basilika auf lateinischem Kreuzgrundriß mit westlicher Doppelturmfassade und eingezogenem, von Sakristeianbauten flankierten Chor im Osten. Im Innern treten an Freistützen erinnernde aufgelöste Wandpfeiler mit Emporen im Langhaus und einer Folge von drei elliptischen Wölbschalen in der Längsachse sowie einer Halbkugelkuppel in jedem Querhausarm auf, die alle durch tief einschneidende Stichkappen über den Obergadenfenstern in ihrer Struktur weitgehend aufgelöst sind und deren Durchdringungen von sphärischen Gurtbogenpaaren begleitet werden. Zwischen der westlichen elliptischen Wölbschale über dem Orgeljoch und der zweiten größeren über dem tabernakelartigen Gnadenaltar im Langhaus treten zusätzlich zwei kleine Ellipsengewölbe auf.«
Das in den Einzelheiten sehr sorgfältig durchgebildete, zerlegbare Modell besteht aus Holz, die Fenstergewände, Kapitelle und Emporenbaluster aus Zinn, Paviment und Dachwerkkonstruktion sind eingraviert. Zu den vier auseinandernehmbaren Teilen zählen die zwei Hälften im Längsschnitt auf Grundplatte mit Scharnier sowie zwei Turmoberteile. Dächer, Turmhelme und das umlaufende Gesims wurden schiefergrau gestrichen. An Abmessungen (stets ohne Grundplatte) ergeben sich: Länge 99,5 cm, Breiten in Querhausmittelachse 28 cm (ohne seitlichen Pilastervorsprung), in der kleinen Vierung des Langhauses 20 cm (mit Pilastervorsprung 21,3 cm), bei der Doppelturmfassade 25 cm, und zwar je Hälfte, gemessen wurde die linke Hälfte (von der Turmfassade aus gesehen). Höhen von OK Fußboden bis Dachfirst 48,2 cm, Türme bis abnehmbarem Teil 43,7 cm, Turmoberteil 49 cm, Turmgesamthöhe 92,3 cm, beim Altarraum 47,4 cm, Höhe des Inneren (bis zum Gewölbescheitel): Altarraum 30,2 cm, Gnadenaltarzone 31,6 cm, Orgelraum 31,2 cm. Die Orgelempore war wohl nicht geplant. Turmwendeltreppen sind bis zur Höhe der Orgelempore vorhanden. Die Gewölbedicke beträgt 0,9 bis 1,5 cm; die gesamte Wölbung mit Stichkappen besteht aus einem Stück, jeder Querhausarm aus je ein Wölbstück, desgleichen die »kleine Vierung«. Das Dachwerk zeigt keine Sparren. Kleinere Fehlstellen finden sich unter den Ba-

lustern, Balusterbrüstungen und in einem Seitenaltar (Mensablock) im linken Querhausarm an der Stirnseite.
Lit.: Richard Teufel, Vierzehnheiligen, Berlin (1936), 2. Aufl. Lichtenfels 1957, Abb. 53-55; Kat. Bayern Kunst u. Kultur, 1972, Nr. 1418 m. Abb.; H. Reuther, Vierzehnheiligen, München-Zürich 5. Aufl. 1976; Reuther, Daidalos, 1981, Abb. S. 107; Reuther, Balthasar Neumann, 1983, S. 161, 217f., 255, Abb. 62-64; Hans Reuther, Über die Technik der Wölbung bei Balthasar Neumann, in: Baukultur. Zs. d. Verbandes Dt. Architekten- u. Ingenieurvereine 1/1987, S. 3-9, Abb. S. 6

394 Waldsassen/Oberpfalz, Holzmodell für Kirche und Kloster der ehem. Zisterzienserabtei, 1682 von Abraham Leuthner aus Prag geliefert; nicht mehr erhalten, aber im Brief des Grafen von Ortenburg vom 7. April 1682 an Pater Nivard von Waldsassen erwähnt, indem er sich bedankt, daß ihm der Pater »das völlig verfaßte Modell von Holz auf den bevorstehenden Bau zeigen will, weil es von einem wohlberühmten Baumeister aus Böhmen angegeben worden«. Tatsächlich erfolgte der Neubau der Stiftkirche von Waldsassen nach Leuthners Projekt, unter Georg Dientzenhofers Bauführung 1682-1704.
Lit.: Hugo Schnell, Die Stiftskirche Waldsassen, München o. J.; H. G. Franz, Bauten u. Baumeister der Barockzeit in Böhmen, Leipzig 1962, S. 49; Joh. Joseph Morper, Die Stiftskirche von Waldsassen und ihre böhmische Wurzel, in: Das Münster 16, 1963, S. 313f.

—

Walhalla siehe Regensburg (ehedem ausgestellt im Rathaus) = Nr. 296 D

395 Waltenhoferbach, Modell der Holzgitterbrücke über den Waltenhoferbach – der Bahnstrecke Kempten-Immenstadt beim km 68,644, angefertigt im Maßstab 1:20; im Verkehrsmuseum Nürnberg
Die 1854 entstandene Brücke (mit 58 m Länge und 8,40 m Breite sowie 11,60 m Höhe über Normalwasserstand) war für zweigleisigen Verkehr angelegt und beiderseits auf Steinwiderlagern mit Verstrebungen aufgesetzt, die Gitter ineinander mit Eisenstäben verbunden und die Außenwände mit Brettern verschalt und überdacht. Sie wurde 1883 durch eine eiserne Brücke ersetzt.
Lit.: Kat. d. Verkehrsmuseums Nürnberg, 1935, S. 21, Nr. 25

396 Wartburg bei Eisenach/Thüringen, Modell der Wartburg, 1859 gefertigt von Ißleib nach einem nicht ausgeführten Plan von Hugo v. Ritgen und Bernhard v. Arnswald; um 1936 im Schloßmuseum (der Wartburg?)
Nach der sagenhaften Gründung der Wartburg 1067, spielte sie schon 1080 in den Kämpfen Heinrichs IV. eine Rolle, lebte dort 1123-40 der erste Landgraf von Thüringen Ludwig I., war bis 1220 unter Landgraf Hermann I. der Palas errichtet, in dem sich 1206/07 jener legendäre Sän-

gerkrieg Walthers von der Vogelweide und Wolframs von Eschenbach abgespielt haben soll. Nach Bränden 1320 Wiederherstellung der Burg, die Luther 1521/22 als Asyl diente; 1538/52 Bauarbeiten durch Nickel Grohmann sowie 1625/28 Erneuerungsmaßnahmen an der Burg, deren allmählicher Verfall danach einsetzte, bis – von 1838-90 – durch Großherzog Carl Alexander und seine Mutter, Maria Pawlowna, die Restaurierung der Wartburg durch die Architekten F. W. Sältzer (1838-43) und Hugo v. Ritgen (1848-89) maßgeblich bewerkstelligt wurde; 1854/55 malte Moritz von Schwind Wandbilder im Palas.
Lit.: Hans von der Gabelentz, Die Wartburg. Ein Wegweiser durch ihre Geschichte und Bauten, München 2. Aufl. (um 1936), Abb. 29 (des Modells); Sigfried Asche, Die Wartburg und ihre Kunstwerke (= Veröffentlichungen der Wartburg-Stiftung 1), Eisenach-Kassel 4. Aufl. 1954

397 Weiden/Oberpfalz, Modell des Dachstuhls zum Rathaus, um 1540 wohl von Hans Stieber; im Stadtarchiv und Museum zu Weiden, Inv.-Nr. 609
Nach dem großen Stadtbrand von 1536 wurde das Rathaus als Neubau unter der Bauleitung durch Steinmetzmeister Hans Nopel 1539-45 errichtet. Bereits 1539 scheint – nach den Wochenabrechnungen – der Rohbau unter Dach gebracht worden zu sein. Den Dachstuhl entwarf und brachte auf der (dann auch noch für das Trumgebälk verantwortliche) Zimmermeister Hans Stieber (beraten von Meister Jörg Burgstaller); Turmbau-Beginn 1543 und Rathausinnenausbau 1545-48. Das Holzmodell der Dachstuhlkonstruktion mißt 70 x 90 cm, bei 80 cm Höhe.
Lit.: Hans Wagner, Das Rathaus in Weiden/Opf., in: Bayer. Gemeindezeitung 4. Jg., Nr. 17 vom 22. Juni 1953, S. 7f.

398 Weiden/Oberpfalz, Modell des Dachwerks der ehem. Heiligen-Geist-Kirche (Simultankirche Hl. Kreuz auf dem ehem. Friedhof), angefertigt von Stadtzimmermeister Hans Kümmerl 1666; im Stadtarchiv und Museum zu Weiden, Inv.-Nr. 610
Beim Brand Weidens wurde auch die Gottesackerkirche 1536 zerstört und um 1541 wiederaufgebaut. Durch Kriegsfolgen ging sie 1635 erneut in Flammen auf und erfuhr ihren maßgeblichen, landesherrlich-unterstützten Neubau 1665/66 als Simultankirche. Die mehrfach gebrochene Achse des Kirchengrundrisses ergab sich aus der Notwendigkeit, den zur Verfügung stehenden Bauplatz und die westliche Friedhofsmauer möglichst raumgewinnend auszunützen. So erklärt sich die verzogene Form der Dachwerkkonstruktion des Modells, das, aus Holz bestehend, sich über 40 x 115 cm großer Grundfläche erhebt und dessen Sparren 55 cm lang sind.
Lit.: Die Kunstdenkmäler d. Kgr. Bayern Oberpfalz u. Regensburg IX. Bez.-Amt Neustadt A. W., bearbeitet v. Fritz Mader, München 1907, S. 139; Josef Kick, ... wo

398

einst die Hl. Geist-Kirche zum Gebet rief, in: Opf. Land. Der neue Tag vom 26.6.1954, Heimatbeilage

399 Weikersheim/Württ.-Jagst-Kr., Modell des Neubauprojekts für das Schloß (auf dem Grundriß eines gleichseitigen Dreiecks) vom kurmainzischen Baumeister Georg Robin, zwischen 1586/95 in Holz und Gips angefertigt vom württenbergischen Hofschreiner Stegle; nicht erhalten. Nach Robins Planung entstand 1595-1603 der mittlere Hauptflügel, dessen Kernstück dank seiner imponierenden Abmessungen von 35 x 12 x 8 m der Rittersaal bildet, »eine der eigenwilligsten und großartigen Äußerungen deutscher Spätrenaissance«.
Lit.: Max H. v. Freeden, Schloß Weikersheim (= Große Baudenkmäler Heft 53), Berlin 1948, S. 2 (dort ist auch von einem Modell Robins für einen Neubau des Schlosses Langenburg sowie von dem Modell des Fuggerschen Baumeisters Kaspar Hagen für die Alte Universität die Rede); Klaus Merten, Schloß Weikersheim (Amtl. Führer), München-Berlin 2. Aufl. 1978, S. 2; Werner Fleischhauer, Renaissance im Herzogtum Württemberg, Stuttgart o. J., S. 81

400 A und B Weimar, Modell des ehem. Stadhuis (Rathauses, seit 1808 königlicher Palast, auf dem Dam) zu Amsterdam, veranlaßt von dem niederländischen Maler und Baumeister Jacob van Campen (1595-1657) um 1648; im Besitz der Nationalen Gedenkstätten zu Weimar
Dazu teilte Prof. Dr. Dr.-Ing. Hermann Weidhaas (Brief vom 25. Nov. 1975) mit: »... maquettenartiges, zerlegbares Modell, sehr umfänglich, Maßstab ca. 1:20, sorgfältig gearbeitet, durch Vernachlässigung stark beschädigt. Die Innenwände bedeckt mit minutiösen Copien der Entwürfe zu Wandgemälden, die Jac. van Campen beabsichtigt hatte, sein Nachfolger D. Stalpaert aber verworfen hat. Modell also vor 1648 entstanden.
Sein Schicksal bis 1795 unbekannt; 1795 weichen der Erbstatthalter Wilhelm V. von Holland († 1806) und sein Sohn Wilhelm (1772-1843) der Batavischen Republik, nehmen wahrscheinlich das Modell mit und veräußern es vor 1806 an den Mailänder Bankier Heinrich Mylius (1769-1854) aus Frankfurt, der mit Goethe in Verbindung steht [und sogar Goethe am 13. Juli 1818 in Karlsbad besuchte]. Dieser erwirbt das Stück für die Universität Jena.
Clemens Wenzeslaus Coudray (1775-1845), ›der Baumeister Goethes‹, war bis 1804 bei dem Innenarchitekten Ludw. Rumpf (1762-1845) in Frankfurt/M. tätig, wurde an den damals in Fulda lebenden Prinzen Wilhelm von Holland empfohlen, war 1804-06 Hofarchitekt in Fulda, kann über Rumpf Beziehungen zu Mylius und Goethe gehabt und die Erwerbung vermittelt haben.
1816 wird Coudray Oberbaudirektor in Weimar. 1820 befindet sich das Stück in Jena, findet Goethes Interesse, wird später an das Schloßmuseum in Weimar überwiesen (wahrscheinlich beim Neubau des Hauptgebäudes der Universität durch Th. Fischer) und verwahrlost dort. 1972 von den Ntl. Ged.-Stätten erworben, wird von dem Restaurator Harz wieder in Stand gesetzt. Ein Album mit Kupferstichen vom Stadhuis[95] scheint Goethe vorgelegen zu haben, ist aber in Weimar nicht auffindbar.«
B: Ein zweites farbig gefaßtes, ca 240 x 200 cm großes und ca. 80 cm (bis Dachfirst) hohes zerlegbares, gut erhaltenes Holzmodell, das kurz vor 1648 von unbekanntem Schreiner nach Jacob van Campens Entwurf, mit fünf Geschoßböden und Dächern sowie Kuppelturm, jeweils abnehmbar gestaltet wurde, befindet sich in der Schausammlung des Historischen Museums »De Waag« zu Amsterdam (neben zahlreichen weiteren Architekturmodellen niederländischer Provenienz).
Lit.: Katharine Fremantle, The Baroque Town Hall of Amsterdam, Utrecht 1959, Abb. 5 (vom Modell in Weimar); P. T. A. Swillens, Jacob van Campen Schilder en Bouwmeester 1595-1657, Assen 1961; Über van Campen siehe auch Pantheon 43, 1985, S. 75-82 m. 16. Abb.

401 Wetzlar (Lahn-Dill-Krs./Hessen), Modell für den Neubau des Reichskammergerichts, um 1757; im Besitz des Wetzlarer (?) Museums
Die »Alte Kammer«, Fischmarkt 13 in Wetzlar, ein mittelalterliches nach 1350, erneut 1596/1606 umgestaltetes als 2. Rathaus dienendes Gebäude, wurde 1693 dem Reichskammergericht abgetreten, 1757 grundlegend modernisiert, und bis 1806 weiter für die Zwecke des Gerichts benutzt. – Das farbig gefaßte, zerlegbare Holzmodell zeigt in den Räumen wandfeste Ausstattung sowie gestaltete Plafonds, an der rechten Außenwand die Reste eines Treppenhauses.

401

402 Wien, Stich nach dem Modell des von Philibert Luchese entworfenen Trauergerüsts für die Kaiserin Maria Anna vom 26. August 1646 in der Augustinerkirche zu Wien; siehe Österr. Kunsttopographie Bd. XXXIV Die Kunstdenkmäler d. polit. Bez. Wels. Teil II: Die Kunstdenkmäler ... Lambach, Wien 1959, S. 99, Anm. 1, Abb. 89

403 Wien, Modell zur Karlskirche nach Entwürfen von Joh. Lucas von Hildebrandt und Ferdinando Galli-Bibbiena, eingereicht zum beschränkten Wettbewerb 1714/15; siehe H. Sedlmayr, J. B. Fischer von Erlach, Wien-München 1956, S. 206; Bruno Grimschitz, Joh. Lucas von Hildebrandt, Wien-München 2. Aufl. 1959, S. 86 f.

404 Wien, Modell der Kirche auf dem Leopoldsberg in Wien auf dem Fresko von Joh. Christoph Handke in der Aula Leopoldina (des ehem. Jesuitenkollegs bzw. Universität) zu Breslau (wo im westl. Teil ein Engel das Modell hochhebt, welches bisher als Modell des Klosters Neuburg angesprochen wurde, obwohl ein Kirchenmodell spezielles Attribut des hl. Leopold ist!); siehe Günther Grundmann, Barockfresken in Breslau, Frankfurt/Main 1967, S. 73, Farbtaf. 14, Abb. 100

405 A und B Wien, Modelle der Piaristenkirche Maria-Treu in der Josephstadt; das 1. (nicht mehr erhaltene) wurde veranlaßt von Franz Jänggl (und erwähnt 1731), das 2., noch erhaltene, gefertigt von Matthias Gerl 1750/51; letzteres im Erzbischöfl. Dom- u. Diözesan-Museum zu Wien bzw. in den Oratorien der Piaristenkirche
Nach Jeloneks Forschungen geht die Piaristenkirche auf den ›famosus architectus der meisten Magnaten Wiens‹ Franz Jänggl (1650-1734) zurück, wobei Jänggl die Kirche in zwei Bauphasen 1716/18 und 1720/22 errichtete sowie 1726 den linken Turm noch (bis Turmuhr-Höhe) emporführen konnte. Sein Mitarbeiter und Nachfolger Matthias Gerl (1713-65) leitete dann 1751/54 die 3. Bauphase, in der sowohl Fassadenausbau als auch Chorerweiterung und Einwölbung der Hauptkuppel erfolgten.

149

405 B

405 B

Das aus österr. Tanne gefertigte, mit geschnitztem Dekor (Kapitelle u. a.) versehene, polychrom bemalte Holzmodell mißt 140 cm Länge, 86,5 cm in der Hauptfassaden-Breite und 134,5 cm in der Höhe der Türme (deren rechter in Oberteil, Laterne und Helm erneuert ist), die Gewölbe sind aus massivem Holz ausgehöhlt.
Lit.: Führer durch das Erzb. Dom- u. Diöz.-Museum, Wien 5. Aufl. 1939, S. 43 Nr. 137; Dehio Handbuch Wien 1954, S. 138; Renate Wagner-Rieger, Die Piaristenkirche in Wien, in: Wiener Jb. f. Kunstgesch. Bd. XVII (XXI), 1956, S. 49-62; Manfred A. Jelonek, Franz Jänggl, ein unbekannter Wiener Barockbaumeister (= Diss. zur Kunstgeschichte 19/I und 19/II) zwei Teilbände, Köln-Wien 1984, S. 273-284, 435 ff., 601, 604, Abb. 13, 14

406 A und B Wien, Modelle des Stephansdom im Maßstab 1:50, angefertigt Mitte d. 19. Jhs. in Bamberg, ging als Geschenk an den Bürgermeister Lueger; als Eigentum der Stadt Wien ausgestellt im Dachraum des Doms.
Ein anderes, aus dem Besitz der TH Wien, alte Inv.-Nr. 98, nun im Technischen Museum Wien

405 B

405 B

407 Wien IX, Modell der Votivkirche im Maßstab 1:20, veranlaßt von Heinrich v. Ferstel (1828-83), der im Herbst 1855 den Gedanken dazu faßte, und ausgeführt unter Leitung des Oberwerkmeisters Kranner bis zum Frühjahr 1860; in einem Glasgehäuse im rechten Querschiffarm der Votivkirche ausgestellt (Propsteiarchiv)
Nach Ferstels Entwürfen, der den internationalen Wettbewerb 1854/55 gewonnen hatte, wurde die neogotische Votivkirche als dreischiffige Basilika mit Zweiturmfront 1856-79 erbaut. Ferstels Modell dazu besteht aus teils weiß gestrichenem Holz mit den Maßen 57 cm Länge, 42 cm Breite und 57,5 cm Höhe der Türme.
Lit.: Kat. d. Ausstellung Heinrich von Ferstel (1828-1883) Bauten und Projekte für Wien, Histor. Mus. d. Stadt Wien 1983, Nr. 20 (S. 32 ff. Abb. der Konkurrenzentwürfe Ferstels 1854/55)

408 Wien II (Donaustadt), Modell der Jubiläumskirche des hl. Franz von Assisi (bzw. Kaiser-Franz-Joseph-Gedächtniskirche) um 1900; im Erzbischöfl. Dom- u. Diözesan-Museum zu Wien
Zum Andenken an das 50jährige Regierungsjubiläum des Kaisers Franz Joseph I., aufgrund eines Wettbewerbs nach Plänen von Viktor Luntz (1840-1903), 1898 baubegonnen; seit 1900 Weiterbau durch August Kirstein (1856-1939), der den im romanischen Stil gehaltenen basilikalen Werksteinbau mit zweitürmiger Westfront und Vierungsturm über dem Querschiff 1913 vollendete.
Das baukastenartige Gipsmodell auf 187 x 86 cm großer Grundplatte ist unbemalt, auseinandernehmbar und besteht aus neun Teilen (3 Gebäudeteilen, je 2 Fassadenturmaufsatz-Teilen, Vierungsturm-Oberteil und Giebel der Doppelturmfront); Höhen des Vierungsturms 135 cm, der Doppeltürme 99 cm.
Lit.: Österr. Bauzeitung 36. Jg., Taf. 32; R. Wagner-Rieger, Wiens Architektur im 19. Jh., Wien 1970, S. 241

409 A und B Wien, Modelle zu Kirchturmspitzen; im Technischen Museum Wien XIV:
A: zwei barocke Turmspitzen aus Holz, quadratisch 29 x 29 cm, Höhe 79 cm, die Ecken abgekantet, je eine Seite mit Dachhaut, die Konstruktion mit zwei Einschnürungen und Laterne, Inv.-Nr. 2272 a+b,
B: neugotische Turmspitze über massivem oktogonalen Geschoß mit acht durchfensterten Giebeln, und zwar für die Pfarrkirche in Hitzing; aus Holz, 230 cm hoch über Dm. von ca. 43 cm; Inv.-Nr. 2270

410 Wien, Salzkirchl (für Weihesalz, inform eines schlichten rechteckigen Gebäudes mit Satteldach und zentralem Dachreiter) aus Südtirol (Lengstein im Eisacktal) 18. Jh.; im Österr. Museum für Volkskunde, Inv.-Nr. 32.468
Aus einem Stück ausgehöhlten Holzes bestehend und mit Kerbschnitt verziert, polychromiert; mit den Maßen 16 x 7,5 cm, bei 29,8 cm Höhe.

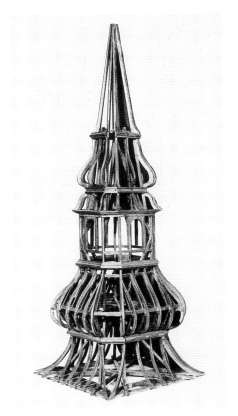

409 A

Lit.: Klaus Beitl, Volksglaube. Zeugnisse religiöser Volkskunst, München 1981, Nr. 16 mit Farbtafel

411 Wien, Rekonstruktionsmodell der Alten Wiener Hofburg, von Louis Monboyer um 1860; im Museum Österr. Kultur zu Wien
Lit.: Österr. Kunsttopographie Bd. XIV: Baugeschichte der K. K. Hofburg in Wien bis zum 19. Jh., bearbeitet v. Moriz Dreger, Wien 1914, S. 84, Abb. 62, 63; Kat. d. Sonderausstellung des Kunsthistor. Museums in der Neuen Burg, Wien 1940, Nr. 16

412 Wien, Modell »zum Burggebäu« von Joh. Lucas von Hildebrandt; verschollen; siehe B. Grimschitz, J. L. v. Hildebrandt, Wien-München 1959, S. 112

413 Wien, Baumodell der Hofbibliothek in der »Apotheose Kaiser Karls VI.«, dem Kuppelfresko von Daniel Gran 1726/30; das Modell ist verschollen; siehe Walther Buchowiecki, Der Barockbau der ehem. Hofbibliothek in Wien, ein Werk J. B. Fischers von Erlach, Wien 1957, S. 54f. Abb. 29; L. Pühringer-Zwanowetz, Bemerkungen zur Sternwarte des Stiftes Kremsmünster, in: Wiener Jb. f. Kunstgesch. 32, 1979, S. 150, Abb. 153, 154 (Fresko-Ausschnitt und Kupferstich-Wiedergabe)

–

Wien siehe Laxenburg bei Wien = Nr. 225

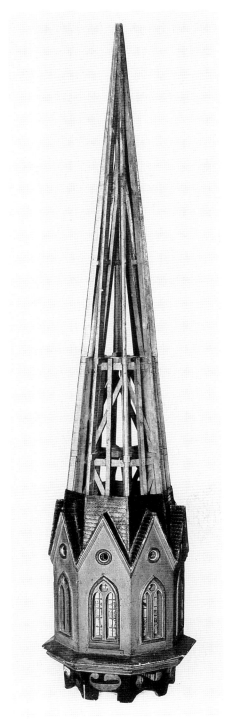

409 B

414 Wien IX, Modell des ehem. Narrenturms (»Guglhupf«) im Allgemeinen Krankenhaus in Michelbeuren; im Technischen Museum zu Wien, Inv.-Nr. 2174
Der 1783 wohl nach Entwürfen Isidor Ca(r)nevales errichtete Narrenturm diente der Unterbringung von Geisteskranken; er enthält die Pathologisch-anatomische Sammlung Wiens. Das aus den NÖ-Landessammlungen stammende bemalte Holzmodell steht auf 58,5 x 58,5 cm großer

411

414

416

Grundplatte, hat einen Außen-Dm. von 53 cm, eine Firsthöhe des Mantelbaus von 27,7 cm und 33,5 cm bis zur Dachreiterspitze.
Lit.: Renate Wagner-Rieger, Wiens Architektur im 19. Jh., Wien 1970, S. 9, 52, Tafel 23

415 Wien, Modell des kunsthistorischen Museums von Gottfried Semper (der, zusammen mit Karl v. Hasenauer [1833-94] 1871-82 sowohl Kunst-, als auch Naturhistorisches Museum errichtete); siehe Die K. u. K. Hofmuseen in Wien und Gottfried Semper, Innsbruck 1892; Gottfried Semper. Zeichnerischer Nachlaß an der ETH Zürich. Krit. Kat. v. Martin Fröhlich, Basel-Stuttgart 1974, S. 184, Abb. 194

416 Wien, Modell des Burgtheaters [das 1874-95 nach den Entwürfen Sempers und Karl von Hasenauers (1833-94) errichtet wurde] um 1885; in der Theatersammlung der Österr. Nationalbibliothek zu Wien, S 916
Das farbig gefaßte Modell ist 168 cm breit, 118 cm tief und ca. 51 cm hoch
Lit.: Josef Bayer, Das k. k. Hofburgtheater vor und nach der Reconstruction. Wien 1894 (1900)

417 Wien, Längsschnitt-Modell durch Bühnen- und Zuschauerraum eines Wiener Theaters, vermutlich des Leopoldstädter- oder Carl-Theaters; in der Theatersammlung der Österr. Nationalbibliothek, M 454
Das 1781 eröffnete Leopoldstädter Theater, das Carl Carl erworben hatte, wurde 1847 durch einen Neubau – das Carl-Theater – ersetzt. Nach Carls Tod, 1854, übernahm darin bis 1860 Nestroy die Leitung. Modell-Maße 101,2 cm breit, 23,3 cm tief, 33,2 cm hoch
Lit.: Herbert A. Frenzel, Geschichte des Theaters 1470-1890, München 2. Aufl. 1984, S. 274, 339, 496

418 A und B Wien, Modell der Loggia an der Ringstraßenfront der Wiener Staatsoper (nach Entwürfen von August Siccard von Siccardsburg, 1813-68, und Eduard van der Nüll, 1812-68, nach Wettbewerb 1860, ab 1861 geplant und 1863-69 erbaut); das Modell – ehem. in d. Österr. Nationalbibliothek, B-Pk 3003/1154 – angeblich verschollen; siehe Hans-Christoph Hoffmann, W. Krause & W. Kitlitschka, Das Wiener Opernhaus (= Die Wiener Ringstraße Bd. VIII, 1), Wiesbaden 1972, S. 144, Abb. 104
B: Das Modell eines Loggia-Jochs mit Malereien von M. v. Schwind; in der Akademie d. bild. Künste zu Wien (laut frdl. Mitt. v. Prof. Dr. R. Wagner-Rieger vom 20.12.1973)

419 Wien, Modell des Wiener Konzerthauses, um 1910; in der Österr. Nationalbibliothek (Theatersammlung), S 925
Nach Plänen von Ferdinand Fellner (1847-1916) und Hermann Helmer (1849-1919) und im Auftrag der Wiener Konzerthausgesellschaft wurde das Wiener

417

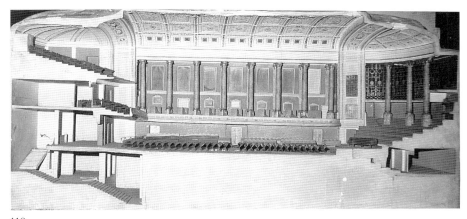

419

Konzerthaus 1912-13 errichtet. Das Modell mit dem Längsschnitt durch das Gebäude entstand aus Holz, Gips und Papier, ist bemalt und mißt 102 cm Breite, 55 cm Tiefe und 82 cm Höhe.

419 M Wien, Modell des Künstlerhauses zwischen Gisela- und Lothringer Straße, im Maßstab 1:24 angefertigt vom Bildhauer Joseph Pokorny 1866, und zwar auf Veranlassung von Friedrich Stache; in ungenanntem Besitz

Nachdem 1861 eine Konkurrenz zum Bau des Wiener Künstlerhauses ausgelobt worden war, erhielt 1864 der Architekt August Weber für seinen Entwurf den 1. Preis. Die Zuweisung des Baugrundes erfolgten 1865 und am 21.8. des gleichen Jahres der erste Spatenstich. Bauleitung und -finanzierung lagen in den Händen Friedrich Staches, der die Vollendung des Gebäudes 1868 erreichte.

Lit.: Walther Maria Neuwirth, Vor hundert Jahren: Schlußstein am Wiener Künstlerhaus, in: alte und moderne Kunst 100, 1968, S. 24-27, bes. S. 25 f., Abb. 5 (des Modells)

420 A bis C Wien, verschollene Modelle zur Universität, die Heinrich von Ferstel 1871 entwarf und bis 1884 erbaut hat:

A: Teilstück eines Eckrisalits an der Ringstraße,

420 A

420 B

153

B: Teilstück eines Eckrisalits des Mittelbaus der Gartenfront

C: Modell der Universität, das der Bildhauer Josef Pokorny schuf und sich auf der Wiener Weltausstellung von 1873 befand.

Lit.: Kat. d. Ausstellung Heinrich von Ferstel (1828-1883) Bauten und Projekte für Wien, Histor. Museum d. Stadt Wien 1983, S. 77ff. mit Abb. der Entwürfe Ferstels von 1871, Nr. 182 (das Modell = C)

421 Wien I, Modell des Mittelbaus der Projekt gebliebenen Akademie der bildenden Künste, 1898 von Otto Wagner (1841-1918); im Historischen Museum der Stadt Wien, Inv.-Nr. 98.015

Wagner, »der Grandseigneur unter den Wiener Architekten« (wie es Christian M. Nebehay treffend ausdrückte) »war ein kühner Unternehmer und stets sein eigener Bauherr ... viel Großes und Bedeutendes [von ihm blieb] unausgeführt: Neubau der Akademie der bildenden Künste, 1898; Umbau der Kapuzinerkirche, 1898; Stadtmuseum, 1901-1914; Ringstraßenhotel, 1910; Universitätsbibliothek, 1914 etc.«

Lit.: Otto Wagner, Die Baukunst unserer Zeit, Wien 4. Aufl. 1914, Abb. S. 13 (das Modell des Mittelbaus, noch in Wagners Atelier in der Villa Hütteldorf); Kat. d. Ausstellung Otto Wagner. Das Werk des Architekten, Histor. Mus. d. Stadt Wien 1963, Nr. 26, 12; Heinz Geretsegger & Max Peintner, Otto Wagner, Salzburg 1964 (bzw. 3. Aufl. 1983)

422 A und B Wien, Modell des Projektes Kaiser Franz Joseph Stadtmuseum am Karlsplatz (neben Johann Bernhard Fischers von Erlach 1715/37 errichteter Kirche des hl. Karl Borromäus), angeregt von Lueger und veranlaßt von Otto Wagner zum Modellwettbewerb 1902/03, aufgestellt im Mai 1903; nicht erhalten (als Photo im Histor. Mus. d. Stadt Wien, Inv.-Nr. 135.110/1 a)

Otto Wagner verfolgte sein Projekt Stadtmuseum mit großer Zähigkeit über die Jahre 1900 bis 1914. Er scheiterte aber an so unversöhnlichen Gegnern, wie Friedrich Schachner und Graf Karl Lanckoróński. Im Geschehensablauf sind zu unterscheiden: das Agitationsprojekt von 1900, die Vorkonkurrenz 1901, ein engerer Wettbewerb 1902, der Modellwettbewerb 1902-03, das große Projekt von 1903, dessen weitere Varianten 1907 und letzte 1909. Dazu wurde Ende Dezember 1909 eine Schablone aufgestellt.

B: die auf dem Karlsplatz 1909/10 im Maßstab 1:1 temporär errichtete Schablone zu Otto Wagners Projekt Stadtmuseum.

Lit.: Kat. d. Ausstellung Otto Wagner. Das Werk des Architekten, Histor. Museum d. Stadt Wien 1963, S. 48-53, Nr. 35 (mit Unternummern)

423 Wien, Modell der Wiener Innenstadt, angefertigt vom Wiener Tischlermeister Eduard Fischer 1852-54; im Historischen Museum der Stadt Wien (dort befindet sich ein weiteres Modell der Stadt Wien von 1897/98)

424 Wien, Modell einer Pfeilerbrücke mit 19 Pfeilern; aus der Modellsammlung des kgl. bayer. Rats von Wiebeking in München, im Jahr 1818 durch Prechtl, und zwar im Auftrag des Kaisers Franz, für das Polytechnische Institut Wien um 3000 fl. angekauft; im Besitz des Technischen Museums Wien, Inv.-Nr. 12249
Aus Holz bestehend, mit den Maßen 307 x 23 cm, bei 16,5 cm Höhe.

425 A bis G Wien, Modelle von Eisenbahnbrücken; im Technischen Museum Wien:
A: Modell der Joche der 1838 vollendeten K. F. N. B. Donaubrücke der (Strecke Wien-Ulrichsdorf), aus Holz, vor 1902; Inv.-Nr. 0078, desgleichen 0079,

421

422 A

422 B

422 B

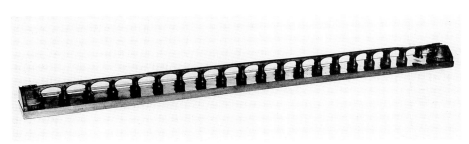

424

B: Hölzerne Nordbahnbrücke »Kaiserhaus« K. F. N. B.; Inv.-Nr. 0080,
C: Modell 1:24 der 1871 gebauten hölzernen Sprengwerksbrücke über die Mies (Strecke Prag-Eger), Inv.-Nr. 0768,
D: Modell 1:10 der eisernen Fachwerkbrücke über die Blaine bei Protivin (Strecke Prag-Eger), Inv.-Nr. 0774,
E: Modell des Viaduktes (1:20) der im Mai 1898 vollendeten Stadtbahn-Viaduktstrecke bei Heiligenstadt, für die Jubiläumsausstellung Wien 1898, Inv.-Nr. 1294,
F: Modell der zwischen den Stationen Steyr und Garsten am 7.10.1869 eröffneten Kronprinz-Rudolf-Bahnstrecke befindlichen etwa 1868 erbauten Hoveschen Holzbrücke (während des Bahnbaus ausgeführt), Inv.-Nr. 1601,
G: Modell (1:16) der Holzgitterbrücke über den Laibach-Fluß der Linie Wien-Triest, ca. 1856, im System Hove; Inv.-Nr. 1920

426 A und B Wien, Modelle von Bahnhöfen in Bruck a. d. Mur, Fehring, Graz, Innsbruck, Kirchberg i. Tirol, Klagenfurt, Krems a. d. Donau, Linz a. d. Donau, Villach und Wien; im Technischen Museum Wien – daraus seien zwei herausgehoben:
A: Modell des (von Theodor Hoffmann 1858-65 neuerbauten) Nordbahnhofs in Wien 1839-1900, für die Weltausstellung in Paris 1900 im Maßstab 1:100 angefertigt; Inv.-Nr. 1406,
B: Modell 1:100 vom alten (1869-73 von Wilhelm Flattich errichteten) Südbahnhof; Inv.-Nr. 7709
Lit.: Renate Wagner-Rieger, Wiens Architektur im 19. Jh., Wien 1970, S. 124, 198, Tafel 47a, 47b

427 Wien, Modell einer Dampfmaschine – sogen. »Feuermaschine« – Josef Emanuel Fischers von Erlach 1732/34; im Technischen Museum Wien, Inv.-Nr. 690
Das aus Holz bestehende, polychrom bemalte Modell hat aus Messing gefertigte Armaturen und Kessel, ist einschließlich Postament 59 cm hoch, 48,5 cm lang und etwa 20 cm breit.
Lit.: Erich Kurzel, Die Fischer v. Erlachschen Feuermaschinen, in: Jb. des VDI, Wien 1929; Reuther, Daidalos, 1981, Abb. S. 106

428 Wien, Technische Modelle, je eines Floßofens, Frischfeuers, Walzwerks und eines unterschlächtigen Wasserrads; im Technischen Museum Wien
Lit.: Kat d. Ausstellung Maria Theresia und ihre Zeit, Schloß Schönbrunn, Wien 1980, Nr. 119, 01, 02, 06, 07 mit Abb.

429 Wien, Modell des Sudwerkes in Ebensee, an dessen Giebeln Inschriften (in Antiqua) »K: K: SUDHÜTTE« (darüber in Tondo, vertieft, ein Hammer- und Schlägel-Emblem), desgleichen gegenseitig »GLÜCK AUF/1870«; als Leihgabe im Technischen Museum Wien, Inv.-Nr. 5266/7 bzw. neu 9546/1
Das als alpines Bauernhaus äußerlich gestaltete, aus verschiedenen Hölzern ge-

427

429

fertigte, unbemalte, geölte Modell hat Metallfenster und eine hölzerne Inneneinrichtung; seine Maße: 136,5 cm lang, 67,5 cm breit und 49 cm Firsthöhe. Angesichts dieses Sudwerkes ist der Hinweis auf das Salzsudhaus von Hallein = Nr. 164 A/B angebracht.

430 Wiesbaden-Biebrich, Modell des Schlosses Biebrich, das, wohl Ende des 18. Jhs. entstanden, »von Seiner Durchlaucht dem Fürsten Karl Wilhelm von Nassau-Usingen [reg. 1775-1803], hochdeßen acht durch[l]auchtigsten Enkel zum Geschenk gegeben« (laut zugehöriger Inschrifttafel) im Besitz der Verwaltung der Staatl. Schlösser u. Gärten, Bad Homburg v. d. Höhe, Schloß
Dieser von 1744-1866 als ehem. Residenz der Fürsten von Nassau-Usingen genutzte, am Rheinufer gelegene, dadurch scheinbar ungleich hohe Baukomplex entstammte uneinheitlicher Planung. Zunächst mit dem Westpavillon 1698 beginnend, erfolgte bis 1706 jener Ausbau des Ostpavillons. Die verbindenden Galerien samt zentraler Rotunde mit statuenbekrönter Attika errichtete dann 1710-19 Maximilian von Welsch (1671-1745)[23]. Ihnen setzte F. J. Stengel 1734-39 noch ein Obergeschoß auf. Den ursprünglichen Barockgarten gestaltete F. L. v. Sckell 1811 zu einem Englischen Park um. Im 2. Weltkrieg erlitt das Schloß schwere Schäden. Das aus Pappe gefertigte, bemalte Modell zeigt rosa-hellsandsteinrote Gliederungen, weiße Mauerflächen, blaue Dächer, anthrazitfarbige Gitter, blaue Fensterkreuze. Die Maße des Modellbodens sind 132,5 x 45 cm, wobei das gesamte Gebäude 129 cm lang ist.
Lit.: Gerhard Bott u. a., Hessen Kunstdenkmäler. Reclams Kunstführer Bd. IV, Stuttgart 5. Aufl. 1978, S. 598 f.

431 Wilhelmsthal bei Calden (nördl. v. Kassel), reliefartiges Modell der Gartenanlage und des Schlosses Wilhelmsthal, 18. Jh.; im Schloß Wilhelmsthal (Hessische Verwaltung d. Staatl. Schlösser u. Gärten)
Über die Anfänge der Anlage berichtet Carl Horst: »Die einander ablösenden Planungen, der Gang der Geschichte und Vernachlässigung haben ähnlich weit ausgreifende Gartenarchitekturen im landgräflichen Jagdschloß Wilhelmsthal verwischt und getilgt. Bestehen blieb dort das Gartenparterre südlich von der früheren Wasserburg Ameliental, ein stattliches Areal im Verhältnis zur Werft, auf der der Wohnbau stand, zu der Neuanlage Du Rys ein bescheidenes Fleckchen Vergangenheit. Es liegt, von niedrigen Mauern gefaßt, außerhalb des Sees in Gestalt eines Rechteckes mit Mühlbrett-Innenzeichnung.«
Nachdem sich Landgraf Wilhelm III. 1743 für dieses Landgut entschieden hatte, lag im Jahr darauf François de Cuvilliés (1731-77) Gesamtplanung vor, von der zunächst nur die Gartenanlage zustande kam, 1747 begann der Schloßbau, dessen Nordflügel 1749 und Südflügel 1753 vollendet waren, während der Mittelbau erst 1753-55 im Rohbau hochkam

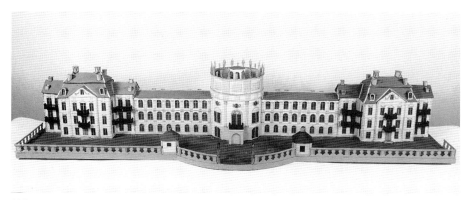

430

und sich seine Innenausstattung bis 1770 hinzog. Den besonderen Akzent setzt darin bis heute Joh. Heinrich Tischbeins d. Ä. geschaffene »Schönheiten-Galerie«.
Lit.: Die Bau- und Kunstdenkmäler im Reg. Bezirk Kassel, Bd. VII Kreis Hofgeismar, 1. Teil Schloß Wilhelmsthal, bearbeitet v. Friedrich Bleibaum, Kassel 1926, Seite 24, Taf. 6; Carl Horst, Die Architektur der deutschen Renaissance, Berlin 1928, S. 300, Abb. 213

432 Wilhering/Oberösterreich, Modell für einen Altar mit wandfester Architektur, vielleicht ein Seitenaltarentwurf für die Zisterzienserstiftskirche Wilhering, 1743; in Privatbesitz
Lit.: Kat. d. Ausstellung Maria Theresia und ihre Zeit, Schloß Schönbrunn Wien 1980, Nr. 63, 05 mit Farbtafel

433 Wittenberge, Modell 1:30 der Eisenbahnbrücke über die Elbe bei Wittenberge, und zwar der Bahnlinie Berlin-Hamburg; aus der Modellsammlung der TH München 1909 dem Deutschen Museum München zugegangen, Inv.-Nr. 20509
Das Modell, in der Größe von 252 x 50 x 52 cm, gibt die 1849-52 erbaute Brücke mit hölzernem Fachwerk der Bauart Hove wieder.

434 Wolfsgarten bei Langen/Hessen, Spielhaus für Prinzessin Elisabeth von Hessen, das sogen. »Prinzessinnenhäuschen«, 1902 von Joseph Maria Olbrich (1867-1908) entworfen und gebaut
»Erhalten und in gutem Zustand. Ein aus zwei Zimmern und überdecktem Vorplatz bestehendes Haus, das zusammen mit allen Teilen der Ausstattung den Maßen eines Kindes angepaßt ist. Eine der zauberhaftesten Schöpfungen Olbrichs, vieles von den neubiedermeierlichen und den Zopfstil wieder aufnehmenden Bauten Bruno Pauls und anderer vorwegnehmend …«, heißt es im Katalog der Darmstädter Olbrich-Ausstellung 1967. Nachzutragen bleibt, daß es Großherzog Ernst Ludwig, der Gründer und Förderer der berühmt gewordenen Darmstädter Künstlerkolonie, war, welcher als Bauherr dieses modellhafte Juwel mit künstlerischem Eigenwert veranlaßte.
Lit.: Kat. d. Ausstellung Joseph M. Olbrich, Hess. Landesmuseum Darmstadt 1967, S. 187-191 m. Abb.; Karl Heinz Schreyl & Dorothea Neumeister, Joseph Maria Olbrich. Die Zeichnungen in der Kunstbibliothek Berlin. Kritischer Katalog, Berlin 1972, S. 124-126 m. Abb. (der Entwurfszeichnungen Olbrichs); Kat. d. Ausstellung Joseph M. Olbrich, Darmstadt 1983, S. 136-141, Nr. 79-83

435 Wolfenbüttel, Modell der Herzog August-Bibliothek; 1941 von dem braunschweigischen Verlag Appelhans erworben; Verbleib unbekannt
Dieser Mitteilung des Direktors des Braunschweigischen Landesmuseums, Dr. Hagen, vom 8.10.1979 war lediglich zu entnehmen, daß es sich um kein »Architekturmodell des Architekten« gehan-

431

157

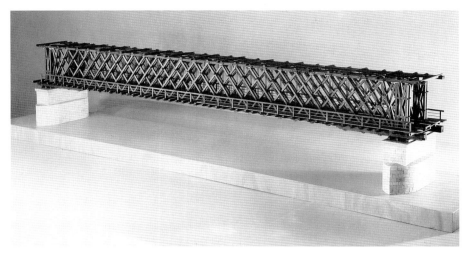

433

delt haben dürfte. Ebenso ungeklärt ist, ob in dem Modell die Bibliotheca Augusta des Herzogs August zu Braunschweig und Lüneburg (1579-1666) in der Rüstkammer des nördlich vom Wolfenbütteler Schloß gelegenen Marstalls zu erblicken wäre – oder jenes zwischen 1705-13 neuerrichtete Bibliotheksgebäude, die sogenannte »Rotunde«.

Dazu bemerkt Hans Reuther (1983): Sie »bildete die erste als selbständiger Baukörper errichtete Bibliothek der Neuzeit und war zugleich eine der geistvollsten und originellsten Bauschöpfungen des Barock. Die Zuweisung des Entwurfs an den Landbaumeister Hermann Korb (1656-1735) ist nicht mehr aufrechtzuerhalten, sondern ihm liegt eine Idee von Gottfried Wilhelm Leibniz zugrunde, der von 1690 bis 1716 dort Oberbibliothekar war. Der weitgehend in verputztem Fachwerk errichtete Baukörper fiel aus Gründen der Feuersicherheit leider 1887 einem massiven historischen Neubau zum Opfer.« Ob das fragliche Modell etwa diesen betrifft? Unbestritten aber bleibt, daß Hermann Korb, »dessen Grundfach die Schreinerei war«, die Rotunde hochgeführt hat, wozu ihm sicherlich ein selbsthergestelltes Modell hilfreich gewesen sein dürfte; denn – nochmals sei Hans Reuther zitiert: »Das Wesentliche des Wolferbütteler Bibliotheksgebäudes war nicht durch architektonisch ausgereifte Einzelformen in harmonischer Koordinierung mit den Baukörpern bestimmt. Die Einzelformen waren entsprechend dem Grundfach des Architekten der Schreinerei entlehnt und wirkten vor allem beim Erdgeschoß des Treppenhauses unharmonisch und untersetzt und maßstäblich verfehlt. Neuartig war die architektonische Gesamtkomposition: die Einstellung eines Ellipsenzylinders in einen rechteckigen Kubus, wobei ersterer in Betonung seiner Vertikalen das Dachwerk des mehr horizontal gelagerten letzteren durchdrang und dadurch den zentralisierenden Charakter eines Bibliotheksrundtempels in der Gesamtkonzeption erheblich verstärkte.«

Lit.: H. Reuther, Das Gebäude der Herzog-August-Bibliothek zu Wolfenbüttel und ihr Oberbibliothekar Gottfried Wilhelm Leibniz, in: Leibniz. Sein Leben – Sein Wirken – Seine Welt, hrsg. v. W. Totok & C. Haase, Hannover 1966, S. 349-360 mit 7 Abb.; Kat. d. Ausstellung Sammler Fürst Gelehrter. Herzog August zu Braunschweig und Lüneburg 1579-1666, Herzog August Bibliothek Wolfenbüttel 1979, Nr. 708-711 mit Abb. S. 318, 329 und 332; H. Reuther, Baukunst v. d. Renaissance bis zum Anf. d. Klassizismus, in: Geschichte Niedersachsens, Band 3, 2, Hildesheim 1983, S. 722 f. mit Abb.

434

436 Worms, Rekonstruktions-Modell des Domes mit seiner Umgebung, u. a. des Johannesbaptisteriums und der Palastkapelle St. Stephan, teils im Zustand vor der Zerstörung 1689 (Nordseite), teils von 1806 (Südseite); unter der Orgelempore im Dom zu Worms

Ein weiteres Holzmodell des Wormser Doms in einem Bauzustand des 19. Jhs. befindet sich im Hess. Landesmuseum Darmstadt.
Lit.: Friedrich M. Illert, Der Wormser Dom. Kleiner Führer, Worms o. J., S. 23, Abb. (des 1. Dom-Modells) S. 5

437 Würzburg, hölzernes Modell zur Residenzplanung 1722 sowie Balthasar Neumanns Modell für die Hofkirche der Würzburger Residenz sind erwähnt, aber verschollen; siehe Karl Lohmeyer, Briefe Balthasar Neumanns ..., 1921, S. 27; Richard Sedlmaier & Rudolf Pfister, Die fürstbischöfliche Residenz zu Würzburg, München 1923, Anm. 88; Quellen zur Geschichte des Barock in Franken ..., 1950-55, Nr. 1014; H. Reuther, Balthasar Neumann, 1983, S. 227f., 255

–

Würzburg siehe Basel = Nr. 72 s

438 Zwettl/Niederösterreich, Modell der Turmfassade mit anschließendem, in gotischen Formen erneuerten Langhausjoche der Zisterzienserstiftskirche, vermutlich »die zur Ausführung bestimmte, am ausgeführten Bau aber in Einzelheiten durch Munggenast veränderte Invention Matthias Steinls« wiedergebend, um 1722; im Turmarchiv der Stiftskirche zu Zwettl
Georg Dehio äußerte vor der Stiftskirche (Mariä Himmelfahrt) angesichts ihrer 77 m hoch gestreckten Eleganz: »... wohl die

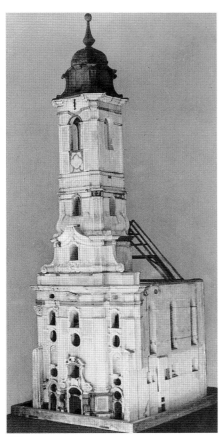

438

438

monumentalste Einturmfassade des deutschen Barocks«. Erbaut wurde sie 1722-27 durch (Matthias Steinl und) Josef Munggenast aus St. Pölten. Das der Ausführung fast entsprechende farbig gefaßte Holzmodell hat eine Höhe von 234 cm, bei einer Breite von 67 cm und einer Tiefe von 78 cm.

Lit.: Leonora Pühringer-Zwanowetz, Matthias Steinl, Wien-München 1966, S. 228, 251, Abb. 220; Heinrich Gerhard Franz, Guarini e l'architettura barocca in Boemia ed in Austria. In: Guarino Guarini e l'internazionalità del barocco, Atti del Convegno internazionale promosso dall'accademia delle scienze di Torino 30 settembre – 5 ottobre 1968, Bd. II, Torino 1970, S. 478, Fig. 45

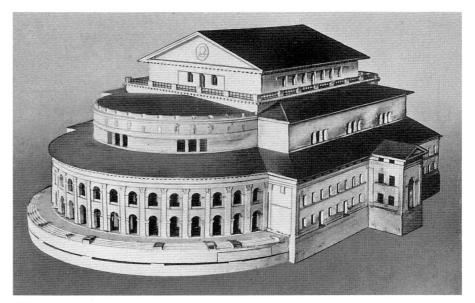

381

Nachbemerkung zum Katalog

Hans Reuthers 1989 übernommenen Materialien folgend, wurden auch Stadt-, Erinnerungs-, Rekonstruktionsmodelle und Modell-Gruppen, die ins 20. Jahrhundert hineinreichen, als Hilfsmittel späterer Forschung mitaufgelistet.

Sämtliche von der Deutschen Forschungsgemeinschaft für das Forschungsvorhaben »Das deutsche Architekturmodell« bewilligten Geldzuwendungen für Besichtigungsreisen und zur Photobeschaffung hat Hans Reuther vollständig verausgabt und 1974/75 abgerechnet. Dadurch war der Koautor gehalten, mit dem vorgefundenen, hier und da noch lückenhaften Photo-Material auszukommen.

Selbst einige zur Klärung offener, anstehender Fragen noch wünschenswerte Reisen (beispielsweise nach Wien, wo Hans Reuther anscheinend kaum Gelegenheit fand, Baumodelle zu studieren, usw.) mußten infolge Finanzierungsmangels unterbleiben.

Trotzdem konnten noch etwa 40 Modelle aus dem Zeitraum 1500-1900 hinzugefügt werden, die Reuther unbekannt geblieben waren. Abschluß und Übergabe des Manuskriptes samt Bildvorlagen an den Deutschen Verein für Kunstwissenschaft in Berlin erfolgten am 12. September 1990.

Seither mußte kostenhalber vor allem die Zahl der Bildreproduktionen von ursprünglich 475 auf 320 reduziert werden. – Das gesamte relevante Nachlaßmaterial von Hans Reuther, das dem Koautor anvertraut wurde, ging mittlerweile an das Archiv für Bildende Kunst des Germanischen Nationalmuseums in Nürnberg.

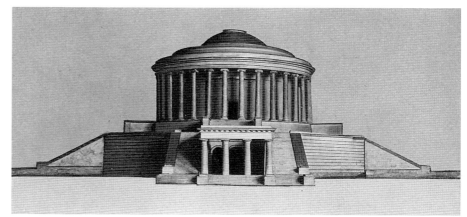

382 C